SV

György Konrád
Sonnenfinsternis auf dem Berg

Autobiographischer Roman

Aus dem Ungarischen
von Hans-Henning Paetzke

Suhrkamp Verlag

Die ungarische Originalausgabe
erschien 2003 unter dem Titel *Fenn a hegyen napfogyatkozáskor*
im noran Verlag, Budapest.

Druck: Memminger MedienCentrum AG
Printed in Germany
Erste Auflage 2005
ISBN 3-518-41684-7

1 2 3 4 5 6 – 10 09 08 07 06 05

Sonnenfinsternis auf dem Berg

Im letzten Jahr des zwanzigsten Jahrhunderts, an einem strahlenden Hochsommertag, beobachtete ich von den Stufen zur Diele eines verfallenen Kelterhauses auf dem St. Georg-Berg über Erhebungen und Buchten hinweg die Verklärung der Welt, das Eintauchen in graue Dämmerung. Ich wartete auf die totale Verfinsterung, spürte leichte Erregung, konnte mir vorstellen, daß die Dunkelheit des Tages bleiben würde, doch nach einer Weile gingen der See, die Weinberge, die Alleen und die Kirchtürme allmählich in ein unaufhaltsames Funkeln über, und das, an menschlichem Maßstab gemessen, seltene astronomische Schauspiel ging zu Ende.

Wohin ich auch gehe, ich darf nicht vergessen, ich befinde mich an der Nahtstelle zwischen zeitlos verwitterter Treppe und schnell vergänglicher Sonnenfinsternis, pausenlos mitten in jenem Tag, den die trunkenen Schamanen, um Prophezeiung gebeten, noch am vorangegangenen Abend als den letzten herausgeschrien haben, in einem Garten, in dem es wohltat, Abschied zu nehmen und das Endzeitrasen abzulösen durch ruhiges Schwimmen im See.

Es läuten die Mittagsglocken, gestern bin ich nach Hause gekommen, die Gegend war schön, die Familie ist noch schöner, Menge und Vielfalt der Geschenke waren zufriedenstellend, der Reisebericht hat mein sehr kritisches Publikum mehrmals zum Lachen gebracht. Aron hat für mich ein reich gefülltes Landschaftsbild mit einem sich wundernden Hirsch gemalt, der mir ähnelt. Józsi hat mir einen großen Stock geschnitzt und »für Papa« eingraviert. Ein schöner langer Stock; damit werde ich den Berg besteigen.

Den ganzen Tag bin ich gereist: im Flugzeug, im Zug, um abends endlich hier zu sein, am Ort der Ruhe, gegenüber dem St. Georg-Berg, meinen Rücken an den ungleichmäßigen Feldstein gelehnt, auf der Akazienbank im Garten zwischen Fliederbusch und Nußbaum, dem Zwitschern der Schwalben und dem Säuseln des Windes lauschend. Ich spüre, wie sich Wellen zwischen meiner Stirn und dem Berg stauen, worin vor Urzeiten vulkanische Magma brodelte, von wo jedoch seit vielen tausend Jahren nur Obst, Wasser und Düfte kommen.

In den meisten Häusern leben nur noch Witwen. Sie, die Frauen, sind diejenigen, die zum Leben eine bessere Beziehung haben; die Männer treiben sich herum, sind unbeholfen, stehen im Weg, wissen nicht, was zum Teufel sie tun sollen. Deshalb hantieren sie mit allem möglichen Jenseitigen herum, während die Frauen am Diesseitigen basteln.

Das Fenster steht offen, von meinem Tisch aus kann ich die Hegymagaser Wirklichkeit sehen: meine mit zahlreichen Freunden im Schlepp umherschwirrenden Söhne, die alten Frauen aus der Nachbarschaft, den Traktoristen, den Bulldozer, den Hirten, den Anstreicher, den Reitpferdebesitzer, die Winzer, die Zigeunerfamilie, die immer in Scharen vorbeizieht, die jungen Mütter, die ihre Kleinen im Kinderwagen auf und ab schieben oder Hand in Hand mit ihnen gehen, und die alten Frauen, die, krumm geworden, Taschen tragend, sich Bewegung verschaffen. Auf den Stock gestützt, schreiten die Alten nicht mehr so hurtig aus.

Wir grüßen die auf und ab gehenden Ortsansässigen. Der ärmste alte Mann aus dem Dorf fällt hin und wieder vor unserem Haus, wenn er aus der Kneipe kommt, ins Blumenbeet. Vormittags sitzt er noch, auf den Stock gestützt, unter dem Lindenbaum auf der Bank vor seinem Haus und nickt. Hätte er mehr Geld, würde er mehr trinken. Die Alten bleiben allein. Eine Zeitlang können sie noch ohne diejenigen sein, die ihr Leben ausgemacht haben, dann nicht mehr.

Gestern abend habe ich viel Wein getrunken und viel geredet. Jetzt frühstücke ich harmlos und einfältig, und schadenfroh betrachte ich am Vormittagshimmel das Aufsteigen der Sonne. Was weiß der triumphierende Gockel morgens um zehn? Was weiß die mich summend umkreisende Biene? Was weiß der Berg von den über ihn hinwegschwimmenden Wolken?

Ein feuchter, warmer, trüber Tag, neben der Steinhütte breiten die Haselnußsträucher riesige Blätter aus, entrüstet und fast verzweifelt krächzt ein Hahn. Regungslos, schwüle Sommerhitze, die Blätter der Trauerweide säuseln kaum, die Sonne hat sich hinter Wolken verkrochen. Schwalben sausen über die Tischtennisplatte, ein Ball liegt im Gras, Oleander blüht auf der Terrasse, Kinderstimmen rieseln, Stare pfeifen.

Es heißt, dieses Jahr gibt es mehr Vögel, die Hirsche sind zum Bach hinabgestiegen, um zu trinken, der frische Mais hat zwischen ihren Zähnen geknackt. Aus der Welt des Gartens wird mich in diesem Monat kein Pflichtbewußtsein wegreißen. Die Manuskriptblätter mache ich zu Geld, das gebe ich meiner Frau, die uns allen zu essen gibt, und dann kann ich mich wieder in meine Höhle verkriechen. Ich bin ein Verwandter des Maulwurfs von Hegymagas, den ich noch nie gesehen habe. Manchmal grabe ich mich mit einem Buch bis an die Oberfläche vor, danach zurück in den Gang, wo das Graben weitergeht.

Auch dies und jenes könnte ich tun, etwas im Interesse von Benachteiligten, Inhaftierten, Obdachlosen, Geisteskranken, Alten, Einsamen, der Heimat, Europa, der großen Welt. Ausreiten von der Burg könnte ich und die Windmühlen niedermetzeln.

All das tue ich nicht. Ich lehne mich an die Steinmauer, mein Rücken sucht nach guten Ausbuchtungen und Wölbungen. Die Hände gefaltet, mich auf die Schenkel stützend wippe ich mit geschlossenen Augen vor und zurück.

Ein Scheusal sitzt auf der Bank, verbreitet Angst, niemand nähert sich ihm, es hockt dort im weißen Hemd und atmet den wohltuenden Duft des Nußbaums ein. Das Versteckspiel eines Familienvaters wird akzeptiert, mit Einsamkeit über längere Zeit allerdings kann er nicht rechnen, denn sickernd verbreitet sich Ratlosigkeit.

Um morgens gegen zehn im üppig wuchernden Garten dem Berg gegenüber auf der Akazienbank sitzen zu können, um den Kindern zu ermöglichen, daß sie im großen Garten mit geröteten Wangen Verstecken spielen, daß sie, die Grundstücke, Häuser und das Leben mehrerer Familien zu einer Gesellschaft verbunden, ihre Angelegenheiten und geheimen Briefe, ihre Liebesgeschichten und Festmahle haben können, muß ich mich alsbald wieder auf Reisen begeben und immer etwas anderes vortragen, was auch geschrieben werden will. Von Zeit zu Zeit muß ich mich an ein Rednerpult hinter ein Mikrophon auf einer beleuchteten Bühne stellen.

Die Tage werden kürzer, das Rückgrat des Sommers ist gebrochen, obschon die Sonne noch hoch steht. Es läuten die Mittagsglocken, Nebelschleier verhüllen den Kamm des Langen Berges, weiße Schmetterlinge versetzen ihre Flügel in Schwingungen, zwischen Reifenspuren bewege ich mich über die Wiese, fast fliege ich, so federt der Boden, meine Füße tragen mich. Die Kräuter des Brachlands können mir nichts anhaben, ich rieche am Unkraut. Der Schäfer auf der Wiese klagt über Schmerzen im rechten Bein, mich plagt das linke. Der Schäfer schläft lieber auf der linken Seite, obschon es nicht gut ist, das Herz zu drücken, weshalb er sich nachts herumwälzt.

An einer Waldlichtung neben dem Friedhof bleibe ich stehen, nur Meisen und Drosseln sind zu hören. Unter dem Nußbaum weicht aller Druck von mir, meine Lunge bläht sich auf, Heiterkeit durchströmt mich, und auch meine Füße beflügeln mich, sie wollen hinaus in die Flur. Wenn ich schon kein Wasser mehr trübe, erfahre ich Vergebung. Die Erinnerungen, die ich in anderen hinterlassen habe, gehören bereits denen, sie tragen sie weiter.

In einem großen Blumentopf schwebt der Oleander, so still könnte auch ich sein. Ich gehe weg und lade mich ein auf die Terrasse eines Kelterhauses, die von Wein- und Feigenlaub überdeckt ist. Regentropfen bleiben in der Gefangenschaft von Heckenrosenblättern und Holunderblüten. Nach zwei Seiten breiten die knorrigen Weinstöcke ihre Arme aus, stützen sich auf den Draht, stehen kopflos da, die Stecken zwischen ihnen sind die Hüter der Ordnung.

Aus dem Maul eines in Stein gehauenen hundertjährigen Löwen rinnt reines Quellwasser in ein bemoostes Betonbecken, die Tamariskenknospen entfalten sich; nichts Klügeres kann der Mensch tun, als zu laufen, auch auf dem Berg läuft er.

An einem Vormittag im Frühsommer bauen meine Kinder eine Stützmauer am Berghang, schnitzen einen Bogen, montieren, reparieren, schreiben Gedichte, spielen Korbball, Zsuzsi lernt radfahren und bittet mich, ihr zuzusehen. »Papa wird ohnmächtig umfallen.« Von ihrem Können nämlich. Ich gehe hinaus, um ohnmächtig zu werden. Sie tritt tatsächlich in die Pedale, geschickt ist sie, hängt in den Schaukelringen, klettert auf Bäume und Mauern. Sie weint, wenn sie will, in äußerster Verzweiflung. Ein Augenaufschlag genügt, und schon lächelt sie triumphal. Sie studiert und imitiert die Mama. Manchmal mag sie den Papa, manchmal scheucht sie ihn weg. Sie betrachtet ihn als einen großen Berg und klettert auf dessen Gipfel, den Kakao aber trinkt sie dennoch nicht. Endlich ist der Papa bereit, mit großem Getöse zu applaudieren, woraufhin Zsuzsi sich die Ohren zuhält und auch anderen befiehlt, vorsichtshalber das gleiche zu tun, weil Papas Hände jetzt »gewaltig knallen werden«.

Zsuzsi kniet neben mir auf der Bank: »Ich male etwas Schönes, etwas mächtig Schönes, du wirst dich wundern, und ich male es für dich.« Zufrieden mit dem weißen Schreibmaschinenpapier zeichnet sie mit einem roten Buntstift ein Gitter. Schnell ist sie damit fertig und bittet mich um einen anderen Stift, flüstert: »Das ist sehr schön. Tropfen fallen von den Blättern am Baum.«

»Aussteigen!« pflegte Zsuzsi in Befehlsform dereinst auf ihrem Nachttopf zu sagen. Ebenso, wenn sie auf dem Arm getragen wurde, wenn sie sich irgendwie beengt, bedrückt fühlte, wenn sie einer Körperlage im Kinderwagen überdrüssig war oder wenn ein Erwachsener sie küssen wollte. Ich werde achtzig sein, wenn meine Tochter Zsuzsi zwanzig wird. Wenn ich es denn erlebe. Kurz war das Vergnügen, fast wie die Ferien, kaum besinnst du dich, schon sind sie vorüber.

Nachmittags gehen wir an den Strand, Jutka mietet für Józsi ein Paddelboot. Schon als Siebenjähriger hat er gelernt zu paddeln, auf Mauern zu klettern, an einem Seil hochzuklimmen und, in verschiedenen Körperhaltungen, auf dem Fahrrad zu rasen. Jedes Fahrrad inspiziert er, fingert an allem herum, was mit Technik zu tun hat, was sich öffnen und schließen, auseinandernehmen und zusammenbauen läßt.

In der Küche und im Eßzimmer hallt es großartig wider; manchmal brülle ich wie ein Löwe, doch meist bitte ich meine Kinder und deren Gästeschar nur flehentlich, etwas leiser zu kreischen. Ich betaste ihre Köpfe, ihre Schultern, begutachte ihre Armmuskeln; sie sollen essen, damit sie zu Kräften kommen.

Józsi rennt verschämt und gespannt zu zwei älteren Mädchen, die im Bikini radfahren und von allem reichlich haben. Auch Zsuzsi ist dort, sie interessieren vor allem die kleinen Katzen, schade nur, daß sie sich nicht streicheln (Aron sagt: quälen) lassen, graziös springen sie vor Zsuzsi davon, nicht weit, nur einen Meter weg von ihr, sie kokettieren, spielen.

Wenn ich von der Veranda auf die Steinterrasse trete, blicke ich hoch zum Himmel; es gibt einen Himmel. Nein, verloren fühlen wir uns abends nicht. Unter meinem Fenster zur Straße hin hat Jutka in einem kleinen grünen Beet Petunien gepflanzt, und neben den Pflanzen im Garten stehend stellt sie fest, daß diese gut gedeiht und auch jene, die dritte aber ein armseliger Kümmerling sei.

Zu ihrem Geburtstag hat Jutka ein neues Fahrrad bekommen; in ihrer weißen Hose ist sie durch die Nachbardörfer geradelt und begeistert und mit geröteten Wangen zurückgekehrt. Unlängst war sie verzweifelt: Sie sei dumm. Mit großer Überzeugungskraft bewies ich ihr das Gegenteil. Genutzt hat es nichts. »Na und, wenn du dumm bist, was ist dann? Klüger als ich bist du allemal.« Jutka lachte. »Bis wann hat das Leben einen Sinn, mein Junge?« hat mich meine Mutter gefragt. »Solange wir nicht sterben, Mutter«, habe ich gesagt, »so lange sicher.«

Ausflug, Freunde, Abendessen, gemeinsames Bett, getrenntes Bett, ich nehme Abschied vom verflossenen Tag. Morgen werde ich am Tisch im Garten meine kalligraphischen Operationen fortsetzen. Literatur, das ist Flucht durchs Fenster, wenn ich nicht wage, zur Tür hinaus in die Küche zu gehen, um einen Kaffee zu trinken.

Nachts drangen verschiedene Gestalten ins Haus ein, sie kamen und gingen, flüsterten. Sie stellen dir eine Leiter ans Bett, damit du bis zur Himmelspforte hinaufklettern kannst. Bevor du das tust, sollst du Brötchen, Butter und Milch holen, einen Kaffee kochen und im Garten Beeren für das Familienfrühstück pflücken.

Morgens um sieben fährt Józsi auf dem Fahrrad zum Tor hinaus, und von da an registriert er alles, was sich im Dorf ereignet, wer wen besucht hat, wer hinunter zum See baden gegangen ist und wessen Enkel gekommen ist. Gern steckt Józsi mit großen Jungen und großen Mädchen zusammen, doch damit hat es bis zum Eintritt der Dunkelheit Zeit; bis zum Sonnenuntergang findet das interessanteste Ereignis am Bachufer statt, wo die Kleineren mit Steinen versuchen, einen Damm zu errichten, um den Wasserstand anzuheben.

Die Jungen streiten sich, Aron spricht mit seinem Papagei, Józsi patrouilliert oder montiert etwas, Zsuzsi kämmt sich, Jutka liest zahlreiche Zeitschriften in mehreren Sprachen, und ich frage sie, ob sie Lust hat, mit mir zum Löwenbrunnen zu spazieren. Alle leben wir unser eigenes Leben; nachdem die Kinder gezeigt haben, wie sie auf die Mauer klettern, von einem Ast am Baum mit dem Kopf nach unten hängen können, nachdem sie Apatschen und Komantschen gewesen sind, nachdem sie Elvira, den blauen Papagei, aus dem Käfig herausgelassen und ihn wieder in den Käfig hineingetrieben haben, machen sie sich nach kurzem Abschied aus dem Staub und balgen sich jenseits des Baches.

Am Frühstückstisch sind alle heiter und ausgelassen. Jutka hat keine Kopfschmerzen. Aron ist im Schlaf von einer giftigen Schlange gebissen worden, und nach dem Aufwachen hat er genau an der Stelle des Bisses einen roten Fleck wahrgenommen. Über Schmerzen allerdings klagt er nicht. Józsi erkundigt sich nach dem Programm für den heutigen Tag, ob der Elterndienst für die erforderliche Menge an Unterhaltung gesorgt hat, um das Kindervolk den ganzen Tag zufriedenzustellen.

Ich zeige mich bereitwillig, jawohl, sagen wir, ein Zirkusbesuch am Nachmittag könnte in Frage kommen. Ich erkundige mich, ob es nachmittags überhaupt eine Vorstellung gibt. Ja, sogar Elefanten werden auftreten. Wir fahren in den Zirkus; im Auto sitze ich neben meiner Frau, reiche ihr die Kekse, die sie knabbert, und das Wasser, wovon sie trinkt, ohne den Blick von der Straße abzuwenden.

Währenddessen müssen die Kinder bei guter Laune gehalten und zur Ruhe gebracht, Zsuzsi gebändigt und Ideen entwickelt werden. Aron, Józsi und Zsuzsi werden ermuntert, die Augen zu schließen und ein wenig zu dösen, während ich träge und einfältig nur herumschaue, der Fahrerin Mineralwasser reiche, nichts sage, und wenn Jutka unzufrieden ist oder »horribile dictu« murrt, widerspreche ich ihr nicht, denn diese Welt mit allem, was sich in ihr befindet, ist unter den existierenden Welten die beste. Selbst der mich erwartende körperliche Verfall, selbst die reihenweisen Niederlagen des Alterns sind interessanter als das Jenseits. Was nun die Auferstehung angeht, warum sollte ich nicht an sie glauben, jeden Morgen, bis die Vorstellung eines Tages aus technischen Gründen ausfällt.

Jutka ist besorgt, ob Zsuzsi bis zum Schluß durchhalten wird, denn die beiden Jungen wollten, wenn ich sie, als sie noch klein waren, mit in den Zirkus genommen habe, unbedingt in der Pause schon nach Haus, weil es ihnen reichte. Das nicht enden wollende Spektakel löste bei ihnen Überdruß und Traurigkeit aus. Sie sehnten sich zurück zur Mama und in das freundliche Kinderzimmer, wo nur sie auf den Schrank klettern durften, um vielleicht herunterzuspringen, und wo nicht alle möglichen in Gold und Weiß gekleideten Gestalten am Himmel umherflogen, während es in der Niederung Tanz und Fahrrad fahrende Affen gab oder auf dem Rücken von Pferden überspannte Clownerien. Zsuzsi, das war nicht anders zu erwarten, nahm am Zirkus lebhafteren Anteil als alle anderen. Selbst die ungeschicktesten Artisten bedachte sie mit stürmischem Applaus.

Allein mit Jutka unternehme ich einen Spaziergang hinauf auf den Berg, aber länger wegbleiben können wir nicht, denn im Haus warten die Kinder, der dreizehnjährige Aron, der zwölfjährige Józsi, die viereinhalbjährige Zsuzsi, die Mädchen aus der Nachbarschaft und außerdem ihre

Freunde. Noch halten sie vor Jutka das Voranschreiten der im Obergeschoß stattfindenden Proben zum Trauerspiel *Die Ehemänner der Budrul Budur* geheim.

Es ist angenehm, wenn die Mama daheim ist, und sei es, daß sie sich in ihrem Zimmer aufhält, während sie oben Theater spielen. Autor und Regisseur ist Aron, Hauptdarstellerin Zsuzsi, sie mimt die schöne Prinzessin Budrul Budur, um deren Hand ein Kampf auf Leben und Tod entbrannt ist. Doch sie springt aus der geflochtenen, mit Rädern versehenen Wiege und herrscht jeden Freier an: »Pfui!« Zsuzsis Gunst erringt schließlich Józsi, dem die Prinzessin von oben herab begegnet, mein Kleiner hier, mein Kleiner da. Józsi lacht darüber und macht mit Zsuzsi, was er will.

Mit famosen Bewegungen befördert Józsi den Ball in den Korb; unter meinen jüngeren Kindern war er von Anfang an am geschicktesten, zielbewußtesten, schnellsten und logischsten, ein Vorsichtiger mit Durchblick. Er war derjenige, der all das, was seine Schwester nicht schlucken sollte, rechtzeitig aus ihrem Mund herausholte. Aron liest Shakespeares Märchen, aber gerade widmet er seine Kräfte neben sonstigen dichterischen, malerischen, Tischtennis-, Bunkerbau- oder Versteckspielambitionen diesem Stück. Er ist der Großmeister der Unterhaltung. Soeben hat er Zsuzsi einen Schlüpfer über den Kopf gezogen und sie eine Weltraumgrille genannt. Witze und Gedichte, etwas zum Lachen oder zum Weinen, einfach alles formt Aron scheinbar leicht aus der Sprache. Eigenartige Wörter tauchen aus den Tiefen von Arons Gehirnkasten auf, Wörter, die er allabendlich zu hören bekam, wenn Jutka vor dem Einschlafen Märchen erzählte, Aron zu ihrer Linken, Józsi zu ihrer Rechten; dann hörten die beiden daumenlutschend mit Leib und Seele zu. Jutkas Augen glänzen jetzt, sie freut sich, daß der Gastarbeiter nach Hause gekommen ist.

Um Verse zu schmieden, muß Aron nicht am Tisch sitzen; auf dem Spielplatz denkt er sie sich aus, hoch oben auf dem Pfosten des Gartenzauns, in der Straße auf und ab gehend, tanzend im Garten, in der Badewanne oder auf dem Klosett, irgendwo schreibt er sie dann nieder. Neben ihm sitzen muß dann niemand, im Gegenteil, man muß sich wegsetzen von ihm. Doch bei den Mathematikhausaufgaben braucht er Jutka, die ganz nebenbei die Gedichte ihres Sohnes in den Computer überträgt und ausdruckt. Zeile für Zeile würdigt sie diese, und gelegentlich deutet sie auf eine Ungeschicklichkeit einzelner Formulierungen hin. Jutka vermag vor den Kindern hoch oben in der »heilen Welt« zu fliegen.

Heile Welt nennen sie den abendlichen Ritus, wenn Jutka nach dem Abendessen und dem Baden erst im Hellen, dann im Dunkeln eine gute Stunde mit den Kindern verbringt, scherzt und philosophiert, so daß die drei hinter ihr in den Lüften segeln, die Schwalbenjungen zusehends selbstsicherer die Flügel schwingen. Jutka ist dafür, daß die Jungen Zsuzsis Geplärre ertragen müssen, denn wenn nicht alles nach Zsuzsis Kopf geht, weint und kämpft sie. Wollen tut sie vieles, und vieles will sie nicht, doch vor allem eines will sie: von der Mama umarmt werden und daß sich alle mit ihr beschäftigen.

Wir befinden uns in einer Familie. Zerbrechliche Gleichgewichte bilden sich heraus. Wer weiß, ob unsere Liebste der Befehle ihres Töchterchens nicht allzu überdrüssig geworden ist, der Gewährung eines sicheren Hafens für ihre Söhne und zwischendurch der tausendfachen Kleinigkeiten, die von jeder umsichtigen Mutter beaufsichtigt werden müssen? Mir ist aufgefallen, daß ich Emotionen wecke, wenn ich mich in irgendeine menschliche Angelegenheit einmische. Verhalte ich mich nicht wie ein schweigsamer Chinese, kränke ich sogar jemanden aus der eigenen Familie.

Jutka feiert übermorgen ihren fünfundvierzigsten Geburtstag. Ich werde morgen sechsundsechzig Jahre alt. Beide sind wir Widder, kennen uns seit mehr als zwanzig Jahren, selbst wenn sie schweigt, ahne ich, woran sie denkt. Sie hat uns am Hals, drei Kinder und einen Ehemann, all die praktischen Dinge des Alltags lasten auf ihr. Keine geringe Anstrengung, alles im Kopf zu behalten, zu loben, heimelige Ecken zu schaffen, unglaubliche Geschichten zu erfinden, den vergangenen Tag zu besprechen und jeden Abend das Zeremoniell von den Englisch-Hausaufgaben über das Zähneputzen bis hin zum Zu-Bett-Gehen. Wenn sie dann nach neun, oft erst gegen zehn aus dem Kinderzimmer kommt, legt auch sie sich ein bis zwei Stunden später schlafen; sie hat ihre elementarsten Aufgaben erledigt.

Jetzt legt sie sich eine Lektüre zurecht und stellt eine Tasse Kamillentee daneben. Die kleine zeitliche Lücke, in der sie lesen kann, weiß sie zu schätzen. In Reichweite ihr Tagebuch, ein dickes Schreibheft und Zeitschriften in mehreren Sprachen. Sie ist müde geworden, braucht das Alleinsein, umständliches Abschiednehmen mag sie nicht, niemand sollte jetzt einen Mucks von sich geben, niemand sollte jetzt etwas von ihr wollen, zur Ruhe gekommen und entspannt sollte die Zeit jetzt nur ihr gehören. Sie kann schlafen wie ein Säugling. Hauptsache, Zsuzsi veranstaltet nachts keine Szene. Als die Kinder noch kleiner waren, hörte sie jedes Geräusch aus deren Zimmer. Selbst im Schlaf mußte sie bei wachem Bewußtsein bleiben, es hätte ja sein können, daß ein Alptraum eines der Kinder aufschluchzen ließ.

Alles ist jetzt so gut. Daher ist zu befürchten, daß etwas geschehen wird, was unser Leben durcheinanderbringt, was nur bis zu einer gewissen Grenze von bitteren Tränen, hysterischem Schreien, Alpdrücken, Sich-Abkapseln und Flucht überschattet wird, so daß sich alle Familienangehörigen doch nur an die glücklichen Momente erinnern, wenn ihnen die alten Zeiten in den Sinn kommen. Hierher, wo ich bin, hat es mich verschlagen, die Welt ist mir in den Schoß gefallen, oder ich bin in den Schoß der Welt gefallen, schließlich läßt man mich plötzlich von hier verschwinden. An einem heißen Nachmittag fange ich in einem kühlen Zimmer mit einer Geschichte an und weiß noch nicht, welchen Verlauf sie nehmen will.

Ich gehe nach hinten in den Garten, die Bienen veranstalten um den Aprikosenbaum ein Hochzeitsvergnügen. Von Bewegung zur Bewegungslosigkeit, von Geschwätzigkeit zum Schweigen, vom Verlangen zur Ruhe, vom Nicht-Genug zum Genug, von Angst zur Ankunft – das, so hoffe ich in besseren Momenten, ist mein Weg.

Im Zeichen unbeständiger Wahrscheinlichkeit ist mein Leben verstrichen. Jetzt jedenfalls herrscht Frieden. Ich habe den gepolsterten Korbsessel unter meiner vierundneunzig Jahre alten Mutter zurechtgerückt. Auf den Stock gestützt, war sie auf die Terrasse herausgekommen, ich hatte ihr das Buch nachgetragen und ihr gesagt, daß ich mich nach hinten in den Garten begeben wolle. Gestern habe ich zu viel getrunken, jetzt bin ich apathisch und fühle mich abgestumpft. Aron liegt in der Veranda auf dem Bauch und liest, Zsuzsi probiert ein schönes Kleid an, stolziert herum, dreht sich im Kreis, um sich Gewißheit darüber zu verschaffen, ob das Kleid und ihre Schönheit auch aus jedem Blickwinkel verführerisch sind.

Jutka ist mit den Kindern auf den Berg gegangen, um in einem verlassenen Steinbruch Lavasteine zu sammeln; sie wollen eine Feuerstelle bauen. Jutka hat Gartenbaupläne, stille, dezente kleine Pläne. Alles in ihrem Wirkungsbereich geschieht still, zurückgezogen, kaum sichtbar, mit nur spähend aufklärbaren Signalen.

Nichts funktioniert so wie im Garten von Gyuri Jovánovics einige Häuser weiter oben, wo heldenhafte und grandiose Arbeiten im Gange sind und unter Berücksichtigung jedes Setzlings alles bis zur letzten Hauswurz geplant ist. Zimmer- und Küchenwände werden vom Künstler persönlich mittels Malerpinsel getüncht. Die Pflasterung des Gartens am Eingang verlangt vom Meister, in dem Steinhaufen Stücke zu finden, die sich geschickt zusammenfügen lassen, damit das Erdmosaik möglichst wenig Lücken aufweist. Er breitet die Steinsplitter auf dem Boden aus und schaut wie ein Reiher, welche mit welchen gepaart werden können. Die Arbeit geht langsam voran, aber das Werk ist vollkommen, tagtäglich schreitet er darüber hinweg.

In unserem Garten und Haus kann nichts gegen Jutkas Willen geschehen. Sie überlegt, heißt gut und entscheidet. Zwar kann auch ich meine törichten Vorschläge vorbringen, Gewicht aber haben sie nicht. Kommando, Ausführung, Aktivität, Einfügen, Abstimmen des Ensembles der verschiedenen Bedeutungen, ästhetische Billigung und abwägende Anordnung, mit einem Wort das, was den Dingen ihre Seele einhaucht, obliegt Jutka. Ich aber täte nicht gut daran, in etwas hineinzureden, worin ich unbedacht und weniger bewandert bin als sie. Ich bin tatsächlich langsamer und vergeßlicher, überblicke nicht alle Aspekte, außerdem bin ich radikaler und in der Quantität übertriebener, auf die Würze und deren Wirkungen verstehe ich mich nicht so feinsinnig wie sie. Würde ich meine Nase in Jutkas Angelegenheiten stecken, wäre Unordnung die Folge. Das Geheimnis des Friedens besteht darin, sich nicht in die Obliegenheiten anderer einzumischen.

Unsere Freunde fahren dreitausend Kilometer mit dem Auto, um die Herbstferien in Spanien zu genießen. Jutka sagt, selbst wenn ein Mongolensturm drohen sollte, sollten wir uns lieber im Bakonygebirge verstecken, statt dreitausend Kilometer bis an die spanische Meeresküste zu rasen, zu einem gemieteten Haus, das nicht besser sei als das eigene, denn in diesem, in Hegymagas, würden, sobald sie den Garten betrete und von dort aus die Küche, zahlreiche Gegenstände ihren Blick grüßend erwidern. Es entspricht ihrer festen Überzeugung, daß der Mensch ein grelleres Rot als das der Rosen aus ihrem Garten oder der von der Nachbarin gekauften Tomatenpaprikaschoten absolut nicht braucht. Auch die Tatsache, daß es hier ausreichend Platz gibt, um sich nicht auf der Pelle zu hocken, so daß man sich gegenseitig leichter ertragen kann, ist nicht zu unterschätzen. Ich lehne mich an den Zaun und sehe hinaus auf das Maisfeld; sanft schwellen die Wolken an, eine leichte Brise läßt die Maisblätter flattern, fegt über sie hinweg.

Jutka hatte mich zum Bahnhof von Tapolca gebracht. Hand in Hand saßen wir auf einer Bank auf dem von Kinderscharen wimmelnden Bahnsteig. Doch weil die Abfahrt eines Zuges aufwühlender ist als das Verschwinden des Autos, einigten wir uns darauf, uns voneinander zu verabschieden, noch bevor der Schnellzug von Celldömölk über Ukk zum Budapester Südbahnhof weiterfährt, und daß Jutka davoneilt, noch bevor die an der Zugspitze stehende blonde Frau mit der roten Mütze und der Kelle in der Hand der am Zugende stehenden, gleichfalls blonden Frau mit der roten Mütze das Zeichen zur Abfahrt gibt. In ihrem Wagen fährt sie zurück in unser Haus nach Hegymagas, wo sie von den Kindern schon erwartet wird.

*

Mitte April 1945 erhielt ich die Nachricht, daß László Kún, mein Vetter, nachmittags halb fünf bei uns in Großwardein eintreffen würde. Er war damals siebenunddreißig Jahre alt, ich zwölf. Ich wußte, daß er in der unteren Wohnung erst die Frauen verschiedenen Alters begrüßen würde, meine ältere Schwester Eva und ein kleines Baby, von dem ich nicht mehr weiß, wem es gehört hat, doch danach würde er hinaufkommen in die obere Wohnung. Die stand mir mit dem Balkon, von dem aus sich ein Blick auf die Schnelle Körös bot, der Bibliothek und dem Schrank mit den geistigen Getränken, die zu trinken zumindest nicht verboten war, allein zur Verfügung. Den lieben langen Tag konnte ich hier lesen oder herumstreunen. Niemandem war ich Rechenschaft schuldig, womit ich mir die Zeit vertrieb. Allerdings wäre es mir nicht unrecht gewesen, hätte mich jemand einer Leistungskontrolle unterzogen und mich verwundert angesehen, hätte ich etwas nicht gewußt, was ich hätte wissen müssen. Es beruhigte mich, daß die Obrigkeit gekommen war. Obgleich wir dem Familienstand nach Laci gegenüber gleichberechtigt waren, war er dennoch der ältere. Es war zudem entschieden worden – vielleicht hatte er dies auch nur eigenmächtig verfügt –, daß er nun unser Vormund war, unser Ernährer und Ersatzvater, solange unsere im Mai 1944 verschleppten Eltern aus irgendeinem Konzentrationslager – wenn überhaupt – zurückkommen würden, bis der Krieg endlich-endlich vorbei sein würde. So erwartete ich also von ihm, daß er mir meine Aufgabe zuweisen würde.

In der am Ufer der Körös gelegenen Großwardeiner Wohnung von György Pogány – zu der Zeit Staatsanwalt, zuvor Rechtsanwalt und Arbeitsdienstler, umgekommen auch seine Familie – heftete ich von einem großen runden Tisch aus meinen Blick auf die Tür. Dann plötzlich stand tatsächlich mein Vetter aus Bukarest, László Kún, vor mir, was sehr komisch war, weil es schien, als würde mein Vater eintreten. Laci war lediglich einen Kopf größer als er, breitschultriger, in jeder Hinsicht die wuchtigere Ausführung und zehn Jahre jünger. Ein selbstsicherer und eleganter Mensch, der Anzug makellos; es war ihm anzusehen, daß er schon getragen war und daß sich sein Besitzer wohl fühlte darin.

Der Fremdling wirkte dort in Wardein großstädtischer als die Einheimischen. Ihn hatten sie nicht so erniedrigt wie die im Konzentrationslager Eingesperrten. Wer von da kam, freute sich seines Lebens, war aber kleinlich, da seine ganze Habe aus den wenigen Sachen bestand, die in einem Rucksack Platz gehabt hatten. »Der schwedische Lord«: so nannte ich Laci in Anwesenheit meiner Schwester, wohlwissend, daß es solche gar nicht gab. Laci feixte über die Kleinkariertheit, in der kurzen Abfertigung anderer äußerte sich sein nicht zu leugnender Hochmut. Obwohl seine Eltern ehrsame kleine Leute waren, wollte er sich von seiner Herkunft freimachen; wenn einer über hundertneunzig Zentimeter groß ist, tut er sich schwer damit, einen kleinen Mann zu spielen.

Fragen stellte er kaum, wissen wollte er nur, ob ich mit den Umständen zufrieden sei. Er beruhigte uns, in dieser Wohnung müßten wir es nur vorübergehend aushalten, in einem knappen Monat würde er zurückkommen und uns von hier mit nach Bukarest nehmen zu seiner Familie, zu seiner Frau und seinen beiden kleinen Kindern, und von nun an würden auch wir seine Kinder sein, egal, ob unsere Eltern heimkehrten oder nicht. Ein intimeres Thema wurde danach nicht verhandelt. Ich fragte ihn, was bis zu seiner Rückkehr meine Aufgabe sei. Daraufhin holte Laci ziemlich viel Papiergeld aus seiner Gesäßtasche und legte es vor mich hin: das sei meines, sagte er, und ich hätte nichts sonst zu tun, als es auszugeben. Mit der gleichen Aufgabe betraute er auch meine Schwester Eva.

*

Daraufhin aß ich viele Cremeschnitten und sah mir mehrmals einen sowjetischen Film an: »Sechs Stunden nach dem Krieg«. Ich verstand weder den russischen Sprecher noch die rumänischen Untertitel. Doch was gesagt wurde, konnte ich mir, nachdem ich den Film mehrmals angesehen hatte, zurechtkombinieren. Aus einem Fenster hatte mich eine junge Frau nett angelächelt; ich kehrte einige Male dorthin zurück, aber die Frau tauchte nicht mehr auf. Mit Mangel und Verlust fand ich mich ab.

Ich verwilderte, was auch daran zu bemerken war, daß ich mir das Hemd aufknöpfte und unter die Achseln griff, um mich zu kratzen. Das bemerkte Tante Zsófi, die sich in Budapest unter den Pfeilkreuzlern, während der Belagerung also, um uns gekümmert hatte, um fünf Kinder, meine Schwester Eva, meine beiden Vettern aus Berettyóújfalu, István und Pali, Peter, ihren eigenen Sohn, und mich. In Budapest gab es nichts zu essen. Gemeinsam mit Eva hatte ich die große Arztwohnung in der Innenstadt schon früher verlassen, damit Tante Zsófi zwei hungrige Mäuler weniger zu stopfen hatte. Dennoch schaffte sie es nicht, sich und die drei Kinder durchzubringen.

Mit den drei Jungen fuhr sie nach Klausenburg, wo der Buchhändler Ferenc Dobó, unser Onkel, am Leben geblieben und bereit war, für deren Lebensunterhalt aufzukommen, so daß sich die damals dreißigjährige Tante Zsófi darauf konzentrieren konnte, nach dem Verbleib ihres Mannes zu forschen. Noch wußte sie nicht, daß sie den Irren- und Nervenarzt Dr. Gyula Zádor, unseren Onkel, nur mehr in einem Massengrab in Westungarn hätte suchen können, in das er von Armbindenträgern der Pfeilkreuzler, von ungarischen Feldgendarmen hineingeschossen worden war. Auf dem Rückweg von Klausenburg nach Budapest legte Tante Zsófi bei uns in Großwardein einen Zwischenstopp ein, um ein wenig zu verschnaufen.

»Gyuri, was ist los mit dir, daß du dich so gehenläßt?« fragte mich Tante Zsófi. »Sechs Wochen ist es her, daß wir uns getrennt haben, und schon hast du so ordinäre Gewohnheiten angenommen?« Sie lächelte, und vielleicht scherzte sie auch nur, aber man konnte durchaus ernst nehmen, was sie sagte.

Am Abendbrottisch saß ein Geschwisterpaar auf der Durchreise; vom Arbeitsdienst mitgebrachter schwarzer Humor, in dem so viele gewaltsame Tode dunkel verborgen waren wie Kerne in einer Wassermelone, schwirrte durch die Luft. Die beiden Brüder wetteiferten um ein Lächeln von Tante Zsófi, doch es erfüllte mich mit Genugtuung, daß ihr Lächeln unanfechtbare Reserviertheit verriet.

Am nächsten Morgen setzte Tante Zsófi ihre Reise fort, während ich mich am Ufer der Körös herumtrieb und die Internierten beobachtete, die von einem ärmlich gekleideten und mit einem Gewehr bewaffneten Polizisten zur Trümmerbeseitigung begleitet wurden. Es wäre ein leichtes gewesen, sich aus dem Staub zu machen – doch das soll kein einziger versucht haben. Ich suchte das Haus auf, in dem mein Großvater noch drei Jahre zuvor gewohnt hatte, Fremde öffneten mir die Tür. Sie wollten von nichts eine Ahnung haben, auch sie, so sagten sie, seien ausgebombt worden. Auf dem Tisch Marmeladenhörnchen. Sie boten eines an, waren jedoch nicht böse, daß ich dankend darauf verzichtete. In der Küchenecke skizzierte ein Mädchen etwas; während der wenigen Minuten, die ich dort verbrachte, hob sie keine dreimal den Kopf, doch beide beobachteten wir uns. Auch hierher schlenderte ich einige Male, es hätte ja sein können, daß wir uns auf der Straße begegnete, wenn sie aus der Schule kam. Doch auch diese zufälligen Spaziergänge brachten mir nicht die gewünschte Erscheinung, die ich zwischendurch sogar mit einem Text versehen hatte. In Gedanken verwickelte ich uns in ernste Gespräche.

Doch dann unterließ ich die Spaziergänge in dieser Straße und suchte die Gegend nicht mehr auf, weil mir dort meine Tante Gizu entgegengekommen war. Sie küßte mich, während ich mich ihren Armen entwand. Es schien, als sei ich unversöhnlich, weil sie und Onkel Andor, ihr Mann, uns unerwartet und ohne Vorankündigung zu Beginn der Herrschaft der Pfeilkreuzler in Budapest im Stich gelassen hatten. Ich versprach nicht, sie zu besuchen. Hierher nach Großwardein hatte es sie verschlagen, sie hatten das Haus der Verwandtschaft und deren Habe in Beschlag genommen. Mit einem nach Ausflüchten suchenden Lächeln verabschiedete ich mich und verriet ihr nicht einmal unsere Adresse.

Zu diesem frostigen Verhalten hatte ich kein Recht, denn letztlich hatte uns Tante Gizus Einladungsbrief das Leben gerettet. Daß wir in jenem Jahr, als unsere Eltern in ein österreichisches Konzentrationslager geraten waren, nach dem Aufenthalt bei Tante Gizu und Onkel Andor auch unter die Aufsicht anderer – die von Tante Zsófi, Onkel Imre Székely und jetzt nun die von László Kún – gelangt waren, gab mir kein Recht, mich für die vier Monate, die wir bei Tante Gizu verbracht hatten, nicht mit gebührendem Anstand zu bedanken. Dem freilich widerspricht die Tatsache, daß sie uns plötzlich und ohne ein einziges Wort zurückgelassen hatten, vielleicht im Vertrauen darauf, daß schon jemand anders kommen und sich um uns kümmern würde.

*

Die bevorstehende Fahrt nach Bukarest erfüllte mich mit unbändiger Neugier und Reisefieber, versetzte mich in erwartungsvolle Aufregung. Ich hatte gehört, daß dort mehr Ungarn leben sollen als in den Provinzstädten Ungarns. Eine lange Fahrt wartete auf uns, noch dazu in dem großen schwarzen Chrysler Imperial, den Laci von der rumänischen Königin samt Chauffeur gekauft hatte. Jetzt, da er seine Aktivitäten wieder frei entfalten durfte, organisierte er in allen Richtungen den Handel zwischen Bukarest und Siebenbürgen, doch auch in Klausenburg und Kronstadt hatte er zu tun. Unterwegs nahmen wir an den familiären Schauplätzen Quartier.

Rückblickend betrachtet, habe ich mich in diesem einen Jahr auf den Stufen der Kultur weiterentwickelt, bin als jemand aus dem mittleren provinziellen Bürgertum mit dem

Geschmack der großstädtischen Intelligenz in Berührung gekommen, zu dem Ironie gegenüber dem familiären Hintergrund und meinem naiven Heimweh gehörte. Daß ich nach Berettyóújfalu zurückkehren wollte, wurde mit einem Lächeln quittiert. Ich dagegen behauptete, mir habe das Dorf entsprochen, und alles andere hätte ich für ein Provisorium gehalten.

Unsere beiden Stützen, Tante Zsófi, die Kostümhistorikerin und Modeschöpferin, und Laci, der Textilingenieur und Großhändler, rumänischer Meister im Brustschwimmen sowie zweiter Geiger eines anerkannten Amateurorchesters, hätten die Herkunft der Eltern am liebsten im dunkeln gelassen. Ich wollte das um so weniger hinnehmen, als ich die stämmige und große Tante Sarolta, Lacis Mutter, die genau verstand, womit sie mir zu Gefallen sein konnte, mochte. Wenn wir früher bei ihr in Großwardein zu Besuch weilten, setzte sie mich hinaus auf die zur Körös gehende Terrasse und wickelte mich in eine seidig weiche Decke, sobald der Wind über die Schnelle Körös hinwegfegte. Neben mich stellte sie einen Teller Schokoladenkuchen, mit Erdbeermarmelade schmackhaft gemacht, und reichte mir ein Opernglas, damit ich das auf den Steinen sich kräuselnde Wasser und die aus dem Fluß emporspringenden Fische beobachtete. Stunden konnte ich so verbringen. Tante Sarolta brachte mir gelegentlich einen kleinen Nachschlag vom Tisch der Erwachsenen, und auf meinen Wunsch faßte sie kurz zusammen, worüber sie sich unterhielten: hauptsächlich über die Familie und Lacis Ehe, über Iboly, eine große, elegante Blondine, eine edle Seele, die alles besser wußte als andere und die Lacis Vollkommenheitsideal vielleicht sogar noch übertraf.

Iboly stammte aus einer guten Klausenburger Familie, hatte auch studiert, spielte Tennis und ertüchtigte ihren Körper im Kunstturnen, sprach deutsch, französisch und auch ein wenig englisch, im Hintergrund lauerte eine vorteilhaft scheinende Mitgift. Was gute Manieren oder geschmackvolles Benehmen anging, war Iboly nicht zu übertreffen. Mit einer unmerklichen Bewegung ihrer Mundwinkel registrierte sie Fehler und kleine Verstöße der anderen gegen die gute Erziehung. Zur Sprache brachte sie diese Ausrutscher nicht, verzieh sie, aber merkte sie sich.

Auch Onkel Dolfi, ihr Schwiegervater, war Eisenwarenhändler, nur kleiner als mein Vater, sowohl im Hinblick auf die Statur als auch auf die Größe des Geschäfts. Warum Laci seine in Auschwitz getöteten Eltern nie erwähnte, verstand ich nicht. Etwa aus Scham? Wollte er die Greuel nicht vor sich sehen, oder sah er sie sehr wohl und hielt es für unschicklich, sie zur Sprache zu bringen? Sollte von Erniedrigung und Mord keine Rede sein? Auch mein Vater mochte seine ältere Schwester Sarolta am liebsten, und sie verehrte er am meisten. Auch dem kleinen Jungen hatte sie die volle schwesterliche Zärtlichkeit und Fürsorglichkeit entgegengebracht. Immer hatte Sarolta etwas, was sie ihm geben konnte, entweder einen Apfel oder eine Zwirnspule, und immer dachte sie daran, ja etwas zu haben, was sie ihm geben könnte. Wenn zu Hause Unruhe herrschte, wenn sich meine Großmutter wegen irgendeiner Sache aufregte – bei fünf Kindern und einer großen Schar von Angehörigen fand sich immer ein Grund zum Ärgern –, wenn Sarolta sah, daß die Mama in Fahrt kam, dann trat sie auf den Plan und gab etwas umwerfend Komisches von sich, so daß meine Großmutter vor lauter Lachen ganz rot wurde und ihr Mißmut zusammen mit dem guten Grund dafür verflogen war.

Noch dazu war Sarolta im Besitz eines nüchternen Urteilsvermögens, was sich auch darin zeigte, daß sie sich unter ihren Freiern für den winzigen Onkel Dolfi entschieden hatte, weil sie das Gefühl hatte, daß er unter den Bewerbern als Mensch am wertvollsten sei. Onkel Dolfi betrachtete voller Bewunderung seine mächtige Ehefrau. Sie zu betrügen, ist ihm wohl nie in den Sinn gekommen, und Tante Sarolta war selbst die stille Zufriedenheit. Sorgen machte sie sich nur um ihre Kinder.

*

Magda, ihre Tochter, Lacis jüngere Schwester, war das schönste Mädchen, das ich als Kind kannte. Einmal verbrachte sie zusammen mit uns die Sommerferien in Hajdúszoboszló. Frühmorgens zu ihr ins Bett kriechen und mit ihr flüstern, sie gleichmäßig beschnuppern und einatmen, das gehörte zu meinen Lieblingsbeschäftigungen. Meist war ich es, der sie weckte. Froh war sie darüber nicht immer; manchmal stöhnte sie nur ein bißchen, ich solle warten und unter der Bettdecke nicht herumzappeln. Doch wenn sie die Augen öffnete, sagte Magda gern etwas Besonderes.

Beispielsweise, daß ihr nur schlechte Menschen Zerstreuung böten und daß sie endlich einmal einem Seeräuber oder wenigstens einem echten Abenteurer begegnen wolle. Sie wolle sich einen echten verdorbenen Schürzenjäger ansehen; in Großwardein im Theater oder in der Konditorei oder auf dem Ball des Frauenvereins oder anläßlich des jüdischen Herbstfestes im Garten der Synagoge habe sie nur rechtschaffene junge Männer getroffen. Alle, die Magda für interessant hielt, waren in die Hauptstädte gegangen, wie auch ihr Bruder Laci Großwardein entwichen war und sich nur in Wien oder Bukarest heimisch fühlte. Und natürlich hatte auch er so viele Freundinnen, daß er sie an den Fingern seiner Hände und den Zehen seiner Füße nicht abzählen konnte.

Wenn ihr Bruder Laci nach Hause kam, war das für Magda ein Fest. Dann gingen sie zusammen in das an der Körös gebaute Pankolits-Bad. Beide schwammen sie auffallend gut. Sowohl auf dem Rücken als auch auf der Brust, schnell mit langen Zügen die aus der Tiefe hervorrudernden Arme nach vorne streckend. Wenn Laci sich in Großwardein aufhielt, zeigte er sich meist nur mit seiner Schwester Magda, die auch vor hämischen Bemerkungen nicht zurückschreckte, wenn eine ihrer Freundinnen starkes Interesse an ihrem Bruder bekundete. Obwohl ich ihm vor meinem zwölften Lebensjahr noch nie begegnet war, hatte ich von Magdas großartigem Bruder, der auf Fotos in Reitstiefeln oder im Tennisdreß eine prächtige Figur abgab, schon viel gehört. Auch hatte man mir erzählt, daß Laci einem jungen Mann wegen einer gegen Magda gerichteten respektlosen Bemerkung eine solche Ohrfeige verpaßte, daß der einen Purzelbaum rückwärts über die Promenadenbank schlug.

Ihre Vermutung, daß ihr Bruder nicht wirklich in seine Frau verliebt sei, teilte Magda mit mir. Doch eines sei sicher: Iboly würde den Kindern eine ausgezeichnete Erziehung zuteil werden lassen. Eigenartig fand ich, daß Laci Iboly duzte, während Iboly Laci siezte. Doch zu den Abendprogrammen machten sie nebeneinander einen guten Eindruck. Magda begegnete 1942 in Hajdúszoboszló einem zwanzig Jahre älteren Mann, breitschultrig, rostbraun gebrannt, schon kahl werdend und mit beginnendem Bauch, und fühlte, daß er derjenige sei, dessen Verdorbenheit bereits das Niveau von Rätselhaftigkeit erreiche. Sie sagte, interessant an einem schlechten Menschen sei gerade das, was gegen dessen Willen dennoch gut sei.

Flóra war sein Nachname. Es hieß von ihm, daß er ein Faiseur sei, ein Schwindler. Zumindest Livia, mein Kindermädchen, setzte meine Mutter davon in Kenntnis. Flóra holte Magda in einem Steyr Puch-Sportwagen ins Hotel Gambrinus ab und lud sie zu großen Ausflügen ein; meine Mutter und mein Kindermädchen waren unruhig. Nach dem Mittagessen stürmte Magda mit Flóra davon und kam erst nach dem Abendbrot zurück. Sie hatte einen auserlesenen Geschmack. Beispielsweise mochte sie eingeweichtes Hühnchenfleisch, in viereckigen Scheiben gebraten. Ich hob Magda in meinem Zimmer so eine Scheibe auf, aber sie zeigte keinerlei Interesse daran und sagte, im Hotel zum Goldenen Ochsen in Debrecen habe sie Markpudding gegessen, was mich ein bißchen erschaudern ließ.

Wir saßen nebeneinander auf der Terrasse des Hotels Gambrinus, Magda glühte. Um uns ein wenig Höflichkeit zu zeigen, setzte sich auch Herr Flóra zu uns, doch sein Interesse verebbte alsbald. »Wie alt sind Sie eigentlich?« fragte ich ihn und sah, daß er diese Frage nicht mochte. Magda versuchte, mich mit einem scharfen Blick aufzuspießen, doch dann verzichtete sie darauf, und wir schwiegen. Die Nacht war erfüllt von Ákos Holéczys Jazzband und der Sängerin Stefi Ákos, die ein wunderbares Abschiedslied sang, von dem Magda ebenso rührselig wurde wie auch ich. Doch dieser Gänserich mit dem Mädchennamen war mir nicht die Spur sympathisch. Ich stellte ihm intrigante Fragen, um ihn hereinzulegen.

Beispielsweise, wie ihm die Landschaft der Tiefebene gefalle. Wenn er davon nicht begeistert sein würde, war das Spiel für ihn verloren. Und er war tatsächlich nicht begeistert! Die langweiligsten Ausreden brachte er vor: Die Tiefebene sei flach, nichts befinde sich darauf, diese Drecknester von Dörfern lägen weit auseinander, das Kopfsteinpflaster der Landstraßen sei für sein Auto die reinste Folter. Ich war zufrieden. Wenn dieser Flóra so ein Idiot war, dann würde Magda ihm in absehbarer Zeit den Laufpaß geben. Aber nein! Magda stimmt ihm vergnügt zu, ja, setzt dem die Krone auf: Sie versteht diesen Flóra, diesen Affen, der auf dem Gellérthegy, dem Blocksberg, wohnt und in Tirol Ski läuft. Ich bin entsetzt. O, Magda, die sie in Großwardein in der Nähe des Hochgebirges des Komitats Bihar lebt, auch sie ein Mensch des Gebirges, zumindest in ihrer Seele, nicht so einfach wie die Menschen der Tiefebene. Sie beide also, Gebirgler, gegen mich, den groben Klotz. Mit dem verbündest du dich, mit ihm bist du *wir*, und ich bin für dich *ihr* geworden? Dafür wird er noch büßen, dein Flóra, auf dessen Bauch sich Fettwülste kringeln, du wirst ihn noch als nackte Schnecke sehen, du wirst von ihm noch das kalte Kotzen bekommen!

Noch im gleichen Jahr sollte ich schrecklich bestätigt werden. Die geschwängerte und sitzengelassene Magda konnte die Schlaftabletten, die sie geschluckt hatte, nicht erbrechen und schlief auf ewig ein. Auf ihrem Tisch, mit einem Seidenband zusammengebunden, die an Flóra geschriebenen und von ihm zurückgeschickten Briefe.

*

Lacis Ankunft war ein Ereignis. Der große Mann wälzte sich aus dem Wagenfond hervor, empfing die ihm Entgegeneilenden, nahm die Familienangehörigen und die Untergebenen ins Verhör, verteilte Lob und machte einige Scherze, die ein bezeichnendes Licht auf unseren schwachen Verstand warfen. Nie konnte man sich sicher sein, daß er nicht aus unerfindlichen Gründen das Gehörte mißbilligen würde. Ich spürte, daß ein Instrument in ihm bei jeder Bewegung vibrierte und alles, was töricht, überzogen und kleinkariert war, abwies. Pfeife, den Verdacht hatte ich, rauchte er nur, weil er seine Antwort nicht überstürzen wollte, denn die könnte, würde sie ihm einfach so herausrutschen, viel schärfer ausfallen, als ihm lieb wäre. Doch indem er sie noch einmal überdenkt, steigt aus dem Rauch ein epigrammatischer Spruch hervor, purzeln die Worte einfach nur so vor ihn hin, die man sich nicht sogleich zu Herzen nehmen muß. Wenn er dich aber mit der ganzen Macht seiner Augen ansieht, dann ist es so, und damit mußt du dich abfinden.

Begabung, die besaß Laci. Er verstand sich darauf, Unternehmen großen Stils zu gründen. 1950, nach der Verstaatlichung, wurde er zu Recht Chefingenieur und technischer Hauptabteilungsleiter. Doch die Politik ließ nicht zu, daß er sich entfalten konnte. 1938 hatten sich die Österreicher Hitler angeschlossen, weshalb er das Land flugs verlassen mußte, in dem er bereits Firmenchef und ein fescher Reiter gewesen war, das Land, in dem man ihn in einige gute Gesellschaften eingeführt hatte, in dem seine geistreichen Lippenbewegungen und sein strahlendes kluges Lächeln fast schon eine Zugabe zu dem ausgezeichnet sitzenden Sakko zu sein schienen; allein dessen Tadellosigkeit hätte schon genügt, doch Laci besaß auch die Gabe, bedeutend zu sein und im Schwerpunkt der Anziehungskraft zu stehen, die anderen zu begeistern und um sich zu scharen. Ihm boten sie Zerstreuung, für ihn spielten sie, und sie versuchten vor ihm im vorteilhaftesten Licht zu erscheinen. Dem Chef zu gefallen war allerdings nicht so leicht, und dennoch, obwohl die Leute nicht immer die beste Note erhielten, unternahmen sie weitere Anstrengungen, um Laci ein Lächeln auf die Lippen zu zaubern.

Als Laci nach Großwardein zurückkehrte, waren wir darauf vorbereitet, daß er vielleicht unser Vormund sein würde. Ich schenkte ihm ganz mein Vertrauen. Vielleicht deshalb, weil er meinem Vater so sehr ähnelte. Er war ein anständiger Mensch, und das auch dann, wenn Mimi, eine seiner Freundinnen, mehr ohne ihn unglücklich als mit ihm glücklich gewesen ist. Auf der Straße sprach mich eine gut gekleidete junge Frau an, die auf Grund von Lacis Erzählung und einer gewissen Ähnlichkeit, obgleich sie kein Foto von mir gesehen hatte, ahnte, daß ich ich sei, und fragend nannte sie meinen Namen. Ich nickte und bejahte, und vom Scheitel bis zur Sohle erfaßte mich tiefe Verwunderung, daß mich eine so wohlriechende Schönheit in Pelzmantel und Pelzmütze kannte oder es zumindest doch für lohnend hielt, mich kennenzulernen. In der Konditorei Japort nahm sie die Pelzmütze vom Kopf und ließ den sich lösenden dunkelgoldblonden Dutt auf den Rücken wallen, bestellte Tee, stützte die Ellenbogen auf den Marmortisch, vergrub das Kinn in beide Fäuste und nahm mich intensiv in Augenschein. Dann lächelte sie mich an, als wollte sie sagen: »Na, komm!«

Obgleich ich schon mehrmals hier gewesen war und obgleich ich strikt immer nur Cremeschnitten bestellte, denn die bevorzugte ich auch in der Vanilleduft verströmenden Konditorei Petrik in Berettyóújfalu, tat ich, um meiner neuen Bekanntschaft zu gefallen, dennoch so, als machte sie mir damit eine Freude, daß sie auf die Glasvitrine mit den Torten und Kuchen zeigte und sagte: »Das alles gehört dir.« Woraus ich schloß, daß die Dame allzu schnell zu Übertreibungen neigte. Dann fragte mich Mimi über Laci und die Familie aus. Sie wollte alles über meinen wortkargen Vetter wissen, den ihr zufolge die Neugier von wem auch immer nervös machte. »Was mir jemand erzählt, das höre ich mir an, aber Fragen stelle ich keinem«, sagte mir Laci, als ich ihn danach mit meinen Fragen überhäufte.

Mimi besaß einen schnellen Verstand und eine flinke Zunge. Sie behauptete, *Die Thibaults* innerhalb von zwei Tagen gelesen zu haben, einen dicken zweibändigen Roman, zu dem ich während der Belagerung und unter Tante Zsófis Herrschaft eine recht unbequeme Beziehung hatte. Ich mußte ihn unter den Armen halten, um nicht auf die Idee zu kommen, die Ellenbogen von meiner Seite zu entfernen und mich auf den Tisch zu fläzen. Zwar war ich dank meiner Mutter und meiner Kindermädchen schon entsprechend dressiert, doch neigte ich durchaus zu Rückfällen, was das Aufstützen der Ellenbogen auf den Tisch betraf. »Du bist nicht in der Kneipe!« bekam ich zu hören. »Schade«, dachte ich.

Jedenfalls hatte mich dieses Training in eine nähere Beziehung mit diesem zum Weiterlesen einladenden, umfangreichen und sättigenden Roman gebracht, und zwar derart, daß er auch in Bukarest mein Schicksal wurde. Auch Iboly nahm meine sündhafte Neigung zur unstatthaften Benutzung der Ellenbogen wahr, und da ich ihr mein groteskes Verhältnis zu den Thibaults geschildert hatte, machte sie sich schnell am Bücherschrank zu schaffen und holte genau die gleiche Ausgabe hervor, die nun auch in Bukarest um kein Gramm leichter war. Zu allem Verdruß versuchte sie obendrein, mir auch anderweitig noch den letzten Schliff zu verpassen. Sie stellte mir die Aufgabe, in Butter gedünstete grüne Erbsen so in den Mund zu befördern, daß ich die kullernden grünen Erbsen nicht auf die konkave, sondern auf die konvexe Seite der Gabel zu lenken hatte.

»Eine spitzbübische Familie«, sagte Mimi und zerzauste mir die Haare. Selbstverständlich hatte sie die langen Fingernägel rot lackiert, was 1945, einen Monat nach dem Ende des Zweiten Weltkriegs, um es direkt zu sagen, selbst in der Konditorei Japort in Großwardein eine ungewöhnliche Erscheinung war. Sie interessierte sich sehr für unsere Familie; die ihre war größtenteils vernichtet worden und auch ursprünglich nicht allzu weitverzweigt gewesen. Mimi, die nicht wirklich einer richtigen Ehe entstammte, hatte schon als kleines Mädchen beschlossen, eine berühmte und reiche Matrone zu werden. Später fügte sie dem auch noch das Verlangen hinzu, unbedingt am Leben zu bleiben. Sie hatte das Gefühl, Magda zu ähneln, vielleicht aber ähnelte Magda auch ihr. In der Schule waren sie beide die schönsten, und oft wurden sie miteinander verglichen, worüber sich die Mädchen hinwegsetzten, indem sie gegenseitig ihre Schönheit rühmten. Engere Freundinnen allerdings wurden sie nicht.

Laci wollte auch mit ihr nicht über seine vergasten Eltern und die wunderbare Magda, die Auschwitz nicht mehr erleben mußte, reden. »Gott sei Dank nicht«, hätte Mimi gesagt. Auch sie hatte es schwer gehabt; sie war nach Südsiebenbürgen geflohen, nach Rumänien, von wo die Juden nicht nach Polen verschleppt wurden. Zu Zehntausenden sind sie in der eigenen Heimat getötet worden. Ihre Freundin wurde im Herbst zusammen mit vielen anderen auf eine Insel deportiert, die sie nicht verlassen durfte. Und wer es dennoch versuchte, wurde erschossen. Bald waren nur noch ihre irdischen Überreste vorhanden. Doch dank Namensheirat, Bestechung und einfach nur aus Zufall oder wegen nachlässiger Behörden konnte man davonkommen. So traf auch Mimi nicht lange nach den Russen in Großwardein ein. Sie verteidigte die Wohnung ihrer Mutter, staffierte sie mit den Möbeln ihrer verschleppten wohlhabenden Tante aus und zündete im silbernen Leuchter Kerzen an.

Langsam tastete sie sich an Lacis Geschmack heran, kochte ihm seine Lieblingsspeisen, milderte und veredelte sie, besorgte die Zutaten auf mysteriös verschlungenen Pfaden. »Weißt du, daß sich dein wählerischer Vetter den Bauch ausgesprochen gern vollschlägt? Hast du bemerkt, daß ihm das allmählich anzusehen ist?« Mimi verriet mir, daß sie Lacis Hose ausgelassen hatte, an den Nähten gab es noch eine Reserve. Auch auf solche Dinge verstand sie sich. Sie hatte den Beruf einer Näherin erlernt. Aber am liebsten würde sie einen Modesalon eröffnen, in der Pester Innenstadt, vielleicht auf dem Szervita-Platz, die Gegend hat sie sich ausgesucht, ja, direkt neben der Musikalienhandlung Rózsavölgy. Und sie spürt, daß Laci ihr dorthin folgen wird, wenn es Frieden gibt, wenn bis dahin keiner von ihnen zufällig abgeschossen wird. Mimi rechnet damit, daß Laci sich mit Bukarest nicht zufriedengeben, sondern auch Budapest und Wien brauchen werde, wo er gute Jahre verbracht habe. Sogar den Namen seiner Firma habe er Mimi schon verraten: Technokomp. »Klingt das gut?« »Hm.« Obgleich Laci keinen Gesellschafter haben werde, weil er alle Entscheidungen allein treffen wolle, würde er sie, Mimi, in seiner Textilfabrik vielleicht als Modeschöpferin akzeptieren, auch wenn es jetzt eher angebracht sei, sich auf Berufskleidung zu verlegen, aber auch die könne ja dekorativ sein. Mimis Produktivität habe Laci angeblich sprachlos gemacht. Denn sooft er nach Großwardein komme, treffe er Mimi in neuer Kleidung, und die entwerfe und nähe sie komplett selbst. Verblüffend, ja, unverschämt schnell. »Dieser dein Vetter und Willkürherrscher vergöttert die Neuigkeiten. Hab keine Angst, euch wird er nicht austauschen. Er ist ein anständiger Mensch, dem seine Familie über alles geht, nur ein bißchen verkrampft ist er, läßt nicht zu, daß man ihn liebt, und auch mich will er nicht verwöhnen. Du hast es gut«, sagte Mimi mit unverhohlenem Neid, aber dennoch nett, »du kannst mittags und abends mit Laci an ein und demselben Tisch sitzen. Er ist mein ewiger Bräutigam«, stellte sie melancholisch und träumerisch verklärt fest und schalt sich, daß sie sich mir ausgeliefert hatte. Aber aus Lacis Worten hatte sie herausgehört, daß sich auch mein älterer Vetter gern mit mir unterhielt.

Die Wahrheit ist die, daß ich mit Laci politisierte. Er bat mich, ihm die *Scînteia* zu besorgen, die Zeitung der rumänischen Kommunisten. Ich fragte ihn, warum es ausgerechnet die sein solle? Und Laci sagte, was ich in Budapest schon von der schönen Tante Magdi gehört hatte, der Eurhythmistin und Turnlehrerin, die fünf Jahre nach der Befreiung beim Versuch, die Grenze illegal zu überschreiten, bereits einige Meter hinter der Grenzlinie von hinten erschossen worden ist. Als Argument brachte er vor, daß die Kommunisten die entschiedensten Gegner der Nazis, der Pfeilkreuzler und der Eisernen Garde gewesen seien, weshalb er ihnen am ehesten vertraue. Das sei wahr und auch nicht wahr, sagte ich, denn in Úfalu hätte ich eine Geschichte gehört, wonach aus einem Pfeilkreuzler ein Kommunist geworden sei, aus dem einen Großmaul ein anderes Großmaul. Laci aber wollte daran glauben, daß es nun einen industriellen Aufschwung geben und endlich die Zeit der Großunternehmen kommen werde. Ich erzählte ihm Geschichten von den Russen, von Schießereien Betrunkener und daß ich den einen zurückgezogen hätte, der auf Onkel Imres Hof in den gerade offenen Brunnen gepinkelt habe und dabei fast hineingestürzt sei.

»Ja, ja«, sagte er, auch er könne von solchen Vorkommnissen berichten, doch er fügte hinzu, ich solle auch daran denken, daß sie uns befreit hätten, und es sei nicht korrekt, wenn ich vergäße, daß ich ihnen mein Leben zu verdanken hätte. Das erkannte ich an, doch ich schuldete schon so vielen Dank dafür, daß ich mit meinen zwölf Jahren noch am Leben war, daß ich, in meiner Dankbarkeit träge geworden, Lacis vertrauensselige Großzügigkeit gegenüber dem Kommunismus als übereilt empfand.

Ebenso wie Bibi, sein stellvertretender Direktor, der in Bukarest sagte: *Les idées sont belles, mais le pratique, mon bon dieux, c'est tristement douteux.** Bibi rief schon am frühen Vormittag an, meldete sich mit schriller hoher Stimme am Telefon, sagte ungeduldig nur: »Bibi!« Er wunderte sich, daß ich Laci seine französischsprachigen Botschaften nicht bis in alle Einzelheiten übermitteln konnte. Ich bot ihm an, es mit mir auf deutsch zu versuchen, aber dafür dankte er, lieber nicht, diese Sprache meide er jetzt. Bibi war angesichts der Tatsache, daß die Russen in Bukarest an einem einzigen Tag zehntausend Privatautos requiriert hatten, absolut nicht gerührt. Dem verlieh er am Tisch der Familie, denn er speiste oft bei Laci zu Mittag, um sich mit ihm wie ein anständiger Kapitalist würdig bei Kognak und einer Zigarre zu unterhalten, auf verschiedene Art Ausdruck.

Doch um von Bibi zur traurigen Mimi zurückzukehren: Noch während unserer Unterhaltung in der Konditorei

---

* Die Ideen sind schön, aber die Praxis, mein Gott, ist auf traurige Weise zweifelhaft.

stellte sich heraus, daß sie oftmals vergebens auf ihren ewigen Bräutigam wartete. Selbst wenn sie etwa die Frau eines anderen werden sollte, würde sie immer auf Laci warten. »Und wenn dein Vetter diese trockene intelligente Frau einmal sitzenläßt und sagt, komm, Mimi, dann wird ihm die verrückte Mimi Hals über Kopf hinterherrennen, Ehemann und Familie, alles, im Stich lassen, nur um die schwere Hand deines allerliebsten Vetters auf ihrem Kopf zu spüren.« Bei diesen Worten rannen einige schöne Tränen, die sie sich mit einem parfümierten Taschentuch abwischte, über ihre Nase. Seither habe ich Mimi nicht mehr getroffen. Dabei hatte sie gesagt, sie wolle mich besuchen, aber getan hat sie es nicht. Einmal noch habe ich sie gesehen, allerdings hat sie mich nicht bemerkt oder zumindest so getan, als nähme sie mich nicht wahr. Sie verschwand in einem Haus. Ich spazierte auf der anderen Straßenseite auf und ab; da sie hineingegangen war, würde sie irgendwann vielleicht auch herauskommen. So war es auch, doch während sie zur Haustür hinaustrat, fuhr ein großer schwarzer Morris vor. Am Steuer ein Mann mit Lederhandschuhen an den Händen, schwarzer Sonnenbrille und Bürstenschnitt. Mimi setzte sich neben ihn und fingerte ein wenig am Schädel des Mannes herum. Im Spiegel des Gesehenen empfand ich Lacis Entflammtsein als leichtsinnige Investition. In meinen moralischen Erwägungen indes gelangte ich zu dem Schluß, daß Lacis vermutliche Seitensprünge keineswegs bedeuteten, daß er auch als unser Vormund unzuverlässig sein würde.

*

Ich besprach also mit Eva, ob wir Laci in unser Geheimnis einweihen sollten. Meine Schwester entschied sich dafür. Was wir bisher niemandem erzählt hätten, könnten wir ihm anvertrauen. Die Rede war vom vergrabenen Gold. Zwei Kilo in einer rostfreien Stahlkassette, die eine Hälfte

Armspangen und anderer Schmuck, die andere Hälfte Bruchgold. Als wir am Tag nach unserer Ankunft in Berettyóújfalu das Haus eingehend unter die Lupe genommen und außer Müll nichts entdeckt hatten, warfen wir auch einen Blick in das vom Hof aus zu erreichende Ofenrohrlager, wo wir feststellten, daß eine Grabung in der Ecke den Boden hatte locker werden lassen.

Wir nickten uns zu, klar, die Ecke kam jedem Idioten in den Sinn, indes die Entfernung von einem Meter zwischen Wand und Türpfosten war ein ziemlich unwahrscheinliches Versteck, und tatsächlich, daran hatte sich niemand vergriffen. Wir sahen uns an, vom Erdboden hatten wir abgelesen, daß die eine Kassette hinüber war, die andere jedoch noch dort sein und unter der Erde ruhen könnte. Doch wenn wir sie höben, wäre sie auch bei uns nicht unbedingt in Sicherheit. So vertrauten wir also Laci das Geheimnis an; er würde schon eine Möglichkeit finden, den Schmuck in Sicherheit zu bringen und zu verwahren. Am Abend des dritten Tages sagte Laci, daß wir uns am nächsten Morgen früh um neun auf den Weg machen würden.

Wir fuhren in drei Autos, fünf oder sechs junge jüdische Männer begleiteten uns, unter ihren kurzen Jacken Pistolentaschen. Ehemalige Arbeitsdienstler, verschwunden auch ihre Familien, dachten sich, wenn schon zwei jüdische Kinder, eine Seltenheit im ganzen Komitat, am Leben geblieben sind, dann wollen wir ihnen auch helfen. Sie hatten Spaten mitgebracht und ließen niemanden zum Gartentor herein. Sie selbst gruben, und es verging geraume Zeit, bis der Spaten auf Stahl stieß. Sie holten den Metallkasten heraus und verstauten ihn in einem mitgebrachten Sack. Umgehend traten sie die Rückfahrt an, um noch dieselben Grenzposten und sowjetischen Soldaten im Dienst anzutreffen, die morgens beim Passieren der neuerdings errichteten Grenze nach Ungarn nur genickt hatten. Verständnisvolle Blicke hatten die Reisedokumente ersetzt. Sie hatten irgend etwas gesagt, was ich nicht verstand. Jedenfalls durften wir weiterfahren.

Im mittleren Wagen vorn neben dem Chauffeur saß Laci, meine Schwester und ich hinten mit dem Sack. Sollten unsere Eltern heimkehren, konnten sie nicht sagen, daß wir gedankenlos gewesen seien. Früher wäre es uns nicht im Traum eingefallen, Onkel Andor in unser Geheimnis einzuweihen, obwohl er sich intensiv danach erkundigt hatte, was wir von den verborgenen Wertsachen unserer Eltern wüßten. Nichts dergleichen wüßten wir, sagten wir, und ich glaube, wir haben uns ziemlich geschickt dumm gestellt.

*

Bald darauf machten wir uns auf die Reise. Lange Abschiedszeremonien von den Tanten, denen es irgendwie gelungen war, sich selbst zu behaupten, und die auf ein kleines Baby achtgaben. Seit frühester Kindheit war ich an solch rührende Szenen im Treppenhaus gewöhnt. Ich erinnere mich an die lauten und eruptiven Begrüßungen Margits und Ilonkas, der älteren Schwestern meiner Mutter. Bei derlei Gelegenheiten verdrückte ich mich nach hinten, damit mir von den schnurrbärtigen Küssen, begleitet von kreischenden Freudenausbrüchen, möglichst nur das schon müde Ende zuteil wurde. Gaskammer und Krematorium warteten auf die beiden Tanten. Meine Mutter, die inzwischen vierundneunzig geworden ist, erwähnt sie, die längst Verstorbenen, auch heute noch; unlängst sei sie bei ihnen gewesen, sie würden uns besuchen, und sie fragt mich, was ich von ihren Geschwistern wüßte, wann ich die eine oder die andere das letzte Mal gesehen hätte. In solchen Situationen empfand ich meine an der Wirklichkeit orientierten Antworten als dumm und unangebracht: »Aber Mutter, es ist nun schon bald sechzig Jahre her, daß sie nicht mehr lebt. Du weißt doch, sie ist ermordet worden. In Auschwitz.« »Ermordet?« fragt meine Mutter verwundert. »Sie haben sie ermordet?« Es ist, als hörte sie erstmals von dieser Scheußlichkeit. Eigentlich weiß sie es, nur will sie es jetzt nicht wissen. Im Bett, wo sie am liebsten ist, döst sie vor sich hin, träumt mit geschlossenen Augen von ihren Geschwistern, von den Spielen ihrer Kindheit. Auch an meinen Vater kann sie sich nicht mehr erinnern. Am meisten freut sie sich über den Besuch ihrer Enkel und Urenkel, wie es ihr auch auf der Terrasse Zerstreuung verschafft, wenn ihr ein grauer Kater auf den Schoß springt. Zsuzsa, die aparte Volkswirtschaftlerin aus Munkács, die meine Mutter betreut, nennt die Katze Bandi, füttert sie und macht eine humorvolle Charakterzeichnung von ihr. Meine Mutter zeichnet manchmal etwas, liest, geht im Garten untergehakt ein wenig spazieren, das Essen wird ihr vorgesetzt, sie redet nicht, sie wird etwas gefragt, sie redet nicht, dann lacht sie plötzlich. »Die Mädchen sind gut zu mir, es hat ein feines Süppchen gegeben, Brathühnchen mit Kartoffeln, du weißt ja, mein kleiner Gyuri, zum Fleisch mag ich am ehesten Kartoffeln.« »Ja, Mutter, das weiß ich, und auch beim Wein magst du den süßen.« »Ja, den süßen«, bekräftigt sie. Ich schenke ihr ein Glas Muskateller ein, sie läßt nichts übrig, wie ein braves kleines Mädchen nimmt sie die Nährpräparate und auch die Vitamine ein, die meine Schwester ihr vorschreibt; nach dem Mittagessen schläft sie, achtzehn Stunden schläft sie täglich.

Wenn ich sie besuche, nimmt sie den Stock in die rechte Hand, mit der linken hakt sie sich bei mir unter, und im Garten drehen wir einige Runden, vielleicht gehen wir auch vor das Haus. Zur Nacht wird sie gewindelt, neben ihrem Bett steht das Zimmerklosett; wenn sie es nicht vergißt, verlangt sie danach. Die Vergeßlichkeit mag es sein, die ihr beim gleichförmigen Verstreichen der Jahre behilflich ist. Immer mehr Ballast wirft sie von sich, in Ballen fallen die Erinnerungsgeflechte aus ihrem Bewußtsein heraus, es bleibt die geglättete, furchenlose Heiterkeit, die nur gestreichelt werden will. Ich streichle ihr graues, weiches Haar über den Ohren, lobe ihre schöne Zeichnung, die selbst einem zweijährigen Kind besser gelänge, und oft spüre ich auch an mir selbst jene törichte Heiterkeit, die Maske des Gewährens, Sich-Entziehens, dessen, daß es so oder auch so gut ist. Und was morgen wird, weiß ohnehin niemand. Ich spüre das Gesicht meiner Mutter in meinem Gesicht, ich spüre das Lächeln meines Vaters auf meinem Mund, manchmal benutze ich seine einfältigen Sprüche, viel ist von ihm nicht geblieben, wenigstens die Sprüche gebe ich weiter. Meine Söhne lachen dann zweideutig, wissen nicht, was sie mit mir und den Sätzen anfangen sollen.

Doch um den Faden der Erzählung zur Ausgangsgeschichte zurückzuknüpfen: Auch Silber befand sich in dem ausgegrabenen Kasten, Tabletts, Bestecke, Zuckerdosen und Kerzenständer. Das meiste davon verkauften meine Eltern, als Armut bei uns Einkehr hielt, ein anderer Teil ist bei Verwandten abhanden gekommen. Das wenige, was geblieben war, fand sich vor einigen Jahren noch, zum Ende des zwanzigsten Jahrhunderts, in der Vitrine meiner Mutter. Als sie sich nämlich allein in ihrer Wohnung im Erdgeschoß aufhielt, klingelten zwei stämmige Weibsbilder an der Tür: »Nicht wahr, Tantchen, Sie erinnern sich noch? Im Krankenhaus haben wir im selben Zimmer gelegen.« Und sie erzählten ihr alles mögliche von ihr selbst und von der intimen Freundschaft zwischen ihnen im Krankensaal, was meine Mutter nicht in Abrede stellte, obgleich sie überhaupt nicht im Krankenhaus gelegen hatte, aber wenn die beiden Frauen schon so nett waren und sie besuchten, dann wollte sie sie nicht kränken. Während die eine redete wie ein Wasserfall, holte die andere das Sparbuch meiner Mutter aus der Schublade im Schrank hervor und aus der Vitrine die Silbertabletts; und beide verstauten die Beute in einem Bündel, um sich dann traurig, weil sie sich nun eine

Weile nicht sehen würden, zu verabschieden, nicht ohne einen weiteren Besuch in Aussicht zu stellen. Und nach so vielen guten Worten nahm auch meine Mutter Abschied von ihnen.

*

Im letzten Monat des Zweiten Weltkriegs also fuhren meine Schwester Eva und ich mit meinem Vetter Laci in seinem Chysler Imperial von Großwardein nach Budapest, ich neben Laci auf dem Vordersitz, auf dem Rücksitz meine Schwester und zwei uns bekannte Damen, die Laci aus Gefälligkeit mitgenommen hatte. Hinter ihrem Kopf war auch jener Sack mit der schweren Kassette verstaut, der bei unserem Unfall zufälligerweise auf den Kopf jener Dame fiel, die am meisten und lautesten redete. Kurz vor Ploiesti stieß der Wagen auf der linken Fahrbahnseite gegen einen Kilometerstein, riß diesen aus der Betonbettung, so daß der schwere Stein in die Höhe flog und der in den Graben rutschende Chrysler Imperial gewissermaßen unter ihn rollte, denn als wir mühsam aus dem Auto herauskrabbelten, lag der Kilometerstein auf dem Wagendach. All das war passiert, weil uns ein sowjetischer Militärlastwagen auf der falschen Fahrbahnseite entgegengekommen war. Der junge Fahrer mochte für einen Moment eingeschlafen sein, während der Chauffeur der Königin geschickt das Steuer nach links herumgerissen hatte. So hatte also keiner von uns, als wir aus der im Graben zum Stehen gekommenen Karosse heraustaumelten, eine ernsthafte Verletzung erlitten, es sei denn, die Beule, die das Familiengold auf dem Schädel der gesprächigen Dame hinterlassen hatte, wäre eine solche gewesen.

*

Es goß in Strömen. Ein Lastwagen nahm uns mit; Laci saß hinten auf der Ladefläche, auch ein Transportarbeiter setzte sich zu ihm und die beiden deckten sich mit einer wasserdichten Plane zu. Wir, vorn in der Fahrerkabine, weichten nicht durch, auch für die Gastdamen hatte sich Platz gefunden. Unser Einzug nach Bukarest war nicht ganz so triumphal wie unser Auszug aus Großwardein.

Durch verregnete Alleen gelangten wir zu einer Bojarenvilla vom Ende des neunzehnten Jahrhunderts, hinter der in der Tiefe des Gartens ein zweigeschossiges Gebäude im Bauhausstil stand, ein Haus mit mehreren Eigentumswohnungen, von Wildem Wein umrankt. Im Garten gab es einen Sandkasten, eine Schaukel und auch ein kleines Schwimmbecken. Am Eingang zur Wohnung, die sich im zweiten Stock befand, stand die breitschultrige Iboly in tadelloser Haltung, gehüllt in einen weichen Kamelhaarmantel und milden Zitronenduft. In ihr hatten wir eine gute und pflichtbewußte Ersatzmama gefunden, die für alles sorgte, vom Abendessen bis zum warmen Bad und sauberen Schlafanzug. Alles kam in Ordnung. Ebenso wie vor 1944 daheim. Bett und Tisch wurden mir beschieden, zur Mittagszeit gab es Mittagessen, und zur Abendbrotzeit gab es Abendbrot, gefordert waren gesittete Tischmanieren, und die tagsüber getragene Wäsche mußte abends in die Truhe für schmutzige Wäsche geworfen werden; im Schrank erwartete mich bereits ein frisch gebügeltes Hemd. Nach dem morgendlichen Bad durfte ich mit meiner Cousine, der zweieinhalbjährigen Kati, hinunter in den Garten oder in die nahe gelegenen Geschäfte gehen, wo sie als meine Dolmetscherin fungierte; ich brachte mein Anliegen auf ungarisch vor, sie auf rumänisch. Eifrig führten wir unsere Aufträge aus, erfüllt von einer Art Mannschaftsgeist: wie gut wir uns doch wechselseitig ergänzten! Nicht nur bei Iboly heimsten wir Lob ein, nein, auch bei Viorica, der Köchin, einer amüsanten, lauten und leidenschaftlichen Frau, die mich, wenn sie mit mir unzufrieden war, einen Wildfang nannte. Außer mir war der sich in seinem Bettchen umherwälzende Stefan das einzige männliche Wesen, das in der Wohnung Präsenz zeigte, denn Laci ging in der Frühe und kam spät am Abend nach Hause. Wenn er geschäftlich unterwegs war, blieb er für längere Zeit ganz weg.

*

Während der Wagen der Königin repariert wurde, raste Laci in einem roten Sportauto der Marke Škoda durch die Gegend, das ihm dann aber, irgendwo zwischen Thorenburg und Klausenburg, von sowjetischen Soldaten, die in Gruppen am Straßenrand herumstanden, sozusagen unter dem Hintern wegrequiriert wurde. Laci wollte entrüstet den Kommandeur sprechen und den Vorfall protokollieren lassen. Die vom Wort Protokoll wütend gewordenen Soldaten sprangen in das Auto, schlugen Laci gegen die Brust und jagten davon. Laci, der auf Formen etwas gab, hielt diesen Akt für äußerst formlos, konnte jedoch auch darüber lachen, daß er seine Fahrt nun wieder bei strömendem Regen auf der Ladefläche eines Lastwagens fortsetzen mußte. Als – wie ich – im Sternzeichen des Widders Geborener betrachtete er die Unbilden als kostenloses Abenteuer; immer ging er der Zukunft entgegen, nun mußte er eben Geld für ein neues Auto verdienen, und neigte der Auffassung zu, daß auch das Glück nicht umsonst zu haben sei und man mit Verlusten dafür zahlen müsse. Selbst bei seiner Ankunft ist der Mensch im eigenen Haus nur ein flüchtiger Gast: Eine Weile glänzt er, und bald entweicht er. Laci hatte zwei gute Jahre nach dem Krieg gehabt, vier weitere, ziemlich gute, im Exil, doch als wir später in New York auf der Suche nach einem gewissen Pfeifengeschäft in der Fifth Avenue zusammen spazierengingen, wo er zuvor in einem Schaufenster eine ihm sympathische Kirschholzpfeife gesehen hatte, begriff ich, daß er sich nun die Weltanschauung eines Rentners angeeignet hatte; er lobte den Spaziergang am Meeresstrand und hatte keine Pläne mehr.

*

Mein Vater war absolut unfähig, Reden wie ein Staatsanwalt zu schwingen. »Was will der wohl aus sich herausholen?« überlegte er immer. Als gäbe es im Menschen wie in einem Schrank noch einige Reservefiguren. Ich höre die Stimme meines Vaters: »Und du, mein lieber Junge, was willst du wohl aus dir herausholen?« »Nichts, Vater, ich warte nur auf das Klingeln an der Wohnungstür, vielleicht gehe ich mit Kati in den Garten. Natürlich achte ich darauf, daß ich euch sehen kann, wenn ihr kommt.«

Laci rief aus Großwardein an: unsere Eltern lebten, sie seien schon daheim in Berettyóújfalu, und es könne sein, daß wir sie bald sehen würden. Wie? Wann? »Bald.« Nur das Wesentliche teilte er uns mit, weiter nichts. Wir, meine Schwester Eva und ich, hatten schon einige Heimkehrer gesehen. Wahrscheinlich waren auch unsere Eltern schmal geworden und befanden sich in keiner allzu guten Verfassung.

Ich versuchte schon nicht mehr ernsthaft, Vermutungen über ihr Schicksal anzustellen, denn was ich von den Konzentrationslagern gehört hatte, war nicht dazu angetan, mir meine Eltern in jenen erniedrigenden Szenen vorstellen zu wollen. Wie hatten sie es geschafft, am Leben zu bleiben? Ich hockte in der mit einheitlich modernem Geschmack eingerichteten, nicht besonders gemütlichen Wohnung. Mit dem Personal verstand ich mich gut, das stille Hausmädchen hatte einen feschen, elegant gekleideten Handwerker geheiratet, einen Parkettleger. Laci mietete ihnen eine Wohnung im Haus. Viorica, die Köchin, die auch ein bißchen ungarisch sprach, war genauso wie die Menschen in Újfalu, lauter Herz. Sie verwöhnte uns, manchmal schlug sie um sich und sagte einem gehörig die Meinung, ein andermal winkte sie weise ab und ließ gewähren, was doch nicht zu ändern war, wie beispielsweise die Geschichte von damals, als die Katze des Nachbarn über den Küchenbalkon hereingesprungen war und einen gehörigen Batzen Kalbsleber gestohlen hatte. Nicht nur, daß Viorica darauf verzichtete, ihr mit einem Holzlöffel hinterherzurennen, vielmehr setzte sie sich auf einen Hocker, um sich vor Lachen zu schütteln.

Scheinbar war in unserer formgestalteten Behausung alles in bester Ordnung, die Lage hätte sich auch wesentlich ungünstiger entwickeln können. In dem Zimmer, in dem ich jetzt wohnte, hatten sich im letzten Kriegsjahr zwei englische Piloten versteckt gehalten. Ihre Maschine war abgeschossen worden, und über das Netzwerk der Widerstandskämpfer waren sie hierher gelangt. Der Hauskommandeur klingelte eine Weile danach zur Abendbrotzeit an der Wohnungstür und fragte, ob hier noch jemand außer den Familienangehörigen wohnte. »Niemand«, sagte Laci. Der Hauskommandeur wollte sich vom Wahrheitsgehalt dieser Behauptung gern selbst überzeugen, aber Laci verwehrte ihm den Eintritt. Der Hauskommandeur wurde zudringlich, woraufhin Laci ihm eine schallende Ohrfeige verabreichte, so daß der Hauskommandeur über die Stufen ein Stockwerk tiefer plumpste. Wenn er darüber Stillschweigen bewahre, sagte Laci, werde er es nicht bereuen. Und half ihm mit diesen Worten wieder auf die Beine.

Aus Rosenthal-Porzellantassen löffelten wir unsere Suppe, doch die Gedanken an Lacis von Großwardein und Klausenburg in die Gaskammer transportierte Eltern schwebten über den verchromten Bestecken und der mit einem Deckel verschlossenen Suppenschüssel. Von den Eltern wurde nicht gesprochen. Wenn aber dennoch irgendwie die Rede von ihnen war, entstand eine kleine Stille, und Ibolys und Lacis Gesicht war die Anstrengung anzumerken, sich von dem Krampf, der ihnen die Kehle zuschnürte, nicht überwältigen zu lassen.

Mit Hitlers und Mussolinis Billigung hatten die ungarischen Truppen 1940 Nordsiebenbürgen zusammen mit Großwardein und Klausenburg von Rumänien zurückerobert. 1944 wurden die ungarischen Juden, nun auch die von Nordsiebenbürgen, nach Auschwitz deportiert. Die von Südsiebenbürgen, das rumänisch geblieben war, nicht. Mein Onkel aus Kronstadt und mein Vetter aus Bukarest haben dieses kritische Jahr überlebt, die überwiegende Mehrheit der Juden aus Großwardein, Klausenburg und Berettyóújfalu ist vernichtet worden. Ausgenommen einige junge Männer, die zu Arbeitskompanien eingezogen worden waren. Einige von ihnen wurden in Massengräber hineingeschossen, andere wurden am Leben gelassen, je nach Einstellung des Befehlshabers, und kehrten heim. Das Schicksal der jüdischen Arbeitsdienstler hing immer davon ab, ob der Kompanieführer selbst töten oder retten wollte. War er ein harter und prinzipientreuer Faschist, dann waren die Tage der jüdischen Männer gezählt. Ich verscheuchte die Gedanken an das Schicksal meiner Eltern. Doch in den Räumen des Großwardeiner Hilfskomitees für die von der Deportation Zurückgekehrten hatte ich gerade genug davon gehört, was auf der Birkenauer Eisenbahnrampe mit denen, die sich aus dem Waggon herausgewunden hatten, passiert war. Ich zog es vor, davon zu träumen, daß meine Eltern zu Arbeiten in der Landwirtschaft herangezogen worden seien. Auf den Äckern hätten sie, so hoffte ich, manchmal etwas Eßbares auflesen können. Wann unsere Eltern mit Laci kommen würden, wußten wir nicht. Doch an jenem Tag, obgleich uns nur ein Gefühl zuraunte, dies sei nun der Tag, gerieten wir zusehends in eine Stimmung erregten Erwartens.

*

Katis Streifzüge durch den Garten vermochten meine Aufmerksamkeit nicht mehr zu fesseln. Meine zweieinhalbjährige Nichte bemerkte, daß die acht Monate alte Adriana, im Wagen stehend und in ihrem Höschen herumstochernd, vom eigenen Kot naschte und sich mit unbezwingbar triumphierendem Lächeln über den Mund einen Schnurrbart schmierte. Ich wollte Adrianas Mama informieren, aber Kati hielt mich zurück: noch nicht, laß das! Kati wollte wahrscheinlich Adrianas lamentierende Mama sehen. Sie versteckte sich hinter einem Busch und wartete genüßlich die Entwicklung ab.

Es sollte so sein, wie sie es wollte. Aber das dramatische Gewahrwerden der kotverschmierten Adriana konnte warten, jeder konnte warten, der Chauffeur sollte es nicht gar zu eilig haben und es schön gemächlich angehen lassen, nicht daß bei Ploiesti wieder etwas passieren würde. Auch Kati kann warten. Auch der Schneider im Souterrain, zu dem ich zur Anprobe gehen müßte, um einen neuen Anzug zu bekommen, kann warten, zumal ich mich im alten wohl fühle. Ich hoffe, er fragt nicht wieder, wo ich meine Lunte trage, rechts oder links, womit er mein Geschlechtsorgan meint. Ich nahm mir Zeit für das Wichtigste, um mich im Garten hinter einen Feigenbaum und einen Efeustrauch zurückzuziehen, von wo aus ich den ganzen Garten überblicken und jeden Eintretenden im Auge behalten konnte.

Endlich drang das Brummen jenes bekannten Autos an meine Ohren, das Knallen der Türen, die Stimmen mehrerer Menschen, am kräftigsten die von Laci. Dann hörte ich auch eine weibliche Stimme, ja, das war meine Mutter. Erhitzt schleppten sie Gepäckstücke, ich rannte, um ihr die Tasche aus der Hand zu nehmen. Auch Eva tauchte auf und wollte unserem Vater den Rucksack abnehmen. Und der Streit darüber, wer was tragen sollte, bremste ein wenig den Schwung der Umarmungen. Die Küsse konnten getrost noch eine Weile trocknen. Meine Eltern kommen in den Garten, Vater blinzelt in der grellen Junisonne und zieht sich in den Hintergrund zurück. Mutter breitet ihre beiden Arme aus, ich muß schlucken, jawohl, sie sind es.

Sie sind kleiner, schmächtiger und älter als auf jenem Bild, das ich von ihnen in mir getragen habe. Auch in ihren Augen die prüfende Frage: Wer bist du eigentlich, an den ich so viel gedacht habe?

Laci mit seinen Lieben ließ uns allein. Lange schwiegen wir, hielten uns an den Händen, ich beobachtete sie, ich nickte, sprach die Worte aus: Mutter, Vater. Hernach geschah noch so manches; wir gingen in einem Park, worin sich meine Schwester und ich auskannten, spazieren, in einer italienischen Eisdiele luden wir unsere Eltern zu einem Eis ein, meine Augen verirrten sich zu einem schwarzgelockten Mädchen, das an einem Trinkwasserbrunnen aus der hohlen Hand trank und sich Wasser auf den Kopf spritzte. Vergnügte und traurige Ruhe senkte sich auf uns; wie angenehm, daß die Menschen hier um uns herum es nicht auf uns abgesehen hatten, daß sie uns nicht anzeigen, abführen und ausrotten wollten. Es macht einen ruhig, wenn einem niemand in der Umgebung den Tod wünscht.

Nach dem Abendessen hockten wir im Schlafanzug auf dem Bett unserer Eltern und hörten uns wechselseitig die geschehenen Abenteuerromane an. Meine Mutter erzählte, mein Vater schnitt hin und wieder eine humorvolle Grimasse dazu. Im Fußmarsch wurden sie von Wien nach Mauthausen geführt. Auf Initiative meiner Mutter sprang ein Dutzend Menschen an einer Wegbiegung so geschickt in den Wald, daß die Posten der Begleitmannschaft die Flucht nicht bemerkten. Es war die Zeit der ersten Frühlingstage, das Leben im Wald war schwer. Sie trafen einen Trupp deutscher SS-Soldaten und gaben sich als ungarische Flüchtlinge aus. Die Soldaten freuten sich, daß die Leute um meine Mutter deutsch sprachen und im Wald erlegte Hasen und Rehe über einem Feuer rösteten. So setzten sie sich also freundlich dazu. Unter den Flüchtigen war auch eine hübsche junge Frau, die dem jungen und ebenfalls hübschen Kommandeur des SS-Verbands ausnehmend gut gefiel und die sich im Interesse eines guten Verhältnisses auch zu ein bißchen Kokettieren bereitfand.

Die Waldidylle dauerte zwei Wochen lang und erwies sich als lebensrettend. Denn wer nach Mauthausen gelangt war und die Flucht nicht gewagt hatte, blieb nicht am Leben. Meinem Vater fiel bei diesem Abenteuer die Rolle zu, möglichst zu schweigen, denn seine schauspielerischen Fähigkeiten waren begrenzt. Zu betrügen und zu lügen war für ihn ein Ding der Unmöglichkeit. Als freier Bürger noch hatte er ängstlich die Buchhaltung besorgt, vorschriftsgemäß Steuern abgeführt, nichts auf Kredit gekauft und kleine Preisnachlässe bei Bargeldzahlungen genossen. Bis zum Überdruß wiederholte er den deutschen Spruch: *Ein Mann, ein Wort.* Zu dieser Harmlosigkeit gesellte sich unvermeidlich auch eine gewisse Einfalt. Hätte sich mein Vater nicht dem Einfluß meiner Mutter unterworfen, die zu Gesetzen und Behörden ein selbstsüchtigeres, störrischeres und freieres Verhalten an den Tag legte, hätte er den Krieg nicht überlebt. Der Kommandeur wollte bei der zur Gruppe gehörenden jungen Frau schließlich immer ungeduldiger sein Ziel erreichen. Aus der gereizten Entschiedenheit der Bewegung, mit der er weggestoßen wurde, begriff er plötzlich, daß von einem Zusammenhalt unter Verbündeten keine Rede war. Er telefonierte, daß sich im Wald flüchtige Juden versteckt hielten.

Im April 1945 also wurden sie von alten österreichischen Gendarmen abgeholt und auf ein Pferdefuhrwerk verfrachtet. Die Reise zwischen blühenden Kirschbäumen dauerte mehrere Tage und endete in einem gemischten Lager, wo alles mögliche Volk anzutreffen war, in großer Anzahl auch Kriegsgefangene. Doch das hier war kein Vernichtungslager, und hier in Krems erlebten meine Eltern die Befreiung.

Die stille und entschlossene Renitenz meiner Mutter

hatte sich auch weit früher schon gezeigt. Nehmen wir beispielsweise den Fall der gebratenen Knackwurst. Auf dem Markt von Berettyóújfalu verbreiteten sich aus den Garküchen die Düfte gebratener Schweineknackwurst. Der mit Knoblauch durchsetzte Geruch lockte, wenn auch nicht unbedingt meine Mutter, so doch den sie begleitenden Sohn in der Schlange vor dem Gemüsehändler. So manches liebe Mal gingen wir zusammen mit der Köchin und dem Kindermädchen auf den Markt. Es wogte das liebenswürdige Plaudern der Gebrüder Velev dahin, der bulgarischen Gärtner, die ihren fremdländischen Akzent nicht verheimlichen konnten, während ihre Hände flink Pfirsiche und Tomatenpaprika abwogen; doch wie stark auch immer mir der Duft des Blumenmarkts und von Obst und Gemüse in die Nase stieg, die Knackwurst trug den Sieg davon.

Dabei hatte sie durchaus gefährliche Rivalen: Besonders mochte ich in der Parade der Gerüche den als Futter verwendeten Sonnenblumenkuchen, den ausgepreßten und zu einer Scheibe zusammengedrückten Sonnenblumenkernrest, liebte ich den Tisch weißgekleideter Tanten, die saure Sahne, Quark und Butter feilboten oder Schafskäse in Kinderkopfgröße. Letztlich lastete auf meiner Mutter ein gehöriger Druck, ein schönes Paar Knackwürste zu kaufen, und wir erdreisteten uns, sie heimlich, noch vor dem Mittagessen, zu verschlingen, nicht am Mittagstisch, sondern in der Küche, wo wir auf Kiefernholzstühlen hockten. Ich benutzte mein Taschenmesser, und wir waren aufgeregt wie Verschwörer. Wir hofften, dieses Attentat auf die jüdischen Speisevorschriften vor meinem Vater geheimhalten zu können. Damit, daß meine Mutter Fleisch auch vom Hinterteil und nicht nur vom Vorderteil des Rinds kaufte, hatte er sich schon abgefunden, doch daß Schweinefleisch ins Haus kam, war für ihn, den gehorsamen Sohn seiner Eltern, unvorstellbar. Die Geheimhaltung indes mißlang.

Vater suchte meine Mutter, und tauchte, da er sie nirgendwo in der Wohnung fand, plötzlich in der Küche auf, wo er die Knackwurst verschlingende Bande von Sündern erblickte. Er hatte alles gesehen, aber er tat so, als hätte er nichts gesehen.

Meine Mutter neigte also zu Gesetzesverletzungen, und wenn es sein mußte, konnte sie auch lügen. Sie führte die Gestapooffiziere, die alles sehen wollten, und die ungarischen Gendarmen durch das Haus, und sie leugnete, was zu leugnen war. Frauen verstehen sich auf so etwas besser. Als im Mai 1944 auch meine Mutter verhaftet worden war, wurde sie zusammen mit meinem Vater im Feuerwehrgebäude von Berettyóújfalu gefangengehalten. Gegen Geld erlaubte der eine Gendarm, daß mein Vater für einige Minuten den Raum betrat, in dem meine Mutter eingesperrt war. Ich segne mein Schicksal, daß meine Mutter nicht einfältiger und gottergebener als ohnehin gewesen ist, daß sie den Mut gehabt hat, gegen die Festnahme meines Vaters zu protestieren. Sie hatte die fixe Idee, daß der Oberstuhlrichter Dr. György Fényes auf der lokalen Kommandantur der befreundeten Macht gegen eine solche Ungesetzlichkeit vorgehen müsse. Ich segne die Vorsehung, daß sich meine Mutter dank dieser Halsstarrigkeit hat einsperren lassen, so daß wir Kinder allein geblieben sind. Ihr Ausharren an seiner Seite hat meinem Vater und auch ihr selbst das Leben gerettet, denn der Zug, in den man sie hineingepfercht hatte, war irrtümlicherweise statt nach Auschwitz nach Österreich geleitet worden, wo sechzigprozentige Überlebenschancen bestanden. Und damit hat sie auch uns Kindern das Leben gerettet, die wir, wäre sie an unserer Seite geblieben, ins Gas geschickt worden wären. Ich sicher und wahrscheinlich auch Eva. In dem Jahr unseres Alleinseins dachte ich wegen der Trennung nie vorwurfsvoll an meine Mutter. Eine Frau gehört an die Seite ihres Mannes.

Meinen Vater hielt ich für verletzlicher und empfindsamer als meine Mutter, die nunmehr, zum Ende des zwanzigsten Jahrhunderts, da ich das schreibe, vierundneunzig geworden ist und sich an meinen schon seit zweiunddreißig Jahren toten Vater nicht mehr erinnert. Jene etwa zehn jüdischen Männer, die damals ins Spritzenhaus eingesperrt worden waren, rätselten, was man mit ihnen anstellen und was man von ihnen wollte. Sie wußten, daß sie die wohlhabendsten und angesehensten waren, vermutlich sollten sie geschröpft, sollte ihnen alles weggenommen werden, wenn sie überhaupt noch etwas hatten. Alle Räume hatten Ritzen, zu denen man hinausspähen konnte, und der eine der intelligenten Kepes-Brüder meldete als erster, daß jetzt Rózsi, meine Mutter, gebracht würde. Mein Vater durfte hinüber in den Nachbarraum gehen, um meine Mutter zu küssen. Aus ihrer Gegenwart schöpfte er Kraft.

Am dritten Tag holten wir das Mittagessen aus dem Gasthof Lisztes, das Werk von Annus Lisztes. Zu der Zeit war dieses Mittagessen schon eine politische Geste, eine demonstrative Solidaritätsbekundung. Wir hatten keine Köchin mehr und keine Mutter mehr, in Töpfen brachten wir meinen Eltern das Mittagessen vom Gasthof. Ich betrachtete Annus' dicke Arme, wie sie mit einem großen Messer den Braten in Scheiben schnitt, ich bewunderte die überlaute und massige Frau zwischen riesigen Kesseln und Koteletts. Aber es gab niemanden mehr, dem wir das Mittagessen hätten bringen können. Die Türen zu den Arresträumen standen offen, was wir von weitem erst erfreut registrierten, dann aber stellte sich heraus, daß sie leer waren. Einer der Gendarmen verriet uns, daß die Häftlinge in die Nähe von Debrecen transportiert worden seien, am nächsten Tag dann erfuhren wir vom Oberstuhlrichter, sie befänden sich auf einem zum Internierungslager umfunktionierten Meierhof, in Szentgyörgypuszta. Er riet uns aber davon ab, dorthin zu gehen, man würde uns nicht hineinlassen. Den Braten nahmen wir mit nach Hause, aßen mißmutig davon, stellten den größeren Teil für den Abend zur Seite und spielten den Nachmittag über Tischtennis. In Szentgyörgypuszta bekam mein Vater Fieber, Gendarmen verhörten ihn, weil sie das Versteck seiner Wertsachen wissen wollten. Er sagte, er habe keine gehabt, sein ganzes Vermögen habe er ins Geschäft gesteckt. Bei dieser Aussage blieb er. Was sie mit ihm angestellt haben, weiß ich nicht. Er verteidigte, zumindest teilweise, die Möglichkeit eines Neuanfangs. Das Gold, das er dann, wenn wieder Frieden sein sollte, in Nägel, Draht und Töpfe verwandeln würde, war für ihn so etwas wie für einen Autor das Unikat eines Manuskripts.

Onkel Béla hatten sie sein Geheimnis entlockt. Sie kamen in den Garten und angelten die Stahlkiste aus dem Brunnen heraus. Das abgepumpte Wasser floß auf die Straße. Mit achtzig Häftlingen zusammen wurden mein Vater, meine Mutter und die anderen in einen Viehwaggon gepfercht, mein Vater geschwächt mit neununddreißig Grad Fieber, von irgendwoher organisierte meine Mutter Ultraseptil, und als der Zug anhielt, half sie ihm hinaus ins Freie.

Auf dem Schwechater Landgut der Brauereifamilie Dreher taten sie, was getan werden mußte, unter nicht sonderlich boshaften, dennoch aber ziemlich harten Aufsehern. Untergebracht wurden sie in einer langgestreckten Scheune, ortsansässige Tagelöhner gab es kaum noch; die waren zum Militär eingezogen worden. Meine Eltern hackten Kartoffeln, Zuckerrüben, Zwiebeln, Bohnen, manchmal steckten sie etwas davon unters Hemd oder in die Tasche.

Hier arbeiteten sie bis zum Winter, froren, krochen zusammen, richteten sich gegenseitig auf.

Im Dezember wurden sie zur Trümmerbeseitigung nach Wien gebracht, wo sie im Bezirk Floridsdorf am linksseitigen Donauufer in einer Schule wohnten. Sie arbeiteten in der Innenstadt, kletterten auf die Ruinen der durch Sprengbombenabwürfe eingestürzten Häuser, waren bemüht, den auf den Bürgersteig gefallenen Schutt aufzuhäufen. Die meisten Wiener Bürger taten so, als bemerkten sie die gelben Sterne um sich herum gar nicht. Ein Musikalienhändler jedoch reichte ihnen ein in Papier eingewickeltes Butterbrot. Allabendlich lud er meine Eltern zwischen geschnitzte Mahagoni-Notenregale zu einer Tasse Tee ein.

*

Laci ermunterte meine Eltern, eine Weile in Bukarest zu bleiben, um sich zu erholen. Später dann könnten sie darüber nachdenken, eventuell mit seiner Hilfe hier eine neue Existenz zu gründen. Mein Vater könnte in Lacis Firma einsteigen, doch jetzt sollten sie erst einmal körperlich und seelisch zu sich kommen, essen und sich ausruhen; selbst für ihren Unterhalt zu sorgen, dazu sei es noch Zeit genug. Mag sein, daß er einige geringschätzige Bemerkungen über Berettyóújfalu hat fallenlassen: Warum sollte mein Vater nach allem, was passiert war, dorthin zurückgehen? Was hätte er dort verloren? Vor einem Jahr hätten sie ihn nicht zum Bleiben genötigt, und wenn er nun sein Leben von neuem beginnen wolle, warum dann nicht mit einer bedeutenderen Unternehmung? Mein Vater nickte und hat wohl im stillen etwas in der Art gesagt: *Rede du nur Stroh, rede nur Stroh!* Dieser Laci war – nach dem Augenmaß meines Vaters – ein wenig größenwahnsinnig.

Es war klar: Mein Vater wollte, sollte man ihm das nicht verwehren, in sein Haus zurückgehen, in seine Eisenwarenhandlung. Den Beruf eines Eisenwarenhändlers hatte er erlernt, darauf hatte er sich vorbereitet, das war sein Leben, und im ganzen Komitat Bihar gab es niemanden, der ihm den Rang abgelaufen hätte. Nichts anderes wollte er sein als das, womit er angefangen hatte. Im selben Geschäft wollte er noch in diesem Sommer den ersten einkehrenden Käufer begrüßen. Ordnung mußte gemacht und ein Neubeginn in Angriff genommen werden. Erst nur mit wenig Ware in einigen Regalen in der rechten Ecke, um dann allmählich wieder zu wachsen und die gesamte Ladenfläche sowie auch den großen Keller mit Eisenwaren aufzufüllen. Die Behörden würden ihn nun hoffentlich in Frieden lassen. Einige Freunde hatte er auch noch im Dorf.

Die eine Hälfte des Ehebetts hatten sie zurückbekommen. Zudem gab es einen Korbsessel, den mein Vater auf den Balkon stellte. Von dort aus betrachtete er den Sommerhimmel über dem Nußbaum, um in der Mittagspause ein bißchen einzudösen. Größerer Ehrgeiz quälte ihn nicht. Das Schattenspiel der Blätter auf der Stirn meines Vaters rief in mir jenes Bild hervor, das ich einst auf dem Balkon unseres Hauses gesehen hatte, wo mein Vater im Liegestuhl auf eine Weise still werden konnte, daß ich nicht wußte, ob er noch wach oder schon eingeschlafen war, ich aber wahrnahm, daß es ihm gutging. Mein Vater, ein friedfertiger Mensch, fühlte sich in seiner Umgebung wohl, mit uns, mit mir, mehr brauchte er nicht, er aß gut zu Mittag, von nichts brauchte er ein bißchen mehr.

Auch mich überkam jene Ruhe, die ich in seiner Gegenwart spüren konnte, daß alles in Ordnung sei, daß auch ich in Ordnung sei, er mein Tun gutheiße, und er legte mir die Hand auf die Schulter, er sei zufrieden mit seinem Sohn, das aber müsse er nicht weiter ausschmücken. Meine Mutter schloß die Augen nicht, blickte sich sogar sehr lebhaft um, die Großstadt interessierte sie, doch ihre Sehnsucht galt eher Budapest. Wenn sie schon ihr Leben von vorn beginnen müßten, warum sollten sie es dann nicht dort tun, wo es auch den Kindern gelungen sei, am Leben zu bleiben? Daß sie, ein Mädchen aus Großwardein, schicksalhaft an Berettyóújfalu gebunden sein und dort ihr Leben fortsetzen müsse, wo alles auseinandergefallen war, wo die Nazis alles zerbrochen hatten, davon war meine Mutter nicht überzeugt. Was gewesen sei, das sei nicht mehr und werde auch nicht mehr sein, das müsse man vergessen. Doch ihr Józsi sei derart halsstarrig, daß man ihn von seinem Gedanken einfach nicht abbringen könne. Mein Vater führte seinen Vater und seinen Großvater an und daß er in seiner Heimat fast jeden mit Namen kenne.

Der Wahnsinn sei vorüber, man müsse sich an die Arbeit machen. Er nahm sein Haus wieder in Besitz, beseitigte zusammen mit meiner Mutter den Schmutz, ließ an den Türen neue Schlösser anbringen, wollte zu Hause sein im eigenen Haus, das er vom Debrecener Architekten Berger hatte bauen lassen, wollte dort daheim sein, wo er seit frühester Jugend Ansehen erworben hatte. Daß man ihm alles weggenommen und auch ihn verschleppt hatte, sei eine Ausnahmesituation gewesen, eine vorübergehende Geisteskrankheit, die nicht mehr ausbrechen könne.

Freilich, in seinem Geschäft würde er englische Eisenwaren anbieten. Meine Mutter küßte die Stirn meines Vaters: »Ach, mein lieber Józsi!« Und ich legte meine Hand in die seine. Er drückte meine Hand und fragte: »Nicht wahr, mein lieber Junge, so wird es sein?« »Selbstverständlich wird es so sein, Vater, wenn wir das nun schon einmal so schön beschlossen haben.« In dem Streit, ob Újfalu oder ein anderer Ort der richtige sei, stimmte ich meinem Vater zu. Natürlich Újfalu! Hätte ich Verstand gehabt, so dachte ich später immer wieder, dann hätten wir irgendwohin gehen müssen, wo man uns in Frieden gelassen hätte.

Újfalu war tatsächlich kein haltbares Unternehmen. Nicht nur deshalb, weil meinem Vater vier Jahre später im Namen der Diktatur des Proletariats ohnehin alles weggenommen wurde, sondern auch deshalb, weil der Rückzug in ein Mauseloch, die Sehnsucht nach einem nie existierenden, vorgeburtlichen Frieden im Dorf ein halsstarriger Traum, gefühlsduselige und verstockte Einfalt war, die nicht zur Kenntnis nahm, daß viele ein so biederes Dasein nicht wollten. Alles auf eine Karte setzen, auf ein und demselben Weg voranschreiten, die Schachpartie immer auf die gleiche Weise eröffnen, uns mit der Umgebung gleichsam eins wähnen und stur nicht bemerken, daß die Nabelschnur zwischen uns und unserem Zuhause mit einem einzigen Schnitt gekappt werden kann? Es erwies sich, daß auch nüchternes Bewahren von Kontinuität ein Glücksspiel sein kann, an dessen Ende eine vernichtende Niederlage steht. Das naive Festhalten meines Vaters an seinem Heimatdorf, am Wohnort seiner Eltern und Großeltern zu verstehen, fällt mir nicht schwer. Keinen anderen Platz beanspruchte er dort für sich als sein eigenes Haus und das Recht, darin wieder sein Geschäft zu eröffnen.

Das war der Familiensitz. Hier hatten die Großeltern und Urgroßeltern gewohnt, und zu den größeren jüdischen Feiertagen hatten sich hier alle um den großen weißen Tisch und die Fleischsuppe meiner Großmutter versammelt, und von hier gingen sie in dunkler Bekleidung, mit Hut, einem Bettuch, einem Gebetmantel, wenn auch lustlos, hinüber in den jüdischen Tempel in der Nachbarschaft.

*

Es hätte uns, Eva und mir, schmeicheln können, wäre Laci uns, da wir sein Angebot nicht angenommen hatten, ein bißchen böse gewesen. Er hatte uns schon liebgewonnen und kam ganz gut zurecht mit uns, betrachtete uns als die Seinen, es war, als würden wir seine Kinder sein. Darauf hatte er sich vorbereitet. Er wußte, daß mit zunehmender Entfernung auch die Gefühle abnahmen und daß er uns nun mit der Rückgabe an unsere Eltern vermutlich verlieren würde. Warum hätten wir nicht zusammen mit ihm in der Stadt bleiben sollen? Damals glaubte er noch, daß Rumänien ein gutes Land werden würde. Daß es das ebenso wie Ungarn nicht geworden ist, an ihm hat es nicht gelegen.

In den fünfziger Jahren wurde Laci Hauptabteilungsleiter im rumänischen Industrie- und später im Außenhandelsministerium, er war Chefingenieur in Fabriken, geschätzter Fachmann, verantwortlich für internationale Verhandlungen; dennoch blieb er als Bourgeois verdächtig, ein objektiv feindliches Element. Die Feststellung, ob er dies auch in der Tiefe seiner Seele, also, wie man damals zu sagen pflegte, auch subjektiv geblieben war, war Sache der entsprechenden Organe. Laci führte Verhandlungen mit deutsch- und englischsprachigen Geschäftspartnern, die nach Bukarest gekommen waren. Die neben ihm sitzenden zuverlässigen Rumänen verstanden nicht immer, wovon die Rede war, wer was sagte, so daß sie für die Obrigkeit keine erschöpfenden Berichte verfassen konnten und Verdacht schöpften, Laci könnte sich mit den ausländischen Besuchern auf irgendeine geheimnisvolle Komplizenschaft einlassen. Wenn Laci auch nur ein belangloses Geschenk erhielt, eine winzige Aufmerksamkeit, wurden sie sogleich wach. Von Zeit zu Zeit luden sie ihn zur Politischen Polizei vor oder holten ihn zu einer kleinen Unterhaltung ab, vernahmen ihn, beschatteten ihn auf der Straße, gelegentlich auch ausgesprochen nachdrücklich. In seiner Abwesenheit nahmen sie in seiner Wohnung Haussuchungen vor, um ihm zu verstehen zu geben, daß nichts unbemerkt bliebe. Als er sich krank meldete, setzten sie ihm jemanden in die Wohnung. Die durchsichtige Koketterie der Mitmieterin machte Iboly nervös. Nachdem Laci sich vor alldem in die Nervenheilanstalt zurückgezogen hatte, lag im anderen Bett alsbald ein halber Krüppel, ein scheinkranker Spitzel, der, wenn Laci die Toilette aufsuchte, sogleich in dessen Taschen Nachforschungen anstellte. Einmal schrieb Laci etwas auf einen Zettel, zerriß ihn und warf die Schnipsel in den Mülleimer. Als er vom Flur zurück ins Zimmer kam, sah er, wie sich der verkrüppelte Zimmergenosse über den Eimer beugte und die Papierfetzen hervorkramte, um sie zusammenzusetzen. Laci sollte wissen, daß er umzingelt war, daß der Obrigkeit die Rolle des loyalen, jedoch politisch außenstehenden Fachmannes nicht genügte, daß er sich ganz einbringen müsse.

Statt dessen verdingte sich mein Vetter als Lastkraftwagenfahrer. Er besaß die körperliche Kraft, um die großen Brotkörbe einer Bäckerei zu schleppen, doch ein Verkaufsstellenleiter hörte, daß Laci während des Tragens *Yankee doodle* pfiff. Bevor sich der Skandal hätte entfalten können, schlich Laci sich zurück in die Nervenheilanstalt, ließ sich einen Bart stehen, trieb sich, nur mit einem Schlafanzug und Bademantel bekleidet, im Garten herum oder stand einfach da, schwieg unbegreiflich lange, beobachtete das Fallen der Blätter, fegte den Weg und hörte dank eines gutmütigen Arztes im Aufenthaltsraum klassische Musik.

Eines Tages wurde er von Taschenlampen geweckt, die ihm in die Augen leuchteten. Er lag neben seiner Frau im Bett, und vier Kerle in Regenmänteln beugten sich über ihn, stellten ihm unsinnige Fragen, fühlten ihm wegen eines bestimmten Dokuments auf den Zahn, um ihm schließlich zu befehlen, ihnen zu folgen. Sie brachten ihn ins Ministerium, das Schriftstück fand sich an, tatsächlich, in irgendeinem Ordner. Die ganze Angelegenheit erwies sich als Bagatelle, sie ließen ihn laufen. Aber ruhig schlafen konnte er nicht mehr. Die nächste nächtliche Taschenlampenvisite schreckte ihn schon nicht mehr aus tiefstem Schlaf auf; er hatte förmlich darauf gewartet. Das Ministerium gab er auf und suchte sich eine weniger herausgehobene Stelle. Selbst damit, seine Familie bescheiden unterhalten zu können, hätte er sich zufriedengegeben. Nur in Ruhe gelassen werden wollte er. Aber auch das erwies sich als unmöglich. Laci schaffte es nicht, sich klein genug zu machen; auch weiterhin befaßten sie sich mit ihm, belästigten und quälten ihn mit ihrem Gefrage. Iboly kaufte eine Flachstrickmaschine und produzierte Pullover für eine Produktionsgenossenschaft.

Als Laci 1958 endlich die Genehmigung erhielt, mit der ganzen Familie auszuwandern, packte er die Gelegenheit beim Schopfe, vermachte seine Habe dem Staat, nur um mit den Seinen dieses wahnsinnige Land verlassen zu können.

Sie wären nach Israel gegangen – ohnehin das einzige Land, wohin man gehen konnte. In Budapest trafen wir uns. Wien war dann ihre erste Station. Ein Freund fragte Laci, ob er sich 1938 vor dem Verlassen Wiens im Rathaus des Bezirks abgemeldet habe. Erinnern konnte er sich nicht daran. Er ging aber der Sache nach: Er hatte sich nicht abgemeldet. Selbst nach zwanzig Jahren galt er noch immer als Einwohner Wiens, weshalb es ihm freistand, um die österreichische Staatsbürgerschaft anzusuchen. Das tat er, bekam sie zugestanden und eröffnete in den Dominikanerbasteien in der Wiener Innenstadt ein elegantes Büro unter dem Namen Technokomp. Oft und gern kam er nach Budapest; er vertrat deutsche, holländische, englische und schwedische Firmen, verkaufte ungarischen Investoren Anlagen der chemischen, Öl- und Lebensmittelindustrie verschiedener Hersteller. Er hatte eine alte Sekretärin, die seine hastig formulierten Briefe präzise redigierte. Seine Tochter Kati und seinen Sohn Stefan schickte er in die besten Wiener Schulen, doch der Junge, der Glanz seiner Augen, starb plötzlich an einer Hirnhautentzündung. Nachdem Laci aus der Trauer irgendwie wieder zu sich gefunden hatte, ging er gemeinsam mit Iboly jede Woche in die Konzerthalle, las die großen deutschsprachigen Zeitungen, aß in Herrn Kardos' Gaststätte unweit seines Büros zu Mittag. Allmorgendlich von seiner Wohnung auf dem Weg ins Büro mußte er den Stadtpark durchqueren. Einmal setzte er sich dort auf eine Bank und verspürte nicht die geringste Lust, seinen Weg fortzusetzen, um sich in den Ledersessel hinter seinem großen Schreibtisch zu begeben. Er wußte, bevor er die Geschäftspost lesen und Frau Reisner die Antwort diktieren würde, gäbe es eine Pause, einige Minuten Schlaffheit, in denen er sich von seinem Stuhl nicht erheben und seine betagte Sekretärin nicht anweisen könnte, sich, mit einem Schreibblock bewaffnet, zu ihm zu bemühen, um in Stenographie mehr als das Gerippe, jedoch nicht jedes einzelne Wort des Briefes festzuhalten. Frau Reisner versteht nicht ganz, was jetzt passiert, was in Herrn Kun gefahren war, was ihn in einen ähnlich katatonen Zustand versinken ließ, wie laut Frau Kun damals in Bukarest, in einer besseren Nervenheilanstalt, als er auf einem betonierten Betonhof die Pfützen anstarrte und Ibolys Fragen während ihrer Besuche dort mit sehr wenigen Worten einer Antwort würdigte. Obwohl er jetzt hier in Wien auf der anderen Straßenseite die Ziegelsteinmauer eines stabilen Amtsgebäudes aus dem vergangenen Jahrhundert sehen konnte, zeigte er keinerlei Geneigtheit, aus dem Fenster zu schauen. Er wollte Frau Reisner sagen, sie solle noch einen Monat bleiben und die Geschäfte mit der Bemerkung abschließen, Herr Kun sei spazierengegangen. Jeden Tag besuchte Laci seinen Sohn Stefan auf dem Friedhof. Er war nicht mehr derselbe Mensch wie früher, war nun ein großer Schweiger geworden.

Doch dann riß er sich schließlich zusammen, nahm noch einmal einen neuen Anlauf, und es gelang ihm, sich an der Arbeit zu berauschen. Oft kam er nach Budapest, wo er viele Freunde hatte, viele Gaststätten kannte und eine gut zu ihm passende Freundin hatte: sportlich, schon von den ersten Sonnenstrahlen des Frühjahrs auf der Terrasse des Schwimmbads gebräunt und mit einer südamerikanischen Staatsbürgerschaft ausgestattet, Edit, die als jüdisches Mädchen auch selbst in Großwardein aufgewachsen war, deren fröhlich-boshafte Sticheleien Laci wie eine Heilmassage genoß. Nach so vielen Zusammenbrüchen hatte er wieder zu sich gefunden, war wieder in Schwung gekommen. Und schon flog er in der Welt umher: nach Amerika, nach Japan, und brachte für seine Auftraggeber große Kombinationen zustande. In Budapest sah er oft seine Vettern, Gyuri Gera und mich, liebenswürdig umwarb er unsere jungen Frauen mit seinem Charme, bis er vom ungarischen Geheimdienst vorgeladen wurde. Man versuchte, ihn anzuwerben. Berichte über seine ungarischen und ausländischen Geschäftspartner sowie über seine sich mehrenden freundschaftlichen Beziehungen sollte er abfassen. Andernfalls würden seine Geschäfte kaum Chancen haben, zumal sie sein Visum, das ihn zu mehrmaliger Einreise nach Ungarn berechtigte, einziehen könnten. »Was bilden die sich ein?« fragte er uns, seine Budapester Cousins, als wüßte er im Besitz seiner Bukarester Erfahrungen nicht, was die sich einbildeten. Wenn er das täte, was seinem Charakter entsprach und weshalb ich ihn verehrte, würden wir uns in absehbarer Zeit in Budapest nicht mehr sehen können, und seine grandiosen Geschäfte würde er dann weder persönlich noch brieflich weiter abwickeln können. Das war es, was sie sich einbildeten.

Eine Weile hoffte Laci noch, die ihm verpflichteten Firmen würden ihm die Treue bewahren, denn er verstand ihre Pläne und förderte durch bessere Geschäfte ihre Investitionen. Käme er nicht, könnte er nicht kommen, würden sie in Erfahrung bringen, warum und dann würden sie begreifen, daß politisch mit ihm etwas nicht in Ordnung sei; dann, damit rechnete er allerdings auch, würden sie sich nach einem anderen Geschäftspartner umsehen, nach einem, der mit den zuständigen Organen keine Schwierigkeiten hätte. Zu hören, was sie von ihm wollten, machte uns traurig, denn nun gehörten auch die gemeinsamen Abendessen der Vettern der Vergangenheit an.

Laci durfte nicht mehr einreisen. In der Reihe unserer Begegnungen trat eine längere Pause ein. Auch die Lust an Wien war ihm vergangen. Er beerdigte seine Frau, zog, nachdem er wieder geheiratet hatte, nach Amerika in die Nähe seiner Tochter Kati, dann nach Florida und von dort ins Schattenreich.

*

Die Tatsache, daß mein bescheiden lächelnder Vater die Stütze der Familie war, mußte von Laci mit süßsauren Bemerkungen kommentiert werden. Es traf zwar zu, daß er unter sechs Geschwistern erst an fünfter Stelle stand, aber er war der einzige Junge und am wohlhabendsten. Die materielle Lage der anderen war instabiler, weshalb die jüngere Generation dieser bürgerlichen Tüchtigkeit, der Tatsache, daß mein Vater ohne finanzielle Risiken und politische Großmannssucht sein Vermögen stetig mehren konnte, mit Geringschätzung begegnete. Meinen Vettern den intellektuellen Hochmut gegenüber bürgerlicher Zuverlässigkeit anzumerken, war nicht schwer.

Mein Vater war nicht im geringsten empfänglich für die kommunistischen Heilslehren. Halsstarrig propagierte er die Idee freier Wahlen, die gefiel ihm, von ihr war er nicht abzubringen. Er entschied sich gegen die auf dem ganzen Erdenrund vor sich gehenden Revolutionen: »Mein lieber Junge, wählen kann man nur zwischen mehrerem, das verstehe ich, etwas anderes verstehe ich nicht.« Während des Krieges hörte er den englischen Rundfunk, was er auch nach dem Krieg fortsetzte. Auf meine Hilfe war er dabei kaum noch angewiesen. Stundenlang lauschte er den Sendungen des Radio Free Europe; feinfühlig drehte er den Suchknopf.

*

Auch die Rückfahrt von Bukarest, meist auf Lastwagen, dauerte lange. Wer irgendeinen fahrbaren Untersatz besaß, wurde Fuhrunternehmer und stattete die Ladefläche mit Bänken aus. Gut zwanzig Mann hoch saßen wir auf so einer alten Kiste, rasen konnte man damit nicht, gleichwohl, zu mehreren dahinrumpelnd, verlief die Reise vergnüglich. Es interessierte mich, wer neben mir und wer gegenüber war und mit wem zusammen ich ausstieg, um mir die Beine zu vertreten. Mir gegenüber saß ein rumänisches Mädchen, etwa so alt wie ich, und als es vom Fahrdamm am Waldrand hinunterlief, ließ es Freudenschreie vernehmen: *Vai ce bine, vai ce frumoasâ, ach, wie gut, ach, wie schön!* Dabei gab es Sorgen und Trauer genug.

In Kronstadt trafen wir meinen Onkel Ernő, den Hoteldirektor, lebend an. Er war ein ruhiger, stämmiger, heiterer, aber auch schweigsamer und sehr höflicher Mensch. Früher hatten wir in der Forstwirtschaft meiner Großeltern gemeinsam mit ihm lange Sommermonate verbracht. Vor dem Krieg wohnte er im Marmaroser Hochgebirge in einem geräumigen, aus einem Baum gezimmerten Berghaus, wohin ihn die Familie delegiert hatte. Die Bäume wurden hier ausgeforstet und angepflanzt. Zur Firma gehörten ein Sägewerk und eine eigene Eisenbahnstrecke mit einem lustig prustenden Zug. Im Alter von fünf bis sechs Jahren in einer breiten Bergeisenbahn auf den geschälten Baumstämmen zu sitzen, war ein erhabenes Gefühl, ebenso in dem Schienenauto und auf dem gepolsterten Wagen zur Personenbeförderung, mit dem Großvater eintraf, um dann fast bis vors Haus mit dem Zug vorzufahren.

Ich sehe stattliche, breitschultrige, schnurrbärtige Männer mit leichtem Bauchansatz vor mir, die beiden Onkel namens Ernő, den älteren Bruder und den Schwager meiner Mutter, und einen anderen Schwager, Onkel Pista, den Wildling, den nur auf seinem Rücken sich festsaugende Blutegel zur Ruhe bringen konnten, wenn leidenschaftliches Jüdeln ihn ergriffen hatte. Weilte ich bei ihnen zu Gast, machten sie sich alle drei nach dem Mittag einen Jux daraus, als wäre ich in den Cheder gegangen, in die Talmudschule, in die ich zwar nicht gegangen bin, kein Ruhmesblatt, ich weiß, Tatsache aber ist, daß sie sich in unserer unmittelbaren Nachbarschaft befand. Onkel Pista war böse, daß sein Versuch, sich in Palästina niederzulassen, mißlungen war. Er hatte es satt gehabt, hier ständig Jude sein zu müssen, wo er doch überhaupt nicht religiös war.

Er liebte den Wald, das Forellenangeln in eiskalten Bächen, gern fütterte er im Stall die Mastschweine und trat sie freundlich in den Arsch. Den Hühnern streute er den Schrot hin, und mit einem Axthieb schlug er ihnen den Kopf ab. Auch mich nahm der wilde Onkel Pista mit zu einem Holzkohlemeiler, wo er von Zigeunern Walderdbeeren in glasierten Töpfchen kaufte und wo ich wieder jenes schelmische kleine Mädchen traf, das mich immerzu erschreckte, indem es mich anlachte und dann die Augen verdrehte, so daß nur das Weiß zu sehen war. Gern hätte ich das Mädchen angefaßt, aber das wagte ich nicht. Beim Aufschichten und Anzünden von Lagerfeuern, beim Zubereiten von Räuberbraten, in der Kenntnis von Schluchten und Wasserfällen gab es niemanden, der Onkel Pista übertroffen hätte. Ihm zu helfen, wenn wir Speck, Hühnerfleisch, Zwiebeln und Paprika auf Holzspieße steckten, war ein Genuß. Und amüsant war es auch zudem, wenn wir in Affengeschwindigkeit die treifen Speckspuren* beseitigten, wenn wir vom Sägewerk her das Schnaufen der Lokomotive hörten, die zu dieser späten Abendstunde nur Großvater in seinem eigenen Waggon bringen konnte.

Der alte Herr saß gern im Laubengang seines Forsthauses, wo ihm, wenn auch mit einiger Verspätung, die Zeitung gebracht wurde, und von dort rührte er sich nur weg, wenn wir zu Besuch in eine Kleinstadt in den Karpaten fuhren, in deren Zentrum sich neben einem hübschen Park auch das Gefängnis befand, in dem die Häftlinge am Sonntagnachmittag Holzpfeifen, Flöten, rasselnde Hähne und

* Die in den jüdischen Speisegesetzen nicht gemäßen Speisen.

Vogelkäfige, allesamt ihre eigenen Werke, feilboten, die sie durch die Gitter reichten. Die Zellen dienten zugleich auch als Werkstätten. Von der Promenade, vom Kiesweg aus, unter den Platanen, konnte man die Häftlinge beim Schnitzen beobachten. Von einem, dem Pantoffelmeister, hieß es, er habe einen Menschen ermordet. Großvater las die Bücher des modernen Judaismus, sein Cousin war Oberrabbiner von Trier und Manchester, er selbst war eine Zeitlang Vorsitzender der Kultusgemeinde in Großwardein gewesen, doch in die Angelegenheiten der Forstbewirtschaftung mischte er sich nicht allzu sehr ein. Innerhalb der Familie hatte sich manche Arbeitsteilung entwickelt, der Großvater besaß eine geteilte Unterschriftsberechtigung.

Der große Aktive, die Geschäftsbegabung, war sein Schwiegersohn, der Mann seiner Tochter Margit: Ernő Schwarz. Was dieser andere Ernő in die Hand nahm, führte er zum Erfolg. Auch er besaß eine kräftige, tiefe Stimme und noch mehr Autorität als Onkel Pista, den Großvater, wie schon gesagt, nach Palästina geschickt hatte. Der alte Herr hatte in den abonnierten Zeitschriften über die vielen Diskussionen in Sachen Zionismus gelesen und war zu dem Schluß gekommen, daß dieser zügellose und zum Heidentum neigende Schwiegersohn, der sich im Ausgeben des Geldes als geschickter erwies als in dessen Erwerb, daß dieser Pista Frank, der sich auf das Handwerk verstand, dort vielleicht ein neues Leben beginnen und eine sichere Existenzgrundlage für seine Frau und seinen Sohn schaffen könnte. Wenigstens ein Zweig der Familie sollte im gelobten Land Wurzeln schlagen.

Großvater selbst allerdings entschloß sich nicht zu einer solchen Reise. Vermutlich wußte er, daß er mit seinem Spazierstock und dem steifen Hut, dem Zwicker, seinem spitz gezwirbelten Schnurrbart und dem nach zwei Seiten gekämmten Bart nur in Großwardein der war, der er war, den man auf dem Sankt-Ludwig-Platz zuvorkommend grüßte, woraufhin auch er den Hut lüftete. Doch die verzweifelten Postkarten verhalfen ihm zur Einsicht, daß auch Onkel Pista nicht in Palästina zurechtkommen würde. Man mußte sogar Angst davor haben, daß er Hand an sich legen könnte, falls er nicht die für eine Heimkehr erforderlichen Reisekosten telegraphisch erhielte. Das Geld wurde aufgegeben und Onkel Pista kam nach Hause. Er werde dorthin zurückkehren, versprach er dem Großvater; in Galilea seien viele Initiativen auf den Weg gebracht worden, zuvor aber müsse er daheim noch gewisse Angelegenheiten regeln.

Wieder lebte er sein gewohntes Leben im Marmaroser Hochgebirge, in Fiat und in Dermanesti, stritt sich mit ungarischen und rumänischen Arbeitern, Zigeunern, verstand ihre Sprache und nicht selten gingen seine Tobsuchtsanfälle in Lachen über. Dann bewirtete Onkel Pista seine Arbeiter und ließ die Korbflasche mit Schnaps die Runde machen. Laut war er immer, selbst wenn er mir Fragen stellte, in denen er sarkastisch die religiösen Gebote anfocht. Warum sollte er wie eine Krähe in Schwarz gehen, wo er doch seine Jagdhose aus Hirschleder liebte, zu der nur Stiefel paßten? Und sollte er überhaupt einmal das Bedürfnis haben zu beten, würde er sich unter den zum Grundstück gehörenden Wasserfall verkriechen und mit dem Kataraktvorhang vor sich, ohne naß zu werden, dem Herrn für die Erschaffung der Welt danken. Die Synagoge werde er aufsuchen, wenn er Lust dazu verspüre, nicht aber weil es sein müsse oder aus Anstand! Sie sollten ihn gefälligst alle in Frieden lassen, er glaube ja nicht einmal, was er selbst sage, weil er das Gesagte nämlich mit betrunkenem Kopf erfunden habe. Warum solle er diese vielen verworrenen Histörchen glauben? Gut, er werde sie lesen, aber abbringen würden ihn diese Geschichten nicht davon, so zu leben, wie es ihm gefalle.

Die Religiösen in ihren schwarzen Gewändern könnten nicht ihren Leidenschaften frönen, die Araber seien darin geschickter, bemerkte Onkel Pista. Die Juden hätten immerfort Angst, ob sie auch ja peinlich genau die Lebensregeln einhielten. Er wolle nichts Schlechtes sagen, auch gute Tage habe er dort in Palästina gehabt, die Arbeit habe ihm nichts ausgemacht, Apfelsinen mit Druckstellen habe er den Kühen hingeschaufelt, die Gebirgswälder aber und Bäche sowie das Schlachten der Schweine hätten ihm gefehlt. Den Geruch des Waldes könne nichts ersetzen. Die Schauplätze dort seien Steine und Wüste, nicht Rachels Grab, vielmehr Kamelscheiße und Apfelsinen. Und Menschen, deren Sprache er nicht verstehe. Er habe Angst gehabt, im Schlaf überfallen zu werden und die Kehle durchgeschnitten zu bekommen.

Dann trolle er sich lieber für eine Weile davon, und wenn er den Großvater nervös mache, dann gehe er eben zu einer anderen Niederlassung der Familie, zum Königsteig oder nach Belényes in die Stuhlfabrik, nach Mezőtelegd in das auf Asphaltierung spezialisierte Bitumenwerk, oder er steige auf die Lokomotive, füttere sie mit Kohle. Warum auch nicht? Nur verschonen sollten sie ihn alle mit ihrem hochtrabenden Gerede.

Wenn sich im Eßzimmer in zu dichter Aufeinanderfolge die nur in seiner Phantasie lebenden Fledermäuse in den Haaren lagen, weil sie von Onkel Pista etwas forderten, überzog seinen Kopf eine derartige Röte, daß Tante Ilonka gezwungen war, das Gurkenglas zu holen, in dem sich zusammengekrümmte magere Blutegel wanden. Meine Tante bat ihren Mann, sich rittlings auf den Stuhl zu setzen und das Hemd auszuziehen. Onkel Pistas Rücken war fast so breit wie der Eßtisch, und auf dieser großen Ebene plazierte Tante Ilonka in schöner Reihenfolge über- und untereinander die Blutegel. Die machten sich sofort an das Blutsaugen, pumpten emsig, mästeten sich, wurden fett, während sie die Röte aus Onkel Pistas Gesicht saugten.

Nach einer Viertelstunde gelangte Onkel Pista zu der

Überzeugung, daß alles Jacke wie Hose sei, das eine auf diese, das andere auf jene Weise eine Dummheit. Doch wenn ich Lust hätte, könnten wir auf einem schmalen Steg den Bach überqueren und dann, über einen anderen Arm von Stein zu Stein schreitend, auf eine Lichtung gelangen, wo wir den Rehen auflauern könnten. Erst wurden sie stutzig, schreckten zurück, als sie Onkel Pistas ansichtig wurden, doch der blinzelte nur wohlwollend, woraufhin das Rudel einfach weiter äste, aus dem Bach trank und schließlich seinen Weg fortsetzte. Es tat mir gut, daß mich Onkel Pista auf diese Touren mitnahm und mir nachsah, daß ich einmal nach einem ausgiebigen Mittagessen im Schlaf ins Bett gemacht hatte. Dafür hätte mir meine Mutter, da ich schon fünf Jahre alt war, zur Strafe die Nachmittagsvergnügungen gestrichen. Onkel Pista aber stahl sich zusammen mit mir aus dem Haus, und bald darauf fanden wir uns an einem eiskalten Bach wieder; Onkel Pista langte ins Wasser und bekam eine Forelle zu packen. Das wiederholte er dann noch einige Male. Reglos wie ein Götze stand er da, bevor er blitzschnell eine weitere Forelle mit seiner Hand umfangen hielt. Auf einem bemoosten Felsen machten wir es uns bequem. Onkel Pista untersuchte seine Feldflasche – ob es darin noch gebrannten Trester gab? Denn was sonst sollte der an den Füßen frierende Mensch bei Sonnenuntergang zwischen zwei Fichten tun, als sich einen Schluck zu genehmigen?

Dieser störrische Onkel Pista hatte sich für Ungarn entschieden und nach dem Marmaroser Hochgebirge in der Nähe von Großwardein für Mezőtelegd, ein kleines Dorf im Komitat Bihar, für das Sägewerk, den Landauer, die Treibjagd und die blauen Berggipfel an der Grenze zu Rumänien. Im Mai 1944 ließ er die Kutsche anspannen, befestigte darauf drei Koffer, setzte sich vor seine Frau und seinen Sohn auf den Bock und fuhr, da solches allen patriotischen Juden befohlen worden war, ins Großwardeiner

Ghetto. Von hier aus transportierte sie ein Güterzug weiter. Nach Norden. Und kurze Zeit danach war aus Onkel Pista und Tante Ilonka, der Lieblingsschwester meiner Mutter, Asche geworden.

Ihr Sohn, Gyuri Frank, ein mir sehr lieber Vetter, starb beinahe ein Jahr später in Mauthausen an Typhus. Er hatte mich im Knopfball unterwiesen und auch darin, wie man mit Hilfe von Feile und Pech aus Mantelknöpfen Weltklassespieler schuf.

Meine Onkel hatten sich in Großwardein im Café zum Goldenen Adler, wo der älteste Bruder meiner Mutter, Onkel Imre, verschiedenste Rollen spielte, über die Aussichten für ihre Zukunft nicht wirklich gut beraten. Imre war sowohl Croupier wie auch *maître d'hôtel,* trat an die Tische heran und sagte jedem etwas Nettes. An einem reservierten Tisch saß seine jeweils aktuelle Freundin; Schauspielerin und blond mußte sie sein. Wie die vorangegangenen. Imre war kahl, hatte breite Schultern, war dunkelbraun gebrannt, trug einen schmalen Schnurrbart, war jedoch recht klein. Manchmal betrat er das Podium und übernahm vom Primas die Geige. Großvater versetzte derlei nicht in Begeisterung, weshalb er um das Kaffeehaus, in dem sein Sohn Imre mit Liederlichkeiten seine Zeit vergeudete, einen Bogen machte.

Hier also besuchten Onkel Pista und die beiden Onkel Ernő manchmal Onkel Imre, und die vier Onkel beratschlagten mit vereinter geistiger Anstrengung, wie sie den Krieg überleben könnten. Die erfolgreichste Lösung hatte Onkel Ernő Schwarz: Herzschlag. Er konnte sich nicht mehr in seinen weich gefederten Citroën schmeißen, um sich vom Chauffeur auf einer der nützlichen und manchmal rätselhaften Reisen ans Ziel bringen zu lassen. Wenn er ihn zu einer Frau gebracht hatte, die sich gern zeigte und ein forderndes Wesen besaß, zu einer, die im Kreis der Freundinnen dann ausplauderte, von wem sie den fraglichen neuen Ring bekommen habe oder den neuen Pelzmantel, dann war Onkel Ernő gezwungen, in der Türöffnung zu Tante Margits Zimmer stehend, die Stirn an den Türfries gelehnt, sich bei seiner Frau darüber zu beklagen, wie boshaft die Menschen doch sind. »Stellen Sie sich vor, meine Teuerste, was schon wieder geklatscht wird, jetzt bringen sie mich gar mit X in Verruf!« »Mein armer Liebster, alle bringen Sie immer in Verruf. Vielleicht deshalb, weil Sie ein so schöner stattlicher Mann sind. Man beneidet mich und die Kinder um Sie.«

Für die Onkel Ernő entsprechend sorgte. Eva verheiratete er mit einem namhaften Apotheker, Bandi schickte er nach England, damit er Architektur studiere, seinen Sohn Pál aber, der statt beim Medizinstudium in Exeter auf dem Tennisplatz Erfolge feierte, holte Onkel Ernő nach Hause und setzte ihn auf einen Posten in seiner Firma. Wenigstens organisierte Pál keinen Streik gegen den Vater, wie das sein Sohn Béla getan hatte, der in London eine robuste Rothaarige geheiratet hatte, die im linken Flügel der Arbeiterpartei aktiv und jahrzehntelang als Wortführerin der Armenviertel parlamentarische Abgeordnete war.

Onkel Ernő erlebte die Deportation nicht, eine Herzembolie hatte ihn dahingerafft. Onkel Pista und Tante Ilonka wurden in die Gaskammer getrieben. Onkel Imre verpaßte der Führer einer Pfeilkreuzlerstreife, der dessen Begünstigung nicht anerkennen wollte, in Budapest einen Kopfschuß. Da der Pfeilkreuzler sich im Ton vergriffen hatte, machte ihn Onkel Imre darauf aufmerksam, daß er mit einem Oberleutnant der Reserve spreche, woraufhin die so verwarnte Person, ein Armbindenträger in schwarzer Uniform und grünem Hemd, Onkel Imre neben seiner Lebensgefährtin einfach in den Kopf schoß. Mein Cousin, der Architekt Bandi Schwarz (später Short), überlebte den Krieg als britischer Soldat. Die schöne Frau und die Tochter des leichtsinnigen Pál wurden, da die Mutter die Hand ihres Kindes nicht loslassen wollte, gemeinsam in die Gaskammer gejagt. Pali desertierte von seiner Arbeitsdiensteinheit und organisierte im Marmaroser Hochgebirge aus Deserteuren unterschiedlicher Religionen und Nationalitäten eine Partisanengruppe. Für größere Aktionen besaßen sie nicht genügend Waffen, aber sie reichten, um die Trupps, die zu ihrer Verfolgung abkommandiert worden waren, in die Flucht zu schlagen.

Eva, die jüngste der drei Geschwister, gelangte zusammen mit den anderen auf die Birkenauer Rampe. Dort riß sie ein polnischer Häftling von der Hand der Tochter Kati los, um diese Tante Margit, der Großmutter, in die Hand zu drücken. So konnten das kleine Mädchen und die Großmutter ins Gas gehen. Eva dagegen blieb am Leben. Sie arbeitete in einer Fabrik, war erheblich geschwächt, es verschlug sie von Lager zu Lager, und sie befand sich bereits in einer Krankenbaracke, als jemand die Nachricht brachte, daß ihr Mann, der Apotheker und Drogist Pál Farkas, wenn auch schwerkrank, so doch am Leben sei. Die Nachrichten gingen hin und her, und auf beide wirkte sich die Hoffnung, daß sie sich vielleicht noch sehen würden, auf wunderbare Weise aus. Sie wurden wieder gesund und kehrten heim.

In Großwardein fanden sie in ihrem Haus Onkel Andor vor, und sie wurden von allen beneidet, weil sie beide überlebt hatten. Deshalb beschlossen sie, nach Palästina zu gehen, wo der ältere Bruder von Pál Farkas Professor für Chemie an der Jerusalemer Universität war. Hier kamen eine Tochter und ein Sohn zur Welt, der im Krieg von 1973 gestorben ist. Auch Pali ist gestorben. Eva lebt noch. Sie ist fünfundachtzig Jahre alt, noch immer schön, und sie hat drei Enkelkinder. Sie geht regelmäßig schwimmen, trifft sich mit ihren Freundinnen und spielt Bridge mit ihnen.

Auf der Rückfahrt von Bukarest saß ich jenem Mädchen gegenüber, das vom Fahrdamm am Waldrand hinuntergelaufen war und ausgerufen hatte: »Ach, wie gut, ach, wie schön!« Davor, daß sich jemand mit glänzenden Augen des Lebens freut, hatte ich große Achtung. An unserer nächsten Station, im Hotel zum Römischen Kaiser in Hermannstadt, wo die Umgangsformen herzlich waren und die Zahl der Gäste gering, bekamen wir im Restaurant eine Suppe. Das Fleisch wurde auf dem Zimmer serviert. Zuvor allerdings schlief ich den Schlaf der Gerechten, doch Lampenlicht und verzagte Stimmen weckten mich auf. Meine Mutter stand am Fenster, mein Vater schritt düster im Zimmer auf und ab, meine Schwester saß oben auf dem Schrank und schlug mir finster vor, mich umzusehen. Unter dem mit Kupferintarsien ausgestatteten Kronleuchter erblickte ich ein mit geometrischer Präzision veranstaltetes gewaltiges Manöver: Ein Wanzenheer marschierte zur Truppenparade auf. Die Ehrenbezeigung nahm ich entgegen, nickte und lobte den Befehlshaber der Wanzen, daß sie um mich aufmerksam einen Bogen gemacht hatten; mich zu zwikken, war ihnen nicht einmal im Traum eingefallen. Eva, die sich auf ein Biologiestudium vorbereitete und später tatsächlich Biologin wurde, stimmte dieses Phänomen nachdenklich. »Gyuri, ich habe dich heute beschnuppert, du hast nicht gestunken. Doch warum haben die Wanzen kein Interesse an dir, an mir aber sehr wohl? Das ist eine geruchschemische Frage. Ich müßte den Geschmack der Wanzen besser kennen.«

*

Machen wir von hier einen Sprung nach Klausenburg, in die Griechische Kirchstraße, in das mehrgeschossige Haus meines Onkels Ferenc Dobó. Seine Frau, die schöne und nicht allzu kluge Tante Erzsi, nahm leutselig nickend zur Kenntnis, daß in ihrem Haus so viele Menschen zusammenkamen. Ihre beiden Töchter, die Kunsthistorikerin Klari und die Ärztin Zsuzsi gemeinsam mit ihrem Partner, dem Pianisten György Halmos, vermehrten die Ausstrahlung des Hausherrn, der in seiner Buchhandlung Le Page auf dem Hauptplatz klassische und moderne Weltliteratur in mehreren Sprachen anbot.

Außer István und Pali Zádor, meinen Vettern, und den Hausbewohnern saßen noch der Literaturhistoriker Marcell Benedek mit seinem Sohn István, dem Psychiater, am Tisch, und tatsächlich, auch noch ein Cousin tauchte auf, der Sohn der schönen, indes nicht allzu klugen Tante Gizella, einer Schwester meines Vaters, Gyuri Grósz, ein legendärer Halunke, der jedoch sehr intelligent und belesen war. Als meine Eltern fast noch in Friedenszeiten zusammen mit uns Kindern aus dem fünfunddreißig Kilometer entfernten Berettyóújfalu mit zahlreichen Koffern und den unerläßlichen Hutschachteln nach Großwardein reisten, wo wir alle Verwandten besuchen mußten, unter anderen auch meines Vaters ältere Schwester Gizella, den Schwager Ignác sowie jenen abgefeimten Gyuri, um dort Mittag zu essen, war die Gastgeberin mit ihrem Latein plötzlich am Ende.

Es ging auf Mittag zu, das Tischdecken stand an, wozu aus der Tiefe der Schränke das Porzellan und das Silber hervorzuholen waren. Indes, das Schlüsselbund war verschwunden. Tante Gizella jammerte, während Gyuri hoch oben auf dem Ast eines Kirschbaums saß, die Kerne ausspuckte und mit der Entwicklung der Lage ausgesprochen zufrieden zu sein schien. Ein Mittagessen werde es nicht geben, sagte er mit jenem teuflischen Schelmengesicht, das er schon einmal gezeigt hatte, als er am Tag der Versöhnung vor der Újfaluer Synagoge stehengeblieben war und ein Stück Knackwurst mit einem Hörnchen mampfte. Mir warf er nun vom Baum aus Kirschen auf den Kopf. Dann fragte er mich, ob wir nicht zum Mittagessen gehen sollten. Ich, der ich unter dem Baum treu gewartet hatte, weil ich mir etwas Interessantes erhoffte, wunderte mich in der Tat, als Gyuri, sich von Ast zu Ast schwingend, vom Baum herabschwebte und das Schlüsselbund seiner Mutter, dessen Verschwinden Tante Gizi an den Rand des Wahnsinns getrieben hatte, vor meiner Nase schwenkte.

Dieser Taugenichts von einem Gyuri hat inzwischen unter dem Namen György Gera Gedichte und Erzählungen veröffentlicht. Auch eine Freundin hatte er damals, ein Klausenburger Mädchen, das gewagte Reden hielt. Zusammen wollten sie nach Paris gehen. Sie sprachen darüber, wie man einer hübschen kleinen Revolution zum Ausbruch verhelfen könnte, was vor allem Gyuris Freundin Edit interessierte. Er war schon damit zufrieden, daß die Revolution hier in Klausenburg im Gange war und daß die Bourgeois, so auch Feri Dobó, bald enteignet werden würden. Aus der Villa würde ein Kulturhaus werden. Feri Dobós krittelnder Frage, wer wohl die Buchhandlung Le Page fachkundiger würde leiten können als er, wurde herablassend höflich begegnet.

Die Älteren in der Familie waren im großen und ganzen bürgerliche Liberale, und wenn sie sich für eine Partei hätten entscheiden müssen, dann wäre ihre Wahl in Ermangelung einer besseren auf die Sozialdemokraten gefallen. Die Jüngeren waren radikal und meist Kommunisten. Deshalb empfand ich die Atmosphäre mit meinen nicht hierher gehörenden Eltern als unbehaglich. Ihnen fiel nichts anderes ein, als in Berettyóújfalu die Eisenwarenhandlung wieder zu eröffnen. Alles sollte so sein, wie es früher gewesen war. Dabei hätten sie wissen können, daß nichts mehr so sein würde wie früher und daß sich nach Auffassung der jungen Leute alles von Grund auf ändern müßte. Ich hätte die Möglichkeit gehabt, auf Istváns Seite in den spöttischen kommunistischen Chor einzustimmen, doch ich identifizierte mich lieber mit meinen Eltern. Als ich István die Frage stellte, wer die Geschäfte unserer Väter in Klausenburg und Berettyóújfalu besser leiten würde als unsere Väter, die das ihr Leben lang gelernt hätten – Ferenc Dobó den Buchhändlerberuf, Béla Zádor den Textilberuf und József Konrád den Beruf des Eisenwarenkaufmanns –, verscheuchte er die Frage mit einer Handbewegung; ein Gehilfe könnte die Geschäftsführung übernehmen.

Noch glaubte mein Vater daran, was er für normal hielt, daß er in seinem ausgeplünderten Haus sein Geschäft mit einem Bruchteil dessen, was er besessen hatte, erneut in Gang setzen könnte. Die Kunden sollten kommen und Herrn Konrád begrüßen, mit dem sie im Rahmen des Kaufs sich über zeitgemäße und ewige Themen unterhalten würden, während sie in einem gepolsterten Sessel den von daheim auf einem Fuhrwerk mitgebrachten Proviant verzehrten: Knoblauchwurst oder Paprikaspeck oder einfach nur gesalzenen Speck mit Brot und Zwiebeln. Es wurde ihnen frisches Wasser aus dem artesischen Brunnen angeboten. Das Personal, die besseren Kunden und mein Vater kannten sich. Sie hatten gemeinsame Themen, während sie sich im Winter am riesigen Eisenofen aufwärmten und im Sommer die Kühle im großen Eisenwarengeschäft genossen.

Die Jüngeren in der Familie – die Diplomierten, die Geisteswissenschaftler, deren Mütter und Väter getötet worden waren – wollten mit der alten Ordnung radikal brechen. »Ihr wollt die Restauration«, sagten sie uns, als wir mit unseren Bündeln dem Heimatort zustrebten, den wir für unsere Heimat hielten, wobei wir das vorangegangene Jahr und jenen störenden Eingriff, der meine Eltern wegen der Selbstbehauptung ihres nackten Lebens zu einer Ausnahme gemacht hatte, welche die Regel bestätigte, sozusagen ausklammerten. Sie sollten sich freuen, am Leben geblieben zu sein, das einzige Ehepaar, und was noch unglaublicher war: die einzige vollständige und unversehrte jüdische Familie in ganz Berettyóújfalu. Eltern und Kinder wieder zusammen. Das grenzte an ein Wunder und glich einem Privileg, woran gemessen der Verlust, daß sie ihr

Haus leer und verdreckt vorgefunden hatten, eine zu vernachlässigende Bagatelle zu sein schien. Wenn die Freunde ihre ermordeten Ehefrauen und Kinder zur Sprache brachten, schwiegen meine Eltern betreten.

Immer wieder bekam ich zu hören, ich würde statt der anderen leben. Das erschreckte mich. Ich hätte das gern als Phrase abgetan und auch nicht bedauert, hätte darin eine Mißbilligung gesteckt, doch ich wußte, daß von etwas anderem die Rede war. Davon, daß ich mich jetzt so verhalten müßte, wie sie, wären sie am Leben. Oder daß ich mich so verhalten müßte, um die Zustimmung der getöteten Kinder zu erringen. Selbst in der Verwandtschaft spürte ich irgendein mit Anerkennung gemischtes Befremden angesichts des Glücks, daß wir alle am Leben geblieben waren und noch dazu, wie im Märchen, in das gleiche Nest zurückgekehrt waren und die Absicht hatten, dort wieder glücklich zu leben, bis wir sterben würden.

Auch eine andere Trennlinie schob sich zwischen uns: Bourgeois oder Kommunist. »Würde mein Vater leben, wäre ich womöglich sein Feind«, sagte István. Ich war nicht der Feind meines Vaters, und auch er war niemandem feindlich gesonnen. Doch er hielt es für natürlich, daß er István und Pál Zádor, die beiden Söhne seiner verstorbenen Schwester Mariska und seines verstorbenen Vetters Béla, in seinem Haus aufnahm und das gleiche auch mit meiner Cousine Zsófi Klein tun würde. István und Pali besuchten noch ein Jahr lang die Schule in Klausenburg, wo sie im Winter auf Schneeschuhen bis hinunter zum Hauptplatz glitten. Als es aber schon offensichtlich geworden war, daß ganz Siebenbürgen zu Rumänien gehören würde, kehrten sie im Sommer 1946 heim nach Berettyóújfalu.

*

Wenn ich von den alten Zeiten spreche, dann gehe ich mehr als ein halbes Jahrhundert zurück, bis zum Sommer 1945, als für mich mit der Heimkehr von Bukarest nach Berettyóújfalu die eigentliche Neuzeit begann: Die Familie war beisammen, und es drohte uns keine Lebensgefahr. Im Haus nahm das alte Leben wieder seinen Lauf. Im Erdgeschoß kam die Eisenwarenhandlung in Gang. Meine Schwester besuchte das Gymnasium in Debrecen. Meine Eltern hatten sie zur Familie eines pensionierten Offiziers in Kost und Logis gegeben. Für mich, den Privatschüler, aber brach die Zeit der Freiheit an. Im Geschäft, wo sich schon drei Regale gefüllt hatten, ging ich meinem Vater zur Hand, und von Zeit zu Zeit suchte ich eine Lehrerin auf.

Mein Vater, auf der Ladefläche des Lastwagens sitzend, brachte Waren von Budapest, Salgótarján und Bonyhád; im Geschäft hielten die alten bekannten Kisten Einzug und das vom Weiß sich abhebende Feuerrot: Aus dem Kienspan lugten die emaillierten Kochtöpfe hervor. In russisches Eigentum übergegangene amerikanische Studebaker-Laster holten und brachten die Güter, und manchmal transportierten sie ihre Ladungen auf den damals noch nicht ungefährlichen Straßen in Begleitung sowjetischer Soldaten. Natürlich hatte alles seinen Preis.

Auch Ernő Steiner, mein Halbcousin, ein fescher, sportlicher junger Mann, kam mit seinen Freunden. Damals, im Dezember 1945, hatte er die Grenze, die Großwardein wieder von Berettyóújfalu trennte, noch nicht zur Kenntnis genommen. Mit seinen Freunden fuhr er in einem klapprigen Lastwagen einfach über die gefrorenen Äcker. Sie transportierten Waren und manchmal auch Menschen. »Mit einer schlechten Pistole schieße ich zwei- bis dreimal in die Luft, damit die Grenzposten umkehren.« Ernő war im Mai von den Franzosen befreit worden; er konnte sich mit ihnen verständigen und gewöhnte sich an den Calvados und an die Gauloises. Im Sommer kam er nach Hause und mußte feststellen, daß seine Eltern und seine Schwester nicht mehr am Leben waren. In sein ehemaliges Haus aber waren bereits fremde Familien eingezogen. Ernő nahm sein altes Zimmer in Beschlag und sagte, sie sollten sich anständig verhalten. Auch sei es besser, wenn sie wüßten, daß er unter seinem Sakko eine Pistole trage, die er ihnen sogar zeigte.

Nach langwierigen Tauschaktionen war Ernő zu einer Leica-Kamera gekommen, denn ursprünglich hatte er Fotoreporter werden wollen; sein Vater war Optiker und Fotohändler gewesen. Ernős Vorbilder waren Brassai und Kertész. Zu den Bildern schrieb er kurze, objektive Texte. Doch statt nur Beobachter zu sein, verwickelte er sich in die Ereignisse, wurde ihr Akteur und Leidtragender. Man fotografiert sich nicht selber bei Mondschein, wenn man den sich auf Pferden über die Äcker nähernden Grenzposten mit einem nur mühsam vorankommenden Lastwagen entkommen will. Manchmal, sagte Ernő, seien Pferdebeine besser als Räder. Es gelang, die Verfolger abzuschütteln. Morgens trank Erno in sich gekehrt eine Tasse Tee. Länger bleiben wollte er nicht. Inzwischen war er nicht nur mit Waren befaßt, sondern half auch Menschen, in den Westen zu gelangen. Junge Juden, die ähnlich wie er vom Arbeitsdienst oder aus den Konzentrationslagern heimgekehrt waren und erfahren hatten, daß sie keine Familie mehr hatten, bestiegen in Marseille ein Schiff nach Haifa.

Ernő sagte: »Ich bin fertig.« Fragend sah ich ihn an. »Mit allem und für alle Zeiten«, sagte er trocken. Er besaß einen Rucksack, in dem all seine Habe verstaut war. »Warum setzt du nicht den Beruf deines Vaters fort?« fragte ich ihn. Und da ich meinen wegen Warenbeschaffung abwesenden Vater vertrat, schien meine Frage nicht ganz abwegig zu sein. Ernő streichelte mich: »Mit der Geschichte ist es vorbei.« Um auch mir recht zu geben, fügte er hinzu: »Dein Vater lebt, du hilfst ihm.« Vom Steuer seines Lasters langte er noch einmal herunter, um mir die Hand zu drücken. Ich stand vor unserem Haus und winkte. Das war unsere letzte

Begegnung in Ungarn. Er folgte seinen Gefährten auf dem Weg ins Heilige Land. Heilig, meinte Ernő, sei es, weil sie ihr Blut dafür hingegeben hätten. Im nächsten Jahr befleißigte er sich schon in der Gegend um Haifa, britische Patrouillenboote zu beschädigen oder gar zu versenken, damit die Passagiere der Einwanderungsdampfer in Ruderbooten an geheimen Küstenabschnitten an Land gehen konnten.

*

Einen eigenen Raum wollte ich haben. Also eroberte ich mein Zimmer zurück, um mir nachts niemandes Schnaufen und Schnarchen anhören zu müssen, um Licht anschalten zu dürfen, wann es mir gefiel. Ich schleppte einen Lesesessel nach Hause. Ich brauchte meinen eigenen Tisch, mein Bücherregal und mein Fenster, zu dem ich mich hinauslehnen konnte, um die Geschehnisse auf der Hauptstraße zu registrieren. Ich brauchte mein eigenes Zimmer, in das ich jemanden einladen konnte, um mich mit ihm zu unterhalten, aus dem sich der Gast früher oder später aber wieder entfernte, ein privates Territorium, in dem sich niemand einfach nur so und ohne Einladung einnisten durfte. Und wenn die Hunde späte Passanten ankläfften, wollte ich wissen, von welchem Hof sie sich gemeldet hatten. Neben unserem Garten lag der Synagogenhof, auf dem ich früher unzählige Spielkameraden gehabt hatte. Jetzt waren mir nur meine beiden Vettern geblieben: István und Pali. Auch Zsófi Klein, meine Cousine, war zurückgekehrt. Ihre Mutter, ihr Vater und Vera, ihre kleine Schwester, waren getötet worden. Zsófi war stark, sie hatte Bergen-Belsen ausgehalten. Schmächtig und zäh zugleich war sie heimgekehrt. Außer uns hatte sie niemanden, zu dem sie hätte gehen können. So waren wir zusammen fünf Halbwüchsige. Still war es im Haus nicht, in einem großen Topf kochte das Essen und wurde immer alle.

Mein Vater hielt es für selbstverständlich, daß er für uns das nötige Geld verdienen mußte; er ging die Treppe hinunter ins Geschäft, wo sich die Eisenwaren allmählich von Wand zu Wand ausbreiteten. Zu dem alten Gehilfen hatten sich weitere gesellt, mein Vater wurde von Kunden umarmt, sie drückten ihm die Hand, um ihrer Freude darüber Ausdruck zu geben, daß er wieder dort hinter der Tür stand. »Mein lieber Józsi«, so redeten sie ihn an. Wie früher in seiner Kindheit. Daß es vor einem Jahr keine Umarmung gegeben hatte, daran erinnerte sich mein Vater sehr wohl, brachte es aber nicht zur Sprache. Oft stand auch ich hinter dem Ladentisch und freute mich, wenn ich einem Kunden geben konnte, was er verlangte.

Begeben wir uns zurück an den Kachelofen, in dem im Winter von 1945 auf 1946 noch Buchen- und Fichtenholz brannte, ich saß im Wohnzimmer der im Obergeschoß liegenden Wohnung unseres Hauses in Berettyóújfalu und hörte den Diskussionen der Einkehrenden zu, Freunde meiner Eltern und meiner Schwester. Ich, der Privatschüler, beobachtete das Feuer, unterhielt mich mit einem Mädchen namens Kati, besser: hätte mich mit ihr unterhalten wollen, doch es ergab sich keine günstige Gelegenheit, um ihr von den Ereignissen des vergangenen Jahres zu erzählen.

Ich hörte mir die Ansichten von Katis Vetter an, des breitschultrigen und halsstarrigen Laci Nyúl. Abgehärtet vom Arbeitsdienst war er aus sowjetischer Gefangenschaft geflohen, trug Lederjoppe und Schnürstiefel. Seiner Familie gehörte der Schlachthof, auf dem er seiner älteren Cousine half, ihm waren Metzgerladen und Schlachtbank zugefallen, wo koscheres und treifes Fleisch schon miteinander vermischt wurden. Blutig bis über die Ellenbogen zerlegte Laci Nyúl Schweinskeulen, Schweinekoteletts in Stücke. Bevor er nachmittags zu uns kam, rieb er sein Kinn mit wohlriechendem Gesichtswasser ein. Er träumte von einer Stallung für mehrere hundert Schweine, von einem modernen Fleischverarbeitungsbetrieb. Und dieser Traum stand in einem merkwürdigen Kontrast zu seiner ausdauernden Gewohnheit, seine Meinung über die Großen der zeitgenössischen ungarischen Literatur zu äußern. Für den Größten hielt er Míhály Babits, aber auch Attila Józsefs Gedichte hatte er gelesen, unter den Lebenden machte er mich auf Milán Füst, Lajos Nagy, Lajos Kassák und Tibor Déry aufmerksam. Meine Schwester begleitete ihn hinaus, ich zog mich bescheiden zurück; ihr Abschied schien sich länger als nötig hinzuziehen.

An anderen Abenden hörte ich mir die Warnungen des Sohnes vom Schmied an, der mich mit sexologischen Ratschlägen versah und mir sagte, um welche im Dorf allgemein bekannten Weiber ich besser einen Bogen machen sollte. Er bereitete sich auf ein Maschinenbaustudium in Budapest vor. Laci Nyúl wollte hier im Dorf bleiben. Er schärfte uns ein, bei den Wahlen für die Partei der Kleinen Landwirte zu stimmen, denn sollten die Kommunisten gewinnen, dann könnte er seinen Plänen von einem großen Fleischverarbeitungsbetrieb Lebewohl sagen, und mein Vater könnte sich von seinem Haus und seinem Geschäft verabschieden, weil dann hier die Russen den Ton angeben würden und nicht die Amerikaner. An dunklen Nachmittagen kam Laci Nyúl mit Lyrikbänden bepackt zu uns. Die Petroleumlampe war indes durch eine Benzinglühlampe mit Pumpvorrichtung ersetzt worden, deren weißer Strumpf durch die Gasflamme gespannt wurde und summend glühte.

Ich schnitt Tabak, den ich in eine Zigarettenpapierhülse füllte. Wer das bezahlt hat, weiß ich schon nicht mehr; ich habe den Verdacht, daß das nur mein Vater getan haben konnte. Auf einem Spinnrad, montiert aus einem Fahrrad, spann ich das abgeschnittene lange, weiße Haar der Angorakaninchen, damit mir meine Mutter aus der Wolle einen Pullover stricken konnte. Oder ich verkroch mich in eine Ecke, um zu lesen.

Über meine Zeit konnte ich frei verfügen. Im Sommer fuhr ich am liebsten Fahrrad, ging mit meinen Cousins ins Schwimmbad oder an den Berettyó. Wir kletterten auf die Pfeiler der Eisenbahnbrücke, und plötzlich fand ich mich auf der von der Sonnenhitze heiß gewordenen Betonplattform neben Marika wieder, die ein Jahr älter war als ich, so daß ich das Nebeneinanderliegen als ehrenvoll empfand. Die Begegnung fand bei herabgelassenen Jalousien auf einer Liege in einem kühlen Zimmer eine Fortsetzung, wo ich, links von Marika auf den Ellenbogen gestützt, ihr etwas erzählte und zu erforschen suchte, ob sie mir erlauben würde, ihre Schenkel zu streicheln, was damit einherging, daß ich unter ihren Rock langen mußte. Der Widerstand war gelinde, sie ließ mich gewähren, ja, mein Vorantasten auf ihrer Haut vermittelte mir den Eindruck, als würde es auch ihr an Interesse nicht mangeln. Beide hielten wir den Atem an. Tante Marika hatte uns für längere Zeit allein gelassen.

In dieser Zeit hätte ich bei meiner blonden, trockenen Privatlehrerin für Latein die Deklination von Substantiven und die Konjugation von Verben herunterleiern müssen. Doch das hatte ich nicht getan. Die Lehrerin rief meinen Vater an, der mich zur Seite nahm und fragte, ob ich die Lateinstunden besuchte. »Natürlich gehe ich. Meistens«, sagte ich leichthin. Meines Vaters Blick verfinsterte sich, und er ließ mich stehen. Wozu leugnen, vor allem vor mir selbst wollte ich die Lehrerin schonen. Während meiner ganzen Schulzeit bereiteten mir die ausgefallenen Stunden die größte Freude.

Die Inflation brachte alles durcheinander; mein Vater war kein guter Wellenreiter, das heißt, er war gar nichts. Nach den Billionen wurden die Trillionen unfaßlich, es kam die Periode des Naturalien-Tauschhandels; die Kunden brachten als Gegenleistung für die Eisenwaren Getreide und Speck, womit mein Vater dann nicht allzu viel anzufangen wußte, weil dieses Zahlungsmittel im Keller stockig wurde. Allmählich hatte es schon den Anschein, daß der Handel seinen Sinn verlor. Doch mein Vater harrte aus, und als es im August 1946 wieder richtiges Geld gab, fing er an, Gewinn zu machen. Doch würde er in seinem Geschäft, in seinem Haus bleiben dürfen, oder würden sie ihm wieder alles wegnehmen? Die beruhigenden Erklärungen ließen sich auf vielerlei Weise deuten. In ihrer Verstaatlichungsgier ging die kommunistische Partei immer weiter, von den Großen bereits zu den Kleinen, so daß nach fünf Jahren einer zweiten Blütezeit die Verstaatlichung auch meinen Vater erreichte: Ohne Entschädigung und unter Berufung auf Gesetze wurde er aus seinem Haus und seinem Geschäft geworfen. Daß sie ihm wieder alles nehmen würden, damit hatte er gerechnet, wenigstens aber konnte er darauf vertrauen, daß man ihm nicht nach dem Leben trachtete. Vergebens siegte die Partei der Kleinen Landwirte, der Kommunismus kam trotzdem.

Laci Nyúls Pläne blieben Träume. Er schrieb sich an der Technischen Universität in Buda ein und arbeitete gegen Stundenlohn auf dem Schlachthof, doch bei einer Gelegenheit war er in der Badewanne eingeschlafen, und die Gasflamme des Durchlauferhitzers war ausgegangen, so daß das Gas weiter ausströmen konnte. Der übermüdete Laci Nyúl merkte nichts davon und schlief für ewig ein.

*

Im August 1947, zur Zeit der letzten Parlamentswahlen in einem Mehrparteiensystem, radelte ich stündlich zum Gemeindehaus in Berettyóújfalu, wo die telefonisch durchgegebenen Ergebnisse der Stimmabgabe sogleich auf eine Tafel geschrieben wurden. In den vorangegangenen Sommerwochen war ich zu den Wahlversammlungen jeder Partei gegangen, und stets hatte ich dort etwas Bedenkenswertes zu hören bekommen. Vierzehn Jahre alt war ich, und als

Viertkläßler des Reformierten Gymnasiums von Debrecen war ich mit einem ausgezeichneten Zeugnis in die Ferien entlassen worden. In Gesellschaft meiner Schwester und meiner Vettern genoß ich die Schulpause, das Getümmel in der Wohnung und im Geschäft, die ausgiebigen Ausflüge in die Literatur im Sessel meines Großvaters hinter dem Fenster im Obergeschoß, vor dem ein Nußbaum stand, und der zur Hälfte heruntergelassenen Jalousie. Ich umgab mich mit Büchern, und wieder gab es Schwimmbadbesuche und Tischtennisspiel.

Im vorangegangenen September hatten uns meine Eltern auf einem Fuhrwerk ins vierhundert Jahre alte Kollegium gebracht, meinen Cousin Pál Zádor und mich sowie die Bezüge, die Kisten mit der Futterage, denn außer der pekuniären Bezahlung mußten für Kost und Logis auch Naturalien aufgebracht werden: Mehl, Zucker, Speck, Räucherfleisch, Bohnen, Eier und Marmelade.

Für mich war Debrecen eine Großstadt: fremd und unübersehbar. Das Fuhrwerk holperte über die breite Marktstraße und gelangte zum Eingang des Kollegiums, wo neben dem Tor ehrwürdige Bronzeköpfe an uns vorbeisahen. Eine lateinische Inschrift mahnte in großen Lettern am inneren Gebäudeflügel, daß man hier beten und arbeiten müsse.

Der kaltsinnige, geflieste Flur im zweiten Stockwerk führte zu dem mit Eisenbetten vollgestopften Schlafsaal, der zugleich auch das Studierzimmer war. Der Hausordnung zufolge dauerte das Silentium von drei Uhr nachmittags bis fünf; während dieser Zeit hatte man am gemeinsamen Tisch zu lernen. Frühmorgens um sechs klingelte es, im Hof liefen wir im Kreis, im quatschnassen Waschraum durften wir uns nur bis zur Hüfte reinigen, auf das Ertönen einer Glocke hin ging es darauf im Eilschritt in die Mensa im Souterrain, wo uns jeden Morgen eine mit Mehlschwitze zubereitete Kümmelsuppe erwartete.

Wir standen hinter dem Stuhl, während die anderen das Gebet murmelten: »Komm, Herr Jesus, sei unser Gast, und segne, was du uns bescheret hast.« Und am Ende: »Gelobt sei der Name des Herrn, der uns diese Gaben bescheret hat.« Ich schwieg. Ich hätte den jüdischen Segensspruch sagen können: »Gepriesen sei der Allbarmherzige, der Herr dieses Brotes!« Doch damals betete ich nicht.

Die Schöpfkelle machte die Runde: als erster kam der Stubenälteste, dem man zu gehorchen hatte, an die Reihe, dann die anderen dem Alter nach. Das Gebet vermochte den Mißbrauch mit der hierarischen Rangordnung kaum zu bremsen. Es schien vollkommen legitim, daß sich der beleibte Stubenälteste das meiste Fleisch herausfischte und die Kleinen das Nachsehen hatten, denen am Ende vom Dickflüssigeren nur ein paar Kartoffeln blieben. Zuerst die Oberstufe, dann die Unterstufe, die unter Vierzehnjährigen, die lumpigen Rotzlöffel. Als Viertkläßler gehörte auch ich, ein aufsässiger Rotzlöffel, zur Unterstufe. »Rotzlöffel, bring mir ein Glas Wasser!« Rauhe Jovialität ließ die Grobheit selbstverständlich werden. Derbe Witze über das Furzen machten im Zimmer die Runde, erfüllten Räume und Flure des Kollegiums.

Mein Vetter Pali gehörte zu den Erstkläßlern, zur untersten Stufe der Rangleiter, ich als Viertkläßler befand mich unter den jüngeren Jahrgängen oben und neigte zum Widerspruch. Die Witze des massigen Stubenältesten duldete ich, ebenso wie die Tatsache, daß die anderen mit seiner Billigung meine von daheim erhaltenen Pakete öffneten, deren Inhalt ohne mich zu fragen in ihren Bäuchen verschwinden ließen und bei meinem Eintreten wie auf Kommando schadenfroh lachten. Den Typ kannte ich schon, den Vorlacher, dann eines Tages hatte ich davon die Nase gestrichen voll. Ansonsten kamen wir miteinander zurecht. Meine Lernergebnisse waren ziemlich gut. Ich gestattete meinen Zimmerkameraden, meinen Kosakendolch mit den vier Blutrinnen in die Hand zu nehmen. Die Herausforderung bestand darin, mit Hilfe gezielter Würfe den Türpfosten zu treffen. Auch das »Sternestoßen« nahm ich hin. Dabei wurden einem Neuling bei Kerzenschimmer unbemerkt zu einem Fidibus gedrehte Papierstreifen zwischen die Fußzehen gesteckt und angezündet. Sobald die Flamme an der Haut züngelte, trat das Opfer wild um sich, richtete sich entsetzt auf, und die Papierfunken flogen in der Luft umher. Meine Kameraden – Söhne von Dorfschullehrern, Geistlichen, Kantoren, Gewerbetreibenden und Bauern – schwankten zwischen dem, was ihnen ihr Sinn für Gerechtigkeit eingab, und dem Genuß, den ihnen die Hierarchie zwischen Dünkel und Dienstbeflissenheit verschaffte. Abends, nach dem Löschen des Lichts, folgten Psalmen und joviale Sprüche über »wichsende Schwanzparaden«, von denen ich nicht wußte, was sie bedeuten sollten.

Ich hatte einen Klassenkameraden, mit dem ich das Gefühl des Verwaistseins teilte, die allabendliche sentimentale Sehnsucht nach dem Schoß der Familie. Beide zählten wir die Tage. Mit meinem neuen Freund schlenderte ich über den Flur, vorbei an der Petőfi-Statue. Er war ein kräftiger Bursche. In der Nyír, einer hügeligen Landschaft des Flachlands im Komitat Szabolcs, erzählte er, habe er einen Birkenwald durchqueren müssen, um von der nächstgelegenen Eisenbahnstation in sein kleines Dorf zurückzukehren, und da es im Wald auch Wölfe gegeben habe, habe er von Zeit zu Zeit einen großen Knüppel drohend über seinem Kopf geschwungen. In den letzten Weihnachtsferien nun habe er gar mit seinem Stock ein Wolfsrudel in die Flucht geschlagen. Gern hätte ich meinem Freund Glauben geschenkt.

Ich wohnte dreißig Kilometer vom Kollegium entfernt; eine selbst mit dem Fahrrad zu bewältigende Strecke. Manchmal kam es vor, daß mich ein freundlicher russischer

Feldwebel aufsuchte, der fragte, ob ich keine Lust hätte, nach Hause zu fahren; meine Mutter zeigte sich geneigt, mir für einige Pseudokrankentage einen Entschuldigungszettel zu schreiben. Entlang der Marschroute der Sowjetarmee hatte Lasar alle lokalen Sprachen erlernt. Er war Dolmetscher der Kommandantur in Berettyóújfalu und kam überall herum. Auf den Märkten und in der Welt des Tauschhandels kannte er sich aus. Für den Wecker aus der Küche bekam ich von ihm eine Kosakenmütze und jenen Dolch mit den vier Blutrinnen. Fuhren wir mit dem Jeep, saß ich hinten und ließ die Beine hinausbaumeln, der Feldwebel hielt mich, damit ich nicht hinausplumpste. Der Chauffeur fuhr etwa hundert Sachen, ich war berauscht von der Geschwindigkeit.

Vergnüglich war es auch, wenn meine Mutter und ich um Mitnahme in einem Ochsenkarren baten; gleichmütig saß der Bauer auf dem Baumstamm, die Ochsen hatten es nicht eilig, so daß ich die Häuser und Bäume am Wegrand gründlich in Augenschein nehmen konnte. Jene dreißig Kilometer zwischen Debrecen und Újfalu legten wir in gut sechs Stunden zurück.

Ich war auch schon schneller nach Hause gelangt: mit einem Pferdegespann über die mit Kopfsteinen gepflasterte Landstraße. Im vergangenen Jahr hatte mich mein Vater für vertrauenswürdig genug gehalten, um mich zum Brennholzholen in das zu Mikepércs gehörende Waldgebiet zu schicken. Die Holzmenge wurde gemessen, ich zahlte, das Fuhrwerk wurde beladen, ich setzte mich auf den Kutschbock, schwang die Peitsche, und wir trabten nach Hause.

In meiner Einfalt war ich imstande, mich sowohl über eine schnelle als auch über eine langsame Gangart zu freuen, vor allem, wenn es nach Hause ging. In Debrecen, vor dem Hotel zum Goldenen Stier, blickte ich ängstlich und betrübt dem nach Újfalu abfahrenden Lastwagen hinterher, der als Autobus eingesetzt worden war und auf dessen Seitenbank auch meine Mutter einen Platz erhalten hatte.

Drei Tage hatte meine Mutter in Debrecen verbracht. Wir waren aufgebrochen, um für meine Schwester Eva und meine Cousine Zsófi Schuhe zu kaufen. An allen Schuhen hatten sie etwas auszusetzen, für kein einziges Paar konnten sie sich entscheiden, immer und immer wieder erfolgten Anproben in anfangs verheißungsvollen und dann doch enttäuschenden Schuhgeschäften. Meine Mutter billigte dieses Auswahlverfahren, gab sich geduldig, mich dagegen verdroß es, und ich sparte nicht mit spöttischen Bemerkungen, als wir letztlich dort landeten, wo wir losgegangen waren. Die Mädchen bekamen just die Schuhe, die sie als erste anprobiert hatten. Meine als barbarisch bezeichneten Kommentare wurden mit kühler Verachtung quittiert. Ich allerdings blieb auch weiterhin bei meiner primitiven Neigung, im erstbesten Geschäft das erste irgendwie ansprechende Paar Schuhe zu kaufen.

Auch in anderen Zusammenhängen begleitete mich auf meinem Weg die Philosophie einer aufs Geratewohl getroffenen Wahl. Gott ist gnädig und tut mir Gutes. Zufällige Begegnungen und Telefonate haben mein Leben gelenkt. Das Mittagessen schmeckte mir immer in jener Gaststätte am besten, die als erste meinen Weg gekreuzt hatte. Mit fünfzehn Jahren hatte ich im Salon eines altmodischen Etablissements aus einem vor mir aufziehenden Damenkränzchen die erste, mir am nächsten stehende Frau ausgewählt. Das könnte mit dem Hunger zusammengehangen haben, eine Handbreit war ich in dem Jahr gewachsen, zufriedengeben mußte man sich mit dem, was sich ergab.

Beispielsweise mit Debrecen, weil diese Stadt meinem Elternhaus am nächsten gelegen war. Das Zimmer im Kollegium war zwar ein wenig enttäuschend, doch ich hatte hervorragende Lehrer, und das Beste im ganzen Kollegium war die Bibliothek. Wenn mich die Schule bedrückte, schlich ich mich dort hinüber, ohne daß mich jemand fragte, ob ich eine Genehmigung dazu hätte oder gar den Unterricht schwänzte. Wie gut die Unterrichtsstunden auch waren, lesen fand ich interessanter, weshalb mich nachmittags meine Füße zum Eingangstreppenhaus trugen, in dem viele tausend Schülerfüße die breiten, schiefen Holzstufen abgewetzt hatten.

Zwischen massigen Säulen gelangte ich in die Bibliothek, wo ich meine Hand in die Höhe heben mußte, um die Türklinke zu erreichen. Gleich beim Eintreten wurde meine Nase vom Geruch nach Bohnerwachs und alten Büchern betört. Ich las irgendeinen Arztroman, der mir früher auf dem Nachtschrank meiner Mutter ins Auge gefallen und auch Gegenstand der Rede einer Újfaluer Damengesellschaft gewesen war, die sich um Torten, Kaffee und Kirschlikör zusammengeschart hatte, ohne sich um mein Ruhebedürfnis zu scheren.

Eine taktvolle Hand senkte sich auf meine Schulter, ich drehte mich um, es war die meines Lehrers Dr. József Salánky. Er unterrichtete Latein und Geschichte und wurde von uns als Klassenlehrer respektiert und verehrt. »Wenn ich es richtig vermute, dann müßten Sie jetzt in der Schule sein. Oder?« »Doch, ja.« Wir standen uns gegenüber. Am Sachverhalt gab es nichts zu rütteln. »Und lesen Sie wenigstens etwas Gutes?« Im Licht der Lampe mit dem braunen, emaillierten Schirm sah er sich das Buch an. »Dafür zu schwänzen hat nicht gelohnt«, sagte er mißbilligend. Das hatte mich fast vernichtend getroffen, weshalb ich die Flucht nach vorn antrat: »Und wofür, Herr Professor, würde es sich lohnen?«

Die Frage war unverschämt, doch mit dem Wörtchen »dafür« hatte er mir den Rettungsanker zugeworfen. Mein Lehrer sah mich an und sagte nur: »Warten Sie!« Er hatte freien Zutritt zu den inneren Räumen der Bibliothek, in die

Schüler nicht eindringen durften. Während er sich drinnen zu schaffen machte, konnte ich mich nicht mehr auf den Arztroman konzentrieren; ich wartete, wie es mir mein Klassenlehrer aufgetragen hatte. Alsbald erschien er mit einem Bücherstapel, setzte ihn auf dem Tisch des Bibliothekars ab und instruierte diesen: »Wenn der Junge wieder kommt, geben Sie ihm diese Bücher, damit er sie hier an Ort und Stelle lesen kann!« Er nickte und ging in die Schule. Der Bibliothekar winkte mich zu sich und gab mir das auf dem Stapel ganz oben liegende Buch in die Hand: *Schuld und Sühne.* Später merkte der Herr Professor Salánky wie nebenbei auf dem Flur an, es mache nichts, wenn ich von diesen Büchern nur wenig verstünde, denn der Teil, den ich dennoch verstehen würde, sei mehr wert, als wenn ich ein schlechtes Buch ganz verstünde.

Dann kam der Tag des Bruchs mit dem Kollegium. Es war üblich, daß wir nach dem Mittagessen in die Stadt gehen durften. Doch um drei mußten wir zurückkehren, weil dann das Silentium folgte, die zwei Stunden stiller Beschäftigung. Wir hatten auf unseren vier Buchstaben zu sitzen und uns mit den Hausaufgaben zu befassen, nicht aber mit Geduldspielen, Kreiseln oder etwa jenem kleinen Holzspiel, bei dem man mit Hilfe einer Strippe den roten Piepmatz der Puppe hervorschlüpfen lassen konnte. Wer mit derartigen Dingen die allgemeine Ordnung störte, den durfte der Stubenälteste auf eine Weise anherrschen, daß es einem das Blut in den Adern gefrieren ließ.

Ich liebte die Spaziergänge nach dem Mittagessen, die mich oft in Palis Gesellschaft in den Park vor dem Kollegium oder dem Déry-Museum führten, durch die Péterfia utca in den Wald, der östlich von der Csapó utca und westlich von der Hatvany utca begrenzt wurde. Durch das breite Tor der ebenerdigen rustikalen Bürgerhäuser konnte auch ein Heufuder auf den Hof rollen.

Als Erstkläßler war Pali einem anderen Zimmer zugeteilt. Auch im Speisesaal saßen wir nicht am selben Tisch, und auf dem Flur oder im Waschraum begegneten wir uns nur flüchtig. Trotzdem ging ich in meinem Egoismus gern allein spazieren, auch wenn Pali vom verzehrenden Gram, den die kleinsten Schüler des Kollegiums mit Menschen in der Verbannung teilen mochten, vermutlich noch mehr gequält wurde als ich. Zwar war das Haus meines Vaters unser beider Zuhause, aber ich hatte darin Vater und Mutter, er dagegen hatte keine Eltern mehr. István, sein älterer Bruder, der in Budapest zur Schule ging, hielt unseren Debrecener Versuch für einen kleinkarierten, peinlichen und sentimentalen Abstecher. Dennoch: Berettyóújfalu hatte zehntausend Einwohner, Debrecen hunderttausend. Dieser Größenunterschied bot Pali und mir genügend Lernstoff.

Uns gefielen die nicht wirklich städtischen Straßen mit ihren ebenerdigen Häusern, von denen heute kaum noch eines steht, weil sie von den Städtebauern als anstößig dörflich empfunden wurden. Dabei waren sie schön. Doch jene Kollegen, mit denen ich in den sechziger und siebziger Jahren im Institut für Städteplanung zusammengearbeitet hatte, meist liebenswerte, ja, intelligente Leute, rasierten unsere einstigen Spazierwege äußerst gründlich und ohne daß ihnen das Herz blutete, derart angefüllt waren sie vom Zauber der Moderne.

Ich schlage irgendeine Richtung ein, irgendwo werde ich landen. Aber wie komme ich rechtzeitig nach Hause? Bei diesem heiteren Wetter im November mußte ausgerechnet ich der »Schüler vom Dienst« sein! Das bedeutete, daß ich vor dem Gang zum Mittagessen den Schlüssel zu unserem gemeinsamen Zimmer an mich nehmen und es danach für diejenigen wieder aufschließen mußte, die den Ausgang nicht in Anspruch nahmen und lieber den ganzen Nachmittag im Zimmer des Kollegiums verbrachten, sei es, weil sie sich in der Stadt unsicher fühlten oder weil all ihre

Freizeit vom Lernen ausgefüllt war, oder einfach deshalb, weil sie träge waren.

Nach dem wenig erfreulichen Mittagessen rannte ich vom Kollegium in die Stadt, um auf Tour zu gehen. Vielleicht habe ich an einer verglasten Bude eine Marmeladenbuchtel gekauft oder Weintrauben in einer aus Zeitungspapier gefalteten Tüte, wie sie an einer Straßenecke angeboten wurden, so daß ich diesen verdammten Schlüssel total vergessen hatte, der indes zu Beginn des heiligen Silentiums schon längst die Tür zu unserem Zimmer hätte öffnen müssen. Völlig eingenommen von den Augen- und Gaumenfreuden, verspätete ich mich reichlich. Als ich die Tür zu unserem gemeinsamen Zimmer erreichte, sah ich mich zehn vorwurfsvollen Augenpaaren gegenüber. Die Jungen lungerten vor der Tür herum. Ich traf in heiterer Stimmung ein und grüßte sie herzlich, wegen meiner Verspätung leichthin um Verzeihung bittend. Niemand reagierte, dafür aber bekam ich vom Stubenältesten gehörig eine geschwalbt. Ich wich einige Schritte zurück und rannte mit dem Kopf in seinen Bauch, woraufhin er auf den Hintern fiel. Nachdem man uns getrennt hatte, warnte er mich: Das würde ich noch bitter bereuen.

Das reglementierte Leben im Kollegium war nichts mehr für mich. Ich ging zu meiner Cousine Zsófi und fragte sie, ob ich zu ihr ziehen könne; sie sagte ja. Ich suchte den Direktor des Kollegiums auf und teilte ihm mit, daß ich gemeinsam mit meinem Vetter Pali ausziehen wolle. Für meine Gründe interessierte er sich nicht sonderlich. Vielleicht sagte er sogar, daß er das verstehe. Am nächsten Tag wohnten wir schon zu dritt in Zsófis Zimmer zur Untermiete im Bischofspalast, von wo aus man die große reformierte Kirche sehen konnte und die breite Mündung der Marktstraße zusammen mit dem Hotel zum Goldenen Stier, in dessen Blauem Salon das Orchester der Städtischen Philharmonie unter der inspirierten Stabführung Dr. Béla

Pukánszkys, des Direktors der Musikschule, Mozart und Liszt spielte. Dieses Zimmer durfte ich verlassen, wann immer ich wollte. Auch lüften durfte ich es jederzeit.

*

Vom Reformierten Kollegium in Debrecen, dessen Geist ein wenig schwerfällig gewesen ist, wechselte ich im Herbst 1947 zum sehr lebhaften Budapester Madách-Gymnasium. Bei einem älteren Ehepaar wohnte ich zur Untermiete. Ich war ein Junge vom Dorf, unwissend und staunend. Budapest gefiel mir sehr. Jetzt durfte ich in der Stadt nach Lust und Laune umherstreifen und mußte keinen gelben Stern tragen. Ich machte mich mit der Stadt bekannt, mich interessierte die neue Umgebung, auch die Schule, die ein Parlament und eine Regierung besaß, von Schülern geleitet, ebenso zwei Zeitungen und ein Gericht, an dem es Richter, Staatsanwalt, Verteidiger und Geschworene sowie alle möglichen ernsten und unernsten Angelegenheiten gab, die auf ein Urteil warteten. Derjenige Schüler, der an den Zensurenkonferenzen teilnahm, verfügte über ein Vetorecht, wenn er mit der Zensur, die das Lehrerkollegium einem Schüler geben wollte, nicht einverstanden war. Die politische Organisation war in vollem Gange; auch wenn es unter den Schülern Kommunisten gab, spielten die Jungen doch lieber historische Rollen: Einer gab den Danton, der schon sieht, daß Robespierre dort in einer der hinteren Bänke sitzt und finster vor sich hin starrt. »Danton« ging später an die Theater-Hochschule und wurde Regisseur. Mit »Chénier«, einem netten, blonden jüdischen Jungen ging ich gemeinsam auf der Margarethen-Insel spazieren. Statt die Schulbank zu drücken, lasen wir Dante in der Übersetzung von Mihály Babits. Bald darauf wagte Chénier die Flucht über die Grenze, was 1949 kein Kinderspiel mehr war. Er ging in das damals gegründete Israel, wo er es bis zum Panzergeneral brachte. In der

Klasse gab es die verschiedensten Rollen und enorm viele Debatten. Ich verteidigte Mallarmé gegen Victor Hugo, die Romantik und jenen gewissen Danton, der schließlich Intendant des Opernhauses wurde und schon damals die großen Effekte mochte. Wir lasen viel. Und als ich im Freundeskreis zwei- oder dreimal zugab, etwas nicht gelesen zu haben, nannte mich mein Freund einen ungebildeten Dorftrottel.

Die Ära der Politik hielt auch im Gymnasium Einzug. Wir behandelten Streitfragen, wie die, wann man töten dürfe und wann nicht und ob für unsereinen, für Jungen zwischen fünfzehn und sechzehn, das Bordell der richtige Weg sei (und wenn ja, dann welches?) oder ob es besser sei, mit einem Mädchen zu gehen. Mit einem Mädchen? Vom Mädchengymnasium? Und worüber konnte man sich unterhalten? Über die Mathematikarbeit? Oder sollte man sich lieber mit dem Lateinlehrer unterhalten? Der unsere war ein weiser Mann. In seinem Unterricht tobte die Anarchie; ein Platon-Übersetzer gibt sich nicht damit ab, seine Schüler zu disziplinieren. Herr Professor Kövendy setzte sich in die letzte Bank, und wer sich um ihn versammelte, konnte ihm zuhören und zu klugen Einsichten gelangen. Den anderen stand es frei zu lärmen. Er wandte sich ihnen manchmal zu, um sie zu ermahnen: »Unterlassen Sie doch bitte den Unfug!«

Während der Schulzeit in Budapest war ich Kostgänger bei dem ehemaligen Lederwarengroßhändler Arnold Konta, dem Geh- und Ruder-Champion, der damals schon über achtzig war. Seine Frau, Tante Elza, schaffte es nicht, die große Wohnung zu heizen, in der sich geschnitzte Mahagonimöbel befanden, auch Shakespeare auf englisch, Goethe und Schiller auf deutsch, Flaubert auf französisch, riesige Mengen an Plaketten in schwarzen Vitrinen, an den Wänden um und um schwere Gemälde und an sämtlichen einnehmbaren Plätzen Bronzestatuen. All das empfand ich damals als ziemlich bedrückend. Mit fünfzehn verabscheute ich den Stil der Jahrhundertwende, den Eklektizismus und auch die Sezession; ich schwärmte für den Kubismus der modernen Gebäude.

Onkel Konta war klein, er reichte seiner Frau, Tante Elza, nicht einmal bis zu den Schultern. Sonntags hakte sich der adrette alte Herr mit Fliege bei seiner Frau unter und ging mit ihr ins Museum der schönen Künste auf dem Heldenplatz. Ein gutes Bild, sagte er, könne man sich hundertmal ansehen. Allabendlich las er den *Faust.* Bevor er sich an den Tisch setzte, murmelte er für sich ein kurzes hebräisches Gebet. Vom Rasieren hatte Arnold Konta ein rosafarbenes und wohlriechend hängebackiges Gesichtchen bekommen. Zum Essen trug er eine tabakfarbene, mit Litzen und Tressen besetzte Hausjacke.

Auf dem Köröd, dem runden Platz, fiel das Laub der Platanen, und aus einem der vornehmen alten Mietpaläste, die einen viertel Kreisausschnitt bildeten, trat ein weißbärtiger Herr heraus: Zoltán Kodály. Wenn er auf der Empore der Musikakademie erschien, drehte sich der Zuschauerraum nach hinten und applaudierte ihm stehend. Auch ich verneigte mich, wenn ich ihm begegnete, während der Alte mir zunickte.

Das Gartenlokal und das rote Firmenschild der Konditorei Stück erfüllte mich mit wehmütiger Stimmung. Hier saß ich mit meinem Vater, bevor ich ihn zum Westbahnhof begleitete, wenn er mich vor seiner Rückkehr nach Berettyóújfalu, wo ihn meine Mutter für einige Tage vertreten hatte, nach Beendigung seiner geschäftlichen Einkaufsreise besuchte. In vertrauter Atmosphäre aßen wir, ein wenig betrübt auch, denn der Zug meines Vaters würde bald fahren. Das Zusammensein war angenehm, obgleich ich manchmal schon über die naiv scheinenden, jedenfalls aber redlichen Meinungsäußerungen lächeln mußte.

Wenn ich frühmorgens über den Köröd ging, die Andrássy út entlang, war ich zwei Straßenecken weiter gezwungen, den Bürgersteig zu verlassen; der Anblick des Hauses Nummer 60 mit seiner leutseligen Düsternis und den schweren, an Betonpfosten befestigten Ketten ließ mich auf den Fahrdamm treten. Dieses Eckhaus nannte man im letzten Kriegsjahr »Haus der Treue«; es hatte den Pfeilkreuzlern, den ungarischen Nationalsozialisten, als Zentrale und Folterstätte gedient. Wer hierhergebracht wurde, hatte kaum Chancen, lebend herauszukommen. 1945 existierten im Keller bereits die betonierten Folterkammern. Allerdings waren sie nicht modern genug. Die neue Behörde vertiefte den Kellertrakt; unter einem Brettergitter rannen dunkle Wasser. Die Häuser überleben die Regime. Das bürgerliche Mietshaus war auch dafür geeignet, der Politischen Polizei des neuen Regimes Quartier zu gewähren. Der Umbau 1949 war die Idee eines ehemaligen Schneiders und späteren Bibliothekars bei einer Modezeitung, Gábor Péter, der damals bereits als Chef der Politischen Polizei fungierte. Zu beiden Seiten der zu ihm führenden gepolsterten Tür saßen Majore, zweifelsohne die geistigen Berater des Generals, die in den Jahren nach 1956 als offizielle Humoristen das teuflisch amüsante Silvesterprogramm für Rundfunk und Fernsehen schrieben, redigierten und im Hinblick auf seine politische Richtigkeit abwogen.

Als Gábor Péter Chef der Staatsschutzbehörde wurde, erlebte das Gebäude in der Andrássy út Nr. 60 eine beeindruckende Expansion. Wie ein gefräßiger kleiner Dickwanst schluckte es die neben dem Häuserblock stehenden großen herrschaftlichen Mietshäuser, eines nach dem anderen. Die Bewohner der Nachbarhäuser wurden evakuiert, das Gebäude selbst von emsigen Maurern für die Zwecke der Behörde hergerichtet. Vor alle Fenster kamen Blumenkästen mit roten Geranien. An den Hauseingängen und an den Ecken des Häuserblocks wurden Wachen mit Maschinenpistolen postiert. Niemandem wäre es eingefallen, über die Absperrkette zu steigen und mit ihnen zu scherzen.

Ich hörte von einem Bekannten, der sich als Führer einer zionistischen Gruppe auf den Weg gemacht hatte und seine Anhänger über die weniger scharf bewachte tschechoslowakische Grenze über das Gebirge geschleust hatte. Er war aufgeflogen, und jetzt wurde er hinter diesen Mauern verhört. Auch wenn ich mich selbst nicht darauf eingelassen habe, so bestand doch in meinem Bewußtsein das süßeste, weil riskanteste Verbrechen stets darin, sich auf die Flucht zu begeben, sich ihren Klauen zu entwinden, die Grenze des Lagerstaats zu überschreiten, den Stacheldraht zu durchtrennen, damit sie einen nicht mehr in den Keller bringen und dort schlagen konnten. Auch gegen Kriegsende galt Landesflucht als das schlimmste Verbrechen. Ein desertierter Soldat oder geflüchteter Arbeitsdienstler wurde, wenn man ihn faßte, auf der Stelle erschossen; in der Sprache der behördlichen Bekanntmachungen hieß das: niedergemacht.

Von den Einfahrten des Gebäudes in der Andrássy út Nr. 60 bogen hellbraune und graue Autos der Marke Pobjeda in die Straße ein, sowie schwarze, mit Vorhängen verhängte amerikanische Limousinen. Auch der zweite Häuserblock kam an die Reihe: An seiner Ecke hatte sich die Konditorei Lukács befunden, durch deren große Schaufensterscheibe sich dem Blick noch im vorangegangenen Jahr Torten, Liköre, Glasblumenlüster, Samtvorhänge und Marmortische dargeboten hatten. Doch jetzt wurden die Glasscheiben durch eine undurchsichtige Mauer aus Glasziegeln ersetzt. Erst sechs Jahre später erfuhr ich, daß jene Gefangenen, welche mit der Unterschrift unter das Vernehmungsprotokoll ihr Schuldbekenntnis besiegelt hatten, in dieser Konditorei zusammen mit den anderen die ihnen im Prozeß zugedachte Rolle einstudierten. Die Konditorei mit ihrer Art-deco-Einrichtung hatte sich in einen Klubraum für Offiziere des Staatssicherheitsdienstes verwandelt. Der Konditor und seine Meisterwerke mußten bleiben. Wenn die Verhafteten die vorgefertigten Antworten, die sie im Prozeß geben sollten, auswendig herunterleierten, bekamen sie Kuchen.

Hinter ihnen lag dann schon die Phase der Verhöre, der Folter, des Gebrochenwerdens, während derer die Gefangenen auf einem Brettergitter über einem in den Keller umgeleiteten, unterirdischen Wasserlauf, dem Grottenbach, stehen mußten. Nicht einmal das Stehen sollte ihnen leicht gemacht werden. Der Gefangene blickte unter sich in die Bräune des tosenden Baches. Der Körper hat schon gelernt, daß ihm alles widerfahren konnte. Nun unterweist der Körper die Seele in den entsprechenden Argumenten. Die Mehrheit lernt, sich selbst zu verleugnen, ja sogar, sich selbst zum Tode zu verurteilen. Wenn der Gefangene allein zurück im Keller bleibt, wenn er gleich einem geschwächten Tier auf allen vieren in die Zelle kriecht, verliert alles seine Geltung. Und dann kommt das Bad, du hast unterschrieben, dich selbst erlöst, jetzt muß die Geschichte nur noch abgewickelt werden. Jetzt wirst du in der Theateraufführung mitwirken. Aus dem Keller wirst du im Fahrstuhl in den Himmel befördert, in das im Erdgeschoß befindliche Paradies mit Goldengeln, Lüstern, Girlanden und nach Vanille riechender Schlagsahne, wo dich saubere Kleidung und würdevolles Auf- und Abgehen auf dem ein wenig abschüssigen Marmorboden zum Erlernen jedweder Rolle befähigen. Dort unten ist die Beziehung zwischen dem sichtbaren und dem unsichtbaren Teil des Ich abgerissen. Der sichtbare und bezwingbare Teil tut, was getan werden muß, während sich der unsichtbare spöttisch darüber wundert. Von da an ist der Mensch auf der Hut, daß er ja nichts ernst nimmt.

Als ich 1949 auf der Andrássy út an diesen Häusern vorbeiging, wußte ich noch nicht viel von dem, was im Keller vor sich ging. Die Eltern meiner Klassenkameraden munkelten dies und jenes, und gelegentlich hörte ich den englischen Rundfunk. Eine ferne Stimme erklärte, die Angeklagten in jenen Schauprozessen würden deshalb alle möglichen selbstbelastenden Geständnisse von sich geben, weil man zuvor durch Prügel und chemische Präparate ihren Willen gebrochen und sie zu Marionetten gemacht habe. Das hörte sich glaubwürdig an. Die Angeklagten redeten, als wären sie Maschinen. Die Stimmen klangen nicht nach Reue, sondern als würde gleichgültig eine Lektion heruntergebetet, als sei dem Betroffenen schon egal, wovon die Rede ist.

Der Vater eines Bekannten war Kameramann. Zu Hause erzählte er, daß die mehrmals in Szene gesetzte Verhandlung ohne Wissen der Angeklagten gefilmt würde. Der Angeklagte könne nicht wissen, welches die eigentliche Verhandlung sei. Am Ende würde der endgültige Film über dic Verhandlung zusammengeschnitten. Sollte das Ganze etwa nur für den Film veranstaltet werden? Der Regisseur war angeblich ein Freund der Angeklagten.

*

Etwas weiter oben in der Andrássy út, der späteren Stalinstraße, befand sich eine private Leihbücherei, die 1949 verstaatlicht worden ist. Als Fünfzehnjähriger habe ich mir dort Romane von Steinbeck, Hemingway, Martin du Gard und Malraux ausgeliehen: ein berauschendes Gefühl! 1949 durften sogar die Bordelle noch betrieben werden. In der Nähe, in der Király utca beispielsweise, lag im ersten Stock eines klassizistischen Mietshauses Madame Clarisses Etablissement, eine ehrbare Institution. 1949 nahm dann alles ein Ende; die private Leihbücherei wurde geschlossen, genau wie das Etablissement, abgeschafft alles, was privat war, auch der Privatmensch. Ebensowenig wurde man in der Schule in Ruhe gelassen. Nach der Zehn-Minuten-Pause mußten, während auf den Lehrer gewartet wurde, Märsche der Arbeiterbewegung gesungen werden. Manchmal gelang es, auf die Zeilenenden unflätige Reime zu dichten.

Als in den frühen sechziger Jahren die Staatsschutzbehörde aus den beiden Häuserblöcken auszog und das Café unter dem Namen Spezialitäten-Konditorei erneut für den öffentlichen Publikumsverkehr geöffnet wurde, kehrte ich hier oft ein, wenn ich von den ausgiebigen nachmittäglichen Milieustudien aus den Wohnungen der in der Vormundschaftsbehörde als Akte geführten Bürger zurückkam. Unter den mit Gold verzierten venezianischen Kronleuchtern traf ich mich mit Freunden. Wir saßen auf den mit Seidenstoff bezogenen Stühlen zwischen den mit blauen Seidentapeten verkleideten Wänden, auf denen sich Umrandungen aus goldenem Blattschmuck befanden. Und hier war das Dröhnen des Oberleitungsbusses zu hören, des Stolzes der Sowjettechnik. Mein Verhältnis zu den Garderobieren im Café war immer gut. Hier verabredete ich mich mit vielen Frauen zum Rendezvous; mit schönen und komischen, mit klugen und verrückten. In jener Zeit ließ ich mich von meiner ersten Frau scheiden. Ich verbrachte damals viel Zeit in Gesellschaft verschiedener Frauen. Heute sind sie entweder gestorben oder alt geworden.

*

Ende November 1983 fand ich als Stipendiat des The New York Institut for the Humanities in der 4th street Ecke Avenue A, vier Häuserblocks vom Saint-Marc-Place entfernt, wohin ich mit Jutka am Vormittag eines Straßenballs eingebogen war, eine Mietwohnung. Orchester wechselten einander ab, auf Stelzen hüpfte eine Frau umher, animierte die Kinder zum Tanzen. Für zwei Dollar erstanden wir eine Tischlampe. Weil der Händler uns zeigen wollte, daß sie funktionierte, gingen wir zur Polizeiwache, um eine

Steckdose zu suchen. Seine Ehre stehe auf dem Spiel, erklärte er den Polizisten. Die lächelten und deuteten auf eine Steckdose; die Lampe brannte nicht. Die weißen und schwarzen Polizisten, Männer und Frauen, lachten lauthals, dann empfanden sie Mitleid mit dem schwitzenden Händler, welcher bleich geworden war und am Boden zerstört schien. Sie zeigten auf eine funktionierende Steckdose, und siehe da, die Lampe brannte. Zutiefst von Dank erfüllt, regte sich in dem Händler ein Gefühl der Würde, und er sagte, auch seine Mama sei Ungarin gewesen, und er freue sich, daß wir hierher in den Teil der Stadt zögen, der von manchen zu Recht »East Village« und von anderen zu Unrecht »Lower East Side« genannt werde.

Wir waren glücklich, weil es uns dank der Hexerei meiner Schwester gelungen war, eine erstklassige Wohnung, geräumig und altmodisch, zu mieten, ausgerechnet in der Gegend, nach der ich mich schon immer gesehnt hatte. Wir kauften Mobiliar: bequeme, unförmige, eiserne Schreibtische mit tiefen Schubfächern auf Rollen. Meiner war schwarz, die Platte mit grauem Linoleum bedeckt, Jutkas gelb, doch sie deckte ihn mit einer lindgrünen Decke ab. Vor ihr Fenster, das innen ein Schutzgitter besaß und außen von einer Feuerleiter verstellt wurde, hängte sie eine Schilfmatte. Unser Bett bestand aus übereinandergeschichteten Matratzen, über die eine große gelbe Tischdecke gebreitet war, die wir von Yvette Biró bekommen hatten. Die wiederum hatte sie von Patricia Blake. Die Güter wandern, die Teetassen wandern, das Sofa stammte von Richard Sennett.

Mein Stipendium sollte bis Ende April dauern, bis dahin wollten wir hier in New York bleiben, in dieser Wohnung, die zu besorgen wirklich nicht leicht gewesen war. Auf die Inserate meldeten sich Hunderte von Interessenten, und die Mieten krochen wie wahnsinnig in die Höhe. Als meine Schwester über einen litauisch-jüdischen Immobilienmakler diese Wohnung für uns hatte anmieten können und der alte Mann sagte, wir Ungarn müßten zusammenhalten, beschlich mich das Gefühl, daß auf der Wohnung ein Segen liege.

Zwischen Eisenrohren, eisernen Gehwegplatten und schmiedeeisernen Vorgartentoren stehe ich vor einem Tarotleser, auf dessen kleinem Laden ein großer Handteller gemalt ist. In einem wackligen Sessel hält der schnurrbärtige alte Herr, der dir dein Schicksal vorhersagen kann, im Schaufenster für gewöhnlich seinen Schlummer. Dann zwei Buchläden, in beiden wird *Der Komplize* angeboten, der daheim in Ungarn nur unter großer Geheimhaltung erscheinen konnte und Gábor Demszky, meinen Verleger, mit einem romantischen Hauch heroischen Frevels überzogen hat. Hier in Amerika bekam ich die neue Samisdat-Ausgabe mit weißem Umschlag in die Hand. Eng getippt, hatte der ganze Roman auf zweihundert statt auf vierhundert Seiten Platz gefunden.

In New York ist es üblich, Mäntel, Schuhe, Bücher, was auch immer, auf dem Bürgersteig auszubreiten, vielleicht würde ja ein Käufer vorbeikommen. Alles Verkäufliche wird dank dem Gott des Marktes den Weg zu seinem neuen Besitzer finden. Und genau: Auf dem Gehweg fand ich zwischen englischsprachigen Schundromanen und unter ein bis zwei guten Büchern zwei Hefte, unten gelb, oben rot, mit einem bekannten ungarischen Titel: *Gesellschaftliche Rundschau. Die theoretische Zeitschrift der kommunistischen Partei Ungarns. November/Dezember 1949.* Auf der Titelseite Stalin, der damals siebzig Jahre alt geworden war.

Ich hob das auf schlechtem Papier gedruckte und vergilbte Heft in die Höhe. Den Händler, einen jungen Schwarzen, mußte dies zu der Überzeugung bringen, daß selbst der unglaublichste Bafel auf einen neuen Besitzer stoßen kann. Allzu bedrohlich war der Generalissimus, so auf dem New Yorker Bürgersteig liegend, nicht. Im Herbst 1949 allerdings schickte ihm noch alle Welt Geschenke, das dankbare ungarische Volk eine ganze Waggonladung, mit der sogar eine Ausstellung organisiert worden ist: enorm viele verkleinerte Lokomotiven, Werkzeugmaschinen, Kinderzeichnungen. Die Schaufenster quollen über von seinen Nachbildungen. In den Metzgerläden gab es einen aus gefrorenem Schweineschmalz modellierten Generalissimus. Das Honorar für den Künstler: ebensoviele Kilogramm Schweineschmalz, wie die Büste des weisen Führers der Menschheit wog.

*

Im ersten Stock eines Mietshauses in der Andrássy út war eine Wohnung frei geworden. Der Schwiegersohn des Staatspräsidenten hatte darin gewohnt: ein untersetzter, selbstbewußter Mann. Untersetzt und selbstbewußt auch seine Frau. Im Herbst 1949 waren die Jalousien heruntergelassen, denn der Schwiegersohn des Präsidenten war Botschafter in Kairo geworden, wo er sich mit seiner ganzen Familie aufhielt. Er wurde nach Hause beordert, zum Spion erklärt, zum Tode verurteilt und hingerichtet. Die Sache ging schnell vonstatten. Um seine Frau abzuholen, kam das große amerikanische Auto schon nicht mehr. Stattdessen kamen die Möbelspediteure, um sämtliche Habe abzuholen.

1949 war das Jahr der Wende, das Jahr der großen Verschärfung. Die friedliebende, fortschrittliche Menschheit bereitete sich auf den siebzigsten Geburtstag des »Leuchtturms der Völker« vor. So spielte auch das Blechblasorchester der ungarischen Staatsschutzbehörde, das erst unlängst in die geräumige Wohnung des gerade hingerichteten ungarischen Botschafters in Kairo eingezogen war und dort die Stalinkantate einstudierte. Gezwungenermaßen mußte ich mir die Proben anhören, da ich auf der anderen

Seite des Innenhofes wohnte. Von Takt zu Takt schritten die Musizierenden voran, jede Note spielten sie mehrere hundert Male. Die festliche Melodie donnerte sich in meine Ohren hinein. Es wurde gerade die folgende Passage eingeübt: »Weil Stalin unser Kampf und Stalin der Frieden und mit dem Naaamen Staaaliiin wird besser die Weelt.« Hier gab es irgendein Problem mit der Anzahl der Wortsilben. Zusammen mit den Blechbläsern sang manchmal auch ein dröhnender Chor. Das alles war sehr feierlich, insbesondere so in Einzelstücke zerlegt.

Angeblich dachte Stalin 1949, daß es mit dem Westen Krieg geben werde, weshalb er die östliche Hälfte Europas nach sowjetischem Muster vereinen müßte. Und dazu habe es der Prozesse bedurft. Als ersten verurteilten sie den Erzbischof von Gran und Primas von Ungarn, Kardinal József Mindszenthy, zu lebenslangem Zuchthaus, danach den Außen- und früheren Innenminister László Rajk, einen großen, gut aussehenden und relativ populären Mann zum Tode. Sie hatten ihn für die Rolle des großen Verbrechers auserkoren, ihn gefoltert und gegen sich selbst aussagen lassen. Laut englischem Radio war er der gleichen Methode zum Opfer gefallen, die er selbst im Land eingeführt hatte.

Ich bemerkte, daß die Menschen nicht die gleichen geblieben waren. Eigenartig waren sie geworden, als hätte sich ein peinlicher Rausch über ihr Gesicht ergossen. In der Umgebung der Andrássy út Nr. 60 drang die Angst aus den Wänden hervor und das um so stärker, je greller das Rot der Geranien in den Fenstern leuchtete.

Ich spürte, daß es mit der kleinen zivilen Pause, die auf den deutschen Zusammenbruch gefolgt war, nun vorbei sein würde. Vorbei mit dem Verbrennen des Klassenbuches, mit dem vorlauten Widersprechen, dem Meckern, dem Vor- und Zurückgerutsche mit der ganzen Bankreihe, vorbei mit den possenreißerisch rhetorischen Streitgesprächen über Dichter wie Hugo und Mallarmé, Ady oder Babits. Als Gymnasiast erkundete ich die Stadt, die Bibliotheken und die Schwimmbäder, besuchte meine Schwester, saß in Espressos, zusammen mit einem Jungen, der gut Saxophon spielen konnte. Ich bewunderte meinen Klassenkameraden hinter mir, der die *Rhapsody in Blue* rülpsend zu Gehör bringen konnte, und den, der als Meuchelfurzer frisches, noch warmes Brot aß und alle Lehrer aus meiner Nähe vertrieb, damit ich ungestört lesen konnte. Allerdings mußte ich dafür nicht nur zahlen, sondern auch den Gestank ertragen.

Mein Ungarischlehrer, der meine Lektüre billigte, lud mich zu sich in seine Wohnung ein und bot mir seine Bücher zum Ausleihen an. Als er den mit Glastüren verschlossenen Bücherschrank öffnete, war es mir, als würde eine schöne Frau den Morgenrock vor ihrem nackten Bauch aufmachen. Wirklichen Genuß bereitete mir das Lesen in den Jahren als Gymnasiast, denn damals erschien mir jede einzelne Zeile von tausendfacher Bedeutung, und ich neigte dazu, auch in Gemeinplätzen tiefe Weisheiten zu sehen.

Der erste Schultag in der siebten Gymnasialklasse – ich war sechzehn – begann ungewöhnlich. Ich betrat den Klassenraum, alle saßen in den Bänken, nur zwei standen am Fenster. Vier hatten aufgegeben, zwei waren abgehauen, einer hatte an die Theaterakademie gewechselt, einer zur Offiziersschule. Die in den Bänken Hockenden waren streng, begeistert, ernst; sie sangen die Lieder der kommunistischen Bewegung. Das Kollektiv nahm den Eintretenden bedrohlich und erwartungsvoll ins Visier: Was würde er tun?! Auch er sollte sich in eine Schulbank setzen und gemeinsam mit den anderen singen! Eine Klasse, ein Kollektiv, ein Herz und eine Seele!

Doch wenn er nicht will, dann soll auch er sich ruhig ans Fenster stellen, so tun, als unterhalte er sich, als wisse er nicht, daß er sich am Fenster von den anderen absonderte und verdächtig geworden war, allein durch die Tatsache, daß er sich dort hinstellte, als würde ihn die im gemeinsamen Gesang erstarkende ideell-politische Einheit kalt lassen. Am Fenster standen Pali Holländer und Laci Endrényi, die beiden nettesten Jungen in der Klasse: dünn, hoch aufgeschossen, gebildet und ironisch. Sie besuchten Konzerte, lasen englisch und nahmen nichts wirklich ernst. Hemingways *Fiesta* und Huxleys *Narrenreigen* strahlten aus dem Hintergrund. Seien wir kleine Tacitusse! Genießen wir den historischen Wandel in seiner schrillen Gewöhnlichkeit!

Und da, in der hinteren Fensterreihe, ist der beste Schüler der Klasse, der sich damit brüstet, mit einem Wagen des Staatsschutzes als freiwilliger Helfer an die Grenze gefahren zu sein, um zionistische Schulkameraden, die über die Grenze flüchten wollten, auffliegen zu lassen. Ein intelligenter Junge war er, angenehm spöttisch, die Stirn gewölbt, doch sein Sarkasmus gründete sich auf Macht. Schon im Schülerverband fungierte er als Bezirkssekretär. Noch besuchte er zusammen mit uns die Schule, aber er gehörte bereits zu denen, die sich in den Pausen gegenseitig aufsuchten und ernst tuschelnd die geheimen Angelegenheiten der Bewegung besprachen. Im Herbst 1949 hielt er zu Stalins Geburtstag eine Rede. Von einem Steinadler sprach er, von einem felsenfesten und unerschütterlichen Willen, der sein Ziel gnadenlos und unversöhnlich verfolgt.

Auch mein Klassenkamerad war bemüht, sich weder durch Angst noch durch Mitgefühl weichmachen zu lassen. Für mich hatte er nur spöttische Blicke übrig. Aus dem Roman *Die Wolokolamsker Chaussee* zitierte er jenen Teil, der davon spricht, daß man das geschwürige Fleisch herausschneiden und wegwerfen müsse, weil sonst der ganze Körper verfaule. Die hübsche kleine Rede kreiste um diesen einen Gedanken, und viele Male wiederholte er die Metapher des Verfaulens, jedesmal den Blick auf mich gerichtet.

Das Problem bestand darin, daß ich in der Klasse dem kritisierten Georg Lukács recht gab und nicht József Révai, Mitglied des Politbüros, der in seiner ganzseitigen Erörterung die schädlichen Irrtümer des Philosophen verurteilte. Unerträglich war es, daß ein Schüler des Gymnasiums mit der Führung der Partei nicht einverstanden war. In einem Schulaufsatz hatte ich zum Pflichtthema »Dreijahresplan« geschrieben: Er bedeute für mich die Verstaatlichung des väterlichen Geschäfts und Hauses, und für den müden Arbeiter, dem ich des öfteren im Treppenhaus begegnete, bedeute der Plan, für weniger Geld mehr arbeiten zu müssen. Mein Ungarischlehrer wagte nicht, meinen Aufsatz zu benoten. »Gyuri, in der Angelegenheit kann ich nichts tun. Die Sache, mein Junge, überschreitet meinen Kompetenzbereich.« Der Direktor beorderte mich vor einen Disziplinarausschuß. Mein späterer Freund, der gleichaltrige Feri Fehér, war Vorsitzender des Disziplinarausschusses. Damals haßte er Lukács, später schwärmte er für ihn. Alsbald wurde ich aus dem Schülerverband ausgeschlossen, auch der Schule sollte ich fernbleiben. »Du bist der Schule schon entwachsen, bist im geistigen Sinne zu alt dafür«, sagte mein Ungarischlehrer. Das schmeichelte mir, auch wenn ich nicht wußte, ob er nicht eher die mit mir verbundenen Unbequemlichkeiten loswerden wollte. Im rostbraunen Shetlandsakko flanierte der Herr Lehrer nach dem Klingelzeichen Hand in Hand mit der Turnlehrerin über den Flur. Ihretwegen ließ er sich später von seiner Frau scheiden. Das hatten wir kommen sehen. Im Knopfloch trug er eine Nelke. Mit Pali, meinem Freund, luden wir ihn auf die Donau zum Rudern ein. Nur mit einer Badehose bekleidet saß er im zweirudrigen Kielboot auf dem Platz des Steuermanns, erstaunlich groß sein Bauch, aber auch die Schultern waren breit; ich jedenfalls vermied es, seinen Körper anzusehen. Als wir uns zu dritt in der Flußmitte befanden, gestand er, daß er sich mit dem Marxismus nicht anfreunden könne, daß uns schwere Jahre bevorstünden. Der Terror, sagte ich zweideutig, sei das Opferfest der Geschichte. Der Herr Lehrer verstand nicht ganz, ich selbst vielleicht auch nicht.

Im Sommer 1949 fanden in Budapest die Weltjugendfestspiele statt. Aus allen Teilen der Welt war die kommunistische Jugend gekommen, sehr viele Teilnehmer aus der Sowjetunion, aus China und den osteuropäischen Ländern. Nach dem Prozeß, in dessen Verlauf László Rajk und seine Mitangeklagten vom Gericht zum Tode verurteilt und hingerichtet worden waren, herrschte in der Stadt geschäftiges Treiben. Es waren nur diejenigen noch nicht verhaftet worden, für deren Prozeß (zuerst allerdings für deren Folter und Gefügigmachen) die Behörde noch keine Zeit gefunden hatte. Die Betreffenden hatte man sich für das folgende Jahr aufgehoben.

Dieses Eis, sagte ich auf dem Nachhauseweg an einer noch nicht verstaatlichten italienischen Eisdiele, sei das schlechte Gewissen der entfremdeten Idee. Pali lachte herzhaft. Sein Geigenlehrer habe gesagt, Kant sei der einzige anständige Denker. Abgehärtet wie er war, stufte Pali meinen hegelianischen Wortsalat als Witz ein.

*

Der Weltgeist sehnte sich nach einem Bordell. Die Ellenbogen auf einen mit einem großen Gobelin abgedeckten Konzertflügel gestützt, blickten wir über den Balkon auf die in Schatten sich hüllende Ringstraße hinab. Auf ging es ins Jagdabenteuer: Wir begaben uns in die Király utca, gelangten an eine gelbe Straßenecke und traten durch das Tor eines klassizistischen Mietshauses mit großem Hof. Die zartrosa Marmortreppe bedeckte ein angeschmutzter roter Teppich. Im ersten Stock hinter einer massiven braunen Tür summte dezent die Klingel.

Zuerst ein Zimmermädchen, dann die Madame: »Wieder

Eva?« Wieder Eva. Siebzehn war Eva, als sie aus Auschwitz zurückkam. Ihre Mutter und ihre jüngere Schwester waren ins Gas geschickt worden, ihren Vater hatten sie in ein Massengrab hineingeschossen. Geblieben war ihr eine verdrießliche Tante, die meinte, Eva lebe zu intensiv, sie störe und solle gehen. Da machte sich Eva selbständig. Am frühen Nachmittag ging sie in die Király utca, im Morgengrauen dann nach Hause. Manchmal genehmigte sie sich freie Tage. Schlank und zäh war sie, hatte rote Haare, einen sommersprossigen, von zartem Flaum überzogenen Körper.

»Erkläre mir doch die Rajk-Affäre!« bat mich Eva, denn bisher hatte ich ihr immer alles erklären können. Ihre Brust bekam eine Gänsehaut: »Ich will nicht gefoltert werden!« Sie besaß einen Pelzmantel, und manchmal wurde sie von einem Auto abgeholt. Einmal knöpfte sie mir Geld ab, ein andermal nicht. In einem Antiquariat verkaufte ich Bücher, um zu ihr gehen zu können.

Gern saß ich in der Küche des Bordells, doch die vielen Schenkel zusammen weckten keine Illusionen. Als dann die öffentlichen Häuser geschlossen und die Mädchen vom Sozialismus zu Taxifahrern umgeschult wurden, hockte nur noch die Madame am Fenster im ersten Stock. Nun brach ihre Zeit wieder an, denn die Schritte der betrunkenen, enttäuschten Männer fanden mechanisch dorthin, in Ermangelung sonstiger Möglichkeiten gaben sie sich auch mit ihr zufrieden. Der Hals der Madame hatte Runzeln, doch weiter unten war die Haut glatt, dramatisch sank sie auf die Spitzenbettdecke nieder, und pathetisch spreizte sie die Schenkel. Sie hatte große, wulstige, braune Schamlippen, auch unten rasierte sie sich, und wenn sie kreischte, ließ sie ihre Sopranstimme ertönen.

*

Wenn es nur irgend möglich war, fuhr ich nach Hause nach Újfalu, um Ferien zu machen, auf Pferdefuhrwerken, mit dem Fahrrad, mit dem Zug, und doch war ich ein Schüler aus der Stadt, der nach Budapest gekommen war, um zu lernen. Die Geschichte mit meinem Heimatdorf hatte ein Ende genommen, wenn eine Geschichte überhaupt ein Ende haben kann.

Mein letzter Sommer in Berettyóújfalu, vormittags an einem warmen Wochentag: Die vornehmen Mädchen der Kleinstadt lagen draußen an der Eisenbahnbrücke. Ich, fünfzehnjährig, saß auf dem einen warm gewordenen Betonpfeiler zusammen mit Marika, wie auf einem Beobachtungsposten in einer Loge, unten am sandigen Flußufer rieben sich die Töchter des Apothekers und des Chefarztes, des Amtsrichters und des reformierten Pfarrers die Schenkel ein, um leichter braun zu werden. Beschützend umarmte ich meine Freundin, als der Zug an uns vorbeisauste.

Vom Fahrdamm her galoppierte ein Trupp verschwitzter, staubbedeckter Kosaken hinunter zum Wasser. Splitternackt rieben sie die Pferde ab, und nachdem deren Fell bereits glänzte, spritzten sie, schlugen Purzelbäume, tauchten sich gegenseitig unter Wasser, und dann froren sie plötzlich. Auf den dunkelbraunen, nassen Pferden erschienen ihre Körper unwirklich. Die Fräulein wandten ihre Blicke ab.

Die Kosakenjungen stülpten sich die Mützen über, welche aus rotem Tuch genäht waren, mit einem seitlichen Pelzbesatz und zwei gekreuzten Goldstreifen. Ansonsten trugen die Kosaken nichts. Auf ihren Pferden, deren Fell troff, ritten sie um die braungebrannten Mädchen herum, zogen immer engere Kreise, die Schamhaare der kleinen Fräulein wurden unter den bis zum Schenkelansatz reichenden Höschen sichtbar. Die Sonne schien verwegen, doch plötzlich ertönten ein Pfiff und ein Kommando. Die Soldaten bekamen ihre Klamotten zu fassen, ihre Stiefel, und ebenso wie sie gekommen waren, jagten sie davon.

Im Sommer 1949 lag ich in Berettyóújfalu im Eßzimmer bäuchlings auf dem mit einem weinroten Perserteppich bedeckten großen Diwan und las *Auf der Suche nach der verlorenen Zeit* sowie *Doktor Faustus*, und auf der Fahrradstange nahm ich Marika zum Schwimmen an den Berettyó mit. Das war die Zeit der ersten Liebe. Marika war drei Jahre älter als ich. In einem schön gebügelten, weißen Kleid setzte sie sich vor mich, ich fühlte mich geehrt. Vom Fahrdamm aus mußte man hinunter ans Flußufer radeln, wo es galt, mit einer eleganten Wende zum Stehen zu kommen. Und das hatte ich bisher ziemlich gut gemacht. Ich bremste plötzlich und drehte mich direkt am Flußufer. Jetzt aber, wegen der Zunahme des Gesamtgewichts, rasten wir samt Fahrrad ins Wasser. Dieser kleine Unfall wirkte sich auf unsere Liebe nicht günstig aus, denn bald darauf fragte mich ein gastierender Saxophonist, ob ich mit Marika ernste Absichten hätte, und als ich gestand, daß es zu früh sei, ans Heiraten zu denken, erklärte er, er habe sehr ernste Absichten. Marikas Familienglück vor Augen leistete ich großmütig Verzicht. Der Saxophonist aber hatte mich betrogen, Marika zu heiraten war ihm nicht einmal im Traum eingefallen.

*

Mit fünfzehn, zu Beginn der sechsten Gymnasialklasse, zog ich zu meiner Schwester und meiner Cousine in eine schmale Straße in der Budapester Innenstadt, in das Dienstmädchenzimmer einer in der Vármegye utca 7 im fünften Stock gelegenen Wohnung. Vom Korridor aus gelangte ich in meine kleine Nische, in der ein Tisch, ein Bett, ein Schrank, ein Sessel und ein Bücherregal Platz hatten.

Der Aufsicht der Erwachsenen enthoben, brauchte ich niemandem über meine Zeit Rechenschaft abzulegen. Ich kam und ging, wie ich Lust hatte, und vergebens fragte mich meine Schwester Eva, die schon Studentin der Biologie an der Universität war, wohin ich ginge, ich brabbelte bloß: »Ich gehe ein bißchen runter, einfach nur so.« »Brüderchen, was hast du vor?« rief mir Eva hinterher.

Von meinen Eltern bekam ich monatlich eine bestimmte Geldsumme, die ich mir einteilte, so gut ich konnte. Es kam vor, daß ich gemeinsam mit meinem Freund Pali Holländer im Restaurant des Hotels Astoria zu Mittag speiste, nicht ohne zuvor die Angebote der Speisekarte eingehend studiert und besprochen zu haben, und nach dem Dessert bestellten wir auch noch einen Kognak der Marke Napoleon. Der Kellner erkundigte sich nicht nach dem Alter der jungen Herren; es herrschten noch die guten alten Sitten.

Am Monatsende allerdings aß ich stehend, an Rohrtischen der Astoria-Schnellgaststätte Kossuth Lajos utca Ecke Múzeum körút, Zipserkraut für drei fünfzig, wenn das Geld reichte, wenn nicht, Bohnensuppe mit Bohnen für eins zehn, und wenn ich nicht einmal so viel hatte, Bohnensuppe ohne Bohnen für siebzig Fillér. Dazu gab es Brot. Das war die unterste Kategorie. Noch tiefer standen nur jene herumlungernden schrecklichen Kerle, die sich vor mir aufpflanzten und zu muffeln begannen, zu krächzen und zu winseln, den zahnlosen Gaumen entblößend, die Augen starr auf meinen Teller gerichtet, dann den Blick fordernd auf mich geheftet. Es kam vor, daß ich mich mit jemandem einigen konnte, in Ordnung, die Hälfte lasse ich Ihnen übrig, doch jetzt verschwinden Sie, gehen Sie ein Stück weg von mir! Weit ging er nicht, ängstlich beobachtete er, ob ich den Handel einhalten würde.

*

Das Hotel Astoria kannte ich von außen und von innen, ich hatte früher sogar einmal hier gewohnt, als ich mit meinem Vater nach Budapest gekommen war. Auch hier gab es den besonderen Duft parfümierter Reinigungsmittel, den ich dereinst im Hotel Hungaria so gern eingeatmet hatte. Das Leben meines Vaters hatten sie zerschlagen, meines aber begann, ich hatte noch alles vor mir, es schien mir ganz natürlich, bei Null zu beginnen, nur eine Nische von sechs Quadratmetern zur Verfügung zu haben, wo ich auch nachmittags bei Lampenlicht lernte, nur ein Bett zu besitzen, einen Tisch, einen Schrank, einen Sessel und ein Bücherregal und daß das durchaus reichte, keineswegs erniedrigend war, sondern eher erhebend. Ich genoß mein eigenes Zimmer, ich genoß es, mich unter eine innere Glasglocke verkriechen zu können, während in meinem Kopf fortwährend eine neue andere Welt entstand und ich von einer anderen Welt in die nächste andere Welt schritt, aus der einen heraus, in die andere hinein, denn auch ein Buch war eine andere Welt, nicht minder der kleine Ausschnitt des Himmels hoch oben in meinem Fenster; natürlich konnte ich auch hinüber in das Zimmer meiner Schwester und meiner Cousine gehen.

Auf der anderen Seite der schmalen Vármegye utca erstreckte sich das gelbe Komitatshaus. Ein großes, altes Amtsgebäude mit einer unregelmäßigen Bedachung, auf dem Dachdecker herumkrochen und in aller Seelenruhe Speck verzehrten. Ein beunruhigender Anblick. Die Stadt erinnere an Paris, hörte man von Leuten, die noch nie in Paris gewesen waren. Uns gegenüber wohnte niemand, ich betrachtete die Antennen, Türme, Kuppeln, Sirenentrommeln und Wolken; auch die auf einen Fensterausschnitt begrenzte Welt verlockte dazu, aus dem fünften Stock hinabzusteigen.

Unter uns wohnte die Frau des Barons Villy von Kohner, eine Etage tiefer der Baron Tivadar von Natorp. Mir gefielen die sonnengebräunte, elastische Baronin in ihrem Sportkostüm und der gebeugt am Stock gehende, dünne Baron, wie er den Boden vor sich unter die Lupe nahm.

1951 wurden sie beide deportiert, ebenso wie jene schöne Frau mit der tiefen Stimme und dem Schottenrock, die Zigaretten rauchte und das dichte, rote Haar – naturrot, glaube ich – auf die Schultern herabwallen ließ. Sie arbeitete an der türkischen Botschaft und wurde verhaftet. Zwangsumgesiedelt wurde auch der Bankier aus der Nachbarschaft. Unter uns zog ein Ratsvorsitzender ein, der ursprünglich Gymnasiallehrer gewesen war. Im dritten Stock fand der Sohn eines Offiziers die Pistole seines Vaters und erschoß beim Spielen die Tochter des im sechsten Stock wohnenden Postboten.

Über uns wohnte ein Geigenbauer, dessen graue Haare, elektrisch aufgeladen, gen Himmel ragten, sie schienen in ihrem Groll unter Strom zu stehen, kurz vor der Explosion. Gegen Mittag auf der Toilette sitzend amüsierte ich mich über den losbrechenden Hader: »Sie haben sich schon wieder das größte Stück Fleisch geangelt!« so der Ehemann. »Sie sind ein ganz gewöhnlicher Fettwanst und kein Künstler!« so die Ehefrau. »Ich darf doch sehr bitten! Wenn Sie nicht augenblicklich still sind, nehme ich meinen Hut und meinen Stock, und dann haben wir uns jetzt zum letzten Mal gesehen!« Daraufhin die Frau: »Soll ich die Tür aufmachen? Dann werde ich wenigstens einen ruhigen Nachmittag haben. Wissen Sie, welches Ihre abstoßendste Eigenschaft ist? Ich will es Ihnen sagen, mein Lieber: Ihre grenzenlose Habgier.« Die beiden wohnten in einer Ein-Zimmer-Wohnung, deren Küchenfenster zum Lichthof ging, so daß einer, der unter ihnen auf dem Klosett thronte, von einer großangelegten Prosaarbeit mit dem Titel *Szenen einer Ehe* phantasieren konnte.

*

Schon damals machte sich jene ungebührliche Angewohnheit bemerkbar, daß sich meine Augenlider um so leichter senkten, je weniger störend mir eine kontinuierlich zu vernehmende Stimme erschien. Pali sprach von Bergen und Fischen sowie von Klassenkameraden, István von seinen Genossen in der proletarischen Bewegung und von unbedeutenden Amtsstuben, in denen sie besprachen, wie man einen jeden zu dem machen könnte, was sie bereits waren: ganz und gar neue Menschen. Damals neigte István dazu, voreilige Urteile zu fällen, Freunde im Namen der Partei zu beschuldigen; er war, wie man so sagte, ein freigestellter Parteiarbeiter geworden, ein hauptamtlicher Funktionär. Später, als Sechzehnjähriger, vermittelte er Erwachsenen Marxens *Kapital*. In dieser Zeit aber begnügte er sich damit, sich auf die diesbezügliche Stellungnahme der Partei zu berufen. Doch dauerte diese Phase bei ihm nur zwei oder drei Jahre. Wir waren nahezu erleichtert, wenn er zur Abwechslung die menschlichen Schwächen seiner Kollegen verspottete, sich zum Haar und zur künstlerischen Begabung eines Mädchens äußerte oder zu einem hervorragenden Kopf, auf den die Rede kam, anmerkte, der könne sich getrost öfter waschen. Er nahm den Bügel seiner Brille in den Mund, die Haare standen ihm zu Berge, er brabbelte vor sich hin wie jemand, der arbeitet, doch war er imstande, ein Thema zu drehen und zu wenden. Auch ein witziges Gleichnis besaß bei ihm einen ernsten Anstrich. István wollte alles verstehen, es ging ihm um das Wesentliche. Und irgendwie gelang ihm das auch.

István war es, der zur Krise der Planwirtschaft, deren Vorhandensein er mit in verschiedene Zusammenhänge gebrachten Zahlenreihen belegte, die klügsten Ansichten von sich gab. Im Planungsamt hatte er die Genehmigung, an einer Facharbeit zu schreiben. Von dort schmuggelte er auf kleinen Karteikarten festgehaltene Daten heraus, die er ungefähr so bewertete, als halte er Aladins Wundelampe in der Hand oder irgendeine theoretische Wunderwaffe, mit deren Hilfe er das nun schon für retrograd und ungeeignet gehaltene System einer revolutionären Kritik unterzog. Als

Zwanzigjähriger begriff er die Existenz des Marktes, begriff, daß der Markt nicht beseitigt werden könne, es sei denn durch Hirnlosigkeit.

Es fiel mir wie Schuppen von den Augen, ich staunte, wie schnell Onkel Bélas Verstand in den Sohn zurückgekehrt war. Allerdings interessierte István der Markt nur als Anschauungsobjekt; es kam ihm nicht einmal im Traum in den Sinn, darin als Akteur aufzutreten. Auf seinem fiktiven Podium debattierten Revolutionäre: Töten oder nicht töten? Hohe Stirn, sinnliche Lippen, den Blick nach innen gewendet.

*

Wenn ich das Haus verließ und von der Vármegye utca aus rechts in die Semmelweis utca einbog, gelangte ich sogleich in die Kossuth Lajos utca, an deren Ecke ich auf das Presto Espresso stieß, das aus unerfindlichen Gründen den Namen »Gourmand« erhielt. Ihm gegenüber stand das Hotel Astoria. Es gefiel mir, daß Graf Mihály Károly 1918 auf diesem Balkon die Republik ausgerufen hatte. Daß der Präsident der Republik auf dem Balkon eines Hotels erschienen war, war ganz nach meinem Geschmack. Daß er im verbrämten Dolman auf einem weißen Pferd hätte kommen sollen, darauf erhob ich keinen Anspruch. Auch halte ich es, gelinde gesagt, für lächerlich, daß in unserem demokratischen Parlament seit neuestem junge Leute in eine Operettenuniform gesteckt werden und vor mir, dem geladenen Gast, mit gezücktem Schwert einherschreiten und nicht antworten, wenn ich grüße, weil sie mit jenem stechenden Ding, zur Salzsäule erstarrt, als stumme Roboter zu marschieren haben.

*

Doch kehren wir zurück ins Jahr 1950 zur Ecke Hotel Astoria, wo es noch keine Unterführung gab und die Straßenbahnen in allen Richtungen fuhren. Mir gefiel die pulsierende Menschenmenge der Ein- und Aussteigenden, wenn die Straßenbahn anhielt. Gern beobachtete ich von drinnen hinter der Scheibe des Cafés Astoria den Verkehr. Von meinem Dienstmädchenzimmer im fünften Stock ritt ich hinaus in die Stadt, und in keinem einzigen Augenblick empfand ich das als ungenügend. In meiner Umgebung die Universität, Antiquariate, mir vertraute Konditoreien und Bibliotheken, mein lokales Allgemeinbefinden war gut. Als Junge vom Dorf besuchte ich damals eine der besten Schulen Budapests, das Madách-Gymnasium in der Barcsay utca. Ich war vorsichtig; sowohl meine Aussprache als auch meine Kleidung verrieten den Burschen aus der Provinz.

Herr Tóth, der Maßschneider in Berettyóújfalu, fertigte meine Knickerbockeranzüge an; unter meinen Klassenkameraden gab es niemanden, der Vergleichbares getragen hätte. Ich dagegen besaß keine lange Hose, weshalb ich in der prinzipiellen Frage, ob eine Hose eng sein und Röhrenbeine haben sollte, oder weit und mit Schlag, ob sie einen Umschlag oder keinen haben sollte und wenn ja, wie breit, keine Stellung beziehen konnte. Marci Weisz beispielsweise trug eine Flanellkashahose mit Röhrenbeinen und breitem Umschlag, was lediglich einer Modeerscheinung entsprach. Bemerkungen und andersartige Hosen reagierten darauf. Auch mein langes Haar war eine Aussage.

Ich brüste mich damit, daß mein Mathematiklehrer, Árpád Illés Edvi, meine vom Land kommende unverdorbene Logik lobte und sie der geistigen Trägheit meiner Klassenkameraden aus der Hauptstadt gegenüberstellte. In der Familie des Herrn Lehrer bestand eine Neigung dazu, die vom Land kommende Unverdorbenheit anzuerkennen. Sein älterer Bruder, Aladár Illés Edvi, malte ein ganzes Leben lang Kühe, und obwohl im Ungarn dieser Zeit mehrere politische Umwälzungen vor sich gegangen waren, berührte ihn der vollkommene Übertritt zum Kommunismus offensichtlich nicht; in den Schaufenstern der Galerien waren auch weiterhin jene vertrauten Kühe zu sehen.

Ich hatte Vorstellungen davon, wie ich mich gern kleiden würde. Ungestüm verlangte es mich nach einem Schuhwerk mit doppelter Sohle, seitlichen Riemen und Schnallen, Skischuhe genannt. Nicht um mir ein martialischeres, männlicheres Äußeres zuzulegen; diese Schuhe waren eher für einen geeignet, der sich absetzen, davonmachen, türmen, verschwinden wollte, in ihnen kannst du auf der Flucht Wälder durchdringen und Äcker überwinden, läufst dir die Füße nicht wund, und sie werden nicht zerrissen und durchgelaufen sein, wenn sie dich zu einem Gewaltmarsch antreiben. Die verschiedenen Machthaber trugen ihrem anmaßenden Charakter entsprechend Schnürstiefel, mit einem Wort: Jagdstiefel. Das galt sowohl für die Pfeilkreuzler, die Feldgendarmen als auch für die vom Arbeitsdienst zurückkehrenden Jungkommunisten, für alle, die sich »einkleideten«. Die Skischuhe aber brachten einen sicher über Berg und Tal. Ich liebte die Vorstellung, mich darin auf die Flucht zu begeben. Filme, in denen sich jemand auf der Flucht befand, gefielen mir ausnehmend gut; nie drückte ich den Verfolgern die Daumen. Ich malte mir die Geschichten von der Republikflucht meiner Freunde aus, wer wie von hier weggegangen war, in einer Bergwerkslore hoch über der Grenze Bäche und Sümpfe überquerend. Zusammen mit Pali plante ich, hinunter an die Südgrenze zu paddeln und mich dort danach umzusehen, wie wir das Land verlassen könnten, doch die motorisierten Grenzposten ließen uns nicht in Grenznähe vor. Und die Idee, die Strecke schwimmend unter Wasser zurückzulegen, im Mund ein Schilfrohr oder unter unserem Bauch einen mit Propeller ausgestatteten Elektromotor, schien ziemlich phantastisch, und es stellte sich die Frage, ob der Propeller am Ende nicht gar unser empfindlichstes Körperteil verletzen würde.

Und dennoch, als tatsächlich die Möglichkeit einer Auswanderung zur Sprache kam, als nach der Gründung des Staates Israel auch ungarische Juden dorthin auswandern konnten und in einer großen Kiste ihre Habe mitnehmen durften, als wir von unseren Eltern gefragt wurden, ob nicht auch wir bereit wären zu gehen, verneinten meine Schwester Eva und ich. Alle, die ich liebgewonnen hatte, und alles, was ich mit Wohlgefallen betrachtete, band mich an Budapest; ich hatte es nicht eilig damit, meiner Zuneigungen überdrüssig zu werden. In diese Stadt hatte ich schon einige Jahre investiert, hatte hier Gutes und auch Schlechtes erfahren. Für gewöhnlich hielt ich dem Schauplatz der Geschehnisse die Treue.

»Bleiben wir!« sagte ich. »Wozu?« fragte mein Vater. Zu Recht, denn sie hatten ihm alles weggenommen, sein Geschäft, sein Haus, einfach nur so hatten sie ihn vor die Tür gesetzt. Der Sinn von alldem leuchtete ihm nicht ein, obschon er das Geschehene zur Kenntnis genommen hatte und als Verkaufsstellenleiter einer in einer Seitenstraße gelegenen Budapester Eisenwarenhandlung sehr wenig verdiente. Doch die Geschäfte unter dem Ladentisch, die seine Angestellten betrieben, lehnte er ab, sie erfüllten ihn mit Abscheu, und er schämte sich, den Kunden fortwährend sagen zu müssen, daß etwas leider nicht vorhanden sei. Vom staatlichen Handel hatte er eine vernichtende Meinung. »Sag mir doch, mein Junge, wozu soll das Ganze gut sein?«

In der Begriffswelt des wissenschaftlichen Sozialismus bewegte sich mein Vater außerordentlich unsicher, vergebens bereitete ich ihn darauf vor, was er anderentags, wenn die Reihe an ihn käme, zur Presseschau, zur rituellen halben Stunde »Freies Volk« sagen sollte. Zusammen mit den Werktätigen der Rechnungskontrollabteilung diskutierten auch die Werktätigen des Ladens auf Basis der Parteizeitung vom Vortag, mit welchen Ränkespielen der Imperialismus versuche, die Sache der internationalen Arbeiterklasse zu unterminieren. Doch so recht gelingen wollte ihm das nicht; weder der Imperialismus noch mein Vater bewältigten die Aufgabe. »Ich kann nicht reden«, sagte er, dabei besaß er ein durchaus akzeptables Mundwerk. Nach seiner Pensionierung ging er zum Einkaufen in die Markthalle, womit er den ganzen Vormittag zubrachte, denn mit Händlern und Kunden unterhielt er sich prächtig, und zu Hause angekommen hörte er sich auch noch die Klagen der Hausmeistersfrau an. Und Grund zum Jammern hatte die Hausmeistersfrau wegen ihres Sohnes genug. Der war ein großer Halunke mit wellig-struppigem, blondem Haar, gutaussehend, nur verhältnismäßig früh alt und im Gefängnis grau geworden, und es fehlten ihm ziemlich viele Zähne. Er trank, arbeitete nicht, stand an der Haustür herum, spielte mit den Kindern Fußball, eng umschlungen lustwandelte er mit allen möglichen schönen Mädchen und trieb mit der alten Puffmutter seine Späßchen. Ihr ausgemergeltes Gesicht bestand aus lauter Säcken. Fast überall hing die Haut schlaff herunter, doch dick war das Rouge auf die Lipppen aufgetragen, die Schminke auf den Augenbrauen kohlrabenschwarz, und die Augen, ja, die Augen blickten noch immer kokett. Im Laufe ihres langen Lebens hatte sie das Schäkern mit den Männern gelernt. »Passen Sie nur auf, Tante Bözsi«, sagte ihr der Sohn der Hausmeistersfrau, dieser Geck, »einmal werde ich Sie noch beim Wort nehmen und zu Ihnen ins Bett kriechen!« »Das würdest du nicht bereuen, mein Junge«, erwiderte Tante Bözsi, die stolz auf ihre Profession war und von der auch der einäugige Uhrmacher nur Gutes zu berichten wußte.

Meine Eltern hatten Angst, eines Tages könnte doch noch der Bescheid kommen, daß wir in ein Dorf umziehen müßten, in ein feuchtes Bauernhaus, und mein Vater und ich dann in einer landwirtschaftlichen Produktionsgenossenschaft arbeiten müßten, wie das meinem Freund Pali mit seiner Familie widerfahren war. Plötzlich waren sie gezwungen worden, ihre große Wohnung zu verlassen. Ein einziger Nachmittag war ihnen geblieben, um ihre Habe zu verteilen und den Rest zusammenzupacken. Mitnehmen durften sie nur das Nötigste, und am nächsten Tag fanden sie sich dank einem Lastwagen bereits in einer Sommerküche in der Tiefebene wieder. Sowohl Pali als auch sein Vater arbeiteten in der Forstwirtschaft. Die Mutter aber spielte mit mehreren Baronen und Grafen und einem jüdischen Großindustriellen jeden Nachmittag an einem Gartentisch Bridge, wozu einige Flaschen Sandwein der Sorte Othello getrunken wurden. Meine Eltern gewöhnten sich an, am Sonntagvormittag Ausflüge zu unternehmen, teils aus Vorsicht, damit die Volkserzieher, die am Sonntagvormittag einfach nur so an der Wohnungstür klingelten und sich zu einem kleinen Gespräch niederließen, sie nicht daheim antrafen. Mein Vater und meine Mutter befürchteten, daß dann etwas Schlechtes von ihnen gemeldet werden könnte, woran gemessen das Nichts nur besser sein konnte. Am besten war es, nicht aufzufallen, nicht bemerkt zu werden.

*

Als junger Mensch sprach ich in der Familie nicht darüber, daß ich Schriftsteller werden wollte. Zu sehen war lediglich, daß ich viel las, auf der Schreibmaschine klapperte und meine Buchrezensionen in Zeitschriften erschienen, während ich die Universität besuchte. Ich erwarb ein Diplom als Ungarischlehrer. Meine Mutter wäre glücklicher gewesen, hätte ich Medizin studiert, doch dort wäre ich nicht angenommen worden, wegen meiner bürgerlichen Herkunft. Ich war ein schlechter Kader, ein »X«, was im kommunistischen Begriffsdepot nicht nur »klassenfremd« sondern auch »Klassenfeind« bedeutete. Ich hatte mich für die Fächer Französisch und Ungarisch beworben, doch auch dafür bekam ich keine Studienzulassung. Ich mußte froh sein, vom Russisch-Institut der Universität aufgenommen zu werden, das allerdings bald darauf in Lenin-Institut umbenannt wurde, damit es mittels eines intensiven marxistisch-leninistischen Unterrichts zuverlässige Kader heranzöge, weshalb die X-Kandidaten schnell entfernt wurden. Im zweiten Studienjahr, zwei Wochen nach Stalins Tod, wurde ich im Zuge der allgemeinen Trauer von der Universität ausgeschlossen. Dann, nachdem Imre Nagy an die Macht gekommen war, gestattete mir das Unterrichtsministerium, mein Studium an der philosophischen Fakultät im Fach Ungarisch fortzusetzen, doch nach dem Sturz Imre Nagys im März 1955 wurde ich erneut verwiesen. Dank der Fürsprache meiner Professoren durfte ich mein Universitätsstudium dann doch abschließen und erhielt im Sommer 1956 ein Diplom als Ungarischlehrer. Kurz darauf bin ich tatsächlich Lehrer geworden, im selben Herbst noch Redakteur der neu gegründeten Zeitschrift *Lebensbilder.* Meine Anstellungen durfte ich allerdings nicht lange genießen. Meine Kommilitonen hatten eine Revolution angezettelt, wir besorgten uns Maschinenpistolen und bildeten das Nationalgardisten-Regiment der Universität, das den Versuch unternahm, die Universität gegen eine Übermacht zu verteidigen und das Gebäude dann aufgab. Im Rückblick auf die fünf Jahre, die ich mit dem Studium verbracht habe, sind meine Gefühle geteilt. Die gleiche Ambivalenz empfand ich beim Betreten verschiedener Universitäten draußen in der Welt, wo ich Literatur unterrichtete, Soziologieseminare leitete, mich mit Professoren unterhielt oder die auf den Campus strömende Jugend in Augenschein nahm.

Ein ganzes Wissensfeld überblicken, von morgens bis abends lernen dürfen, was uns später vielleicht nie wieder zuteil wird, uns mit der Vorbereitung auf Prüfungen quälen, unsere Begabung und deren Grenzen erkennen, einige unserer Professoren bewundern, andere geringschätzen und die möglichen Strategien des Wissens überdenken, die Aufregungen um unsere erste große Liebe, eintauchen in bis tief in die Nacht andauernde Gespräche unter Freunden, unwissend hineingehen und verhältnismäßig wissend herauskommen, das war zeitlich kein Leerlauf. Doch auch von ironischem Befremden ist die Erinnerung nicht frei: Über die Karrierebahn zieht das Heer des neuen Selbstwertgefühls. Ich beobachte die Gesichter: Rolle und Maskenprobe. Von hier aus betrachtet: eine großspurige, frischgebackene Elite; von dort aus gesehen: noch lauter Eier. Von hier aus betrachtet: Diplomfabrik; von dort aus gesehen: Meister-Schüler-Verhältnis, dramatisch und elegisch für beide Seiten.

Dem Bisherigen ist zu entnehmen, daß die Politik die Jahre meines Studiums durchaus okkupiert hat, daß sie davon durchdrungen worden sind und meinen Professoren und Kommilitonen eine Hinterbühne geboten haben. Ausschluß und Einschluß, Waffen draußen und drinnen, genauer gesagt Panzer dort draußen und Maschinenpistolen hier drinnen, Phänomene, die an normalen Universitäten unüblich sind. Woraus hervorgeht, daß die Rolle eines »normalen« Studenten in meinem Fall verletzt worden ist; mich hat man fortwährend relegiert, und ich habe zur Waffe gegriffen. In dieser revolutionären Zeit begriff ich, daß ich niemanden erschießen wollte. Gegen die Übermacht der Panzer empfand ich auf lange Sicht die Gegenmacht der Sprache als ausschlaggebend, in stiller Übereinkunft mit all denen, die in dieser Zeit nicht über die vorübergehend geöffnete Grenze nach Westen geströmt sind.

Die Hälfte meiner Klassenkameraden ist weggegangen, die meisten von ihnen sind Universitätsprofessoren geworden, vor allem in Amerika. Wir, die Schwerfälligeren, sind untergetaucht. Wenn es so nicht ging, dann würde es vielleicht so gehen; mehren und stärken wir die Kultur, in der der Geist der Freiheit eine Tarnkappe findet, eine Zuflucht:

Eingesperrt in einem Land, in einer Stadt, könnte man sich auf ihr Kennenlernen konzentrieren. Zwang kann Intensität hervorbringen. Führen wir also Gespräche mit erfahrenen Menschen, verbringen wir einen Teil des Tages in der Bibliothek, den anderen Teil in den ärmlichen Wohnungen der Hinterhöfe, wo wir uns um verwahrloste Kinder kümmern, am Abend dann nichts wie auf in die literarischen Cafés! Es entspann sich ein Lebensprogramm, im Grunde genommen eine Fortsetzung der Universität. Ehemalige Mitstudenten, Liebste, Freunde, einige Professoren, literarische Kreise, es sprach sich herum, wer von ihnen zu den vortrefflichsten gehörte, wir wußten voneinander. Diese Welt hatte etwas von der Intimität des Zusammengesperrtseins an sich, ja, sogar den Charakter von etwas Zünftigem. Die Universität war eine verhältnismäßig kurze Station auf der Strecke lebenslangen Lernens, vielleicht die anregendste, weil alles zum ersten Mal geschah: die erste Prüfung, das erste Schriftwerk, das erste Zusammenleben mit einer Liebsten, der erste öffentliche Auftritt, die erste Freude (und später der Mangel daran!) über eine eigene Wohnung oder wenigstens ein eigenes Zimmer. Im Wettbewerb der Erinnerungen um ihr Fortbestehen wird dieses Erste den Sieg davontragen, sind doch seine Farben und Gerüche stärker als die späteren. Das mochte wegen des großen Hungers damals so gewesen sein. Wer kann so viel Essen, Bücher, Körper, Erlebnisse, Gesellschaft konsumieren? Mit dem Fortgang der Studienjahre wird jener famose Hunger ein seltener Vogel. Meine wegen politischer Unbilden deformierte Universitätslaufbahn gab meinem Wahrheitshunger Nahrung, ich wurde in die Lage versetzt, Schicksalswenden als schwebenden Zufall zu betrachten, doch zugleich auch als gnadenlos determiniert. Alles war mir ziemlich neu und deshalb bedeutender als es selbst. Ich beneide die in Freiheit lebenden Studenten von heute darum, daß sich die Politik nicht zwischen sie und das Wissen stellt, daß sie die vielen sinnlosen Hindernisse, welche sich grob in unser Leben gedrängt haben, nicht erfahren müssen. Doch da man aus den Provokationen und allen möglichen Erschütterungen des Schicksals auch lernen kann, obschon wir sie eigentlich zum Teufel wünschen, bedauere ich im nachhinein doch nicht, an dem, was mir zuteil geworden ist, Anteil gehabt zu haben, wie ich auch vermute, daß die Studenten von heute gleichfalls nicht sonderlich bedauern, gerade jetzt zu leben.

*

Vor vielen Jahren hätte mir meine Mutter zu meinem Geburtstag gern den Trauring meines verstorbenen Vaters übergestreift, doch er paßte nicht, war zu eng. Schon während meiner ersten Ehe ließ ich den Ring, sobald ich zur Wohnungstür hinausgetreten war, in die Hosentasche gleiten. Als ich das einmal vergessen hatte, ging ein Raunen durch die damalige Abiturklasse des Mädchengymnasiums. Von da an glaubten die Schülerinnen, ich sei mit Daisy verheiratet, die als angehende Lehrerin auf demselben Gymnasium ihre vortrefflichen pädagogischen Fähigkeiten unter Beweis stellte, an dem auch ich mein Referendariat absolvierte. Von der hintersten Bank aus beobachtete ich sie und verwirrte sie mit meinen spöttischen Blicken. Nach dem Erdbeben und dem Hochwasser im goldenen Frühling 1956, doch noch vor der Revolution, sind wir vielleicht, das könnte sein, in den umliegenden Straßen einander zugeneigt gesehen worden. Später mochte man mich auch mit Vera Varsa, meiner Frau, gesehen haben. Mit ihr und ihrer kleinen Tochter Judith Virág lebte ich seit meinem zwanzigsten Lebensjahr zusammen. Wir saßen im langen Lesesaal der Parlamentsbibliothek, die für viele von uns eine Wohnung für den Nachmittag gewesen ist, zogen an den mit üppigen Einbänden versehenen Exemplaren der einstigen Parlamentsjournale vorbei, bogen in das hinterste der Forschungszimmer ein, dessen Glasscheiben aus bunten Kassetten bestanden und von dem aus eine weitere massive Tür in ein Eckzimmer führte, in das Heiligtum der Heiligen: in die Schreibstube. In diesem Eckzimmer, das den Priviligierten vorbehalten war, durften wir, Gyuri Szekeres und ich, unsere Schreibmaschinen deponieren. Er war vierzig Jahre alt, ich dreiundzwanzig. Von meinem riesigen Schreibtisch aus bot sich mir durch das große, wuchtige Fenster ein majestätischer Blick auf die Donau und die Kastanienbäume der Promenade am Budaer Ufer. Hinter uns thronten würdevoll und bürgerlich erhaben fünfgeschossige Paläste, irgendwie renoviert, in einer Gelassenheit, wie sie das Privileg der Schönen ist, die sich ihres Auserwähltseins bewußt sind und das auch dann, wenn das Volk auf den Straßen in Aufruhr ist, wenn Bomben abgeworfen werden, wenn Menschen an der unteren Uferstraße ins Treibeis hineingeschossen werden, wenn kleine Ausflugsschiffe über die große, grüngraue Wasserfläche summen. Jetzt summt gerade nichts, nur ein Klavier und eine Trommel sind vom Schiff *Hotel am Donauufer* zu hören, dessen Nachtbar bis morgens um vier geöffnet hat. Pärchen, die im Vergnügungslokal zusammengefunden haben, können die wie kleine, bequeme Zimmerchen hergerichteten Kajüten mieten.

Um in die Parlamentsbibliothek zu gelangen, deren mit kunstvoll verzierten Messingklinken versehener Eingang an der Donau lag, nahm ich für gewöhnlich die Straßenbahn der Linie 2. Ich mußte an den Wachposten vorbei, nickte ihnen zu, sie sicherten das Tor, das zur Spitze des Staates führte. Vor der Bibliothek gingen viele die Treppen auf und ab, die Studenten hörten sich gegenseitig ab, um den Stoff der nächsten Staatsexamensprüfungen zu testen. Zu Füßen der großen Messingkandelaber saßen nebeneinander die Mädchen der philosophischen Fakultät, aus denen später Wissenschaftlerinnen geworden sind: Romanistinnen, Hungarologinnen, Historikerinnen, Anglistinnen, Psychologinnen, Ethnologinnen. Von neugierigen Blicken verfolgt wurden sie von den an ihren Tischen Vorbeigehenden, den Forschern, jener höheren Rangklasse der Privilegierten, welche in sogenannten Forscherzimmern für vier Personen arbeiten durfte, abgetrennt durch eine mit Schnitzwerk und buntem Glas versehene Tür hinter hohen zur Donau und zur Burg gehenden Fenstern. Meist waren die Mädchen von der philosophischen Fakultät verliebt oder wären es gern gewesen; manchmal machten sie auf dramatische Weise Schluß oder verließen die Bibliothek mit einem anderen, nicht mit dem vom Vortag. Dann wieder hieß es der Freundin gegenüber, sie würden gleich sterben, sie hätten sich aus Liebeskummer vergiftet, weil jener schäbige Mistkerl erklärt habe, es sei aus. In einer hübschen kleinen Budaer Bar habe der Schuft, während andere um ein Klavier getanzt hätten, gesagt, es sei besser, sich jetzt zu trennen als später. Zittern und schämen solle er sich dafür, denn gleich werde der schöne, blonde Kopf der Kollegin auf den Tisch sinken. Doch die gute Freundin schleppt sie hinaus, vergißt die Privatschüler und bringt sie ins Krankenhaus, wohin sie auch ihre Mutter gebracht hat; sie kennt schon das Aufstöhnen nach dem Schlucken einer Handvoll Schlaftabletten: Wenn alles vorbei sein soll, dann soll eben alles vorbei sein! Wenn jener Schurke dann dort im Krankenhaus auf dem Bett seiner blonden Fee sitzen wird und das Mädchen die Augen aufschlägt und seinen unsicheren Blick auf ihn heftet, dann werden beide gerührt Tränen vergießen und sich aneinander freuen und diese dumme Geschichte vergessen: der Junge, daß es mit der Liebe vorbei sei, und das Mädchen, daß es dann auch mit dem Leben vorbei sei. Weil nichts vorbei ist und die Bibliothek morgen früh wieder von neun bis abends neun geöffnet ist.

Die Bibliotheken waren Orte der Zuflucht, Asyle, eingerichtet mit beständigen Werten. Im Französischen Institut fand ich Bücher, in denen zwanglos von dem die Rede war, was hierzulande als Gegenstand der Doktrin galt. Es war erlaubt, nach Belieben westliche Zeitschriften zu lesen, es gab Soziologie und Psychologie, Kunstalben konnten in die Hand genommen werden, die neuesten Autoren waren vorhanden, alles, was die andere Welt bedeutete. Ich gelangte zu einer Eintrittskarte für den Forschungsraum; nicht nur zu einer rosafarbenen, sondern zu einer weißen, womit ich sogar die Möglichkeit hatte, mir die vertraulichen Ausgaben der Ungarischen Nachrichtenagentur zu besorgen. In der Bibliothek konnte man Gesinnungsgenossen treffen, die in rätselhafte Forschungsprojekte vertieft waren. Allerdings fanden sich auch schrecklich langweilige Typen, die mit dem gleichen weißen Ausweis ausgestattet waren, um die Lehrbücher der marxistischen Literatur zu exzerpieren und aus Nichtssagendem Nichtssagendes herauszuschreiben. Mit Perlbuchstaben notierten sie das Nichts auf vergilbende Notizblätter und warfen mir argwöhnische Blicke zu, denn allein schon meine Lektüre befremdete sie. Ich war ein geduldeter, aber dennoch heimischer Leser, Mitglied der breiten Kaste heimischer Geduldeter. Zum Fenster sah ich hinaus zur Donau, Vera kam, um mich abzuholen, es folgte Müßiggang; unter den Arkaden umarmte ich ihre Taille, bei schönem Wetter zu Frühlingsanfang setzten wir uns auf die Stufen am Ufer. Das war der mir zustehende bescheidene Platz, denn mein Wissen, gemessen am Bestand der Bibliothek, betrug null Komma null, null, null, und dann nach langer Zeit eine winzige Kleinigkeit. In den bequemen Ledersesseln schnauften Studenten der philosophischen Fakultät, die nicht unbedingt jeden Tag ein Bad nahmen. Bei der Garderobiere konnten wir Waffeln, Salamibrötchen und irgendeinen Fruchtsaft kaufen, manchmal auch eine Käserolle. Sehnsüchtig beobachtete ich die von einem Schleppdampfer über die Donau gezogenen Kähne, auf dessen Heck stand eine Kabine, die Behausung des Steuermanns samt seiner Familie. Vormittags hängte die Frau die frisch gewaschenen Hemden ihres Mannes auf eine Leine. Der gemächlich sich voranbewegende Schleppdampfer trug die weißen Flecken weiter. Hinter ihm sechs miteinander verbundene Kähne. Ich träumte davon, diesen Beruf zu erlernen, meine Arbeit zu verrichten und im Liegestuhl sitzend zu lesen oder meine ungebundenen Reflexionen in Worte zu fassen.

Sowohl zu Hause als auch in der Bibliothek, wo am Nachbartisch Gyuri Szekeres arbeitete, besaß ich eine alte, schwarze Reiseschreibmaschine, wechselseitig übertönte das Rattern einander. Blindlings schrieb ich auf meiner Triumph, deren Hebel abgebrochen war, doch aus einem alten Gürtel hatte ich einen neuen gebastelt. Meine Schreibmaschine donnerte wie eine Kanone, jedoch nicht lauter als die des Kollegen, der seit seiner Entlassung aus dem Gefängnis dort am Tisch nebenan saß. Vor mir, auf meinem mit weinrotem Filz bezogenen Eichenschreibtisch, dessen Füße Löwenköpfe zierten, lagen Bücher von Albert Camus, Raymond Aron, Émile Cioran, István Bibó, László Németh und Miklós Szentkuthy. Dank meiner weißen Forscherkarte, die ich auf Vorschlag des Schriftstellerverbands und der Zeitschrift *Új Hang* (Neue Stimme) erhalten hatte, gelang es mir, vieles auszuleihen, was ich an Ort und Stelle lesen mußte. Ohne meinen Sonderausweis hätten die Bibliothekare lange überlegt, ob sie mir ein Buch geben konnten, dessen Richtung nicht die gemäße war. So aber händigten sie mir das meiste des Erbetenen aus. Die seltene Ablehnung, zu deren Aufhebung es einer besonderen Genehmigung bedurfte (für deren Einholung ich noch viele Klinken putzen und mir Tricks hätte einfallen lassen müssen), kam nicht einmal von einem schnurrbärtigen, kahl werdenden Beamten in weißem Kittel, der aussah, als hätte er einen Stock verschluckt, sondern von einem zwar gleichfalls im weißen Kittel steckenden, dafür aber bezaubernden blonden Wesen, dessen Bewegungen fein und wie schwebend waren, Stimme und Blick nicht minder, doch ließen sie stets ein kleines Lächeln zurück. Es hatte eine Adlernase und in Wonne sich badende pfiffige Mundwinkel, war jedoch umgeben von einer unnahbaren, silbernen Hülle, die aufzubrechen ich mich nicht allzu sehr bemühte, höchstens in meiner Phantasie ein wenig. Wenn nämlich dieses Wesen mir gehörte, würde ich die Bibliothek verlieren, weil ich mich vermutlich früher oder später davonmachen würde. Wenn also die Liebe auf der Strecke bliebe, müßte ich aus der Bibliothek verschwinden; demzufolge sollten Bibliothekarinnen Heilige und unnahbar sein. Geben wir uns damit zufrieden, einen ihrer Blicke zu erhaschen, deren Kolorit über das Funktionale hinausgeht. Auch sie empfanden für uns ein bißchen Sympathie, gestatteten uns, im Eckzimmer unter dem Ministerpräsidentenamt zusammenzukommen.

Gyuri Szekeres erzählte von der gemeinsamen Welt der Rechts- und Linksradikalen an der Universität und davon, wie er einmal in der Zeit der deutschen Besatzung in eine Razzia geraten war, die mit einer Körperkontrolle einherging, er habe einen Revolver bei sich gehabt und diesen in eine Zeitung gesteckt und dann die Hände hochgenommen. Die Deutschen hätten ihn abgetastet und nichts gefunden. Nun ja, dieser dreiste Husarenstreich ließ uns Dreiundzwanzigjährige nur mit den Augen blinzeln. Daß sie, während hier draußen gerade rauhe politische Winde wehten, dort drinnen, im Gefängnis, Zuversicht schöpften, weil die Verpflegung merklich besser geworden war, amüsierte uns. Dann, als hier draußen die Sonne wieder schien, sank die Stimmung drinnen auf den Nullpunkt, weil die Kost auf das scheußliche Ausgangsniveau zurückgefallen war. Die politische Erklärung dafür bestand allein darin, daß auch ein namhafter Koch verhaftet worden war, der mit der gleichen Lebensmittelmenge besser kochte, was die

Häftlinge zuversichtlich werden ließ; nachdem aber der Küchenchef bei einer günstigen Wende als einer der ersten entlassen worden war, kochten wieder dessen Vorgänger. Zu den Vernehmungen äußerte sich Gyuri Szekeres zurückhaltend. Er behauptete, der Realismus sei ungeeignet, um davon zu erzählen. Und er erwähnte Franz Kafka: Nur mit synthetischen Metaphern könne man sich der Wirklichkeit nähern. Dazu aber fühlte er sich nicht imstande. Über den klassischen tschechischen Roman, den er ins Ungarische übersetzte, sagte er: »Damit verdiene ich nicht einmal das Geld für ein Glas kaltes Wasser.« Wir wetteiferten miteinander, wer als erster die auf einem der Zeitschriftenregale ausliegende *Nouvelle Revue Française* las. Ich wußte schon, daß Gyuri von der französischen Geheimpolizei verhaftet und auf der Melancholie hervorrufenden Glienecke-Brücke bei Potsdam an die sowjetische Geheimpolizei ausgeliefert worden war, weil er weder nach Ungarn zurückkehren noch dem französischen Geheimdienst alles über seine Tätigkeit als ungarischer Geschäftsträger in Rom erzählen wollte. Das aber hatte man von ihm im Tausch für die Gewährung des Asyls verlangt. Er hatte die Wahl: Entweder würde er ein Verräter und Spion sein, oder man würde ihn den östlichen Organen übergeben, die ihn von seinem Posten an der Botschaft in Rom zurückbeordert hatten, weil er in einem Brief gegen den Rajk-Prozeß protestiert hatte.

Gyuri Szekeres war ein schöner Mann: fundiertes Wissen und schneeweißes Haar, leichtes Hinken, tiefe, kräftige Stimme, *homme de qualité*, Major der französischen Armee, Held der Résistance, ein zurückhaltender Gentleman, Meister der Konversation, Kontrollredakteur der Proust-Übersetzung, ein guter literarischer Übersetzer. Später avancierte er beim namhaften Europa Verlag vom Lektor zum Literaturverantwortlichen.

Gelegentlich besuchte mich auch Vera Varsa, meine

Frau, und nun ging der Diskurs in den wuchtigen Sesseln unter dem Kossuth-Porträt schon zu dritt vonstatten. Ich bemerkte, daß Gyuris Leutseligkeiten, jene höfliche Eigenart, seine Worte an die in unserer Gesellschaft befindliche Dame zu adressieren und ihr Gesicht zu beobachten, während er nachsann, meiner Frau nicht gleichgültig waren. Auch der Gestus des Verschlossenseins, des Verstummens, der männlichen Schamhaftigkeit, der die Maske großer Liebenswürdigkeit anlegt, rührte sie. Wenn Vera ihre Tochter der Obhut der Großmutter überlassen konnte, kam sie gern in die Bibliothek, um mich abzuholen und dann gemeinsam nach Hause zu gehen. Auch Gyuri ging seiner Wege, vielleicht zu Flora. Doch seine Augen konnten sich von Veras Anblick nicht lösen. Vera hatte eine tiefe Stimme. Gründlich dachte sie über das Gehörte nach. Die Stupsnase in die Höhe gereckt, die Stirn gerunzelt, vor Aufregung sich durch das üppige und unbeherrschbar struppige rotbraune Haar fahrend, folgte sie der Gedankenkette, wobei sie manchmal vergaß, den Mund zuzumachen, redete hinein, wurde böse, begeisterte sich, ja schwärmte sogar. Vera schwärmte gern, anfangs für Ideen, doch dann zusehends für Bilder, ferne Städte, die sie nach und nach zu ihren eigenen machte; als Sprachlehrerin verdiente sie genug (mit ihren Diplomen hätte sie gar Patiencen legen können), um sich jeden Sommer Reisen leisten zu können. Doch das alles war schon nach meiner Zeit. Im Tippzimmer der Parlamentsbibliothek, in unmittelbarer Nachbarschaft zum Büro des Ministerpräsidenten, hatten wir uns so gut zusammengefunden, daß Gyuri Szekeres nach gar nicht so vielen Jahren dank dem Schicksal und Veras unerforschlichem Willen an meinen Platz gelangte.

Auf der damals noch existierenden Kossuth-Brücke hüpfte uns wie ein umherflatternder Vogel der Philosoph Miklós Krassó in einem schwarzen Regenmantel entgegen. Ich sah schon, wie er über die Brücke näher kam, während von der Margaretenbrücke her auf der unteren Uferstraße auch István, mein Vetter aus Berettyóújfalu, schlendernd der Bibliothek zustrebte, genau wie ich mit der Rechten auf dem Rücken das linke Handgelenk umklammernd. Von weitem oder von hinten hätte man uns verwechseln können, junge jüdische Herren aus Berettyóújfalu, besonnen und kräftig, die wissen, daß ihnen der Zutritt hier zusteht und daß sie Gehör finden, wenn sie ihr Begehr mit umständlicher Höflichkeit vortragen. Dies wissend überraschte mich das Geständnis einer gewissen Kamilla, wonach István sie ohne Vorankündigung wie ein Kutscher genommen habe. Dieses Ereignis habe sich noch einige Male wiederholt, doch dann sei eine stämmige Bergmannstochter und Studentin der philosophischen Fakultät gekommen, die ihn in der Badewanne von Kopf bis Fuß eingeseift und angeblich im Stehen geliebt habe. Auf der Suche nach eigenartigen Positionen sei sie erfinderisch gewesen, habe so Istváns Aufmerksamkeit gefesselt und meinen Cousin für geraume Zeit in kritikloser Abhängigkeit gehalten.

Auch wir bewegten uns vorwärts. Der an unserer Seite hopsende Miklós rückte wahrscheinlich damit heraus, daß man von Hegel zu Kant zurückkehren müsse, denn außer der kantischen Moral gebe es sonst nichts, doch das sei unmöglich, weil man die Geschichte nicht außer acht lassen könne und Kants Idee nicht ohne Hegel zu verstehen sei. Für Gyuri waren Spinozas *Ethik* und Hegels *Phänomenologie des Geistes* jene beiden Werke, mit denen er sozusagen Jahre zugebracht hatte, mit einem Wort: in diesem Dilemma fühlte er sich zu Hause. Ich sprach auch damals schon vom Haken schlagenden Bewußtsein und der Gleichzeitigkeit der Geschehnisse und entschuldigte so meinen Eklektizismus, den ich damals noch nicht Pluralismus nannte. Und warum auch sollte man sich zwischen Hegel und Kant entscheiden müssen? Im Bücherregal hatten sie nebeneinander durchaus Platz. Meine diesbezügliche Neigung vermochte Vera nicht zu billigen, denn das bedeutete auch eine Unfähigkeit, sich in der Liebe zu entscheiden. Schön sei sowohl die eine wie die andere? Vera nahm wahr, daß ich es auf der Straße nicht fertigbrachte, meinen Blick von jeder nur halbwegs auffälligen Frau abzuwenden. Wir schlenderten umher, kauften ein, besorgten Kinokarten, und plötzlich verkroch sich Vera hinter meinem Rücken. Ich wußte, was los war, einem kleinen Attentat wollte sie zuvorkommen.

Es tauchte das Philosophenehepaar auf, dessen männlicher Teil in der Hosentasche zusammengeklebte, saure Bonbons mit sich führte. Ihnen galt sein Herumstochern. Als es ihm schließlich gelungen war, ein kleines, weichliches Kügelchen aus der klebrigen Masse herauszulösen, stopfte er es mit einer abrupten Bewegung samt Finger in Veras Mund, was auf dem Gesicht meiner lieben Gemahlin eine derart schmollmundige Verblüffung hervorrief (zumal Vera als gute Beobachterin auch die Inkompatibilität von Philosophenhand und Seife registriert hatte), daß ich über diesen Gesichtsausdruck noch lange lachen mußte und auch später versuchte, ihn irgendwie hervorzuzaubern. Vera war schön, selbstbewußt, spöttisch, aufrichtig und rührselig, niemals töricht, und auch ich empfand sie als schön. In ihrem stahlblauen, flatternden Wintermantel ebenso wie im zweiteiligen Badeanzug. Wohltuende Wellen gingen von ihr aus, und wenn sie neben mir auf dem Badesteg am Plattensee lag, kreisten die ernsthaftesten Gedanken in meinem Schädel. Wenn Judit, ihre Tochter, in der Bademütze einen Frosch anschleppte, goldige kleine Frösche, gab es etwas zu lachen. Vera ekelte es vor ihnen, sie sprang auf und ergriff die Flucht, während Judit sie mit dem Frosch jagte. Überall war Vera an ihrem Platz, in Gesellschaft oder in einer Schutzhütte, an einem Silvesterabend oder auf einer Zille, und wenn sich irgendeine Geschmacklosigkeit anbahnte, rümpfte sie ihre winzige Nase.

Vielleicht war sie eine Idee edler, als ich es mir gewünscht hätte. Auch als Lehrerin war sie auf der Suche nach dem Ideal. Ihre treuen und aus tiefster Seele begeisterten Schüler erlitten allesamt auf irgendeine Weise Schiffbruch, so ikarusartig segelten sie aus den Bankreihen des Gymnasiums Veras Seele hinterher, am blauen Himmel verschiedenster ästhetischer und moralisch edler Gesinnungen, empfänglich für die Geheimnisse so vieler Künste. Hinter dem mit einer Glasplatte abgedeckten Schreibtisch der Schatten des edlen Vaters und die direkt der deutschen Klassik entstammende Mama, die Tanten, die sich nachmittags in unserem Zimmer so wohl fühlten und die kleine Gestalt meiner Ziehtochter Judit priesen (wie schön doch meine süße Heilige ist, wie schön doch ihre kleine Seele ist), und die alten Freunde (auch die herzensgut und sensibel) ließen mein Verlangen nach Veränderung wachsen. Zumindest nach mehr Alleinsein. Doch weder hier noch daheim hatte ich ein separates Zimmer. Also suchte ich nach einer Möglichkeit, wo ich zur Untermiete wohnen könnte.

Ich klopfte bei Hausmeistern an, um mich nach einem zu vermietenden Zimmer zu erkundigen. Es ist lehrreich, dic Wohnung von jemandem zu betreten, vor allem, wenn wir beim Herauskommen wissen, daß wir hierher nie mehr zurückkehren werden. Ein Zimmer habe ich nicht gefunden.

*

Wie konnte man statt Freiheit wenigstens Freizeit erlangen? Gelegentlich ist das ein und dasselbe. Die Nachricht kam von István: Das Debrecener Krematorium suche Einäscherungsmeister zur Beförderung der Leichen ins Feuer. Das Krematorium sei wöchentlich nur an zwei Tagen in Betrieb, ergo müsse nur an zwei Tagen in der Woche gearbeitet werden, doch wegen des zu bekämpfenden Greuels gegen sehr gute Bezahlung. Sollten wir Verbrennungsofenbeschicker sein, professionelle Leichenverbrenner? Wir, ausgerechnet wir? Ja, doch diese Toten traten den Weg in den Ofen freiwillig an, so hatten sie es zu Lebzeiten verfügt. Wir überzeugten uns selbst, stellten uns vor, im Flugzeug nach Debrecen zu reisen, im Hotel zum Goldenen Stier abzusteigen, diese gewisse Arbeit in weißen Handschuhen auszuführen und an den restlichen Tagen der Woche gemütlich im Forscherzimmer der Parlamentsbibliothek zu sitzen und zwischendurch auf der gegenüberliegenden Seite der Donau die Burgruine ins Auge zu fassen. Wir verfaßten ein edel formuliertes Bewerbungsschreiben: Zutiefst seien wir an diesem Handwerk interessiert. Wir hätten gehört, damit gehe ein hohes Gehalt einher. Ob das zutreffe? Der Direktor antwortete höflich. Sie suchten tatsächlich Mitarbeiter und freuten sich über unser von Ernsthaftigkeit zeugendes Interesse. Lediglich in einem Punkt müsse er unsere Informationen korrigieren, das Gehalt betrage ein Zehntel von dem, was wir geglaubt hatten.

Im Alter von zwanzig Jahren kam mir der Gedanke, meinen Leichnam an die Anatomie zu verkaufen. Es bestand kein Bedarf daran. »Junger Mann, Sie sind sehr zynisch«, sagte Professor Kis, Lehrstuhlinhaber der Anatomie, ein gläubiger Mensch und Vorsitzender des Rates der freikirchlichen Gemeinden. »Werden Sie erst einmal ein bißchen ernst, mein Lieber, und verdienen Sie Ihr Brot im Schweiße Ihres Angesichts!« riet mir der leutselige alte Herr. Ich hätte auf dem Franzstädter Bahnhof Waggons entladen können. Statt dessen übersetzte ich und schrieb Lektoratsgutachten. Ich hatte schon eine Familie; seit meinem zwanzigsten Lebensjahr wohnte ich mit meiner Kommilitonin Vera Varsa und ihrer kleinen Tochter Judith Virág zusammen.

Wir kamen mit sehr wenig Geld zurecht. Vera unterrichtete an einer Grundschule, ich bekam ein kleines Stipendium vom Schriftstellerverband. Wenn das Geld für Brot,

Käse und Milch reichte, dann ging es uns schon gut. Mir schmeckten Blockmarmelade und Bohnensuppe im Stehen in der Imbißstube. In der Bibliothek konnte ich bis abends um neun ohne Essen und Trinken lesen. Ich forschte nach der sich gewiß verbergenden Wahrheit: Was war das hier um mich her, und welches war sein wirklicher Name? Mit meinen Freunden würde ich das vielleicht herausbekommen. Am Fenster der Parlamentsbibliothek erblickte ich erwartungsgemäß den von Buda her sich nähernden Miklós Krassó, der damals noch blond und nicht ergraut war, wie 1985 vor seinem Tod, als er in London in seiner eigenen Wohnung durch eine Gasexplosion Verbrennungen erlitt und noch zwei Monate lebte, ohne das Bewußtsein wiederzuerlangen. Doch damals, im Frühjahr 1956, kam er uns auf der Brücke entgegen, zu uns in die Bibliothek, vor lauter interessanten Gedanken nur so sprühend, schillernd, gestikulierend, springend, die Arme schlenkernd und sich prächtig amüsierend. Er war drei Jahre älter als ich, unsere politisch-philosophische Konversation nahm mich für Stunden in Anspruch. Wir gingen in die Milchgaststätte, wo das Brotmädchen Krassó überwältigt zuhörte, während er die mit einem großen Holztablett auf und ab gehende Bedienung immer wieder um weitere Kristallzuckerbeutelchen zum Milchreis bat. Daß Fichte eine Quelle enormen Wahnsinns gewesen sei, über diese Anschauung informierte Miklós das Brotmädchen ausführlich, das seinerseits in die klassische deutsche Philosophie derart versunken war, daß es eifersüchtige Rufe aus allen Ecken und Enden des Saals (»Brot! Zucker!«) von unserem Tisch wegriefen, von dem es sich kaum losreißen konnte. Wir gingen in das Café Club, wo mein Cousin Gyuri Gera saß und hinten im Obergeschoß bei Dämmerlicht und einem Espresso mit winzigen Buchstaben seinen langen Roman schrieb. Die Geschichte handelte von einem jüdischen Textilhändler, der am 19. März 1944, dem Tag des Einmarsches der Deutschen, vor die Ladentür tritt und beim Mustern der feldgrauen Soldaten begreift, daß etwas zu Ende gegangen ist.

Gyuri hatte sein Tagespensum abgeschlossen, und wir begleiteten ihn zum Metzger auf dem St. Stefan-Ring, wo er ein großes Glas Kutteln kaufte, das etwa fünf Forint gekostet haben könnte, und nunmehr gezwungen war, seine Lügen fortzusetzen. Dem Metzger war nämlich die Regelmäßigkeit mit den Kutteln aufgefallen, weshalb er einmal fragte, ob Gyuri vielleicht einen kleinen Hund habe. Gyuri bejahte: Natürlich seien die Kutteln für seinen Hund bestimmt. Mein Cousin trug einen anständigen Wintermantel, dazu hätte es einfach nicht gepaßt, daß der Herr Schriftsteller daheim mit seiner schönen blonden Frau das Billigste essen sollte. Nun ja, aber es reichte nur dazu. Obwohl Gyuri Hunde verabscheute und Angst vor ihnen hatte, rückte er mit immer neuen Geschichten von seinem Schäferhund heraus, dichtete seine Phobie in großartiges Herumbalgen und Jagdabenteuer im Wald um. So gingen wir hinauf zu uns, wir wohnten nicht weit weg voneinander, er in der Hegedűs Gyula utca, ich in der Wallenberg utca.

In der Zeit fand der zwanzigste Parteitag der Kommunistischen Partei der Sowjetunion statt, und ich erging mich vor meinen Schülerinnen des Mädchengymnasiums Katalin Varga in tollkühnen Äußerungen. Nach meinem dritten Ausschluß durfte ich mein Studium erneut fortsetzen; wieder hatte sich Georg Lukács für mich verwendet. Meine zwanzig Abiturientinnen brachte ich dazu, in die Bibliothek zu gehen; dort, im Parlamentsgebäude, wisperten sie unter den Tischlampen des Lesesaals, beklommen grüßten wir einander, und ich ging hinein in die Tippstube, wo außer mir nur Gyuri Szekeres saß. Ich versuchte mich an einem Essay, während er noch immer denselben klassischen tschechischen Roman übersetzte, brummend und vor sich hingiftend, daß der so langweilig sei, weshalb die Arbeit nur langsam vorangehe. Zeitweilig übersetzte auch Gyuri Gera dort eine endlos lange Goldoni-Biographie aus dem Französischen. Am anderen Tisch wurden Verwünschungen ausgestoßen, unaufhörlich war das Rattern meiner Schreibmaschine zu vernehmen, doch die Anzeichen interessierter und nach einem Plauderstündchen verlangender Liebenswürdigkeit führten dazu, daß die Arbeit plötzlich beiseite gelegt wurde und wir uns hinüber auf das Kanapee setzten, neben dem noch ein Sessel stand und wo man auch rauchen durfte. Wir kleideten unsere Gedanken in Worte; daß wir abgehört werden könnten, davor hatten wir noch keine allzu große Angst, auch wenn ich bemerkte, daß Gyuri Szekeres es vorzog, die Dinge auf einer philosophischen Ebene abzuhandeln und oft nur geistreiche Andeutungen machte.

Wir gingen alle heim zu uns, bedachten die Vorboten, fühlten uns im Zentrum der Weltgeschichte. Erst unlängst war Österreich ein neutrales Land geworden, wir spürten nahende Veränderungen. In der Hitze der Unterhaltungen rollte sich Vera zusammen und schlief ein. Inzwischen war auch István eingetroffen, auf einen Sprung war er von Kapuvár gekommen, wo er in einem Staatsgut eine Anstellung hatte, nachdem sie ihn aus der Partei und der Universität hinausgeworfen hatten. Im Planungsamt war er an geheime Daten herangekommen und hatte sich Gewißheit darüber verschafft, daß der Staat vor dem Bankrott stand. In Istváns Hosentasche auf kleinen Karteikarten Daten und Tabellen; zusammengehalten wurde der Zettelstoß von einem Gummiband, genug Material, um Rákosi zu stürzen, wenn die entsprechende Zeit dafür gekommen sein würde.

*

Am 23. Oktober 1956 saß ich vormittags allein in einer sonnenbeschienenen Eckmansarde der Budapester Andrássy út, in der Redaktion der gerade gegründeten und ziemlich oppositionellen Zeitschrift *Életképek* (Lebensbilder) vor einem bedrohlich anwachsenden Berg schrecklicher Gedichte von Dilettanten, denen ich, ein dreiundzwanzigjähriger Ungarischlehrer und Redaktionsgehilfe, schon längst eine in höfliche Worte gekleidete Absage hätte zukommen lassen sollen, doch irgendwie verspürte ich keine Lust, mich damit zu beschäftigen und wickelte lieber mit Freunden und Freundinnen Telefongespräche ab, aus denen ich halbstündlich von den neuesten politischen Entwicklungen erfuhr. Im Wechsel wurde die geplante große Studentendemonstration verboten und genehmigt. Schön und gut, daß die Studenten demonstrierten, doch der Umzug als solcher reizte mich nicht. Alljährlich zum 1. Mai hatte ich mit meinen Schulkameraden marschieren müssen. Das reichte. An der Sammelstelle versuchte ich, darum herumzukommen, daß man mir eine Fahne in die Hand drückte. Ich traf entsprechende Vorbereitungen, mit dem Ziel, in einem geeigneten Augenblick unauffällig zu verschwinden und mit meinen Freunden auf der Donau paddeln zu gehen. Einem anderen die Fahne aufzuschwatzen war eine verzeihliche Schweinerei, besser aber war es, die Fahne gar nicht erst in die Hand zu nehmen. Lieber griff ich nach der zappligen Schulter einer gewissen winzigen, doch geistreichen Kommilitonin, die ich im Demonstrationszug entdeckt hatte. Gemeinsam schritten wir über die Margaretenbrücke. Mit einer Fahne durch die Straßen zu ziehen war auch früher schon möglich gewesen, allerdings nur an staatlichen Feiertagen im Verbund mit Hochrufen auf die Partei- und Staatsführung. Vorbei die Erstarrung. Volksfest der Unbotmäßigen; was gestern noch verboten war, war nun plötzlich erlaubt, weil wir es taten und nicht um Erlaubnis fragten. Ich legte keinen Eifer an den Tag, um aus der Mitte der Fahnen das Wappen der Volksrepublik herauszuschneiden; dafür fanden sich andere, die sich bereitwillig anboten. Immer finden sich welche, die sich bereitwillig anbieten. Die Bereitwilligen begleiten den Umzug seitlich, manche auf dem Motorrad, andere im Laufschritt, sie rempeln andere an oder drängen der Masse vom Lautsprecherwagen aus die eine oder andere Losung auf und stimmen begeistert ein Lied an. Noch als Gymnasiast hatte ich mich an diese Lieder gewöhnt. Auch damals begeisterten sie die Massen mit angestrengt guter Laune.

Nachts, als ich meine neugierige Begleiterin vom Rundfunkgebäude wegführte, wo draußen und drinnen schon Schüsse und Gebrüll zu hören waren (»Judenmörder!« schrie ein Mann neben mir und zog sich vorsichtshalber in einen Hauseingang zurück), verabschiedete ich mich an einer ruhigen Stelle von meiner Kollegin und ging nach Hause. Meiner Frau erklärte ich, als wir gemeinsam auf dem Balkon ferne Schüsse hörte, an diesem Herumballern wolle ich mich nicht beteiligen. Die Eskalation trat außerordentlich schnell ein, da die Regierung nicht über maßvolle Instrumente verfügte, Gummiknüppel und Wasserwerfer gab es noch nicht, es gab nur scharfe Munition oder Duldung. Also meldete ich mich, als ein angehender Dichter und literarischer Übersetzer schreiend über den Flur der Universität rannte: »Jungs! Wer will eine Maschinenpistole?«, kurze Zeit später fand ich mich mit meiner MP auf einem offenen Lastwagen als Angehöriger der unter den Studenten rekrutierten Nationalgarde wieder, die Ellenbogen auf das Fahrerhaus gestützt. Meine Schrifstellerkollegen und ich, alle Anfang zwanzig, hätten die Redaktion unserer literarischen und politischen Zeitschrift von den Alten, den Dreißigjährigen, übernehmen können. Der Chefredakteur hatte sich in den Sessel des Oberbürgermeisters gesetzt, das Mehrparteiensystem war installiert worden, wir traten aus dem Warschauer Pakt aus, und es sah schon so aus, daß die sowjetischen Truppen abziehen würden, als sie mit weiteren viertausend Panzern einmarschierten und ihre Kanonen auf diejenigen abfeuerten, die mit Maschinenpistolen auf sie schossen. Im weiteren nahmen sie auch Objekte unter Beschuß, aus denen niemand auf sie schoß, einfach nur so, um der Sicherheit willen oder weil es den Soldaten so gefiel. Die Menschen erlaubten sich manches, was sie sonst nicht gewagt hätten; auf der Straße rotteten sie sich zusammen, hörten der Rede der anderen zu, gingen spazieren, sahen sich um, Generalstreik, ständige Ferien, ein über die ganze Stadt sich ausdehnendes Theater, in das auch das Publikum einbezogen wurde. Wenn sich ein Junge oder ein Mädchen unerwartet damit konfrontiert sahen, daß sie eine Waffe oder eine Tragbahre in der Hand hielten, kam ihnen die Zukunft nicht in den Sinn, sie lebten in einer verdichteten Gegenwart, dachten weder an Ruhm noch an Gefängnis. Unter den Kämpfern waren die Bergwerkssträflinge vielleicht am mutigsten und im allgemeinen die aus den Gefängnissen Entlassenen, die manchmal sogar noch die gestreifte Sträflingskluft trugen. Und dann einige Jungen und Mädchen von der Straße, nach Hause zurückgekehrte Heimkinder.

Das Jahr 1956 ist möglicherweise das denkwürdigste meiner Jugend: die plötzliche Abnahme des Schreckens und der unerwartete Mut. Gehpelze, Persianerkragen, mit Litzen und Tressen besetzte Wintermäntel, alte Husarenuniformen; im Vorzimmer des Bürgermeisters waren verschiedenste Trachten anzutreffen, natürlich auch Lodenmäntel, die damals von der Mehrheit getragen wurden. Alle Antichambrierenden wären gern zu meinem Chefredakteur vorgelassen worden, von ihm erhofften sie sich ein mit Stempeln versehenes Stück Papier, um so irgendeine staatliche Liegenschaft in Besitz nehmen zu können. Die bewaffnete Jugend priesen sie mit honigsüßen Worten, den frischgebackenen Redakteur, der seine Maschinenpistole unter dem Stuhl verstaut hatte und geduldig auf den drinnen sitzenden Potentaten wartete, mit dem er über ihre Literaturzeitschrift sprechen wollte. Die Herren bekamen ihren Stempel, nun konnten sie gehen und Parteien gründen, Autos und Bürogebäude in Besitz nehmen. Der Student der philosophischen Fakultät aber beobachtete, zu welchem Mantel welche Rhetorik gehörte. Ohne die beharrliche Tollkühnheit der Draufgänger draußen auf der Straße hätten sich die Herren dort nicht so hoffnungsvoll im Vorzimmer herumdrücken können. Die Familienväter, die sich von ihren Einzimmerwohnungen auf den Weg in die Fabriken gemacht hatten, mußten viel geschluckt haben, bevor auch sie sich überraschend zu den Straßenkämpfern gesellten. Nicht zu vergessen die Szenen jenen Tages vor dem Budapester Parteigebäude: das Aufhängen der auf der Erde liegenden, halbnackten, mit Füßen getretenen, bespuckten, durch Kugeln und Schläge zu Tode gekommenen Körper. An den Füßen mit dem Kopf nach unten. Die Opfer der Lynchjustiz waren meist Männer der Staatsschutzbehörde. Sie mußten für die furchteinflößende Herrschaft ihrer Zentrale zahlen. Doch wenn ich den Toten ins Gesicht sah, wurden solche Überlegungen sinnlos. Abends auf dem Nachhauseweg, die Armbinde der Nationalgarde tragend und die Maschinenpistole geschultert, wurde ich von mehreren Frauenzimmern um die Freundlichkeit gebeten, dort im zweiten oder dritten Stock diesen oder jenen umzulegen, ja, genau dort in der Eckwohnung. Der volkstümlichen Sehnsucht danach, jemanden hinzurichten, erwies ich mich nicht als gefällig.

*

Mich als wild entschlossenen Freiheitskämpfer darzustellen, wäre eine starke Übertreibung. Warum aber wollte ich dann eine Maschinenpistole haben? Dieses pubertäre Verlangen mochte ein Überbleibsel aus der Kriegszeit und den darauffolgenden Jahren gewesen sein. Manchmal stellte ich mir vor, ein bewaffneter Trupp würde das Treppenhaus hochhasten, um uns zu liquidieren. Aus welcher Ecke der Diele würde ich wohl am effektivsten feuern können? Ich zielte ziemlich genau; während der kurzen Ausbildung beim Militär hatte ich sogar den Titel eines Meisterschützen verliehen bekommen. Warum auch sollte ich nicht präzise schießen, wenn ich nun schon dort auf der Pritsche in Feuerstellung lag? Und wenn ich in einem Schützengraben stünde, warum sollte ich dann nicht treffen?

In meiner Militärzeit war ich gut zu Fuß gewesen, die Strapazen der Marschübung machten mir nichts aus, manchmal half ich denen, die nach einer längeren Strecke erschöpft waren. Ich nahm ihnen das Gewehr ab, vielleicht auch die Gasmaske, das verflixte Mistding, das wir uns über den Kopf stülpen mußten, wenn der neben uns herreitende Kompaniechef ausrief: »Gas!« Er gebrauchte dieses Wort in seiner chemischen Bedeutung. Zugleich als Befehl, daß wir jetzt die Gasmasken aufsetzen und so unseren Trott auf dem Feldweg fortsetzen sollten. Manchmal sollten wir, um uns auf die Weise vor der frischen Luft zu schützen, mit den aufgesetzten Gasmasken auf Pappeln am Wegrand klettern, damit die vorbeifahrenden Autofahrer über uns lachen konnten.

Als dieser Befehl mit zwei Maschinenpistolen ausgeführt werden sollte, traten die zur Querulanz Neigenden ebenso auf den Plan wie nach der Marschübung: Als wir im Feldlager der Kompanie angekommen waren, wollten wir uns auf den Wasserhahn stürzen, da trat der Kompaniechef, dessen pädagogische Strenge wir von seiner offensichtlichen Bosheit nicht zu unterscheiden vermochten, vor und sprach: vergiftet! Woraus zu schließen war, daß wir uns fortscheren und nicht am Wasserhahn vergreifen sollten. Falls wir sehr durstig wären, sollten wir zur anderen Seite des Lagers gehen. Der echte Soldat kenne keinen Durst und verabscheue den, der sich auf die Wasserpumpe stürzt. Ich spürte nicht die geringste Neigung, mich der Logik und

Ästhetik des Kompaniechefs anzuschließen. Mein nüchterner Realitätssinn ließ mich sagen: nicht vergiftet!

Dem Wort mußte die Tat folgen; ich trank etwas und bot den Pumpenschwengel dem neben mir Stehenden an. Der Hauptmann stand da, ein verblüffter Zeuge. Würde er brüllen, sich auf ein Handgemenge einlassen, hätte er verlorenes Spiel. Die anderen, meine Kommilitonen, ließen ihn spüren, daß sie nicht auf seiner Seite standen. Hätte er den Befehl gegeben, mich festzunehmen und abzuführen, hätte er keinen Vollstrecker gefunden. Als sich zwei stärkere Burschen nach vorn drängten und sich vor ihm aufpflanzten, konnte er gegenüber den Studenten nur noch seine geistige Überlegenheit hervorheben. Denn der Kompaniechef hier war er, auch wenn wir mehrheitlich Reifeprüfungen bestanden hatten. »Sie hier sind ein beschissener kleiner Muschkote, und wenn ich einen Befehl erteile, dann hat sich der Schütze Arsch in Marsch zu setzen!« Das war kein guter Moment, seine Überlegenheit zu demonstrieren, ohne sich der Lächerlichkeit auszusetzen. Doch er gab sich damit zufrieden, uns einen Grundzug seiner Persönlichkeit zu vermitteln: »Ich vergesse nichts.« Das sagte er mit schmalen Lippen, und auf seinen in Stiefeln steckenden Säbelbeinen verließ er das Feld erhobenen Hauptes. Hinter seinem Rücken brach kein Lachen los, einige lächelten, doch ein besonders beflissener Soldat, der auf die Krageninnenseite seines Uniformrocks immer ein weißes Band nähte, um auch in Uniform fesch zu sein, sagte, das werde ein Nachspiel haben.

Ich grübelte nicht viel darüber nach, was für ein Nachspiel die Sache haben könnte, das Wassertrinken und die Behauptung, daß es nicht vergiftet sei, zumal wir am Morgen noch davon getrunken hatten und, siehe da, noch lebten. Mit meiner Erklärung hatte ich meinem Gewissen nicht geschadet, zumal ich nicht gelogen hatte. Daß ich das Wohlwollen meines Kompaniechefs verloren hatte, kümmerte mich nicht. Ohnehin war ich Zugführer, noch dazu dank seiner Entscheidung. Einmal, als wir ihn umringten, um uns seinen politischen Vortrag anzuhören, brachte er Karl Marx' *Kapital* ins Gespräch und fragte uns nach dem Erscheinungsjahr. Die Zuhörer wußten es nicht oder gaben falsche Antworten. Der Hauptmann triumphierte, wie ungebildet die berühmten Studenten der philosophischen Fakultät doch seien. Da merkte ich an: »1864.« »Endlich jemand!« Er lobte mich und ernannte mich zum Politkommissar des einen Zugs. Sollte es zu einem Disziplinarverfahren kommen oder sollte ich festgesetzt werden, dann, so dachte ich, würde ich die Behauptung, daß der Brunnen vergiftet sei, kritisieren. Wenn wir uns schon gegen ihn aufgelehnt hatten, dann sollten wir auch auf unserer Meinung beharren, unsere Position stärken und verteidigen.

Am Nachmittag folgte der lange Weg von Hajduhadház – dem Militärzeltlager – nach Debrecen; nach der mehr als dreißig Kilometer langen Marschübung ein hübscher kleiner Spaziergang am Straßenrand. Bis auf den heutigen Tag bin ich nie per Anhalter gefahren, ich mochte niemanden um eine Gefälligkeit bitten, also bin ich bei meiner Ankunft in Debrecen ziemlich müde gewesen.

Wie angewurzelt stand ich am zur Straße gehenden und auf die große reformierte Kirche blickenden Fenster des Debrecener Hotels zum Goldenen Stier. Ich wagte nicht, mich hinzulegen, hatte Angst zu verschlafen und nicht rechtzeitig am Bahnhof zu sein, um Vera abzuholen. Meine schöne Freundin dolmetschte damals in Budapest englisch und russisch für die zur Weltmeisterschaft der Studenten eintreffenden Sportler im Hotel auf der Margareteninsel; Vera steckte voller Erlebnisse aus der weiten Welt.

Meine Geschichten waren dagegen öde, wie auch unsere Sprache im Zelt einfacher geworden war; unser Geist war gefangen von körperlichem Verlangen und Zerknirschung. Die Obrigkeit hielten wir für idiotisch, unter großen

Schwierigkeiten gestattete sie Ausnahmen, und bei uns kam die Frage auf, ob ein Idiot gut sein könne.

Ein Kamerad, ich glaube József Tuli, kroch mit einer um die Stirn gebundenen Taschenlampe auf allen vieren in der Umgebung der Latrine herum, und als er von einem Vorgesetzten gefragt wurde, was er hier anstelle, antwortete er mit gequälter Stimme, er suche nach dem Sinn im Lager.

Die Welt der Wettkämpfe und Veras Geschichten aus der Bar waren etwas anderes. Um den Unterhalt für ihre Tochter und sich selbst zu sichern, verdiente Vera auch noch in einem Fahrkartenbüro der Eisenbahn ein bißchen Geld und kanzelte die Reisenden, die verworrenes Zeug redeten, mit oberlehrerhafter Strenge ab. Was aber den Sturm der Lust unserer im Hotel zum Goldenen Stier erneut angesetzten Hochzeitsnacht angeht, so bin ich allzu bald eingeschlafen und soll laut Vera im Traum zornig behauptet haben, das Wasser sei trinkbar.

Zurück im Lager sah ich, daß die Kommandeure auch hart sein konnten. Einer unserer Kommilitonen namens Makrai, ein intelligenter Bauernjunge mit knochigem Gesicht, saß schon im Arrest, weil er es bei der als ministeriale Inspektion bezeichneten Kontrolle für Rechtens befunden hatte, vorn in der salutierenden Reihe stehend, auf den Boden zu spucken, als sich der General näherte. Jemand hatte das bemerkt; zufälligerweise war der Liebling des Kompaniechefs so wachsam gewesen. Auf den Vorwurf, zur unrechten Zeit gespuckt zu haben, entgegnete Makrai lediglich, daheim habe er gelernt, daß der Mensch spucken solle, wenn ihm danach sei, und in dieser staubigen Tiefebene sammle sich der Schleim in des Menschen Mund an.

Diese Argumentation überzeugte die vernehmenden Offiziere von der Defensivabteilung nicht, weshalb der Beschluß gefaßt wurde, daß Makrai in den »Arrest« zu stekken sei, ein Flickwerk aus Weidenrutengeflecht, in das es hineinregnete, weil es kein schützendes Dach besaß.

Als wir zum Frühstück gingen, ließ es sich nicht vermeiden, daß wir im Arrestverschlag neben der Küche den vom morgendlichen Regenguß triefnassen Makrai zu sehen bekamen. Mit hängenden Schultern stand er in einer Haltung wie ein Affe da, mußte seine Hose halten, damit sie nicht herunterrutschte, denn den Hosenriemen hatte ihm der Feldwebel abgenommen.

In Stiefeln stand er im Sand und war nicht eben gesprächig. Wir auch nicht. Wir schämten uns, daß wir das hinnahmen. Nicht einmal auf das zum Frühstück mit Schmalz und Zwiebeln zubereitete Kürbisgemüse hatten wir Lust, auf verächtlichste Weise äußerten wir uns über die Armee: Man hält uns wie Gefangene, unsere Waffen taugen nicht viel, zu den Schießübungen sparen sie an Munition. Über scharfe Munition verfügten wir ohnehin nicht, zu den über der Schulter getragenen Bajonetten aus dem Ersten Weltkrieg gaben sie uns ganze fünf Platzpatronen. Möglicherweise aus Vorsichtsgründen, damit wir unsere Waffen nicht mißbräuchlich einsetzen und am Ende gar auf willkürliche Ziele richten könnten.

Zwei Jahre später sollte es tatsächlich dazu kommen, denn Ende Oktober 1956 wurden die Offiziere der Garnison Baja von Studenten meines Studienjahrgangs, die anschließend auf Lastwagen der Armee nach Budapest kamen, entwaffnet. Ein jeder entschied nach eigenem Gutdünken, was nun zu tun sei; mehrere schlossen sich der Nationalgarde an. Ich hatte an der Aktion nicht teilgenommen, da ich schon vorher aus der hoffnungsvollen Gemeinschaft der künftigen Offiziere verstoßen worden war. Meine Kommilitonen nämlich absolvierten einen dreimonatigen Offizierslehrgang, der ein ungewöhnliches Ende genommen hatte. Überraschend war es trotzdem nicht, es entsprach der aufrührerischen Stimmung einer Zeit, in der der Begriff der Revolution von Herzen gebilligt wurde. In unseren Schulen gaben die Lehrbücher eine Einschätzung sämtlicher Revolutionen: der französischen, der russischen und der ungarischen. Der Freiheitskampf von 1848 galt als Synonym des Schönen und des Guten; in der Schlacht fällt der Dichter für sein Vaterland, denn wer den Tod nicht wagt, wenn es sein muß, der ist ein hergelaufener Schurke.

Eine junge Malerin sagte, sie würde sich auf ewig schämen, ginge sie jetzt nicht zur Neupester Kaserne, um sich gleichfalls dem Beschuß auszusetzen. Der zu uns geschickte Gesandte sagte aufgeregt, wir müßten kommen, weil auf sie geschossen werde. Ob sie denn zurückschössen, fragte ich. Nein, der Beschuß komme von weitem, vom Gellértberg, dem Blocksberg, mit Granatwerfern. Dorthin könnten sie nicht zurückschießen. »Warum sollen wir dann kommen?« »Na ja, damit wir zusammen sind.«

Mit sanfter Gewalt hielt ich Eva zurück und setzte sie so ewiger Schande aus. Gern hätte ich zu zweit mit ihr, die Maschinenpistole geschultert, an einigen Abenden noch das eine Fenster in dem an der Donau liegenden Universitätsgebäude bewacht. Der Angriff ließ auf sich warten; wir hatten die Möglichkeit, entsprechend mit Lebensmitteln versorgt, Wache zu schieben und dabei gierig, aber doch vorsichtig sich vorantastend die Denkweise des anderen zu erkunden.

Die Militäraktion meiner Kommilitonen hatte ich deshalb verpaßt, weil ich zuvor bei einer theoretischen Unterweisung in einem Vorlesungssaal der Universität schamlos gelächelt hatte, als ein Hauptmann mit Hilfe schmückenden Bildmaterials zu beschreiben versuchte, wie schrecklich der Feind sei. Da er sich in sein Sprüchlein verheddert hatte, kam ich ihm gerade gelegen, weshalb er mich gellend anschrie: »Stehen Sie auf, ja, Sie da, der mit den langen Haaren! Sehen Sie, Genossen? So sieht der Feind aus! So grinst er über unseren im Weltmaßstab geführten Kampf um den Frieden. Und Sie da fordere ich auf, verlassen Sie den Vorlesungssaal!« Bereitwillig stand ich auf, um mich nach draußen zu begeben. Doch wer weiß warum, ein kleiner Rest jenes Lächelns, das den Hauptmann aus der Fassung gebracht hatte, hing noch in meinen Mundwinkeln. Viele unter meinen Kommilitonen gab es nicht, die mir ihre Solidarität bekundet hätten. Sie gaben sich ernst und waren eher dafür, mich aus dem Jugendverband der kommunistischen Partei auszuschließen; durch Heben der Hände verliehen sie ihrer Meinung Ausdruck. Die Mehrheit sprach sich für meinen Ausschluß aus, wenige enthielten sich der Stimme, und nur zwei Studienkollegen stimmten dagegen. Sie gehörten zu denen, die auf der Liste derer standen, die mir folgen sollten.

Es gab auch einen, der gegen mich das Wort ergriff, etwas von Aristokratismus sagte und tiefgläubig den Repräsentanten der Zentrale unterstützte, den intelligenten sowjetischen Stipendiaten, das Mitglied des Zentralrats des Demokratischen Jugendverbands, den späteren Professor der Gesellschaftswissenschaften, der sich darauf verstand, die Stimmung vom Katheder aus zu lenken. Schmerzerfüllt stellte der emsige Diskussionsredner, mein Kommilitone, fest, daß ich ein grundlegend volksfremdes Element sei. Es gelang ihm, meine im Saal versammelten Kommilitonen dazu zu bewegen, mich zu verbannen. Wie ich später erfuhr, bezeigte er in seinem Tagebuch blutrünstigen Kampfgeist gegen Kommunisten und Juden. In die Kampfhandlungen indes mischte er sich nicht ein, verließ nicht einmal sein kleines Zimmer, das ihm Miklós Krassó als Belohnung für sein Interesse verschafft hatte. Was er in sein Tagebuch geschrieben hatte, erfuhr ich von der über neunzigjährigen Hauptmieterin, der Großmama von Miklós, die auch damals noch die lebensverlängernde Gabe der Neugier genoß und einen Blick in das auf dem Tisch liegende Heft geworfen hatte. Es interessierte sie, was dieser komische Junge schreiben mochte, der in diesen aufregenden Tagen seinen

Fuß nicht auf die Straße setzte und sein Sakko über die nackte Haut anzog, weil er keine Zeit erübrigen konnte, um sein Hemd zu waschen.

Der Großmama war sogleich das häufige Vorkommen des Wortes »Jude« aufgefallen. Möglicherweise waren ihre Wahrnehmungsorgane auf diese Buchstabenreihe eingestellt, obschon sie selbst als Reformierte geboren war, da die Eltern schon im neunzehnten Jahrhundert konvertiert waren, vielleicht deshalb, um mit den anderen Großgrundbesitzern und Ärzten vertrauteren Umgang pflegen zu können. Angesichts jener vielen Garstigkeiten, die der Untermieter diesem Nennwort anhängte, sagte sie ihm, als er sich das nächste Mal verstohlen in sein Zimmer schlich: »Erbärmlicher Tartuffe! Sehen Sie zu, daß Sie von hier verschwinden! Wer mich haßt, der soll auch nicht bei mir wohnen!«

Die Russen nannte die Großmama Moskowiter, und als sie in Verbindung mit ihrem Enkel die Erwähnung eines gewissen Trotzki vernahm, über den Miklós in London einen sehr erfolgreichen Vortrag gehalten hatte, fiel ihr nur Tolstoi ein, dieser Name ergab für sie einen Sinn, der jenes anderen nicht.

*

Miklós, ihr älterer Enkelsohn, befand sich ständig in Bewegung, und ich, der grobe Klotz vom Dorf, bestaunte nur den Energiewirbel, dank dem Miklós nach vorn geprescht und schließlich mit einem Lastwagen und einer gestempelten Vollmacht ausgestattet worden war. Im Vorzimmer des Dekanats der juristischen Fakultät verbreitete er die Stimmung des Aufruhrs, dann auch in den inneren Räumen, wo das Revolutionskomitee der Intelligenz unaufhörlich tagte. Auf sein revolutionäres Drängen hin wurde entgegnet, man informiere sich, sammle glaubwürdig scheinende Informationen und erwäge die in Frage kommenden Strategien.

Ich war nur Türhüter und Leibwächter dieses hohen Komitees, bewaffnetes Organ, dem man die Begleitung wichtiger Leute anvertraut hatte, wie beispielsweise die Ferenc Méreis, eines Psychologen, der zu den Interessantesten seines Fachs zählte und in Gesellschaften ein unbestrittener Liebling war. Man bat mich, auf ihn aufzupassen. Er sei für sie ein sehr wertvoller Mensch, sagte der zuständige Führer des Revolutionskomitees, der zuvor ein erfolgreicher Dozent des Marxismus-Leninismus gewesen war, die Leninsche Revolutionstheorie Buchstaben für Buchstaben studiert hatte, sie jetzt findig gegen den nunmehr als stalinistisch bezeichneten Feind anwandte und in das vielsagende Wir-Bewußtsein auch mich einbezog. Er bat mich um das Abfassen von Flugblättern, und obwohl er meine Texte grob verstümmelte, behandelte er mich wie einen nützlichen Menschen, vermittelte mir das Gefühl, als befände sich die Sicherheit der revolutionären Autoritäten in guten Händen. Ich schob Wache am Gebäudeeingang. Wer weiß schon, was ich den Personalausweisen entnahm, um darüber zu befinden, wen ich einlassen durfte und wen nicht?

Die Bewachung des inneren Heiligtums war strenger und wurde durch schwungvolle Sekretärinnen verstärkt. Aber Miklós Krassó von der hohen Körperschaft fernzuhalten, war ein Ding der Unmöglichkeit. Hier wurde die Lage analysiert, und zu gegebener Zeit gelangten Stellungnahmen an die Öffentlichkeit. Miklós kreischte, das sei schwachsinnige Impotenz, der Platz der Intelligenz sei jetzt auf der Straße und in den bewaffneten Entscheidungszentren. Dann erklärte er ausführlich, was jetzt dringend getan werden müsse. Eine Weile hörte man ihm zu, dann aber flehte der Revolutionsrat der Intelligenz Miklós Krassó an, er solle sich zurückziehen.

Schlau fragten sie ihn, was sie ihm geben müßten, damit er weggehe und sie in Frieden lasse. Einen Lastwagen mit Chauffeur, sagte Miklós. Und einen mit Stempeln versehenen Brief, woraus hervorgehe, daß sie seinen Vorschlag zur Zusammenlegung der Arbeiterräte unterstützten. Mehr nicht? Sie waren glücklich, ihn so billig loszuwerden. Miklós fuhr auf seinem Lastwagen davon, während ich, der Einfaltspinsel, blieb und auch weiterhin die großen klugen Köpfe beschützte, vor denen ich, vor einem jeden für sich allein, außerordentliche Hochachtung hatte. Krassó aber fuhr von einer Fabrik zur anderen, brachte die Delegierten der Arbeiterräte aus den Fabriken zusammen, und noch am selben Tag wurde der Arbeiterrat von Großbudapest nach Neupest einberufen, auf dessen Gründungsversammlung Miklós eine bedeutende Rede hielt, reichlich gespickt mit Zitaten von Marx, Heine, Shelley und Ady. Mit seiner Rede zum Schluß zu kommen, das allerdings schien ihm schwerzufallen. Man dankte ihm für seine bisherigen Bemühungen, nun aber solle er sie schön sich selbst überlassen, damit sie nach eigenen Einsichten vorgehen könnten. Miklós war nicht im geringsten beleidigt.

Acht Jahre später, als ich ihn in Paris dazu befragte, erinnerte er sich freundlich humorvoll an das Geschehene. Nachdem er die Arbeiter verlassen hatte, versuchte er, einen Kontakt zwischen Georg Lukács und Imre Nagy, dem demokratischen kommunistischen Ministerpräsidenten, herzustellen, damit auch von der symbolischen Gemeinschaft der Namen eine Botschaft ausgehen sollte. Ich glaube, sie ernannten Lukács zum Kulturminister, doch vom Alkoholverbot, schlug ich Miklós vor, sollte er diesmal Abstand nehmen, denn 1919 hatte Lukács, mit dem gleichen Ressort ausgestattet, alle Kneipen schließen lassen, was die Macht der Räte nicht sympathischer gemacht hatte und was ich nicht so recht zu deuten wußte, zumal der Philosoph gute geistige Getränke durchaus schätzte.

*

Bei meinem Alkoholkonsum spielte Rum die Hauptrolle; dazu ein doppelter Mokka im Casino-Espresso auf dem St. Stefan-Ring, hier kochte eine vollbusige Baronin den Kaffee, ein aus dem Internierungslager befreiter sozialdemokratischer Abgeordneter gestattete gegen einen Forint, daß man seine außergewöhnlich langen Ohrläppchen anfaßte, und von dem einen Ecktisch her war von Zeit zu Zeit das Zusammenschlagen von Hacken zu hören. Die monarchistische Botschaft drang unter Stuhl und Tisch hervor, wenn die Krakauer unter den polnischen Emigranten auf Dr. Otto Habsburg, den legitimen Thronerben, zu sprechen kamen.

Als Ferenc Méreis Leibwächter leistete ich noch ein oder zwei Tage Nationalgardistendienst, danach suchte ich, nun nur noch Träger meiner Maschinenpistole, Budapests öffentliche Plätze auf, einige Redaktionen, den Künstlerklub Fészek und den Direktor des Zeitungsverlags, ein freundliches rundliches Männchen, der mich sogleich empfing. Beim Betreten des Zimmers hängte ich meinen langen, schweren grellblauen Mantel, den ich überraschend billig in einem Kommissionsgeschäft hatte erstehen können, am Kleiderständer auf und daneben wie einen Regenschirm die Maschinenpistole. Befreit von der doppelten Last trug ich enthusiastisch den verheißungsvollen Plan zur Erneuerung unserer Zeitschrift vor.

Auch mich selbst hatte ich von dem, was ich dem Generaldirektor vortrug, überzeugt. Schon stellte ich mir vor, daß Genosse Ács, beeindruckt von meinen Worten, eine Auflagenhöhe von fünfzigtausend Exemplaren und Offsetdruck versprechen würde, da er unter den fusionierten Blättern unseres für das erfolgreichste hielt, unsere Zeitschrift, die am 23. Oktober hätte erscheinen sollen, wäre nicht an diesem Tag die Revolution ausgebrochen, womit die Ereignisse den Wagemut der ersten Nummer weit übertroffen hatten. Wir waren also gezwungen, uns mit einer neuen revidierten Ausgabe zu Wort zu melden.

Erfüllt von kreativer Zufriedenheit standen wir uns gegenüber, Genosse Ács und ich, sahen zum Eckfenster im ersten Stock des New York Palastes hinaus auf die Ringstraße. Dort versuchten die Leute der Verkehrsbetriebe, die Straßenbahnstrecke instandzusetzen, indem sie eine verbogene Schiene geradebogen. Wir beobachteten die Arbeit; Genosse Ács kam in Fahrt: »Sehen Sie, mein junger Freund, das habe ich gern, wenn gebaut und nicht geschossen wird.« Mir ging es ebenso.

An der Ecke stand ein Bursche in Sträflingskluft, auf dem Kopf eine Militärmütze, und gab aus seiner Maschinenpistole glücklich eine Salve in die Luft ab. Er tanzte mit seiner Waffe, er war der Sieger, er lächelte ebenso wie ich, was dem neben mir stehenden Direktor allerdings nicht glücken wollte. Ordnung stellte er sich so nicht vor. Doch an unsere Meinungsverschiedenheit rührten wir nicht. Nach freundlichem Händeschütteln, zur Bekräftigung unserer Vereinbarung, schlüpfte ich wieder in den langen Friesmantel und hängte mir die Maschinenpistole um.

Ich suchte jemanden in dem Haus, in dem viele Redaktionen untergekommen waren. Auf den zum Hof führenden Gängen sah ich zu den Fenstern hinein; in dem einen Zimmer erblickte ich vier Männer, die sich an die vier Ekken eines Tisches klammerten. Hier trat ich ein. Alle vier hatten irgendwann schon einmal an jenem Tisch gesessen, doch entweder waren sie gefeuert oder verhaftet worden, so daß immer ein anderer das Möbelstück geerbt hatte. Und nun wurde auch ich, der ich meinen Freund suchte, sozusagen als bewaffnetes Organ in die Auseinandersetzung einbezogen, und sollte darüber befinden, wem der Tisch von Gesetzes wegen zustehe. Ich ließ mich auf eine geschichtsphilosophische Betrachtung über die authentische Zeit ein. Wessen Dasein ist aus der Sicht der Zugehörigkeit zu einem Territorium bestimmend? Zu guter Letzt sagte ich, sie sollten ein Los ziehen. Daraufhin sagten sie, ich solle mich als Staatsanwalt zum Teufel scheren.

Ich tat, worum sie mich gebeten hatten, ging zum Nationaltheater und von hier aus zum Platz der Republik. Auf der Straße war zu hören, dort würden wüste Dinge passieren. Mit meiner umgehängten Maschinenpistole ging ich auf einen Baum zu, an dem schon ein Toter baumelte, mit dem Fußgelenk an einen Ast gebunden, daneben war man gerade dabei, einen zweiten Leichnam aufzuknüpfen.

Bewaffnete und Unbewaffnete standen um die Szene herum; Frauen, Männer, Gaffende. Den am Boden liegenden Toten traktierte jemand mit Fußtritten, den aufgehängten ein anderer mit Messerstichen, und eine Frau spuckte ihm ins Gesicht, ein schmuckes Männchen spuckte auch und sagte: »Pfui, pfui, auch du warst ein Kumpan der Rußkis!« Es gab kein Leben mehr in den Leibern, die Versammelten waren nur noch erfüllt vom Rausch der Totenschändung. Alle möglichen umherstreifenden Recken umringten mich, bewaffnet mit Maschinenpistolen und Handgranaten unter dem Gürtel. Ich schlich mich davon.

Um ein starkes Getränk zu mir zu nehmen, ging ich in ein Espresso. Am Klavier saß eine ältere Dame; ihr platinblondes und hoch aufgetürmtes Haar war so vollkommen, als befänden wir uns inmitten der schönsten Friedenszeit. Draußen Getrappel von Füßen, ein Mensch rannte, mehrere liefen ihm hinterher, und an einer Kellertreppe erschossen sie ihn.

Im Universitätsgebäude ging ich über den Flur, Miklós Béládi kam mir entgegen, mein Lieblingsdozent. Für einen Moment standen wir uns gegenüber. »Humanisten mit Maschinenpistolen?« fragte er. »In Wendezeiten schon. Sicher ist sicher«, entgegnete ich. Keinem von uns war ganz klar, wie das zu verstehen sei. »Realer Humanismus«, das habe ich bei Marx gelesen. Und wenn es sich so ergebe, dann solle der Mensch seine Familie und sich selbst schützen.

Ich ging nach Hause, um Radio zu hören, um Erasmus und Tolstoi zu lesen. Auf dem Lenin-Ring, dem heutigen Theresien-Ring, fand ich vor der Horizont-Buchhandlung Tolstois *Kindheit, Knabenalter, Jünglingsjahre* im Müll. Unter den weggeworfenen Büchern, die ihrer Einäscherung harrten, fischte ich dieses hervor; einige Jahre später erschien es unter meinem Lektorat in einer neuen Ausgabe im Ungarischen Helikon Verlag.

Vera fand in diesen Tagen Freude am Kochen; auf den Tisch kam eine ausgezeichnete Bohnensuppe mit Nockerln und geräucherter Knackwurst. Vera gab sich mit den Nachrichten zufrieden, die aus der Nachbarschaft und dem Freundeskreis durchsickerten, und verspürte keine allzu große Lust, zusammen mit mir durch die Stadt zu streifen, wo es vorkommen konnte, daß einer mit einem Brot unter dem Arm dastand und mittels einer Panzerkanone einfach nur so sein Kopf verschwand, während er noch immer dort stand und das Brot an sich drückte. Mir fiel der Körper eines Huhns ein, das umherflitzte, nachdem ihm der eine Gehilfe schon den auf den Rumpf plazierten Kopf mit der Axt abgehackt hatte.

Ich ging durch die Straßen, auf denen sich binnen kürzester Zeit viel Staub und Müll angesammelt hatten. Ich las die überall angeklebten oder mit Reißzwecken befestigten Aufrufe. Viele forderten entschlossen den restlosen Abzug der sowjetischen Truppen. Und nicht genug damit, daß sie das Land verließen, an jeder Eisenbahnstation sollten sie das heldenmütige ungarische Volk um Verzeihung bitten, das sie häßlich beleidigt hatten mit ihrer sich unbegründet lange hinziehenden Gastrolle und den kürzlichen Schießereien, die an das Niederwalzen des ungarischen Freiheitskampfes von 1849 durch die Russen erinnerten.

Auch im Espresso an der Ecke hörte ich ungestüme Reden. Der Träger eines Mantels mit Persianerkragen verkündete Konrad Adenauers Kommen. Hätte der Überbringer dieser Nachricht doch nur nicht hinzugefügt, daß der Kanzler auf dem Rücken eines Schimmels eintreffen werde, denn so wurde aus der guten Nachricht ein dummes Märchen. Die polyglotte Fremdsprachenlehrerin von einst, die zur vornehmen Hure der Gegend geworden war, ärgerte sich darüber, daß das Schwimmbad, das sie täglich aufsuchte, geschlossen war. Mit erhobener Stimme fragte sie, ob jemand unter den Gästen des Espressos Virginia Woolfs *Orlando* gelesen habe, noch habe sie nicht entschieden, ob ihr der Roman gefalle oder nicht. Sissy kam mit ihrem Sohn herein und bestellte ihm trockenen Kuchen. »Schick mich nicht zurück!« bat der Junge. »Ich muß dich zurückschicken, schon seit einer Woche habe ich dich hier auf dem Hals. Ich kann nicht übersetzen, vor lauter Nervosität habe ich mir schon die Nase mit Schminke verschmiert.« »Das ist der Junge?« fragte der Maler. »Seinetwegen hat der Offizier auf Sie geschossen?« Sissy nickte. Ja, der Hauptmann hatte von ihr gefordert, sie solle abtreiben, dazu aber sei sie nicht bereit gewesen, Weihnachten vierundvierzig sei er, der Junge, ihr Geschenk gewesen. Sissy hätte den Hauptmann in den Westen begleiten sollen, aber nicht in schwangerem Zustand. Die Schießerei hatte eine Frühgeburt zur Folge gehabt, doch der Embryo war unversehrt geblieben.

Die Mutter eines Klassenkameraden setzte sich ans Klavier und versetzte uns zurück in die Welt der alten Schlager. Ein junger Mann setzte sich neben sie, seine Pistolentasche ließ die Gesäßgegend anschwellen; die nächtlichen Hausdurchsuchungen hätten begonnen, sagte er.

Noch bevor ich nach Hause ging (hier und da funktionierte das Telefon, und ich besaß genügend Münzen), informierte ich Vera wie ein Reporter über das, was ich gesehen und gehört hatte, und suchte den Schriftstellerverband auf, wo reges Treiben herrschte. Vom Vorstand strömte das Gefühl von Wichtigkeit nach außen: Dort wurden Vorbereitungen zum Abfassen einer öffentlichen Erklärung getroffen. Ehern, samtweich und wohlklingend mußte sie sein, wie eine Bombe einschlagen: ein Meisterwerk also. Noch mußte der Gesandte des neutralen Landes warten, noch waren im letzten Absatz einige Korrekturen erforderlich.

In einem Seitenzimmer im ersten Stock wurde dies und jenes verteilt, Lebensmittel. Lastwagen vom Dorf sorgten dafür, daß den geistigen Führern, dem nationalen Gewissen, Nahrung zukam, Menschen mit Mützen oder Hüten auf dem Kopf, die sich an die Mauern drückten, an Zäune, wenn irgendwo das Krachen einer Salve zu vernehmen war. Ein hübsches kleines Paket wurde mir in die Tasche gestopft. Im Restaurant diskutierten einige darüber, wie weit man zurückgehen müsse: bis 1949? 48? 47? 45? Oder noch weiter? Bis zum Einmarsch der Deutschen? Oder noch weiter? Wo sollten wir Fuß fassen? Welches war ein zuverlässiger Ausgangspunkt? Gab es eine akzeptable Startlinie?

Sollte es aber keine geben, könnte dann nicht dieser revolutionäre Tag heute der Beginn einer neuen Zeitrechnung sein? Der heutige Tag mit seinem Rausch, seiner Wichtigtuerei, den Totenschändungen. Wieder Tote auf dem Bürgersteig; die Befreiung geht Hand in Hand mit dem Morden. Für eine Minute hielt ich inne, um mich zu wundern: Sieh doch, ich gehe hier mit dieser Flinte spazieren und mit einem Lebensmittelpaket, und niemand verpaßt mir eine Kugel, wie nett doch die Menschen sind!

Triumphierend kam ein rauher, untersetzter Kollege herein und berichtete, daß er in diesen verworrenen Tagen zwei sowjetische Soldaten erschossen und zwei Erzählungen geschrieben habe. Mit der eigenen Produktivität, real oder eingebildet, war er augenscheinlich zufrieden. Sein

Gesicht glühte vor Ruhmesröte, sein jungenhafter Stolz ließ ahnen, daß er glaubte, nun ein Mann geworden zu sein. Vom Studenten zum reifen Mörder.

Unter einer Baskenmütze strömte Beleidigtsein hervor: Diese Knirpse hier sollten ihm, dem Helden des französischen Widerstands, doch nicht von bewaffneten Abenteuern erzählen! Von der Geschichte, in der der Held zu Kriegsbeginn verschwindet und erst zur Befreiung von Paris wieder auftaucht, um bei der Zeitung der Résistance dort weiterzumachen, wo sie aufgehört hatten, war allerdings nichts zu hören. Wo er denn gewesen sei? Jetzt tauche er auf? Sie wollten ihn beschimpfen, doch er lachte laut und behauptete, daß er sie gerettet habe: »Wißt ihr, wie feige und sensibel ich bin? Hätten sie mich erwischt, wäre keine allzu schreckliche Folter nötig gewesen, um mir alle Geheimnisse zu entlocken. Dadurch, daß ich nichts von euch wußte, habe ich euch geschützt.« Sie lachten und verziehen ihm.

Nach Eintritt der Dunkelheit und dem Verzehr dreier Koteletts setzte sich der hedonistische Dichter aus der Vorstadt zu den jungen Schriftstellern an den Tisch und hielt es für richtig, schrecklich laut zu furzen, ausgerechnet in dem Moment, als sich der um die reine Moral und den unverdorbenen Geschmack des Volkes Wissende ebenfalls dort niederließ mit der Absicht, ein ernstes Gespräch zu führen. Indes war er gezwungen, derart die Nase zu rümpfen, daß sich daraus am Ende ein Gelächter entwickelte: »Zum Teufel mit deinen Gedärmen, Jóska, auf deine alten Tage furzt du noch penetranter als in deiner heldenmütigen Jugendzeit.«

Der eine naseweise Reporter hatte Informationen vom Abzug der sowjetischen Panzer, ein anderer wußte es genau umgekehrt, daß sie nämlich kämen. Die Eisenbahner meldeten, auch auf Rädern würden die Raupenfahrzeuge landeinwärts rollen. Woraufhin der Alte, das war der Ministerpräsident Imre Nagy, nur abwinkte und sagte, den Worten der Eisenbahner müsse man keinen Glauben schenken, die würden immer die gut informierten Eingeweihten spielen. Auch er habe einen älteren Vetter bei der Bahn, na ja, wenn von dessen Geschichten jede dritte wahr sei, dann sei das schon viel.

Als ich zu Hause ankam, wurden, noch bevor ich im Treppenhaus unsere Wohnungstür mit dem Schlüssel hätte öffnen können, gleichzeitig zwei andere Flurtüren aufgerissen; die Meister der Information bestürmten mich mit ihren Fragen. Sie waren imstande gewesen, von drinnen das Treppenhaus zu beobachten, zugleich Rundfunknachrichten zu hören und am Telefon bei Verwandten und Bekannten aus anderen Stadtteilen wie bei einer Nachrichtenagentur Erkundigungen einzuholen. Der Geigenvirtuose und der Tankwart übertrumpften sich jetzt in wundersamer Eintracht gegenseitig. Einmal waren sie vom Siegestaumel fortgerissen, ein andermal befürchteten sie, die Russen würden von Wohnung zu Wohnung gehen, die Männer abholen, vielleicht auch die jungen Frauen, um sie dann zu vergewaltigen. Und was würden die Soldaten jetzt wohl sammeln, immer noch Uhren?

Am 3. November 1956, einem Sonnabend, gingen wir zu Fuß zu meinen Eltern zum Mittagessen. Straßenbahnen fuhren keine, bei einer Tasse Kaffee politisierten wir mit meinem Vater, dann hatten wir es eilig, um noch vor der Ausgangssperre nach Hause zu gelangen. Wir verbrachten einen familiären Abend, eine neue Wirklichkeit bildete sich heraus: Es gab schon Parteien, Zeitungen und Politiker der verschiedensten Schattierungen, das ganze funktionierte bereits von selbst, meine Maschinenpistole würde ich nicht mehr benötigen, dennoch war es beruhigend, daß sie sich dort im Bettkasten befand. Würde jemand im Morgengrauen an die Tür pochen, könnte ich so mit der Waffe in der Hand ruhiger danach fragen, wer da sei.

Am 4. November 1956 spätabends hielt ich, die Maschinenpistole geschultert, an dem einen Fenster der Budapester philosophischen Fakultät Wache, zusammen mit der angehenden Malerin Eva Barna. In der Váci utca war das Rattern eines Panzers zu hören. Dies der banalere Teil der Sache, der außergewöhnliche Teil war Evas Schönheit und ihre bedeutungsvolle, tiefe Stimme, doch vor allem das, was sie sagte. Camus' *Mythe de Sisyphe*, das ich noch nicht kannte, hatte sie im Original gelesen. Aus niederen Beweggründen, aus Eifersucht, machte ich zu Camus ironische Bemerkungen. Im Dezember emigrierte Eva und begegnete Camus, korrespondierte mit ihm. Zwischen ihnen nur die Reisekosten, zwischen Eva und mir der Eiserne Vorhang.

*

Auch Vera telefonierte hierhin und dahin; das Gehörte reichte ihr, die Gefallenen, die Verbrannten, die Aufgehängten wollte sie nicht sehen, ganz gleich, um welcher Nation Söhne es sich handeln mochte. Vera sehnte sich weg von hier, hin zu vertrauenswürdigeren Völkern. Sie würde nach Paris gehen, um dort Englisch und Russisch zu unterrichten, sie würde die Grundlage für unsere Existenz schaffen, eine Wohnung mieten, wir sollten ihr dann folgen, sie würde alles richten, nur gehen sollten wir! Ich solle nicht so schwerfällig sein!

Nach der Niederlage, am 11. November, kamen Miklós Krassó und Pál Zádor, mein Vetter, und sagten, sie würden morgen gehen, ich solle mich ihnen anschließen. Die Reise sei sicher, auch mein Name befinde sich auf dem amtlichen Dokument, wonach die staatlichen Organe uns unterstützen sollten, denn wir hätten den Auftrag, die anderen zur Heimkehr zu bewegen.

Ich blieb. Schlechter als bisher, meinte ich, könne es nicht werden, doch ich würde das aushalten, ich war in Budapest beständiger als die Regierungschefs. Zwar wollte ich in diesem Strom nicht mitschwimmen, aber mich interessierte, was hier auf den Straßen passieren würde. Aus dieser offenen und nicht zu beendenden Geschichte wollte ich mich nicht herausreißen.

Unter den biblischen Helden gefiel mir die Geschichte des Jeremias besonders. Er wußte, was passieren würde, er hat den Untergang geweissagt, wofür er von den Seinen vielfach mißhandelt worden ist. Doch als die anderen verschleppt werden, bittet er den Sieger darum, auf den Trümmern die Stadt und sein Volk beweinen zu dürfen.

Ich wollte nicht raffiniert sein. Ein gewöhnliches, einfaches Leben wollte ich haben. Die selben Treppenhäuser und Espressos. Das, was auch bisher gewesen ist. Selbst wenn Hunderttausende gehen sollten, würden doch Millionen bleiben. Wenn meine Freunde, meine Liebsten weggingen, würden andere an ihre Stelle treten. Die Bücher waren hier, auch der Himmel, der Balkon, von dem aus die Donau und auf der gegenüberliegenden Seite die Budaer Berge zu sehen sind.

Selbst wenn ich gehen sollte, wohin könnte ich gehen? Die jetzt das Land verließen, irrten überall herum, wurden auseinandergerissen. Hier begegnete ich noch immer den meisten ungarisch Sprechenden, hier konnte ich mich noch immer am einfachsten in den Straßen, Worten und Gewohnheiten zurechtfinden.

Das Weggehen der anderen billigte ich, ahnte ich doch, daß sie daheim größeren Gefahren ausgesetzt sein würden als ich. Ihre Existenz wäre hier weniger möglich gewesen, denn sie waren aktiver, schärfer, heftiger, meldeten sich öfter zu Wort, waren bedeutender als ich. Ich war unwichtig, ein Kiebitz, ein bewaffneter Gaffer. Und hier lebten meine Eltern. Wenn kein uniformierter Zwang mich von ihnen trennte, warum sollte ich dann diesmal sie verlassen, um mein Heil zu suchen? Daß mir hier Gefahr drohen sollte, glaubte ich nicht. Sollten sie mich etwa einsperren, würde ich das aushalten. Von entlassenen Sträflingen hatte ich schon genug Gefängnisgeschichten gehört. Auch dort konnte man leben. Auch in der Zelle würde ich der sein, der ich bin. Solche Gedanken gingen mir durch den Kopf.

Meine Eltern mitnehmen? Und irgendwo um Aufnahme bitten? Auf die Wohltätigkeit von Hilfsdiensten angewiesen sein? Erneut ein Studentenleben beginnen? Mich um ein Stipendium bemühen? Schließlich war ich schon ein diplomierter Lehrer, und es gab keinen Grund, die Schulbank zu drücken. Vormittags würde ich mich an mein Heft setzen können, und das hatte auf vielen Tischen Platz; für einen Kaffee in einem der zahllosen Budapester Espressos würde mein Geld schon reichen, denn bisher war es mir immer gelungen, mit irgendeiner Arbeit das Nötigste für mein Auskommen zu verdienen. Übersetzen und lektorieren, das konnte ich, und reich wollte ich ohnehin nicht sein. Das war ich schon einmal gewesen, weshalb mich das nicht so schrecklich interessierte.

Wie könnte ich mich möglichst sicher von den äußeren Umständen unabhängig machen? Vor allem daran lag mir. Würde ich jetzt das Land verlassen, müßte ich mich an das Neue klammern, und im Fall eines auf Unterstützung angewiesenen Einwanderers wäre das Streben nach Unabhängigkeit nicht ehrlich.

Die sich stellende Herausforderung war eine andere: Hier in der Vármegye utca und in der Wallenberg utca frei zu sein, war gleichbedeutend mit der täglichen Arbeit schriftlichen Verstehens. Ich beschloß, solange es nicht verboten war, von einem Stadtbezirk in den anderen zu gehen, mein Arbeitsplatz würde die ganze Stadt sein.

Sollte es später einmal keinen Bruch mehr bedeuten, dann würde ich mich auf Wanderschaft begeben. Würde ich jetzt weggehen, könnte ich nicht jederzeit nach Hause kommen, wenn mich das Heimweh überkäme. Was war wichtiger? Jederzeit weggehen zu können oder jederzeit nach Hause kommen zu dürfen? Daß mir letzteres selbstverständlicher zu sein schien, daran hatte die Bequemlichkeit ihren Anteil.

Damals interessierte sich die der Literatur verbundene Jugend für Sartre und Camus, für die Frage der Wahl, der Entscheidung. Und ich hielt es für ein Privileg, daß sich für mich in diesem einen Jahr schon so oft die Notwendigkeit einer Entscheidung ergeben hatte. Ich glaubte, daß der Mensch durch die Verkettung seiner Entscheidungen charakterisiert werde. Durch seine Strategie. Das zeitliche, das geschichtliche Phänomen würde sich vielleicht sogar auf Papier gestalten und erzählen lassen.

Beim Betrachten der anderen um mich her schienen auch sie Strategien zu sein. Wie sahen die Antworten auf die Fragen und Herausforderungen aus? Mir gefielen die zwanghaften Wiederholungen. Sie wirkten komisch, aber nun ja, ein Typus setzt sich aus seinen Klischees zusammen, zur Karikatur bedarf es der wiederkehrenden Elemente. Das Leben selbst lieferte in dieser Region die Provokation, die eine Entscheidung verlangte, die Unannehmlichkeiten, Schwierigkeiten, die auf Denkschemata zurückzuführen waren. Eigentlich sind es Verrenkungen des Verstands, die an die Wohnungstür hämmern.

Mich indes interessierte, wie aus dem Denken Wirklichkeit wird, nicht nur aus der Gewohnheit, nicht nur aus der nüchternen Praxis, nicht nur aus der Tradition, sondern aus den Anstrengungen des strebenden Verstandes, aus den kühnen Träumen, aus der Suche nach Wahrheit, aus deren Verkündung, wie aus dem Edlen ein Schurke wird, aus dem Ideal eine Hölle und wie wir all das dennoch überleben, weil wir die Stärkeren sind: Passanten, einfache Menschen, fähig zu arbeiten, zu reflektieren und uns zu freuen.

Ich hatte gehört, daß die Menschen im Westen viel vom

Geld reden würden. Gemessen an den anderen Themen interessierte mich das nicht allzusehr. Ich war nicht sonderlich wählerisch. Mir schmeckte der Kohleintopf mit einer Scheibe Brot und einem Glas Milch in der Mensa. Meine Eltern sollten getrost auch morgen dort schlafen, wo sie heute aufgewacht waren, mein Papa sollte sein Sakko an denselben Kleiderhaken hängen, und in den Läden, in denen er einkaufte, sollte er sich über die komischen Dinge des Lebens austauschen, denn ein Laden ist auch dazu da, daß man mit seinen Mitmenschen ein Wort wechselt.

Wäre István geblieben, hätte ihm das Todesurteil gedroht. Und überhaupt, wer bin ich, daß ich über meine Freunde urteile? Jeder, der weggegangen ist, hatte recht, und jeder, der geblieben ist, hatte recht. Wir versuchten, die Ermunterungen des Schicksals zu verstehen. Befindest du dich nicht in Todesgefahr, dann rühre dich nicht vom Fleck! Den Rat gab ich mir. Überstürze nichts, setze deinen Weg fort! All deine Probleme resultierten immer aus deinen plötzlichen Aufwallungen. Arbeite in aller Stille, ausdauernd, gründlich, unauffällig, unaufhaltsam!

*

In Gyuri Krassós Wohnung hatte es eine Hausdurchsuchung gegeben. Gyuri, Tamás Lipták und Ambrus Oltványi hatten sie mitgenommen. Mich nicht, weil ich meiner Gewohnheit gemäß zu spät gekommen war. Um zehn Uhr waren wir verabredet gewesen, um zwölf war ich eingetroffen. Gyuris Mutter erzählte, was passiert war. Den Vervielfältigungsapparat hatten sie nicht gefunden, er war entsprechend gut versteckt. Ambrus und Tamás wurden nach Hause geschickt, Tamás verhafteten sie später erneut.

Daß ich nicht verhaftet worden bin, war erfreulich und deutete darauf hin, daß ihnen die Liste mit den Unterschriften der Empfänger von Maschinenpistolen nicht in die Hände gefallen und daß ich nirgendwo besonders aktiv gewesen war, weil ich von einem Ort zum anderen gegangen war. Ich hatte den Berichten gelauscht und mir angesehen, was geschehen war, doch Reden geschwungen hatte ich nicht, zu keiner einzigen aktiven Gruppe gehörte ich als Stammitglied, auch nicht zur Reformelite des Jugendverbands, denn der hatte mich schon längst ausgeschlossen, ich stand außerhalb dieses sprachlichen und stilistischen Kollektivs. Glücklicherweise war ich ein zu vernachlässigendes Element.

Herr Réthází, der Hausmeister, der mehrmals gesehen hatte, wie ich mit der Waffe nach Hause gekommen war, und der mir nicht sehr wohlgesonnen war, hatte mich augenscheinlich nicht angezeigt. Die Maschinenpistole vergrub ich, während Vera Schmiere stand, in der Pannónia utca, in einem Winkel eines damals noch leeren Grundstücks. Zwei bis drei Jahre später wurde dort ein großes Haus mit Eigentumswohnungen errichtet. Wer weiß, was sie mit meiner gut eingepackten und eingefetteten Waffe angestellt haben, falls sie beim Ausheben der Baugrube gefunden worden ist.

Ich begegnete meinem Philosophieprofessor: schmale Lippen, graue Wattejacke, er hatte sich der neuen sowjetfreundlichen Ordnungsmacht angeschlossen, trug eine Maschinenpistole und ging in Gesellschaft eines klassischen Philologen auf dem Bürgersteig der Großen Ringstraße auf und ab, wobei er den forschenden und unfreundlichen Blicken der Vorübergehenden ausgesetzt war. Er war älter als ich, ein sehr belesener junger Mann. Sein fachliches Verbundensein mit Kierkegaard vermochte er ohne Probleme mit seinem Aufgabenkreis als Parteisoldat in Einklang zu bringen, wozu zuvor auch seine Bemühungen um meine Umerziehung gehörten. Er verlangte von mir, ich solle den Bürger ablegen wie eine Kluft, deren ich überdrüssig geworden sei, solle meine einstigen Freunde nicht mehr treffen und eine Kollegin heiraten, die aus der

Arbeiterklasse stamme und Parteimitglied sei, damit mich von Kopf bis Fuß ein gesundes Klassenbewußtsein durchdringe. Auch er selbst hatte im Geiste dieser Lehre gehandelt, hatte in die Arbeiterklasse eingeheiratet und eine stämmige, strenge Frau erwischt, die an theoretisch anspruchsvoller Kritik nicht sparte und ihren Mann, wenn alles in Ordnung war, mit »Genosse« anredete. Wenn sich aber zwischen ihnen irgendeine ideologische Spannung auftat, dann war er für sie ein »Herr«, was parallel mit der Praxis einherging, daß wir am Arbeitsplatz geachtete »Genossen« sein durften, in polizeilichem Gewahrsam jedoch, und wenn wir von einem bewaffneten Schließer begleitet wurden, als »Herren« tituliert wurden. Jetzt nickte ich dem Professor nur zu; seine Uniform setzte mich davon in Kenntnis, wohin er auf seiner geistigen Wanderschaft gelangt war. Auch er hielt mich nicht an, erwiderte das zurückhaltende Kopfnicken, wollte keine freundschaftlichen Bande knüpfen, mir aber auch keine Unannehmlichkeiten machen. Das war in Ordnung.

Nachdem die sowjetischen Panzer ein zweites Mal gekommen waren, nun schon in größerer Anzahl und aggressiver als am Abend des Aufbegehrens, verließen nach dem 4. November von zehn Millionen Ungarn zweihunderttausend das Land, zumeist junge Leute, die Hälfte meiner Klassenkameraden, fast alle meine Liebsten, meine Schwester, meine Cousins.

Sechsundfünfziger? Nach kurzem Heldenmut die Entscheidung: gehen oder bleiben? Wer gehen konnte, ging, flüchtete vor etwas Schlechtem in den Westen, vor der Vergeltung oder nur vor dem gleichen, was gewesen und, siehe da, entlarvt worden war! Die Jugend ging in Schnee und Frost über die mangelhaft bewachte Grenze. Noch vor Weihnachten machte sich auch Vera in Gesellschaft meiner Schwester Eva auf den Weg. Sie gelangten sogar bis an die Grenze, überschritten sie bei nächtlichem Schneetreiben, setzten ihren Marsch in der Finsternis zwischen österreichischen Schildern fort, doch dann plötzlich erblickten sie wieder ungarische. Vermutlich hatten sie einen Berg zweimal umkreist. Sie waren erschöpft. Meine Schwester versuchte es am folgenden Vormittag erneut und schaffte es. Vera kehrte am Weihnachtsabend zurück und gab sich ein wenig unzufrieden, daß ich keinen Weihnachtsbaum aufgestellt hatte. Wir gingen hinunter auf die Straße, fanden noch ein Bäumchen und Schmuck dazu. Es gab Geschenke, ein improvisiertes Abendessen, Kerzenlicht und familiäre Heiterkeit.

1956 bin ich geblieben. Sooft ich die Gelegenheit zum Gehen hatte, bin ich geblieben, habe mich an den Tisch gesetzt und etwas geschrieben. Wenn ich einen großen Entschluß hätte fassen müssen, traf ich lieber keine Entscheidung, ließ die Dinge sich entwickeln, rann mit der Zeit dahin. Ich bedauerte nicht, wenn mich niemand abholte und irgendwohin brachte, wo ich mich dann zusammenreißen müßte, doch einstweilen zum Autofenster hinausblicken und mir die Geschichte des Chauffeurs anhören würde. Der aktivere Teil war weggegangen, der Rest harrte aus, alle miteinander verschlissen und verdorrten wir. Denke ich aus der Ferne an sie, gefallen sie mir. Bin ich mit ihnen zusammen, bin ich bemüht zu verduften.

Ich bin schwerfällig, ein Schriftsteller soll keine großen Sprünge machen wollen. Ich bin nicht über die Grenze gegangen, bin geblieben, obgleich ich wußte, daß noch im gleichen Jahr die dunkle Glocke aus Wirklichkeit und Alpträumen wieder über mich gestülpt würde. In der Glocke sah die Angst in den Spiegel. Ich mußte den Umgang mit der Angst als Mitmieter lernen, damit nicht sie Herr im Haus sein würde. Nach 1957 heftete niemand mehr seine auf einem Blatt Papier festgehaltenen Gedanken mit Hilfe von Reißzwecken an einen Baumstamm. Die Seele hatte sich zur Wand gedreht und die Decke über den Kopf gezogen. Der größere Teil der Erinnerungen war gestorben; sie am Leben zu erhalten erwies sich als unvorteilhaft.

*

1960 bewegte ich mich, sei es auf dem Fahrrad, im Bus der Linie 15, in der Straßenbahn der Linie 2 oder zu Fuß, zwischen zwei heimischen Punkten. Der eine Punkt war die Vármegye utca 7 in der Innenstadt, der andere die Wallenberg utca 4, wo Vera wohnte, meine Frau. In der Vármegye utca befand sich die Wohnung meiner Eltern, wo ich ein Zimmer besaß, wenn meine Schwester in der Provinz unterrichtete. Nach 1956, als Eva sich in den Westen absetzte, ging das Zimmer ganz auf mich über. Eva ging bald darauf in die Vereinigten Staaten, um als Biologin zu arbeiten, wobei sie ihr Interesse zunehmend auf die Algen ausdehnte, doch ihre Sympathie allen anderen Pflanzen nicht entzog.

Die Möbel im Zimmer meiner Schwester standen einst im elterlichen Schlafzimmer; ein Kunsttischler zu Anfang des Jahrhunderts hatte Maria Theresias Schlafzimmer imitiert. Vom Kopf- und Fußende des Bettes, auch vom Schrank blickten Engelköpfe auf mich herab, der Spiegel, unter dem sich dereinst eine Frisierkommode befand, mit zahlreichen, je nach Inhalt, offenen und geschlossenen Schubladen, wurde von zwei nackten Engeln gehalten. Süßigkeiten, Pistole und Präservative waren in meiner Kindheit verschlossen, die langweiligeren Sachen – Fotos, Haarlocken und Milchzähne – nicht.

Diese Möbelgruppe hat ziemliche Unbilden erlebt. 1944, nachdem sowohl die deutsche Militärkommandantur als auch die sowjetische das Haus sich selbst überlassen hatten, kamen die Armen aus dem Dorf und schleppten alles weg, was wegzuschleppen war. Nur mit dem großen dreitürigen Schrank kamen sie nicht zurecht. Nicht einmal den Spiegel schlugen sie ein, obwohl sie so vieles absichtlich demolierten. So war der Schrank das einzige Stück, das als Vorbote einer wiederherzustellenden Ordnung unversehrt und einladend inmitten der von Müll überzogenen Wohnung stand.

Um 1960 befand sich der Schrank mit meinem Fahrrad darauf im mittleren Zimmer unserer im fünften Stock gelegenen Wohnung in der Vármegye utca. Die Frisierkommode nutzte ich zum Schreiben. Die Engel, die den Spiegel hielten, hatte die Geschichte, die in dieser Region am ehesten ein kollektiver Unfall gewesen zu sein schien, verschwinden lassen. Wem sie eins über den Schädel gezogen haben, der war für eine Weile ruhiggestellt. Dann setzte die beharrliche Korrektur ein. In diesem langen Ringen sollten wir Spieler sein und keine Opfer, sagte ich an unserem Stammtisch im Kaffeehaus. Die Verantwortung könne man nicht den Schicksalsschlägen anlasten.

Die Welt des jungen Mannesalters? Was habe ich getan, als ich halb so alt war wie heute? Wie war das Leben hier vor vierzig Jahren, als der Osten stärker und der Westen schwächer zu werden schien und als es den Anschein hatte, es sei, wie es sei und daß es gelte, das zu überleben?

*

1960 krächzt ein Betrunkener im Morgengrauen unter meinem Fenster. Ich fühle mit ihm. Zu zweit sind wir wach. Die Stille gibt das Schnarchen weiter, die flüsternden Beschimpfungen, das Quietschen der fernen Züge, das Jammern der aus den Depots rollenden Straßenbahnen. Hier in Budapest stürzt eine Flut von Eindrücken auf mich ein, doch nur einen Bruchteil davon kann ich aufnehmen. Frühmorgens belagern mich noch kein ablenkender, zur Eile mahnender und gleichgültig machender Lärm, kein Telefon, keine Pflichten. Nachts schleicht sich das Land in die Stadt, vielleicht bin ich ja doch kein Großstadtmensch.

Wenn ich als Jugendschutzinspektor Feldforschung betreibe, muß ich eine wildfremde Wohnung betreten, als wohnte ich dort. Und binnen einer Minute begreife ich, daß ich dort tatsächlich zu Hause bin. »Der Herr Doktor vom Rat der Stadt!« Mit diesen Worten wischen sie mir unter meinem Hintern den Küchenstuhl ab. »Na ja, das war sicher so, daß ...«, plätschern die Worte, und ich muß aufpassen, daß ich ja nicht einschlafe!

Rezső Rajnai schläft im Keller, deckt sich mit seinem Mantel zu, kann nur bis Tagesanbruch schlafen, so lange hält sein Rausch an, die Kälte läßt ihn aufwachen.

Ein Polizeioffizier ist gewalttätig, vielleicht gelingt es mir, ihn bloßzustellen; ich tue das mit verborgener Leidenschaft.

Das Leben eines Zeugen Jehovas ist erfüllt von der Eifersucht auf seine Frau; die könnte ihn in die Irrenanstalt einweisen lassen, doch sie holt ihn von dort immer auf eigene Verantwortung heraus, ist besorgt, daß man ihm Elektroschocks verordnen könnte. Zu Hause dann quält er sie wieder.

Bei einem Gynäkologen entbindet die Frau von dessen behindertem Freund, der draußen auf dem Flur auf die gute Nachricht wartet. Statt in den After greift der Arzt dem Säugling zufällig in die Augen, blendet ihn, ein Kunstfehler. Er geht nach Hause und vergiftet sich.

Ich bin durchgefroren, die Knochen schmerzen, vielleicht habe ich Fieber. Im Goldenen Fasan habe ich eine Fischsuppe gegessen, habe das »Haus der Lords«, ein schäbiges Haus für Zwangseingewiesene, aus meinem Bewußtsein verbannt. Hier hatte ich bisher nur mit schweren Jungs zu tun, doch wenn ich sie anherrsche, wird hinter einem bedrohlichen Äußeren ein empfindsames Herz spürbar.

Einer Frau war der Mann gestorben. Er stand auf dem Bürgersteig, als ein Autobus in ihn hineinraste, so daß er auf der Stelle tot war. Da ihr Mann eine gute Position bekleidete, erhielt die Frau eine schöne Witwenrente. Anderthalb Jahre später zog der beste Freund des Verstorbenen von seiner Frau zu der Witwe. Dann heirateten sie. Die Frau verlor deshalb ihre Witwenpension, die über ihrem Verdienst lag. Vom Toten hat sie einen Sohn, der in den Kindergarten geht und für den sie wenig Zeit hat. Ich frage, warum sie geheiratet haben, wo sie doch sowieso zusammenlebten. Die Frau lächelte und errötete, auch ich wurde rot. Ich grüßte und verließ sie.

Am 7. November 1956 wagte sich eine ältere Zeitungsverkäuferin in den Verteiler des Zeitungsverlags und bat um Zeitungen. Der *Népakarat* (Volkswille) war damals das Blatt, das reißenden Absatz fand. Doch der Tante schwatzten sie die *Népszabadság* (Volksfreiheit), auf. Sie ging auf die Straße und verkaufte sogar fast alle. Drei bewaffnete junge Männer gingen ruhig auf der Rákóczi utca spazieren. Als sie bei der Zeitungsverkäuferin die *Népszabadság* erblickten, rissen sie ihr diese aus den Händen, fielen über sie her und traktierten sie auch noch mit den Füßen, als sie schon am Boden lag. Als sie dessen überdrüssig geworden waren und sich die alte Frau wegschleppte, sagte der eine: »Verpaß ihr eine Salve!« Der andere: »Wozu? Die wird keine Lust mehr haben, diesen Schund zu verkaufen.« Sie hatten der alten Frau den Schädel eingeschlagen, und auf dem einen Auge war sie erblindet. Seither leidet sie unter einer chronischen Nervenentzündung.

Ich setzte meine Feldforschung mit sechs weiteren Adressen fort. Sehen wir uns also sechsmal anderes Unglück an! Auf dem Bethlen-Platz setzte ich mich auf eine Bank, um zu beten. Dort gibt es auch eine Synagoge.

Hinein in den Dschungel des Stadtbezirks! Frau Alabárdos und ihre Tochter. Die Mutter sähe es gern, wenn die Tochter sie ehrte, doch die Tochter ehrt sie nicht, weshalb sich die Mutter ihr gegenüber boshaft verhält.

Ich verzieh einem blutschänderischen, verwitweten Vater, wie ihm auch die Tochter vergeben hat. Wovon sollten sie leben, würde ich ihn einsperren lassen?

Ich war bei Lajoska Mustafa, dessen verstorbener Vater Türke gewesen ist. Die Mutter heiratete wieder; einen Schlosser mit dem Namen Bogyi. Der schöne kleine Junge war stolz auf seine türkische Herkunft und trauerte um seinen Vater. In der zweiten Klasse stand die türkische Besatzung in Ungarn auf dem Lehrplan, Lajoska bekam Schlechtes von den Türken zu hören. Die Jungen begannen, ihn mit scheelen Blicken anzusehen. Der Junge bat Bogyi um dessen Namen. Lajoska Mustafa beziehungsweise Bogyi trauert nicht mehr um seinen Vater.

Eine Schreibmaschinenkraft geht im Winter nach Óbuda zum Rudertraining. Die Sportanlage ist verlassen, ringsum Grundstücke und Gärten. Vier Halbstarke fallen über sie her, Geschrei, alle vier vergewaltigen sie. »Ich erkenne euch sowieso wieder, ich zeige euch sowieso an!« So schrie das Mädchen. Die Burschen drückten ihr daraufhin beide Augen aus.

Neben mir auf der Bank nimmt ein alter Mann Platz. Weiches, stoppliges Gesicht, wenige Zähne, er riecht nicht gut, auch bei Sonnenschein trägt er einen Wintermantel. Als Dritte setzt sich eine alte Frau mit spitzer Nase neben ihn. Flinke Bewegungen, flinke Zunge, die Beine unter den Strümpfen sind gewickelt. Die Frau: »Was gibts zum Mittag?« Der Mann: »Tee und Schmalzbrot.« Frau: »Was kochen Sie?« Mann: »Ich koche nicht.« Frau: »Kinder?« Mann: »Ich hatte einen Sohn, er ist hingerichtet worden.« Frau: »Leben Sie vollkommen allein?« Mann: »Mit meinen Wanzen.« Frau: »Aber sicher haben Sie eine hübsche kleine Rente?« Mann: »Sechshundert Forint. Die vertrinke ich. Dann esse ich nicht. Nur was man mir gibt, Reste.« Frau: »Wo wohnen Sie denn?« Mann: »Ich habe eine schöne Wohnung, zwei Zimmer, Küche.« Frau: »Und warum vermieten Sie dann nicht das eine Zimmer?« Mann: »Habe ich ja, aber mein Untermieter ist durchgedreht. Er zahlt nicht.« Frau: »Sie müßten eben heiraten.« Mann: »Genau, das Problem ist nur, daß ich keine Frau finde, die mir gefällt. Bei einer jungen ist es nicht sicher, daß sie für mich sorgt, und bei einer alten muß ich dann am Ende für sie sorgen. Na ja, ich bin eben wählerisch.«

In einer Milchhandlung trinke ich ein Glas Milch, ein alter Mann mit Fistelstimme zahlt zwanzig Fillér zu wenig. Er geht an zwei Krücken. Als die Kaufmannsfrau ihm hinterherruft, tut er so, als hörte er nichts; er zahlt jeden Tag zwanzig Fillér zu wenig.

Eine Frau erhält eine polizeiliche Vorladung, sie wird zu einem Verhafteten befragt, von dem sie unlängst verlassen worden ist. Sie macht eine Aussage. Vielleicht aus Angst, vielleicht weil sie nicht lügen kann. Während der Gerichtsverhandlung stellt sich heraus, daß die Frau die Hauptbelastungszeugin ist.

Vor nicht allzu langer Zeit ist die Frau eines Elektrikers gestorben. Jeden Abend deckt er den Tisch auch für sie. Dann ißt er allein. Um sich vor den Fernseher zu setzen, fehlt ihm die Geduld. Er geht an den Kleiderschrank und holt nacheinander die Kleider seiner Frau heraus. Das eine hat sie bei dieser und das andere bei jener Gelegenheit getragen. So vergehen die Abende.

In Ausübung seines Berufs verkrustet der Fürsorgebeamte, kreist ihn der Wahnsinn des Amts ein, die Nervosität der Verantwortung, er kann nicht schlafen, ist überspannt, lernt, eine strenge Miene aufzusetzen.

Selbst in den verruchtesten Kneipen blieb ich freundlich am Schanktisch stehen, trank etwas, sah mich um, rückte niemandem ungebührlich auf die Pelle. Wenn mich jemand ansprach, stießen wir unsere Gläser an, was beinahe einem Händedruck entsprach.

*

Die schweren Eisenstühle auf dem Spielplatz sind im Boden verankert. In das Kaffeehaus an der Ecke habe ich im Januar 1945 durch die zerbrochene Fensterscheibe hineingesehen. Bis zur Decke stapelten sich dort die Leichname der im Ghetto erschossenen Juden. Im Ghettokrankenhaus suchten wir nach Tante Zsófis Mutter, die trotz Kopfschuß noch lebte. An den Wänden dieses Raumes befindet sich seit neuestem eine mit Sonnenblumen bemalte Leinentapete. Eine lebhafte Frau begrüßt einen jeden, weist ihm einen Platz zu, mit jedem berät sie sich und gesteht, was es auf der Speisekarte nicht mehr gibt, als würde sie verzeihungheischend eine persönliche Trauerbotschaft übermitteln.

Auf dem Hof der alten Mietshäuser werden kleine Läden geöffnet, die Menschen ziehen sich in unterirdische Gewölbe zurück, hier in der Elisabethstadt ist alles höhlenartig, nicht prahlerisch, nicht überheblich, eher anteilnehmend und volksverbunden. Hier bin ich kein Fremder verstehe selbst das Raunen in einer entlegenen Ecke. Die kleinen gehäkelten Decken unter der Tonvase mit den Strohblumen, das plötzlich ausbrechende Lachen der Frauen, das Zuschlagen der Eisentüren sind mir vertraut. Ein schönes großes Mädchen liest in einer Zeitschrift, den bis zur Hälfte über die Oberschenkel reichenden weißen Pullover mag sie selbst gestrickt haben. Bewährte alte Schlager dringen aus der Tiefe nach oben, es klappern die Bestandteile der Kaffeemaschine, es klirren Tassen und Teller. Das Fräulein an der Espressomaschine macht sich pausenlos daran zu schaffen. Die Gäste kennen sie, müßige Gespräche: »... hat die Blumen gefressen, verdammte Scheiße.« Wer hat sie gefressen?

*

In den Jahren meiner Gymnasialzeit bedeutete die Elisabethstadt für mich den Großstadtdschungel, in dem fast alles zu haben war, wonach mir der Sinn stand und was mich verzaubern konnte. Tatsache ist, daß es hier die größte Wohndichte gab; die Haustüren standen noch offen, ich schnupperte Menschengeruch, der zu den geöffneten Küchentüren hinaus auf die Höfe strömte. Durch die Gänge schlendernd tat ich so, als würde ich jemanden suchen, ich trank Milch und aß in den entsprechenden Läden warme Knackwurst.

In der Hársfa utca tauschte ich mit dem blinden Antiquar Bücher nach Gewicht. Ausschlaggebend war, daß die gebrachten Bücher schwerer sein mußten als die mitgenommenen. »Gehen Sie denn dabei nicht bankrott?« fragte ich ihn. »Junger Mann, Sie sind noch ein Grünschnabel, kennen nicht die stochastischen Zusammenhänge und die rätselhaften Tiefen menschlicher Dummheit. Sie meinen, alle würden nur Schund bringen und gute Sachen mitnehmen. Das Umgekehrte kommt mindestens ebensohäufig vor. Was Schund ist, das ist schrecklich relativ.«

Darin gab ich ihm recht, denn man konnte sagen, daß all die Wohnungen, Gaststätten und Vergnügungslokale, in die ich dank eines Klassenkameraden gelangt war, dessen Vater eine Nachtbar besaß, ziemlich schäbig waren, ich konnte auch sagen: ordinär, doch um so uriger und interessanter wirkten sie, genau wie jene Frau, in deren nicht wirklich sauberes Bett in einer Ladenwohnung in der Elisabethstadt es mich verschlagen hatte.

Auf dem Weg zur Schule und zurück führte ich stadtsoziologische Erkundungen durch, zumindest im Sinne der von meinem Freund Iván Szelényi stammenden Definition dieser Arbeit. Als wir beide ein paar Jahre später in Fünfkirchen eintrafen mit dem Ziel, die städtische Gesellschaft zu erfassen, und statt dessen schon seit drei Tagen nur spazierengingen, beruhigte er mein schlechtes Gewissen, indem er behauptete, unser Herumbummeln sei echte Feldforschung. Diese Art von Feldforschung habe ich in den Randzonen der Elisabethstadt betrieben, wo ich von 1959 bis 1965 sieben Jahre lang als Jugendschutzinspektor der erstinstanzlichen Vormundschaftsbehörde in der Unterrichtsabteilung des Rats des vierten Budapester Bezirks Familien besuchte und über meine Erhebungen Milieustudien verfaßte.

Was sonst hätte ich beschreiben können, wenn nicht meine Eindrücke? Doch die machten die große Menge ähnlicher Beispiele zuverlässiger. Meine Vorschläge führten meist zu Maßnahmen, die das Schicksal der Kinder betrafen. Die zwischen Ringstraße und Dózsa György út fallenden Randgebiete der Elisabethstadt waren mein Betätigungsfeld. Täglich klingelte ich oder klopfte bei sechs bis acht Familien, und es gab kaum ein Haus, in dem ich nicht mehrfach gewesen wäre. Vor allem in den zum Hof und nicht in den zur Straße gehenden Wohnungen tauchte ich als Gast auf, mit anderen Worten: ich machte Bekanntschaft mit dem ärmeren und unglücklicheren Gesicht der elisabethstädtischen Wirklichkeit, gelegentlich mit einer Stufe, von der aus man tiefer kaum noch rutschen konnte. Ich wohnte damals in einer kleinen Straße in der Innenstadt, zwar bin ich auch dort ziemlich viel umhergezogen, doch wenn sich messen ließe, in welchem Bezirk ich mir vorrangig die Schuhsohlen abgelaufen habe, würde der siebte Bezirk klar den Sieg davontragen.

Und sollte ich einen anderen statistischen Parameter anwenden, zum Beispiel den, in welchem Bezirk die meisten Worte aus meinem Mund gesprudelt und zu meinen Ohren hereingeströmt sind, dann würde dank den Zusammenkünften der jungen Schriftsteller in den Kaffeehäusern und dank den Redaktionsräumen, sagen wir, der Zeitschrift *Valóság* (Wirklichkeit) wiederum die Elisabethstadt den Sieg davontragen. Das gleiche trifft für die kulinarischen Genüsse zu. Die geselligen Mittagessen im Garten des Fészek-Klubs gehören heute zu meinen sonnigen Erinnerungen, doch Geschmacksempfindungen steigen in mir auch in Gedanken an den Garay-Markt auf, wo ich, aus der Murányi utca kommend, in der zweiten Gasse gern untersuchte, bei wem die Bratwurst und die Leberwurst am besten schmeckten. Danach folgte in der Eckkneipe ein Schoppen Wein. Fast gesättigt mußte ich dann noch einen Kaffee trinken, wofür die Palmen-Konditorei der gemäßeste Ort war, um das Rauschen in der Kehle etwa mittels süßer Vanille-Eier-Milch zu lindern. Wenn wir schon hier angekommen sind, dann lüfte ich meinen unsichtbaren Hut vor der Konditorei Fröhlich in der Dob utca; der Meister und seine Frau gehören für mich zu den herzerquickenden Gestalten der Elisabethstadt.

*

Was hat sich in den letzten vierzig Jahren verändert? Die Armut ist beständig, nur die Personen sind andere. Die Armut allerdings ist nicht nur ein Zustand, sondern auch eine Plage, ein Unfall, eine Grube, in die man hineinfallen kann. Warum sollte ausgerechnet der engelhaft diszipliniert sein, der in ärmlichen Verhältnissen lebt? Wenn die Wohlhabenden über die Stränge schlagen, bekommen sie keine Schwierigkeiten, die Armen dagegen schon. Sie zappeln und straucheln, quälen sich gegenseitig.

Die Welt meines ersten Romans wurde von den Rezensenten für eine Hölle gehalten. Ich meinte, daß sie eher etwas Gewöhnliches sei. Seine Unvollkommenheit macht den Menschen zu einem Sterblichen, zu etwas Wirklichem also. Moralphilosophie kann nur auf Fehlbarkeit aufbauen und darauf, daß wir damit zurechtkommen. Eigenartiges Verhalten erschreckt die anderen, sie wähnen, das sei kriminell oder krank, weshalb sein Platz im Gefängnis oder im Krankenhaus sei. Als sei der Mensch eine Art Auto, das wir in die Reparaturwerkstatt bringen. Verrückte gibt es, doch die meisten von ihnen fristen ihr Leben irgendwie draußen, andere allerdings geben das Spiel auf und vertrauen sich einer Anstalt an. Schwachheit und Verlassensein sind auf helfende Einmischung angewiesen.

Je wohlhabender und gebildeter ein Land, desto eher tritt es der Schwachheit entgegen, stabilisiert in den Menschen ein schreckhafteres, abhängigeres, kindlicheres Verhältnis zu den Ereignissen des eigenen Körpers und der eigenen Seele, zur Sterblichkeit, zu Krankheiten, Ängsten und Kümmernissen. Die Vorboten eines natürlichen Todes entsetzen die Menschen; auf Beschwerden und Schmerzen sind sie nicht vorbereitet. Wenn etwas nicht ganz in Ordnung ist, dann ist es schlecht. Dabei zieht sich jener Streifen, der große Teil des Lebens, zwischen einem Sein hin, das ganz in Ordnung ist, und einem Sein, das schlecht ist. Ich habe jemandem die Hand gehalten, seine Runzeln betrachtet, nicht nur der Tod wohnte in ihm, sondern auch ein kleines Kind, das gern noch geblieben wäre.

Ich habe beobachtet, daß auch mein Alltag voller Entscheidungen steckt und daß alle Menschen, die mir begegnen, eine Herausforderung darstellen. Mit jedem Fall müßte man etwas tun. An manchen kann man nicht einfach nur freundlich kopfnickend vorbeigehen. Das bekannte Dilemma von Wort und Tat: Was nimmst du auf dich, wenn du auf ein absolut hilfloses Kind stößt? Wie verfährt ein professioneller Fürsorger, wenn er seinen Fall nicht an andere weiterleiten kann, an Institutionen, wenn es das Zusammenspiel unglücklicher Zufälle so will, daß dir ein Kind zufällt, ein Idiot?

Ich mache die Erfahrung, daß die Menschen von meinen Geschichten verblüfft sind, auch wenn ich diese Storys ziemlich normal finde. Was andere für unterweltlich halten, das scheint mir normal zu sein. Man braucht sichere Bezugspunkte. Beispielsweise den, daß auch die Hinrichtung eines Mörders Mord ist. Wer nicht getötet hat, muß nicht zwangsläufig gut sein; vielleicht ist er nur feige, jedenfalls aber glücklich. Aus der Sicht des Lebens ist der

Tod etwas, das nicht hätte passieren dürfen. In welcher Uniform, unter welcher Fahne dir ein gewaltsamer Tod widerfährt, bleibt sich gleich.

*

1960 im Kisposta (Zur Kleinen Post), im Nárcisz, im Piccoló, im Városkapu (Stadttor), im Múzeum, im Astoria, Nemzeti (National), Hauer, Royal, im Pálma (Palme), Joli, Muvész (Künstler) und Dióhéj (Nußschale): in diesen und so vielen anderen Cafés warte ich wie die Spinne auf die Fliege. Ich muß nicht rennen, das Objekt kommt mir entgegen, ja, es macht Jagd auf mich. Da das Leben endlich ist, hätte ich allen Grund zur Eile, doch weil das Leben endlich ist, habe ich absolut keinen Grund zur Eile.

Unter den Kastanienbäumen am Budaer Donauufer sehe ich hinunter zur Uferstraße und erblicke zwei Opfer eines Autounfalls. Ein Personenkraftwagen und ein Müllauto sind frontal zusammengestoßen. Tödlich lange Minuten, ehe die Krankenwagen und die Feuerwehrleute eintreffen. Der eine Mann auf dem Straßenpflaster, unter seiner Schläfe eine schnell sich ausbreitende Blutlache. Der andere Mann im Auto, die Tür hat sich auf ihn gepreßt, läßt sich nicht öffnen, so daß der Körper nicht herausgezogen werden kann. Sie versuchen es mit einem Seil und einer Brechstange; nichts. Die Feuerwehrleute treten von einem Fuß auf den anderen, sind unbeholfen, versehen sich wechselseitig mit guten Ratschlägen, nur einer von ihnen arbeitet, auch der schlecht. Der Krankenwagen fährt nicht los; als sie den einen, den auf der Erde Liegenden, hineinhieven, ist er bereits gestorben. Gerade noch hat sich seine Brust bewegt, nun ist sie reglos. Sie bugsieren ihn zurück auf das Pflaster, decken ihn mit Packpapier ab, dieser Körper ist nunmehr Sache eines Leichenwagens. Die untere Uferstraße, wo sich gestern noch eine auf dem Gipfelpunkt befindliche Flutwelle mühsam ihren Weg gebahnt hat, ist jetzt verstopft von der regen Kopflosigkeit rot-blau-weißer Überfallwagen, von Feuerwehren, Rettungswagen und Polizeiautos. Zwei zufällige Tode binnen Minuten. Das wäre das Schicksal dieser beiden Menschen gewesen? Menschenwracks, Autowracks, auf der Straße viel Müll. Auf die Brüstung der oberen Uferstraße gestützt beobachten wir Zuschauer aus einer Loge den Tod. Die Zuschauer beschimpfen die Feuerwehrleute, weil auch die nur Zuschauer sind.

Im Garten einer Eckkneipe neigen sich riesige Kastanienbäume über uns, rote Schlacke knirscht unter unseren Füßen, Septemberwind läßt weiße Lampenglocken schwingen und die gelb werdenden Blätter der Kastanienbäume wirbeln. Die Tischdecken auf den mit rosaweißem und blauweißem Wachstuch eingeschlagenen Blechtischen wirken beruhigend auf mich. Im Raum drinnen ist es dunkel, die kleinen Séparées werden von rötlichen Leuchtröhren erhellt. Allein schon das Licht läßt Geheimnisvolles ahnen. An solchen Orten tauschen Pärchen, die nicht gesehen werden wollen, Küsse aus. In die Nase des Mannes steigen schwülstige, eigenwillige Parfümdüfte der Frau; dieser Geruch geniert sich nicht, Schenkel und Brüste gibt es hier in Überfülle; Gurren und Brummen ist zu hören, Kognakschlürfen und verdorbenes Kichern.

Früh um halb sechs bin ich bei Vera aufgewacht, bin leise aus dem gemeinsamen Bett geschlüpft, habe acht Milieustudien geschrieben, meinen Essay zu Martin du Gard durchgelesen, womit ich leidlich zufrieden war. Aber warum beschäftigte ich mich mit ihm? Warum mit Schriftstellern? Warum nicht mit trunksüchtigen Bestien, salbungsvollen Sadisten, heimtückischen Blutschändern und impotenten Kerlen, die ihre Frauen verprügeln? Oder mit Jugendlichen, die einen Grenzdurchbruch wagen?

Ich brachte meine Ziehtochter in den Kindergarten, unterwegs drechselten wir gereimten Unsinn. Judit erklärte, im Kindergarten müsse sie gut sein, zu Hause weniger, weshalb es daheim besser sei, denn böse sein sei gut. Im Pfandhaus verhökerte ich meine beiden alten dunkelblauen Anzüge, viel bekam ich dafür nicht, der Taxator diktierte, die Hose habe Flecken und sei zerschlissen, Knie und Hosenboden seien abgewetzt.

Ich rannte zum Rat der Stadt, ich hatte einen Termin vergessen, glücklich waren sie darüber nicht. Kovács kam, der Detektiv des Jugendamtes. Er erzählte, daß er Leibwächter von Rajk und später von Rákosi gewesen sei. »Der Alte mochte es, wenn wir seine blöden Witze mit lautem Gelächter quittierten.« Kovács hatte einen Fall abgeschlossen. Das sei ein ebenso gutes Gefühl wie einst in seiner Zeit als Klempner, wenn er ein neues Toilettenbecken installiert hatte. Wenn die Spülung funktionierte, sei er der erste gewesen, der hineingeschissen habe. Vom Rat des siebten Bezirks ging ich zum Rat der Hauptstadt. Selbstverständlich verpaßte ich den Anfang der Sitzung, weshalb ich mich verstohlen von hinten hineinschlich. Frau S. lobte mich mehrfach, ich war angespannt, würde ich meine Versäumnisse gestehen, müßte die gütige Frau S. erröten.

Ständig schwirre ich in den Außenbezirken der Elisabethstadt umher, auch Chikago genannt, ich klingle an der Wohnungstür alter Menschen. Sie sind allein geblieben, haben nichts zu sagen, auch mir nicht, dann kommen sie doch ins Jammern. Ich gehe von Haus zu Haus, nicht meine Füße sind es, die sich voranbewegen, sondern meine Hosenbeine.

Ein berufsunfähiger Chauffeur erzählt mir, seine Tochter sei erst sechzehn, mache aber schon mit einem neunzehnjährigen Gauner aus dem Stadtwäldchen rum. Eng umschlungen gingen sie abends nach sieben zwischen den Bäumen umher. Vergebens pflanze er sich plötzlich vor ihnen auf, das nutze nichts. Er sage gleich, sollte es ein Baby geben, von ihm könne seine Tochter keinen einzigen Fillér erwarten, nicht einmal so viel, höchstens werde er ihr alle Knochen einzeln brechen. Das mache ihm nichts aus, sollen sie ihn doch ins Gefängnis stecken, das Mädchen aber werde er krankenhausreif schlagen. Das wolle er jetzt vor einer Amtsperson nur noch als letzte Warnung erklären.

Eine Behördenangestellte hat ihren Geliebten angezeigt. Im Bett waren sie hungrig geworden, weshalb sie in die Küche ging, um etwas anzurichten, doch als sie mit dem schön bestückten Tablett zurück ins Zimmer kam, lag schon ihre Tochter neben dem Mann im Bett. Sie flehte die Tochter an, den Platz zu räumen. Der Mann sagte: »Die Frauchen meiner Altersklasse habe ich satt.« »Ich gehe nicht aus dem Bett, ich bete ihn an«, sagte das Mädchen. Die Frau ging hinunter in die Cirkusz-Bierstube, und im Stadtwäldchen gab sie sich einem Zigeuner hin, dann plötzlich schlug sie blindlings auf ihn ein, der Zigeuner machte sich aus dem Staub.

Frau Populás vom Marktplatz hat fünf Verehrer; die erfahren einer vom anderen und suchen sie zu fünft auf, bumsen sie nacheinander und verziehen sich dann. Bevor sie vom dritten Stock im Erdgeschoß ankommen, kämmt sich Frau Populás, zieht den seidenen Morgenrock an und winkt ihnen aus dem Fenster hinterher: »Kommt wieder! Alle fünf!« Sie kommen wieder, aber jeder für sich allein.

Der Polsterer mit den goldenen Händen ist gestorben. Er besaß lauter Orden und Auszeichnungen, hat gute Arbeit geleistet, doch die hatte ihren Preis. Auch getrunken hat er gern; gestern abend ist er von Espresso zu Espresso gezogen, hat einen Kognak nach dem anderen getrunken, viel Geld hat man bei ihm gesehen. Irgendwo hat er zwei Frauen aufgerissen und ist mit ihnen in die Polsterwerkstatt gegangen, in den wohnlich eingerichteten hinteren Teil. Abends fragte sich seine Frau beunruhigt, wo er nur abgeblieben sei, sie ging hinunter in die Werkstatt, die Tür stand offen, tot lag der Polsterer auf der selbst angefertigten Liege, die Hose nicht zugeknöpft, das Geschlechtsorgan heraushängend, die Taschen leer, er mußte eine Herzattacke erlitten haben.

Ich ging zur Stadtverwaltung, um mein Gehalt in Empfang zu nehmen, schnell zahlte ich tausend Forint auf mein Sparbuch ein, in zwei Wochen würde ich es wieder abheben. Mit meinem Kollegen Géza Fekete unterhielt ich mich über das Schweben, er, ein leidenschaftlicher Segelflieger, wies auf das innere Schweben hin. Ich hatte den Eindruck, daß eine Frau im Spiel sei, gern, das sah ich, würde er erzählen, doch es kamen Klienten.

Tibor Göndör war ein guter Chef. 1944 hatten sie ihn zusammen mit seinen Leidensgefährten, jüdischen politischen Häftlingen, vom Gefängnis in Sátoraljaújhely nach Auschwitz deportiert. Bei entsetzlicher Hitze standen achtzig Menschen im Waggon. Wasser gab es keines. Sie tranken wechselseitig ihren Urin. Als einer nach dem Schwanz eines anderen schnappte und kreischte, schlugen sie ihn aus Selbstschutz tot, denn wenn es großen Lärm gab, feuerte der auf dem Dach des Zuges sitzende Posten eine Salve in den Waggon. In einer Ecke wuchs der Leichenberg an. Die mit einem guten Nervenkostüm kamen in Auschwitz an. Darüber wolle er lieber nicht sprechen, sagte Göndör, dort seien nur die Wölfe am Leben geblieben. Es sei vorgekommen, daß man jemanden einzig wegen seines Taschentuches oder seiner Nähnadel erschlagen habe.

Eigentlich war es angenehm, in der Küche von Ein- oder Zweizimmerwohnungen herumzusitzen; jede Küche war auf andere Weise interessant. Erst wenn du die einhundertste Variante ein und desselben Geschichtentyps zu hören bekommst, begreifst du allmählich, wovon die Rede ist. Wer trägt auf welche Weise fast das gleiche vor? Tagtäglich hatte ich das Bedürfnis, etwas gegen meine übermächtig werdende Oberflächlichkeit zu tun, die mich, sollte ich ihr auch noch schmeicheln, endgültig verdummen lassen würde. Alle seien genau wie ich, sagte ich mir abends, wenn ich mich in der beleuchteten Straßenbahn von meinen Klienten entfernte.

Ein Junge vom Land, hielt ich in Budapest Maulaffen feil. Die Welt erweiterte sich, ich lernte die Großstadt kennen, war keineswegs blasiert, wollte über alles schreiben, mit Worten alles in den Mund nehmen. Budapest war für mich ein wahrer Leckerbissen. Ich stellte Fragen, war neugierig, gelegentlich bemächtigte sich meiner eine anstekkende Glückseligkeit. Der Voyeur vom Dorf konnte auch nach zwanzig Jahren von der Stadt nicht genug bekommen.

Ich sah im Architektenkeller vorbei, wo ich Kondor traf, Pilinszky, Tihamér Vujicsics und seinen jüngeren Bruder, Sztoján, László Nagy, Erdély und Baranyi. Kondor konnte nur auf einer halben Pobacke sitzen, weil Kati, seine Frau, die andere Hälfte mit ihren spitzen venezianischen Pumps scheckig getreten hatte. Die Herren Künstler befanden sich noch im Belvárosi, im Café Innenstadt. Gyula Hernádi aß drei Stück Schokoladentorte, János Gulyás klagte über eine schmerzende Leber. Ottó Orbán prahlte, wir hielten ihn zum Narren.

In einer Erzählung von János Gulyás stand ein alter Mann auf dem sonnenbeschienenen Gehweg wie eine mit Kalk übergossene Ziege. Das wiederholte János mehrfach. Dann brüstete er sich mit einem anderen Bild. Die am Wegrand in der aufgeweichten Frühlingserde unter lockeren Erdhaufen begrabenen Toten seien wie hagere Halbwüchsige in ihren herausgewachsenen Kleidern gewesen. Gespannt sah er mich an, und erst, als ich ihm versicherte, daß es mir gefalle, winkte er zweifelnd ab, er glaubte, ich würde ihn verspotten. Wenn einer wie ich, der sich, wie er meinte, durch Geschäftigkeit betäubt, um vor der Angst zu flüchten, wenn auch ich etwas von jener Absurdität spürte, auf die er wegen seines Versagens, seiner Trunkenheit und

Schwäche ein Vorrecht zu besitzen glaubte, machte ihn das verlegen.

Was sonst konnte der Mensch zu Herbstbeginn tun, als sich an seine Freunde zu klammern? Vielleicht boten wir uns bei Schneetreiben und Windböen ja doch einen Halt? Ich war noch immer mit dem Lektorat von Tolstois Tagebuch beschäftigt. Jeden Morgen beginnt er mit einem Gelöbnis, und jeden Abend beendet er mit Schuldbekenntnis, weil er einige seiner Gelöbnisse gebrochen hat. Er hat getrunken, gehurt, Karten gespielt, Händel gesucht. Ich spiele weder Karten, noch suche ich Händel.

*

Anderntags stand ich früh auf, las die Tolstoi-Korrekturen, ging in den Ungarischen Helikon Verlag, wo ich halbtags als Lektor die ungarischen Übersetzungen russischer und französischer Klassiker redigierte. Der Cheflektor bat mich zu sich, mir vertraute er sich gern an, er wollte den Anschein guter Laune verbreiten, doch seine Geschichten waren nicht lustig.

F. hatte die Absicht, seine von der Partei vorgesehene Arbeiterbraut zu heiraten, als ihm seine »bürgerliche« Freundin mitteilte, daß sie schwanger sei. Eine Abtreibung war in jener Zeit ein Ding der Unmöglichkeit. Die sozialistische Moral sprach für die Braut, die Schwäche führte ihn zu der klassenfremden Freundin. Das Kind würde zur Welt kommen, er aber konnte seine Braut wegen dieser auch in ideologischer Hinsicht verworrenen Frau nicht verlassen. Also legte sich F., wie einst ein Dichter, in Balatonszárszó auf die Schienen vor eine Lokomotive. Der Zug fuhr über ihn hinweg und trennte ihm beide Beine ab. Der Polizist vor Ort stellte fest, daß die gute Hose noch zu retten sei. F.s Braut besuchte F. jeden Tag im Krankenhaus. Als er zu sich kam, war seine erste Frage: »Ist mein Parteibuch da?« Zwei Wochen später kam die bourgeoise Freundin und gestand

F., daß sie gar nicht schwanger sei, daß sie nur habe erreichen wollen, daß er sie heirate. Sechsundfünfzig hatten die Gefangenen aus den Bergwerken gehört, daß oben im dritten Stock der Parteisekretär wohne. F. war kein Parteisekretär, seine Wohnung befand sich lediglich neben dem Büro der Bezirksleitung der Partei. Die Bergwerkssträflinge drangen bei ihm ein. Erst wollten sie ihn von dort rausholen, dann sahen sie, daß er Beinprothesen hatte. Sie schlugen gegen die Holzbeine, der Klang gefiel ihnen. Im Verlag war er unser Chef. Zusammen mit meinem Kollegen, dem Lektor Tamás Katona, trugen wir ihn im Fahrstuhl im Sanitätergriff hinauf. Ein wenig verbittert war F. schon, aber seine ideologische Wachsamkeit war ungebrochen. Trotzdem gelang es mir, ihn hinters Licht zu führen, denn er war sentimental. So gab ich Isaak Babel und Bruno Schulz heraus.

*

Von der Redaktion der Zeitschrift *Nagyvilág* (Große Welt) kam ein Anruf, ich begab mich dorthin; der Redakteur hatte Sätze gestrichen und sinnlose Phrasen in meinen Text gepreßt, im großen und ganzen stellte ich die ursprüngliche Fassung wieder her, doch mit einigen Eingriffen mußte ich mich abfinden, wenn ich den Essay gedruckt sehen wollte. Schließlich wurde ich wütend, Szenczey versöhnte mich, Forgács jammerte und sagte, böse sei er um meinetwillen, sein Ärger richte sich nicht gegen mich. Die ganze Staatsordnung könne ich aus den Angeln heben! Doch wer sich an diesem Standort befinde, der führe hier seine Beobachtungen über das Verhalten der Versuchsratten im Labyrinth durch, und eine von denen sei ich.

Ich ging am Donauufer spazieren und besuchte, ich weiß nicht warum, Eva H. »Warum sind deine Pupillen so weit?« fragte sie. Nackt lag sie bäuchlings auf dem großen Bett und rief ihren Mann an, er solle auf dem Nachhauseweg Erdbeeren kaufen, sie erwarteten Gäste. Als sie den Hörer auflegte, war sie beruhigt, er werde jetzt nicht nach Hause kommen. Wir tranken dunkelroten Burgunder, sie fragte mich, ob ich ihre Falten sehen könne. »Mongolische Gesichter bekommen keine Falten«, sagte ich. Das freute sie.

Im Café Hungária traf ich Gyuri Gera und Laci Kun, meine Cousins. Wir schlenderten zum Stadtwäldchen und aßen zu Abend im Gundel: Kraftbrühe, Kalbsrippchen à la Herzogin, Villányer Blaufränkischen, Vanilleauflauf. Gyuri sprach über Valéry und davon, wie er 1944 als Arbeitsdienstler eine Zigeunerfamilie verlaust habe, die ihn für eine Nacht aufgenommen habe. Laci wurde von den anderen verwöhnt, sie hatten Angst, ihm zur Last zu fallen. Er verstand es, den Anschein zu erwecken, daß er nur gezwungenermaßen zu unserem Kreis gehörte und es seinerseits eine beachtliche Leistung sei, daß er unsere Gesellschaft ertrage. Abends habe ich Tolstois Tagebuchaufzeichnungen ausgewählt; das Konzentrat war hervorragend.

Vom Jagdfieber erfaßt, lag ich auf der Lauer und beobachtete die Frauen. Damals hatte ich das Gefühl, einfacher könne man einen anderen Menschen nicht kennenlernen, als wenn man nackt mit ihm im Bett läge. Erfüllt von wechselseitiger Dankbarkeit und einer gewissen Aufrichtigkeit, gehen einem die Worte dann leichter von den Lippen. Unglaublich interessant fand ich das Brotmädchen und die Friseuse, die Kommilitonin und die Lehrerkollegin, die Sängerin vom Fenster gegenüber und die Fürsorgerin aus der Kinderarztpraxis. Eine jede von ihnen war, wie sie eben war, wunderbar und einzigartig.

Als junger Mann ging ich zum Bahnhof, bestieg einen Zug, fuhr in eine Kleinstadt, nahm mir ein Hotelzimmer und sah hinaus auf den Hauptplatz. Begrenztes Gedränge, langsame Vergänglichkeit, Fleisch gab es reichlich, Schlupfwinkel am Vorabend des Entdecktwerdens. Ich drehte mich nach einer schön gewachsenen Frau um und heftete mich ihr nach anfänglichem Zögern und unter Aufgabe meines ursprünglichen Ziels an die Fersen. Wir verwickelten uns ineinander und sanken auseinander. Das Plappern einer Hausfrau neben dem Kinderwagen war eine ebenso kostbare Quelle wie die auf dem Boden gefundenen alten Tagebücher oder der Unwille, von dem sich einer vor dem Scheidungsrichter hat hinreißen lassen.

Ich rief eine Frau unter der Nummer an, die sie mir in Gesellschaft in die Hosentasche gesteckt hatte. Alles andere hatte ich abgesagt. Am genannten Haus angekommen, stieg ich die Stufen zur Wohnung hoch und rätselte, was sie anhaben würde. Einen Morgenrock oder einen Panzer? Wie hatte sie vorgesorgt, damit uns niemand störte? Was für einen Geruch würde sie von ganz nahem ausströmen? Ich gehe hin, setze mich neben sie und höre mir Geschichten an. Wirklich langweilige Geschichten habe ich noch nie gehört. Beim wievielten Aufstehen wird jene Bewegung folgen, jenes überraschende und schnelle Sich-Umarmen, das so gut wie keinen Widerstand auslöst? Welche Berührung wird sie erbeben und wie ein Kind wimmern lassen? Und was wird dann sein? Wird sie telefonieren? Wird sie unerwartet zu den unmöglichsten Zeitpunkten auftauchen?

Mit sechzehn sind wir verlegen, denn unser Körper ist schon fertig, doch unser Gemüt ist noch kindlich. Mit siebenundzwanzig sind wir verlegen, denn unser Verstand ist schon erwachsen, doch unser Blut ist noch kindlich. Weisheitszähne habe ich keine mehr, doch bin ich noch unwissend, voreilig und verschlafen, nichts um mich her hat seine Form. Arbeit habe ich, aber sie ist lästig; in der Vormundschaftsbehörde muß ich Konfuzianer, daheim darf ich Taoist sein. Möglicherweise wird mir das nicht gelingen. Ich muß lachen. Auch einen Verlagsvertrag für ein Buch über Stendhal habe ich, aber ich schreibe es nicht. Ich habe eine Liebste, nur graut es mir vor einer neuerlichen Heirat.

Auch Freunde habe ich, aber ich weiß schon nicht mehr, was sie sagen würden. Manchmal habe ich die Befürchtung, ich wüßte sogar, was mir übermorgen in den Sinn kommen wird. Jeder Geburtstag erinnert mich nur noch an meine Versäumnisse, an die stupiden fünf Jahre seit der Revolution.

*

Der Schriftsteller Imre Sarkadi trat bei dem Maler Béla Kondor zum Fenster hinaus. Auch zu Hause in seiner Erdgeschoßwohnung sprang er gern zum Fenster hinaus in den Garten. Jetzt versuchte er das gleiche vom sechsten Stock aus. Seit Jahren zerstörte er sich. Ein großes Glas Schnaps, kein Räuspern, klar bleibende und nie tränende Augen, aufblitzendes engelhaftes Lächeln, tänzelnde Schritte, Trällern, Fragmente eines gelegentlich in Fluß kommenden und dann versiegten Philosophierens. Vieles wußte er vom zerbröckelnden Auseinanderfallen, doch noch immer war er geschickt wie eine Katze, tippelte stockbesoffen in Geschoßhöhe über der Dachtraufe um das Schloß Szigliget.

An jenem Tag hatte er Frau Kondor angerufen: »Kann ich auf einen Sprung vorbeikommen? Einen Liter Kognak habe ich schon intus.« »Du tätest besser daran, dich hinzulegen.« »Ich möchte aber kommen.« »Dann komm!« In Kondors Wohnung war irgendeine Diskussion entbrannt. Der Dichter János Pilinszky lobte gegenüber der sich ein wenig langweilenden Kati beharrlich den zum Katholizismus übergetretenen Chesterton. Nach Mitternacht schlief Kondor immer ein, die Gäste blieben dann an Kati hängen und verzogen sich dezent. Es war schon gegen zwei Uhr, als sie die Treppe hinuntergingen, nur Sarkadi war geblieben. Er stürzte von jenem Podest aus in die Tiefe, auf das Kondor seine Staffeleien stellte. Die anderen waren schon unten auf dem Platz angekommen und warteten auf ihn, als er plötzlich vor sie niedersauste, nur ein scheußliches Aufknallen vor den Füßen der Gästeschar war zu hören.

1956 war ich Sarkadi zum ersten Mal begegnet, als wir beide Redakteure der Zeitschrift *Életképek* (Lebensbilder) geworden waren. Seine jungenhafte Eleganz faszinierte mich, schon damals trug er Jeans, in denen er federnd grazil einherschritt. Den Kopf ein wenig zur Seite geneigt, konnte er lange schweigen. Auch ihn hatte ich in der dumpfen Zeit nach der Revolution vergessen. Zusammen mit meinem Kollegen István Bernáth suchte ich die Kondors auf. Nur Kati war zu Hause, in ihrem japanischen Gewand mit dem breiten Rücken wirkte sie nervös, besorgt und ein bißchen feindselig. Sie empfand es als unangenehm, daß »dieser Hornochse« sich ausgerechnet ihre Wohnung ausgesucht hatte, um aus dem Fenster zu springen. Kondor kam von der Polizei zurück und schimpfte: »Warum mußte dieser Hornochse ausgerechnet aus meinem Atelier zum Fenster hinausspringen?« Auf dem Atelier lag nun ein tödlicher Fluch.

An unserem Stammtisch machte ich antideterministische Äußerungen. Ich konnte mich nicht damit abfinden, daß ich, beeinflußt von den anderen, so sei, wie ich sei. Eigensinnig bestand ich darauf, daß es in mir jemanden gebe, von dem ich nicht wüßte, wer er sei, der jeden Augenblick komplizierte Entscheidungen treffe. Was ich täte, behauptete ich, abweichend von den zeitgenössischen modischen Vermutungen, werde weder vom Vermögen meines Vaters noch von den Sexualphantasien meiner Kindheit bestimmt. Diese ableitbaren Determinismen empfand ich als fade und moralisch angreifbar. Hier befinde sich der Boden, auf dem die Verantwortung auf die Umstände abgewälzt werden könne. Die meisten Menschen stellten sich für das, was immer sie getan hätten, ein Entlastungszeugnis aus.

Im Katalogsaal der Bibliothek erwähnte mein damaliger Professor, daß er gegenwärtig im Gespräch mit seinen Studenten die gleichen regimefeindliche Thesen zu hören bekomme, und wenn er später nachfrage, stelle sich heraus, daß sie in letzter Zeit allesamt mit mir zusammengetroffen seien. Mein Professor, der zur obersten Macht direkte Beziehungen unterhielt, schüttelte den Kopf, das werde zu nichts Gutem führen, ich solle mir überlegen, was ich sage, und kurze Zeit später fügte er hinzu, und auch wem ich es sage.

*

Wie verletzlich doch alle Despotien sind! Sie begehen Gemeinheiten und verderben alles, was sie in die Hand nehmen, macht man sie aber darauf aufmerksam, geraten sie gekränkt in Rage. Selbst harmloser Spott läßt einen Amtsträger todernst und zugeknöpft werden, er zieht die Augenbrauen hoch, das sei kein Spaß mehr. Bekommt er einen Text zu lesen, der die Dinge beim Namen nennt, verschlägt es ihm vor lauter Empörung die Sprache, und hochrot im Gesicht, wie einer, den der Schlag getroffen hat, protestiert er gegen die Verleumdung. Er und seinesgleichen fühlen sich als Opfer menschlicher Erbärmlichkeit. Wenn sie bisher nur ein bißchen auf ihr Opfer eingeschlagen haben, dann müssen sie es nun, da es niederträchtigerweise behauptet hat, geschlagen worden zu sein, mit wirklich harten Bandagen bearbeiten.

In den konsolidierten sechziger Jahren, nach dem Scheitern der Revolution, galt nicht nur der Polizeipräsident, sondern sogar der Hausmeister als Seine Heiligkeit, der Staat. Das hatten sie bekommen, sonst fast nichts, nur dieses Recht eines edlen Zorns, sich im Namen des Staates an anderen Staatsbürgern zu rächen. Und wenn man von Bürgern eines anderen Staates beleidigt worden war? Die Ohnmacht der Menschen des Apparats war herzzerreißend. Diese Fremden rausschmeißen, einsperren, zerstampfen, war ihnen nicht möglich, und so brannte in der Seele der

Staatsmenschen die Wunde, rächen konnte sie sich nur an den ortsansässigen Freunden der Verruchten. Sagen wir, an den vermeintlichen Freunden. Denn auch scheinbar intelligente, joviale und zivilisierte Menschen waren außer sich vor Empörung, wenn sich die Gelegenheit dazu ergab und sie im Namen des Staates beleidigt sein durften. Am meisten haßten sie denjenigen, der sie spüren ließ, wie überflüssig ihr tagtäglicher Verrat war. Ein solcher Mensch stellte den Sinn ihres Seins in Frage, leugnete die Legitimation ihrer Vergangenheit. Wen sonst empfindet der Verräter als seinen Todfeind, wenn nicht den, der kein Verräter ist?

Autoren sind für das, was sie geschrieben haben, von ihrer Umwelt gelegentlich hart bestraft worden und werden auch heute noch in der halben Welt zur Rechenschaft gezogen. Ein Schriftsteller, der seinen eigenen Weg geht, muß auch der Gefahr ins Auge sehen, inhaftiert zu werden. Die Bedrohung kommt schlagartig. Stets gibt es auf der Erde ein Dutzend Länder, in denen am Horizont die Möglichkeit eines gewaltsamen Todes aufzieht, der bisher nur eine verscheuchte Phantasmagorie gewesen ist. Das Opfer, so meinen die furchterregenden Gläubigen, sei das Gütesiegel des Kunstwerks.

Ich hatte einen Kommilitonen, der in seinem Zimmer auf einen Stuhl gestiegen war und lautstark eine Rede schwang. Seine Mutter trat ein und hörte, wie ihr Sohn dem sowjetischen Parteigeneralsekretär Meldung erstattete. Der Reihe nach denunzierte er seine Freunde. Das ging so eine Weile, immer lauter, bis er vom Stuhl fiel und ohnmächtig wurde.

Welch ein Fest ist es, im Ozean der Geschwätzigkeit massive Inseln ausfindig zu machen! In den Jahren der Zensur war Lesen Flucht, ein allabendliches Auswandern, Suspendierung der in die Wohnung eindringenden falschen Rede. Ein gutes Buch in meiner Tasche entschädigte mich für die erlittenen Phrasen und war mir eine ebensolche Quelle des Genusses wie für Halbwüchsige die Konditorei oder das Bordell. Literatur erlaubt uns, gegenüber unseren Mitmenschen streng zu sein. Doch wenn wir lesen lernen, dann gelingt es uns auch, ihnen zu verzeihen, ja, uns an ihnen zu berauschen. Seit meiner Gymnasialzeit stelle ich mir vor, die kontinuierliche Konversation der dichten Texte erhalte die Menschheit am Leben.

*

Frühmorgens flog ich aus dem Nest in der Wallenberg utca, ging in die Vármegye utca oder in die Parlamentsbibliothek, auf die Margareteninsel oder zum Várkert Kioszk, dem Burggartenkiosk in Buda, wo mir die festgeklammerten Tischdecken im Wind verlockend zuwinkten. Von Frühjahr bis Herbst war ich auf der Suche nach Gartenrestaurants; damals gab es sie noch, mit rotkarierten Tischdecken, und es war eine Auszeichnung, im Garten des Fészek-Klubs in Gesellschaft älterer Schriftstellerkollegen zu Mittag zu speisen, für einen Tageslohn, unseren Verstand mit den anderen zu messen, um festzustellen, daß wir unseren Platz am Tisch zu Recht einnehmen. Blätter fallen auf die rote Schlacke, zwischen lackierten Holzgittern huschen die Kellner hin und her. Zu unserer Tischgesellschaft gehört jemand, der schon im Ausland gewesen ist, natürlich in Paris, und er erzählt den Provinzlern von dort, für die Paris genausoweit entfernt ist wie der Mond. Wir, die wir nicht fortwährend zum Mond fliegen wollten, kamen auch ohne Paris zurecht und übten uns in jener Kunst, ohne jemanden und ohne etwas ganz gut zu leben.

Auf den Straßen konnte man noch Fußtennis spielen, auf dem Bürgersteig zu zweit spazierengehen, um die Autos mußte kein Bogen gemacht werden, die Haustüren standen offen, und es fanden sich moosbewachsene Ruinen, verborgene Winkel für Liebesszenen. Die Hüpfkästen der kleinen Mädchen waren mit Kreide auf den Asphalt gezeichnet, an Baumstämmen eingravierte Herzen, von einem Pfeil durchbohrt und mit den Anfangsbuchstaben versehen, waren noch in Mode. Höhlen gab es, in denen sich der Dichter zusammen mit seiner Partnerin einnistete, um so demonstrativ die Aufmerksamkeit auf sich zu lenken, damit man ihm eine Wohnung zuweise, einzig deshalb, weil er Gedichte schrieb.

Die latente Eleganz der Stadt wuchs über die Beschernisse hinaus. Noch gab es in den Uhrmacherwerkstätten aus dem vergangenen Jahrhundert die weißhaarigen Meister, noch gab es die gutgekleideten, betagten jüdischen Verkäufer in den verstaatlichten Textilgeschäften, noch gab es in den Gaststätten in der Innenstadt die Kellner aus der Friedenszeit, und in den Nachtbars sahen die Pianisten oder Schlagzeuger der goldenen Jahre an die Decke und manchmal zur Belohnung auf uns.

Einzig der arrogante Modeschneider aus dem Nachbarhaus und einige Schriftsteller und Filmregisseure in der Umgebung schafften es, ein neues Auto zu kaufen, einen Škoda. Damals gehörte die Stadt noch dem Fußgänger, und ich war ein freier Passant. Das bin ich auch heute, denn einen Führerschein habe ich nie erworben.

*

Schöne und schreckliche Liebschaften, die das Leben durcheinanderwirbelten, Entführungen, Selbstmorde, Fasten und Taumel, es gab etwas, worüber man sprechen konnte. Wir wußten einer vom anderen unser Verhalten in Sachen Liebe, wir lebten hier sozusagen vor den Augen des anderen, zusammengesperrt, auf der Bühne eines großen Ehegeflechts, das war unsere Ethnographie. Wir suchten die Liebe und probierten, uns von deren Folgen zu befreien, um uns dann erneut auf die Suche zu machen.

Noch standen die Mädchen nicht in weißen Stiefeln an

ihren Wagen gelehnt, noch waren Geschäfts- und Privatvergnügen nicht zweigeteilt, und in letzteres strömten die vielen Emotionen, die sich nicht offen artikulieren konnten und zugleich eine Bereicherung bedeuteten.

Viele wußten vieles von den Liebesaffären der anderen und sprachen über diese Geschichten ziemlich wohlwollend. Wenn es jemandem schlechtging, wenn jemand wegen der Treulosigkeit des Partners oder überhaupt wegen des anderen litt, verfolgten die Chronisten der Herzensangelegenheiten die Geschehnisse eher mitfühlend als spöttisch.

Jeder hatte ein wenig Anteil an den berühmten Liebesbeziehungen, überall in der Stadt waren die Pärchen zu sehen, der klatschsüchtige Freundeskreis betätigte sich, und jeder hatte seinen Vertrauten, dem er sein Herz ausschüttete, damit seine Geheimnisse bekannt werden konnten.

Am Kaffeehaustisch hatte ich viele Begegnungen; nach zweijähriger Abwesenheit freute ich mich, meinen Platz wieder einnehmen zu dürfen, man hatte mich nicht ausschließen können, denn hier haben die Erinnerungen ihren gnadenlosen Glanz erhalten. Hier kehrten die Heldinnen und Helden außergewöhnlich belasteter und in unheilvollem Ruf stehender Liebe ein, vielleicht plauderten wir gerade hier an diesem Tisch über das in uns noch atmende Museum der Vergangenheit. Dann schien alles ein wenig abgewetzt, und die Schönen verloren ihr Schillern, neue tauchten auf, uns unbekannte, und das würden sie wahrscheinlich auch bleiben.

Vom Hintergrund des Zuckerbäckerdufts sich lösend sah mich eine Frau mit bräunlichen Lippen an, später unternahm sie Ausflüge mit mir. Eine vierzigjährige Dame mit silbergrau gefärbtem Haar öffnete mir die Tür. Am frühen Nachmittag durfte ich sie aufsuchen, aber vor fünf Uhr mußte ich von dort verschwinden. Frauen in der Innenstadt und in Wochenendhäusern im Gebirge, Frauen in allen Stadtbezirken, in der Vorstadt, in winzigen zum Hof gehenden Zimmern im Parterre, nachts entdeckte Frauen, in Espressos mit Hilfe langer fixierender Blicke geködert, zurückblickende, in unseren Augen versinkende Frauen, von oben vom Treppenabsatz herabsehende, in den Laden gehende und – wenn sie der Ausdauer des Begleiters, dieses noch unbekannten Ritters gewahr wurden – durchaus angenehm überraschte Frauen. Auf die Straßenbahn aufspringende Mädchen, hinter denen keuchend auch wir aufsprangen, um über sie zu lachen und belanglose Gespräche anzufangen, auf Umwegen ans Ziel zu gelangen, um uns plötzlich und unerwartet aneinanderzuklammern, als würden wir in uns irgendeinen Sprengstoff freisetzen.

An der Seite arbeitsamer Ehemänner gab es in manchmal schönen, manchmal häßlichen Wohnungen Frauen, die sich mehr Zeit nahmen, es gab schmächtige Personen, die sich auf Federbettenberge legten, und es gab robuste Näherinnen, die die Tür von innen verschlossen. Es gab solche, die sich schnell auszogen und solche, die um jedes Kleidungsstück kämpften, solche, die zuerst den Büstenhalter ablegten und dann erst den Schlüpfer, und solche, die die umgekehrte Reihenfolge bevorzugten. Die Entdeckung von Stolz und Scham, von Neugier und Verbergen machte die Momente, wenn hinter einer Stuhllehne stehend alle Grenzen zwischen den Oberflächen der Häute fielen, so unglaublich spannend.

Und danach: Weisheit und Intimität. Schön ist es, wenn du dich nicht allzuschnell davonmachst, schön ist es auch, wenn du sie nicht allzuschnell loswerden willst, wenn du die Tür hinter ihr oder hinter dir selbst nicht alsbald schließen möchtest, schön ist es, wenn du die feine Äderung ihrer Hand studierst und so eine Einführung in einen Familienroman erhältst.

Es gab Bekannte, die wollten weniger oder mehr als ich;

neugierig waren sie alle. Gern schritten sie unerkannt, hurtig und fesch durch die Tiefe schmaler Gassen, über den Boden des Abgrunds. Die Kühneren nahmen den Fahrstuhl in Anspruch, die Ängstlicheren tippelten zu Fuß in den fünften Stock und warteten eine Weile, bevor sie klingelten.

Psychologinnen und Friseusen, Lehrerinnen und Gobelinhändlerinnen, Juristinnen und medizinische Assistentinnen, Opernsängerinnen und Hauptbuchhalterinnen, Töpferinnen und Bankkassiererinnen – die gesamte Gesellschaft besitzt eine weibliche Hälfte, inklusive der Chefin, der Redakteurin und all derer, von denen wir abhängig sind, denen es fraglich erscheint, ob wir ihnen die gebührende Achtung entgegenbringen und die uns vorwerfen, daß es daran vielleicht mangelt, weil wir ihren Ratschlägen in unseren Texten nicht genügend Geltung verschafft und ihre mütterliche und schwesterliche Hilfe nicht in Anspruch genommen hätten.

In ihrem Büro, wo sie Hauptreferentin geworden ist, gibt sich die Turnlehrerin kühl und steif, doch wenn wir bei ihr schlafen, läßt sie keinerlei Anzeichen von Müdigkeit erkennen. Wir bleiben die ganze Nacht zusammen, denn zwischen 22 Uhr und morgens um fünf bleibt die Haustür verschlossen. Nur der Hausmeister könnte sie öffnen, doch vor dem hat sie Angst. Wenig Schlaf und viele Umarmungen erwarten uns. Anderentags im Büro wird sie uns an unsere mehrfachen Versäumnisse erinnern und keinerlei komplizenhafte Signale aussenden.

Die Hilfskraft zerbricht unser Lieblingsglas, zwischen die Statistiktabellen schmuggelt sie Fotos und kurze intime Sätze, damit wir überrascht sind, wenn wir daheim gefragt werden, was das zu bedeuten habe.

Die Genossin stellt jedesmal fest, daß sie mit uns in prinzipiellen Fragen nicht einverstanden sei, was sie allerdings nicht daran hindert, in sexuellen Fragen Harmonie zu signalisieren. Bei ihrer Freundin gewährt sie uns ein Rendezvous, dreht und wendet beim Weggehen unaufhörlich den Kopf, um zu beobachten, ob sie beobachtet wird.

An einer Brüstung lehnen, hinter einer Frau stehend, an einem Fensterpfosten lehnen und hinter ihr stehen, an einer Spiegelkommode und hinter ihr stehen. Auf dem Boden, im Bett, in der Wanne, der Kammer, an Orten, die nicht dafür bestimmt sind, heimlich, während der andere im Zimmer ist, heimlich, während der andere im Bett liegt, mit lautloser Lust über die Hindernisse huschen und sich an den Verboten rächen.

Ein Passant blickt hinauf zum Fenster im dritten Stock eines Mietshauses, wo sich eine Frau im Badeanzug sonnt. Er geht hinauf in den dritten Stock, und es gelingt ihm, genau an der Wohnungstür zu klingeln, zu der jenes Fenster gehört, nun stellt sich lediglich die Frage, wie lange es dauern wird, ehe die Körper zum Tönen gebracht werden, ehe die Formen auseinanderfallen, sich über Hindernisse und Verbote hinwegsetzen. Wahrscheinlich hat sich jene Frau im Fenster des dritten Stocks ausgerechnet derartiges erträumt, daß jemand erscheinen und sie weg vom Fenster ins Bett ziehen solle.

Mici L. vögelte ausgesprochen gern in Kirchen. Im Bett erzählte sie amüsant und mit mädchenhafter Stimme von anderen Männern. Man konnt schon ahnen, daß ihr langer Körper noch an Fülle zunehmen würde, denn es dürstete sie sehr nach Wein. Eifersucht führte dazu, daß ich ihre Fingernägel zu spüren bekam. Von jeder mit mir in Verbindung stehenden Frau wußte sie etwas Tödliches zu sagen. Begegnete sie ihnen, lud sie sie in eine Konditorei ein und verhielt sich hinterhältig süß wie eine Katze. Kam sie zu mir, zog sie mich just in dem Moment ins Bett, da es draußen klingelte. Micis zweideutiges Damesein erntete Erfolg. Die großen Jungen waren allesamt in die Dreizehnjährige verliebt und litten, nachdem sie bekommen, wonach es sie gelüstet hatte, wegen der Verführung einer Minderjährigen unter dunklem Schuldbewußtsein.

Ich ging durch die Straßen, machte Bekanntschaften, verirrte mich in neue Betten zu neuen Körpern, deren Sich-Entkleiden ich mit ebensolcher Erregung betrachtete wie im Jünglingsalter. An vielen Frauen liebte ich gerade das Zweifelhafte. Eine Frau ohne listige Hintergedanken ist wie ein Maiglöckchen ohne Duft. Wir Männer haben Angst vor den Frauen, sind sie es doch, die uns gebären, stillen und trockenlegen. Sind wir brav, dürfen wir uns in ihrem Schoß verkriechen, sind wir ungezogen, dann heißt es: »Marsch, in die Ecke!« Sie sind groß, und wir sind klein. Zu zweit geblieben, mit seiner Frau allein ist auch der Kaiser ein kleiner Junge.

*

Das Bett ist warm, der Heizkörper kalt. Mit der linken Hand erreiche ich die Nase des Rokokoengels, ich tätschele ihm die Wangen: »Schon gut!« Mit einer einzigen Bewegung springe ich auf, sonst hänge ich fest und versacke. Eine Lebensordnung habe ich mir in den Kopf gesetzt, für eine Ehe nicht günstig, doch zulässig im Falle einer bevorstehenden Scheidung. Am frühen Abend lege ich mich hin, nachts um drei stehe ich auf, setze mich in die Badewanne, warmes Wasser gibt es keines, im Schneidersitz lehne ich mich zurück, lasse mir das kalte Wasser über die Brust rinnen. Im ungeheizten Zimmer lockt die Bettdecke mit ihren Gänsebrustdaunenumarmungen. Ich denke darüber nach, ob ich den Tag mit einem Glas Tokajer weihen soll. Meine Schwester Eva aus Amerika hat mir eine Kiste Tokajer Wein schicken lassen; mein Geburtstag naht, kein runder, aber einer, der mich daran erinnert, daß ich schon alt bin: siebenundzwanzig.

Auf dem Tisch Tolstois Tagebuch: genial, geschwätzig, naiv. Durch meine redaktionelle Bearbeitung kreiere ich aus der Textansammlung ein paradoxes Konzentrat. Auch Lew Nikolajewitsch hat Gewichte gestemmt. Mit beiden Händen zwanzigmal zehn Kilo, dies später dann noch einige Male wiederholen! Tolstoi war auch ein Meister im Erfinden und Brechen von Gelöbnissen. Nur aus Scham und Schuldbewußtsein. Auf selbstmarternde Weise schämte er sich des Müßiggangs, des Kartenspiels, des Trinkens und der Unkeuschheit. Ich habe keinen Grund, mich der ersten beiden Sünden zu schämen, noch bin ich geneigt, wegen der letzten beiden Reue zu zeigen. Der Tag will begonnen werden, früher als die Schule und sogar vor dem der Fabrikarbeiter!

Auf in die Nacht! Draußen ist es noch dunkel. Marschroute: von der Vármegye utca durch die Pilvax köz, die Váci utca und die Régiposta utca, dann in die Aranykéz utca und in die Pipacs-Bar, die Klatschmohnbar. Ich werde hereingelassen, bis fünf ist geöffnet, die Gäste trollen sich schon nach Hause, und auch von den Mädchen sind nur diejenigen da, die schon vom Taxi zurückgebracht worden sind. Und wieder sitze ich reglos da, denke bei einer Nummer aus der Musikbox über Samuel Becketts Schaffen nach. Meine Nase ist beschäftigt: Geruch von staubigen Vorhängen, auf Hochglanz gewichsten Schuhen, von Kaffee, Zigaretten, Bier und Haarlack, Körpergeruch einer Stadt, in der nur zu jeder zweiten Wohnung ein Badezimmer gehört.

In so vorgerückter Stunde unterhalten sich die Mädchen am liebsten untereinander bei einem Getränk, auch mit Helén und einigen verbliebenen Stammgästen. Sie machen Bemerkungen, daß mein Gesicht noch ziemlich frisch wirke. Der weit und breit bekannte Portier schließt sich der Gesellschaft an. »Wie war die Nacht?« frage ich. Sie war ruhig; ein paar Ohrfeigen, einige zerbrochene Gläser. Ein Gast mußte von Barna, dem Kellner, der auch schon Boxer gewesen ist, zwischen den Tischen hervorgezogen werden.

Der Gast hatte sich gegenüber den Mädchen unverschämt benommen und dem Pianisten den Klavierdeckel auf die Finger geknallt, weil er nicht gespielt hatte, was bestellt worden war. Sie brachten ihn in die gegenüberliegende Toreinfahrt und erteilten ihm dort eine Lektion in Sachen Benehmen, die er so schnell nicht vergessen würde. Helén, die Barkeeperin, drehte den Kopf zur Seite, als der durch sein ungebührliches Betragen aufgefallene Gast hinausgeschleppt wurde. Als sie dem jungen Mann die Arme auf den Rücken drehten, krümmte der sich nach vorn und spuckte dem Portier auf die Schuhe. Diese Szene paßte nicht zu Heléns aufgetürmtem, silbergrauem Haar. Die Augenbrauen bildeten ein umgekehrtes V, als würde sie sich ewig wundern, doch um den Mund schwebte Allwissenheit. Nein, müde ist sie noch nicht; von hier aus wird Helén ein Taxi ins Schwimmbad bringen, das Handgelenk schmerzt ein wenig vom Schütteln der Mixgetränke, lange wird sie dann unter der Dusche stehen, bevor sie die sich selbst verordneten tausend Meter hinter sich bringt. Anschließend wird sie einkaufen und nach Hause auf den Rosenhügel gehen, viel laufen muß sie nicht, nur die Treppen rauf. Sie kocht und bringt ihrer Mutter das Essen. Gelegentlich verwechselt die alte Frau die Tochter mit der eigenen jüngeren Schwester, mit der sie sich als Kind viel gestritten hat. Dort bei der Mama hängt in der Uniform eines Husarenleutnants der Papa an der Wand, und in der Ecke des eingerahmten und unter Glas gehaltenen Fotos ist schräg ein dünner Trauerflor darübergeklebt. Auf dem von einem Ausweisbild vergrößerten und kolorierten Porträt hat der Meister den Schnurrbart nachgeschwärzt. Die Mama betrachtet das Bild und sagt der Tochter verwundert, an diesen Menschen könne sie sich nicht erinnern. »Dein Vater ist das«, fragt sie, »nicht meiner?« »Nein, Mutter, er war dein Mann. Und du warst verliebt in Artur.« »Verliebt?« fragt die Mama und verlangt einen neuen Liebesroman, denn bis Mitternacht liest sie im Bett, ohne Brille, und bis zum Morgen hat sie alles aus dem Buch vergessen.

»Suchst du die Verkommenheit?« erkundigt sich der Klavierspieler im Morgengrauen, als er das Instrument keines Blickes mehr würdigt und die Finger einfach nur so über die Tasten gleiten, hüpfen und fegen. Heimtückische Kältewellen brechen von draußen herein, die Luft ist zum Schneiden dick, der Rauch schlechter Zigaretten quält Heléns Hals. »Jungs und Mädchen, geht mal an die Luft, ihr riecht!«

Suche ich die Verkommenheit? Eher schon die Reife, die Stunde, wenn sich die Schminke um die Falten verschmiert, wenn sich unter dem Schlipsknoten der Kragenknopf öffnet, wenn der Hosengürtel um ein bis zwei Löcher weitergeschnallt wird. Der Sohn des finnischen Gesandten beginnt, Gläser fallen zu lassen. Tante Gizi kommt und fegt die Scherben auf. »Macht nichts, lasssen Sie sie ruhig fallen!« Für jedes Mal Auffegen bekommt sie ein schönes Trinkgeld. Nur die Mädchen protestieren, weil sie manchmal aus ihren Pumps steigen und barfuß in den von ihren ausländischen Gästen erhaltenen Nylonstrümpfen tanzen, während sie einen Schleier Pariser Parfüms wehen lassen; da wollen sie nicht in Glassplitter treten. Ich lege meine Hand auf die des finnischen Gesandtensohnes und sage: »Schau nur, es schneit!« Und tatsächlich fällt Schnee und kein Glas. Die Mädchen und auch die restlichen Gäste bestaunen den Schnee an einem späten Märztag.

»Du hast etwas versäumt!« sagt der Pianist. »Eine dezente kleine Gesellschaft ist hier zusammengekommen, zwei Männer und eine Frau, und als der eine Herr, vermutlich der Ehemann, die Toilette aufsuchte, sind der andere und die Frau während des Tanzens in einem lang anhaltenden Kuß verschmolzen, beinah reglos verharrend. Nach der Rückkehr vom WC sah der Mann diese Szene, ging zuerst zu seinem Tisch, kippte sein Getränk hinter, gab dem Kellner Geld und legte den beiden anderen die Garderobenmarken hin. Dann ist er auf das Tanzparkett gegangen und hat den Kuß durch einen brutalen Fausthieb von der Seite gestört, so daß die unteren Kinnladen der beiden Verliebten aus dem Gelenk sprangen, natürlich in entgegengesetzter Richtung, was nicht der Komik entbehrte, und verließ die Bar. Unser versierter Portier hat die Kinnladen wieder eingerenkt, und eng umschlungen hat sich das neue Liebespärchen fortbegeben.« So etwas komme vor, sagte der Portier, den man mit nichts überraschen konnte. Etwas Klügeres fiel auch mir nicht ein.

In der Zeit, als meine Manuskripte abgelehnt wurden, lernte ich die Geste des fortwährend klugen Kopfnickens, das auch durch Flüche hätte ersetzt werden können. Es kam vor, daß ich meinen Kopf ausdauernd auf den Waldboden schlug. Ich weinte schon im Stehen und auch auf dem Weg die Treppe hinunter, wobei ich die Wand mit Füßen bearbeitete; viel habe ich damit nicht erreicht. Das ist nun einmal so. Revolutionen brechen aus und werden niedergeschlagen. Menschen schreiben etwas Gewagtes und werden eingesperrt. Ehemänner flüchten in den Westen und versprechen, die Zurückgebliebenen nachzuholen, was sie dann nicht tun. Herzen begegnen einander, doch am Ende überhäufen sich die Liebenden von gestern vor dem Scheidungsrichter mit Beleidigungen.

Nein, Alkohol möchte ich keinen, noch liegt Arbeit vor mir, ich will den Gipfel im Morgengrauen sehen, die weltliche Transzendenz, zu der sich der Frohsinn morgens um vier aufschwingen kann. Hier, gerade hier, wo auch der Portier vermutlich schon einen Offiziersrang irgendeines Geheimdienstes bekleidet und trotzdem das hohe Trinkgeld des Erdnußplantagenbesitzers aus Alabama annimmt.

Dort gegenüber sitzt ein Pärchen, ein schmerzlicher Anblick. Der glatzköpfige Übersetzer schlug mir anno dazumal vor, ich sollte einen Kreis befreundeter Intellektueller ins Leben rufen, wohin wir dann kluge Leute einladen würden, um uns unter seiner Leitung über die Vergangenheit und die Zukunft zu unterhalten. Alles mögliche wurde von ihm gemunkelt. »Und warum organisierst du nicht den Kreis?« fragte ich ihn. Wenn ich mich nicht meiner Eitelkeit ausliefere, kann ich in den Augen lesen. Wer mich lobt, wer mit mir schläft, muß mich keineswegs lieben. Dort in der Ecke sitzt der glatzköpfige Übersetzer, den ich schon zu meiner Gymnasialzeit vor zehn Jahren nicht ausstehen konnte, er bekam die meiste Arbeit und das meiste Geld, ein Geck war er, selbst in den schwersten Jahren trug er eine Fliege und aß in Hotelrestaurants zu Mittag. Wenn wir uns trafen, enthielt er sich nicht einiger pedantischer Zurechtweisungen, die er mit einer Reihe kulturgeschichtlicher Erklärungen versah.

Wer weiß, warum: Tante Elza, eine beleibte alte Frau, eine Bolschewikin, in deren Händen die Verteilung der Arbeit lag, mochte ihn besonders, den Glatzkopf, in allem begünstigte sie ihn. Damals wußte ich noch nicht, daß Tante Elza elf Jahre in einem sibirischen Straflager zugebracht hatte, was nichts daran änderte, daß sie mir mit verächtlichem Desinteresse die Arbeiten zuschob.

Irgendeinen dummen, jedoch leichten Text mußte ich vom Russischen ins Ungarische übersetzen. Mit dieser faden Fronarbeit verdiente ich als Gymnasiast so viel, daß ich Eva vom Taxistand in der Semmelweis utca abholen konnte, Eva, die Jahre zuvor im Etablissement der Madame Clarisse in der Király utca meine Liebste geworden war und jetzt als Taxifahrerin an den Puschkin-Lichtspielen darauf wartete, wer von den aus dem Kino strömenden Leuten sich in ihren alten Renault setzen würde. »So ein Blödsinn!« sagte der eine Kinobesucher. »Ein ganz schöner Unsinn«, sagte der andere. Die Behauptung, daß Eva mich freundlich begrüßte und die Summe annahm, die sie während des mit mir abgewickelten Rendezvous verlieren würde, ist nicht übertrieben. »Das bißchen Geld verprassen wir jetzt.« Wir gingen ins Burgviertel in eine im Erdgeschoß gelegene Wohnung, die eine verstorbene Baronin ihrer Gesellschafterin hinterlassen hatte, welche im Bezirksverband des Demokratischen Frauenbunds wichtige gesellschaftliche Arbeit leistete. Die alte Freundin verließ bei solchen Gelegenheiten das Haus, und ich beglich ihre Rechnung in der Konditorei Ruszwurm.

Und nun sitzt Eva hier neben dem Glatzkopf. Man hatte mir schon erzählt, daß sie zu ihm gezogen sei. Gern hätte ich geglaubt, daß sie das nur wegen der Wohnung getan habe, aber nein, ich hatte auch gehört, daß der Übersetzer mit dem gestutzten Schnurrbart laut Eva von all den Männern, die ihr bisher begegnet waren, der gebildetste und intelligenteste sei. »Bin ich häßlich geworden?« »Ganz im Gegenteil. Jetzt bist du am schönsten.« Dem glatzköpfigen Übersetzer reichte ich die Hand. »Jawohl, wir kennen uns schon.« Bei unserer ersten Begegnung, als ich fünfzehn war, küßte ich die auf Evas Unterarm tätowierte Nummer.

*

Hinaus ans Donauufer, an den Pester Brückenkopf der gesprengten Elisabethbrücke! Das kleine Motorschiff fährt noch nicht. Unlängst sind wir von hier aus zur Tas-Schleuse gerudert, zu einem schwarz schillernden toten Seitenarm, wo das Wasser in der vollkommenen Stille sanft plätscherte. Ein verstaatlichter Fabrikant lenkte das kleine Boot; er hatte die schweren Zeiten unter Rákosi überstanden, indem er jeden Morgen Störe angelte, die er den Küchen besserer Hotels verkaufte.

Aus der Pipacs-Bar kommend, rufe ich an einem frühsommerlichen Morgen auf dem Donaukorso der Statue

Sándor Petőfis zu: »Europa schweigt!« Tatsächlich, Herr Petőfi, es schweigt, wir halten wieder unseren Mund. Jetzt schießt man uns nicht hinein in die Donau, und das will schon was heißen. Doch wie Sie wissen, Herr Petőfi, Herrn Imre Nagy, den Ministerpräsidenten, haben sie vor zwei Jahren aufgehängt. An dem Abend, als die Nachricht publik gemacht wurde, saßen wir entmutigt beisammen, und nichts Kluges wollte uns einfallen. Dann kam jemand, der nicht wissen konnte, daß wir hier bei Ambrus Oltványi waren. Trotzdem war er gekommen, vermutlich hatten sie ihn geschickt. Noch dazu hatte Feri Fehér damit begonnen, eine dithyrambische Rede zu halten, daß es nun mit allem vorbei sei. Aber nichts war vorbei.

Der Spitzel nahm das Meldenswerte von hier mit, aus der im vierten Stock am Donauufer gelegenen Wohnung, wo Ambrus, der Hausherr, zwischen den bis zur Decke reichenden Bücherregalen mit der vollständigen Ideengeschichte des neunzehnten Jahrhunderts ausgezeichneten Tee servierte, infolge der Kinderlähmung mit schlenkernden Bewegungen.

Fasziniert saßen wir auf dem Fensterbrett, Ambrus aber wehrte unsere Schwärmerei nervös ab. »Schön, das erkenne ich an, schön und gut, doch wie wir wissen, ist Schönheit höchst zeitraubend.« Die Bücherregale erstreckten sich auf die Zimmer aller drei Familienmitglieder: Vater, Sohn und Tochter. Gern hockten die Kinder hoch oben auf dem leiterartigen Gerüst, das mit einem Sitzstreifen ausgerüstet war. Wie düstere Vögel verweilten sie in der Region der oberen Regale, aus denen sie dies und jenes entnahmen.

Dort oben auf dem Stufengerüst verharrten sie auch in ihrer Trauer, als ihr Vater gestorben war, Ambrus Oltványi, der große Kunstsammler und Mäzen, der einstige Bankier, der Finanzminister im Ruhestand, Anhänger einer bürgerlichen Wirtschaft und Übersetzer autobiographischer Romane aus der Welt der Musik, der die meiste Zeit seines Lebens, die heißesten Jahre des Kommunismus, im Bett verbrachte, im seidenen Morgenrock zwischen Teekannen und Aschenbechern, das Eckfenster mit einem schwärzlich weinroten Samtvorhang abgedunkelt, während er sich die Rede seines Sohnes anhörte – das Regime würde jetzt vielleicht mehr Freiheiten gewähren –, als spräche dieser im Fieberwahn.

*

1961 begann ich als halbtags beschäftigter Lektor des ungarischen Helikon Verlags mit der zehnbändigen Herausgabe der gesammelten Werke Lew Tolstois auf Dünndruckpapier mit Leder- und Leineneinband. Meine Tage verstrichen im Zeichen Tolstois. Am Stumpf der gesprengten Elisabethbrücke, auf den Steinstufen des Donauufers sitzend, las ich die *Beichte*.

Eine Arbeit von unvergleichlichem Klarblick, vor allem in der ersten Hälfte, doch es fehlt das höhere Bewußtsein menschlicher Demut vor dem Universum. Die *Beichte* ist eine ehrliche und leidenschaftliche Zusammenfassung jedweder pessimistisch-existentialistisch-lebensverneinenden Philosophie. Der Geist, sobald er von der vermeintlichen Mauer des mechanischen Lebenswillens, der täglichen Aktivitäten und Pflichten abfalle, sobald er seine Identität im zeitlichen Sein leugne, das Leben also hinterfrage und den Tod erblicke, wozu ihm früher Einbildungskraft und Freiheit gefehlt hätten, empfinde sterbliches Sein plötzlich als ein zum Verzweifeln vergebliches, als abscheulich und beschämend. Und nutzlos sei die Suche nach jeglichem Zweck, jeglicher Sendung, höherer und transnationaler Richtung, worin er das eigene unvergleichliche Sein versöhnt als auflösbar begreifen könne.

Die Wissenschaft habe nur so lange Geltung, wie sie sich nicht dem Menschlichen nähere, wie sie sich um die geistlose Natur bemühe. Ein anderer Zweck und eine andere Zukunft als die Jagd nach Vernichtung sei nicht auszumachen in uns. Geist und Leben seien inkompatibel. Konsequent vernünftiges Denken führe zum Selbstmord.

Konfrontiert mit dieser Tatsache, so meint Tolstoi, könnten wir, sollten wir keine Lust haben, uns umzubringen, nur ein ausweichendes und auf Flucht bedachtes Verhalten entwickeln. Das Volk sei zu dumpf, als daß es sich dem Klarblick widmen könnte, denn es werde von den Anstrengungen des Alltags überwältigt. Wem der Tod überraschend einen Genickschlag verpasse, der komme nicht in Betracht. Der eine reine Typus sei der Genießer, der am Rausch zugrunde gehe; er trinke, buhle, vergnüge sich, sei geschäftig und treibe seine Scherze. Der andere reine Typus sei der, der in den Wunden herumstochere, der im Hinblick auf den Tod fortwährend stöhne und seine schreckliche Angst und Kenntnis wie wahnsinnig mit jemandem teilen wolle, wozu er einen Partner suche. Dem Tod trete er nicht entgegen, doch das Leben verunglimpfe er.

Was, fragt Tolstoi, erhält das Leben dennoch aufrecht? Was bringt den Menschen über seine Verzweiflung hinweg? Was läßt ihn das Leiden hinnehmen? Was hat unsere Zivilisation aufgebaut? Was weist in der Geschichte über das Persönliche hinaus?

Der Glaube, antwortet Tolstoi. Zuerst legte er sich auf den religiösen Glauben fest, dann suchte er seinen eigenen Glauben. Glaube und Vernunft seien etwas Verschiedenartiges und berührten einander nicht. Mit Hilfe des einen lasse sich nicht das andere rechtfertigen und belegen. Nach der Arbeit der Vernunft fordere der Glaube an der Grenzlinie unserer Ohnmacht seine Rechte ein. Nicht Gott, denn Gott folge aus dem Glauben. Glaube als Lebensaktivität. Aus dem Kreis des Endlichen trete nicht die Idee der Unendlichkeit hervor. Der Glaube schleudere unser kleines Wesen aus dem Rahmen des Endlichen zur Demut vor dem

Unendlichen, einer Demut, die uns, auch uns selbst, zersetze und auflöse.

Hier bricht sein Gedankengang ab, hier beginnt die Rede des Apostels, der ich weder in ihrem wüsten Moralismus noch im Gestus des Zurückstutzens und Zurückweichens folgte, weder in der Idealisierung der Armen und der Bauern und im Schuldbewußtsein des Großgrundbesitzers noch in seiner zivilisationsfeindlichen Romantik.

Meine eigenen Erfahrungen mit den Armen, denen, die körperliche Arbeit verrichten, den an den Rand des Lebens Gedrängten, haben Tolstois Behauptungen nicht bestätigt. Ich habe den Eindruck gewonnen, daß die Entwicklungsstationen des denkenden Menschen von niemandem umgangen werden können. Ich konnte durchaus belegen, daß sich hier in Budapest, in der als Chikago bezeichneten Elisabethstadt, eine Art roher, volkstümlicher Existentialismus herausgebildet hatte, die Kaschemmen des Lebens, dessen wütende und keine Lösung anbietende Fragwürdigkeit, die gleiche Einsamkeit und das gleiche Entsetzen, wovon auch wir, die relativ Gebildeten, heimgesucht werden.

Unaufhörlich über uns hinausgehend, können wir an einen gemeinsamen Punkt gelangen, oder vielleicht bewegen wir uns von ihm auch gar nicht weg. Dieses Verwurzeltsein ist nur scheinbar. Es bedarf einer gewaltigen Kraftanstrengung, um nicht unaufhörlich von den modernen Strömungen fortgerissen zu werden, die sich mit unseren eigenen Schwächen zusammentun.

*

Gern will ich mir vorstellen, daß ich auch krank das Leben nicht verfluchen würde, schrieb ich vor vierzig Jahren im Kisposta, im Espresso Zur Kleinen Post. Ich mag das, was ist, zusammen mit seinem Glück und Unglück. Weder losreißen will ich mich von der Welt, noch mit ihr verschmelzen. Ein Weilchen noch möchte ich dem Leben Auge in Auge gegenüberstehen.

Als sicher zukunftsgegeben kann ich nur annehmen, daß die Möglichkeit menschlichen Lebens auf der Erde früher oder später aufhören wird. Eine moralische Wahl wird mir durch diese Wahrscheinlichkeit nicht geboten. Das religiöse Jenseits und die Utopie kommunistischer oder jeglicher erfundenen Zukunft haben mich in ihrer begrifflichen Einfalt überrascht.

Sowohl die himmlische als auch die irdische Utopie setzen die entschiedene Ablehnung der Welt, des Hier und Jetzt, voraus. Die Exaltation der Zukunft schließt saures Verächtlichmachen der Gegenwart mit ein. Statt eines wie auch immer gearteten Daseins verlange ich nicht nach etwas in all seinen Elementen radikal anderem, weil ich an eine derartige Möglichkeit nicht glaube. Im Gegenteil, jedwede Verheißung prinzipiell guter, alternativer Zustände stößt mich ab, wie ein verlogener Mensch mich abstößt.

Können wir nicht hier, in unserer endlichen Gegenwart, leben und uns über das freuen, worüber uns zu freuen gelingt, unter dem leiden, was uns quält, die Perspektive unseres Todes vor Augen, ohne entsetzt zu beteuern, im Jenseits werde sich alles zum Guten wenden?

Der Mensch ist ein Reisender, der irgendeinem Ziel zustrebt. Käme er dort an, wäre er kein Reisender mehr. Verständlich, wenn der Reisende während der Beschwerlichkeiten des Weges an die Annehmlichkeit der Ankunft denkt, wie auch ein müder Mensch einschlafen und an sonst nichts mehr denken möchte. Doch auch das Aufstehen am nächsten Morgen tut wohl.

Wir leben mit drei Problemen: mit den Unannehmlichkeiten unseres alltäglichen Seins, mit dem sicheren Bewußtsein unseres Todes und mit der Unsicherheit unseres Wissens von der Welt. Der Gläubige sagt, für all das entschädige ihn Gott, die einzige Gewißheit. Auch der Ungläubige kann auf liebenswürdige Nekrologe der Gemeinschaft hoffen und in seltenen Fällen auf eine Gedenktafel an der Wand des Hauses, in dem er gelebt hat. Doch es kommt auch vor, daß einer keine Entschädigung beansprucht. Er kommt mit den Problemen zurecht, und die letzte Unsicherheit: das Wissen um das Universum stürzt ihn nicht im geringsten in Verzweiflung. Ausgerechnet vom Kosmos sollte er etwas Sicheres wissen, wo er doch nicht einmal von den ihm Nahestehenden etwas Sicheres weiß?

Auf der Vérmező, der Generalswiese, begegnete ich Toni Baranyi; er fragte mich das gleiche wie János Gulyás: Wozu weitermachen? Ich hob einen Stein auf: »Faß ihn an! Angenehm?« fragte ich ihn. »Angenehm«, sagte Toni. Auf einen Sprung ging ich zu Gyuri Gera, der mir zeigte, was er geschrieben hatte. Es war besser als das von neulich. Danach traf ich Otto Orbán, der mir ziemlich schöne und sehr lange Gedichte zu lesen gab. Auf der Straße kam mir Feri Fehér entgegen. Hatte er etwa getrunken? Eine Weile hörte ich mir sein Wettern an, dann warf ich seiner Frau einen Blick zu, sie schlief im Stehen.

Ich holte Magda ab, um ins Theater zu gehen, wir setzten uns ins Pilvax und tranken Badacsonyer Blaustängler, Magda gab süße Schweinereien von sich, schön war sie, trug irgendein verrücktes weißgelbes Kleid. Sie fragte mich, ob mein Keuschheitsgelübde noch Geltung habe. »Selbstverständlich«, sagte ich. Dann fragte sie, ob sie mit zu mir hinaufkommen dürfe. »Selbstverständlich«, sagte ich. Lange sich hinziehende Liebesspiele und auf dem Dach des Komitatshauses vom Sommer trunkene Tauben.

Ich traf Mari im Trauerkleid, herrlich war sie in dem bis zu den Knöcheln reichenden Schwarz. Was für eine dumme Geschichte, daß sich Tamás mit einem Messer, mit Gas und Gift, umgebracht hat! Ich versprach ihr, mich seiner fast hoffnungslosen Erzählungen anzunehmen. Eifersucht ist eine Geisteskrankheit, die selbst die Gründe hervorruft, durch welche sie ausgelöst wird. Eifersüchtig wird nicht der Betrogene, betrogen wird der Eifersüchtige. Wie die Götter, so sind auch wir angewidert vom Opfer, das vor dem fremden Götzen zur Schau gestellt wird. Aber warum will der Mensch ein Götze sein? Die Neuordnungen nach dem Krieg und der Revolution haben gezeigt, daß sich die Trauer mit dem späteren Eheglück gut verträgt.

Ich schaffte es nicht, Tamás davon zu überzeugen, daß es nicht angebracht sei, sich angesichts des einmaligen Abenteuers seiner Frau derart zu entsetzen, wo er doch die lange Reihe seiner eigenen Seitensprünge nicht als verabscheuenswürdig empfunden habe. »Was nun deine schamlosen Treuebrüche angeht«, sagte ich mit väterlicher Strenge, »so lautet die zeitbeständige Maxime, wenn du deine Frau nun schon betrügst, dann halte das bis zum äußersten geheim, denn mit Geheimhaltung huldigst du der wahren Nummer eins. Letztendlich entscheidet in Liebesdingen immer der Geschmack, was mehr und auch weniger ist als die Moral, denn er ist unberechenbar und nicht zur Verantwortung zu ziehen.«

Vera ist gekommen, sie war sehr schön. Abendessen im Százéves Vendéglő, im Hundertjährigen Restaurant, ich trank viel Rotwein, kein einziger Kreuzer ist mir geblieben, geschlafen haben wir bei mir. Die morgendliche Unterhaltung mit Vera eine Seelenmassage, vormittags der Besuch bei Mici L. ein seelischer Morast. Na, sagen wir, ein Schlammbad. Dennoch, Sehnsucht ist ein großes Geschenk. Und dann die Bekenntnisse der nebeneinander liegenden Körper! Doch auch in die Sehnsucht schaukeln wir uns hinein, rufen absichtlich die Benebelung unseres Bewußtseins hervor. An uns liegt es, ob wir in der Sehnsucht versinken oder nicht, sei es aus Trägheit, Tradition oder in Ermangelung eines Besseren. Manchmal halte ich die Liebe für eine anstößige Gewohnheit, und ich kann nicht umhin, ihre unbeholfene Abscheulichkeit zu registrieren.

Von Mici ging ich zur Parlamentsbibliothek, aber die war geschlossen, weshalb ich mich auf die Schiffsterrasse Kék Duna (Zur Blauen Donau) setzte; ich schrieb etwas, Wind blies. Anschließend besuchte ich meine Klienten, foppte einen Ehefrauenmörder, er war beleidigt. Auch mit den Ehefrauenmördern muß man sanfter umgehen; die Menschen sind tölpelhaft.

Ich quälte mich mit den Erzählungen von Tamás herum; genial, wie schlecht er Ungarisch konnte. Schon damals, als er damit begonnen hatte, Erzählungen zu schreiben, ahnte ich, daß es damit Probleme geben würde. Ein Wasserballchampion, der viele rote Hemden und viele Freundinnen besitzt, was will der noch mehr? Er wurde sensibel und schwach. Mari rechtfertigte sich. Ich gab ihr recht, den Lebenden muß man immer recht geben. Noch einige Tage zuvor hatte Tamás auf der Sonnenterrasse des Lukács-Bades mit seinen Frauen geprahlt, ich hatte geschwiegen, Gulyás war eifersüchtig gewesen. Ich verfaßte sechs Milieustudien. Ich fühle mich hohl und ruhebedürftig.

Also ging ich hinunter ins Café Anna, etwas leuchtete auf, Anna trat ein. Jeder sah sie an. Auch ich. Sie bewegte sich wie eine Göttin. In einer Mannequinschule lernte sie jetzt laufen. Unaufhörlich spielt sie auf Podien die Vornehme. Zu mir sagte sie auf der Straße: »Sieh dir doch diese Frau an, wie die watschelt, und die, guck doch, bei jedem Schritt läßt sie ihren Arsch durchsacken.« Anna profiliert sich als Expertin für die richtige Haltung des Hinterns, für die Glutaeologie, die Wissenschaft vom Gesäß. Dann begleitete ich sie zu ihrer Mama, zu der kleinen Wohnung gegenüber dem Két Veréb (Zwei Spatzen). Sie zog sich um, an das ständige Umziehen hatte sie sich gewöhnt, ich wartete, sie ließ mich wissen, daß wir uns liebten wie zwei Turteltauben.

Auf dem Nachhauseweg warf ich einen Blick ins Jereván, Eta sang, ich genehmigte mir einen Kirschschnaps und wartete. Als ich mit ihr unter die Linden trat, hob sie erneut zu singen an, ich besorgte ihr ein Taxi und küßte ihr die Hand. Um Sängerinnen soll man einen Bogen machen.

In unserer schmalen Straße versperrte mir der erotomanische Nachbar den Weg, lispelnd fragte er mich, ob ich nicht eine blonde Schnalle gesehen hätte, sie hätten zusammen getrunken, dann sei die Schickse weggelaufen. »Das hat sie gut gemacht«, antwortete ich. Das verstand er nicht. Würde ich in die eine und er in die andere Richtung laufen, könnten wir sie vielleicht erwischen, sagte er, und dann könnten wir sie auf der Straße, in einer Toreinfahrt, zu zweit stöpseln. »Mann«, sagte ich, »du weißt nicht, was du redest.«

Daheim las ich wieder das Buch des Predigers Salomon über die große Vergeblichkeit.

Früh weckte mich Magdas Anruf, ihr Leben sei ein Gefängnis und Langeweile, sie wolle mich in der Konditorei Irányi treffen, es gelüste sie nach einem Wiener Mignon. Sie berichtete von Familienskandalen und Kriegslisten im Theatermilieu. Gern sah ich ihr zu, wenn sie sich entkleidete, anzog, es folgten wieder Geschichten vom Theater. Bett. Festival. Mit leicht schlotternden Knien die Treppen abwärts, im Quint-Espresso, das sich seitlich an das Rathaus schmiegt, streichelte ich in scheußlicher Besitzerlaune Magdas Schenkel.

Abends im Architektenkeller sagt Miklós Erdély, seine Frau habe mich nachmittags vergebens angerufen, sie habe mich einladen wollen. Er, Erdély, sei deshalb nicht zu Hause geblieben, er habe nicht stören wollen. »Bist du betrunken?« frage ich ihn. Ich fühle mich unschuldig, hatte nicht die geringsten Absichten, sie zu verführen. Oder doch? Sollte sie das gespürt haben? Tatsache ist, daß ich in Zsuzsas Gegenwart fortwährend versuchte geistreich zu sein.

Im Bett las ich die *Dämonen.* Anna rief an, sie hat ihre Tage bekommen, ich bettete meinen Kopf zum Schlaf.

Ich stand früh auf, machte Aufzeichnungen zu Tolstoi,

ging dann ins Lukács-Bad, von dort zu Vera. Judit ist aus den Ferien zurückgekommen, sie hatte niedliche Sommersprosssen, war reizender als je zuvor. Ich ging zum Rat der Stadt, ein unfreundliches und nicht allzu kluges Büro, trotzdem mochte ich es.

Abends ging ich allein zu Markos, Vera hatte keine Lust. Viele Gäste, sturmgepeitschte, desillusionierte und in vielen Säften gepökelte alte Kommunisten. Ich trank viel, plauderte mit Mihály und erschreckte Laci Gyurkó mit meinen kriminellen Anschauungen. Es fand sich dort eine Übersetzerin, sie gab Tiefsinniges von sich, ein schönes Gesicht, die Strumpfnähte verrutscht, ich setzte mich zu ihr, auch ich sagte etwas Tiefschürfendes. Dann ging ich hinaus und übergab mich. Ich ging zu Fuß nach Hause, unterhielt mich mit dem Gehweg. Morgens war ich müde, fühlte mich hundeelend. Ich versuchte zu lesen, aber Kopf und Augen schmerzten gleichermaßen.

Ich betrachtete das Album *Paris in der Malerei.* Schrecklich gern würde ich nach Paris fahren, mich nicht betrinken und keinen Frauen nachsteigen. Bis in den Nachmittag hinein lag ich im Bett, Vera meinte: mich vollaufen zu lassen, sei meiner nicht würdig. Ich nickte und bat sie, sich auszuziehen, sie war sehr lieb, gab mir zu essen und schimpfte nicht. Auf einem kleinen Schiff fuhren wir hinüber zur Insel. Ich berichtete ihr von derart vielen nützlichen Plänen, daß nicht einmal ich mehr daran glaubte.

Ich ging nach Hause, saß im Dunkeln, dann holte ich Anna vom Tanzstudio ab. Wir aßen zusammen im Gartenrestaurant des Fészek-Klubs zu Abend, flezten uns in die Korbsessel und tranken viel Weißwein. Auf der Terrasse des Lánchíd, des Kettenbrücken-Espressos, schwangen wir hernach das Tanzbein. Anna schlief bei mir, meine Impotenz ließ nach, ich setzte mich zurück in den großen Sessel, um zu lesen. Ich betrachtete Anna. Schade, daß sie sich die Haare färbte.

Inzwischen war ein Tag vergangen, wieder landete ich in der Kleinen Post, wartete auf Anna, Erdély saß dort, wir hatten ein gutes Gespräch. Anna traf ein, wir begaben uns wieder in den Fészek-Klub, aßen dort zu Mittag, pichelten Rotwein zum Tatar. Anna schnaubt vor Wut wegen ihrer Mannequinrivalinnen. Jene säbelbeinige Hure mit den Segelfliegerohren werde sie zu Tode quälen. Hätte sie, Anna, so lange Ohrläppchen, würde sie keine Bernsteinklunkern daran tragen.

Ich begleitete Anna nach Hause, wollte aber selbst noch nicht nach Hause und kehrte in der Duna-Bar ein. Drei Huren wie zum Gänsemarsch aufgestellt. Die eine zog sich ihren Mohairpullover an und trommelte auf ihrem Speckbauch. Ich forderte sie auf, ein Kreis bildete sich um uns, die anderen machten uns Platz, betrunken, glaube ich, war ich nicht. Ich küßte ihr die Hand und verzog mich. Sie rief mir hinterher, ich sollte mir ihre Telefonnummer merken. Nachts schrieb ich noch Anmerkungen zu Tolstoi, am nächsten Tag in der Frühe fuhr ich ins Lukács-Bad.

Peter Polonyi ist aus China zurückgekehrt und hat vom »großen Sprung« erzählt: Die Ehemänner stehen in einer Reihe auf der einen Seite, die Ehefrauen stehen in einer Reihe auf der anderen Seite. Im Zelt treffen sie sich, jeder bekommt eine halbe Stunde, dann begeben sie sich zurück in das separate Lager, den ganzen Tag schleppen sie auf ihren Schultern Erde, in zwei an Bambusstangen hängenden Eimern. Da die Spatzen die Getreidekörner aufpicken, schlagen die Studenten Lärm, trommeln, damit die Vögel herunterfallen. Angeblich vertragen die Sperlinge den Krach der Trommeln nicht. Jeder ist verpflichtet, in der Gemeinschaftsküche zu essen, die Eisentöpfe der Familien werden in den Hochöfen des Volkes eingeschmolzen.

*

Hierzulande essen und trinken die Menschen über Gebühr viel, sie kaufen häßliche Konfektionskleidung und hokken pausenlos vor dem Fernseher. Hierzulande werden keine Widerstandskämpfer hingerichtet, denn Widerstandskämpfer gibt es nicht mehr. Hierzulande gibt es keine glücklichen und keine unglücklichen Menschen, nichts und niemanden gibt es wirklich. Unsere Gesellschaft ist entweder stumpf oder im Delirium, alles Feststehende ekelt sie an, für jede Schlamperei ist sie empfänglich. Ihr intermediärer und zäher Aggregatzustand macht sie für die Gesten des Ablehnens und des Ernstes unfähig.

Wenn du hierzulande nach einem ausgearbeiteten und unvergleichlichen Phänomen suchst, dann wirst du Opfer eines lächerlichen Irrtums. Solltest du dennoch etwas Authentisches von hier brauchen, dann kannst du es haben: die lahme, amorphe, angestrengte und dennoch sich selbst vernachlässigende, nach wenig Eifer aufgegebene Partie. Die hier zu entdeckenden Dinge sind die kunterbunten Nebenprodukte des Seins. Hierzulande sind alle Schnekken, Raupen, Würmer. Uns kann man zerschnippeln, uns kann man zusammenpressen, in uns kann man eindringen. Viel Fleisch und wenig Geist. Hierzulande stirbt man im allgemeinen an Herzverfettung. Es bedarf keiner Schlachtbank, du erledigst dich selbst. Eine früh eintretende Altersschwäche bringt dich auf den Friedhof. Ich war auf der Suche nach der Rede eines neutralen und allgemeinen Subjekts. Ich versuchte, die Prosa vom Selbstmitleid trockenzulegen.

*

Júlia Lángh, die vom Herbst 1960 bis zum Herbst 1976 meine Frau gewesen ist, schwebte in der Zeit unseres Kennenlernens mit flatterndem blonden Haar, raschelndem schwarzen Regenmantel und weißer Bluse mit offenem Kragen in das Espresso Zur Kleinen Post herein. Sie kam gerade von der philosophischen Fakultät; mit dem besten Abiturzeugnis und einer überwältigenden Redegewandtheit hatte sie die Aufnahmeprüfung hinter sich gebracht, und so stürmte sie als Französisch- und Ungarisch-Studentin im ersten Studienjahr in das Espresso Zur Kleinen Post wie jemand, der über seiner Hilflosigkeit stand, über seiner Angst vor dem Ungewissen.

Wer ist dieser alte Mann, der schon siebenundzwanzig ist, und was will er eigentlich von der noch nicht ganz achtzehnjährigen Juli, die noch erfüllt ist vom Dschungel der Innenstadt, von der Universität, vom Café, in dem nicht nur der sitzt, von dem sie erwartet wird, sondern zu allem Verdruß auch jener spöttische Architekt, der, gelangweilt die Hände vor seinem Bauch gefaltet, die Daumen kreisen läßt und vor sich hin grinst, weil er sich selbst Kurzweil verschafft?

In der Tiefe der schmalen Párizsi utca, der Pariser Straße, erschien Juli zu den Rendezvous, ich war schon früh um sechs mit Heft, Tinte und Federhalter bewaffnet zugegen, als müßte ich von der Stechuhr meine Anwesenheit bestätigen lassen. Auf diese Weise war es mir möglich, Augenzeuge der meist flüchtigen Stelldicheins vor Arbeitsbeginn zu werden.

Da war zum Beispiel jene intensiv duftende Dame, die mit ihrem Erscheinen den ganzen Geruchshaushalt des Cafés durcheinanderbrachte, um ihre mit Diamant- und Verlobungsring bestückte Hand einem kahlköpfigen Herrn zu reichen, den ein buschiger Schnurrbart zierte und der immer vor der Angebeteten eintraf, die ihn sogleich mit den kleinen, zu Tragödien neigenden Geschichten des gestrigen Tages überhäufte.

Juli aber stand noch an der Tür und beobachtete den verstümmelten Mann auf der gegenüberliegenden Straßenseite. Er war schon aus dem Auto ausgestiegen und vom Schenkelansatz aufwärts sehr muskulös, abwärts allerdings war da nichts. Die Tür kann er dennoch zustoßen, er schwingt sich auf seinen Stuhl wie jemand, der erwartet worden ist, um nun inmitten der Tischgesellschaft das Wort und die Macht zu übernehmen. Nach einer kleinen Pause erklärt er: »Freunde, gestern habe ich ein Hirschgoulasch in Rotweintunke gegessen …!«

In diesem Raum kollidierten an einem Ecktisch kunstphilosophische Betrachtungen mit dem metallenen Klingen des Eßwerkzeugs.

Jener siebenundzwanzig Jahre alte Mann, der mit unverschämter Gelassenheit auf Juli wartete (er hätte getrost ein bißchen spektakulärer aufgeregt sein können), kam aus dem Abgrund sozialer Erfahrung, wie es damals hieß, aus der tiefsten Unterwelt, obgleich es ein elementarer Irrtum wäre, sich den Alltag in den Randbezirken der Elisabethstadt als Hölle vorzustellen.

Solches meint jener Mensch, der gegenüber den aus dem Gymnasium stammenden felsenfesten Überzeugungen des in wilder Hast hereinstürzenden blonden Wunders ein wenig zynisch zu sein scheint, Überzeugungen, die sich Juli aus Empörung gegen den zugeknöpften Geist der alten Budaer Mittelschicht in intensiver Denkarbeit erworben hat.

Juli kommt im aufgeknöpften Mantel, auf den Flügeln des Windes. Und überhaupt, wenn sie kommt, bist du gut beraten, dich ihr nicht in den Weg zu stellen, sonst könnte sie dich hinwegfegen. Was die späteren Entwicklungen vorwegnimmt. Denn während du dich wunderst, hat sie schon den Frühstückstisch für die ganze Familie gedeckt, Miklós geschickt davon überzeugt, das lange Märchen am Nachmittag fortzusetzen, und Dorka davon, die Hand vom Mund ihres Bruders zu nehmen. Doch bis dahin werden noch einige Jahre ins Land gehen. Und wenn sie, Juli, von nun an studieren würde, wer könnte ihr dann noch widerstehen?

Ihr Kommen bleibt nicht unbemerkt, Csöpi, die Bedienung, sieht den tintenbefleckten Stammgast zustimmend an, jawohl, auch wenn die anderen gleichfalls nett gewesen seien, aber dieses enthusiastische Mädchen sei besonders nett. Auch ein Manuskript hat Juli zufällig bei sich; der betagte Mann brummt zufrieden. Schon damals hat die Dame gut schreiben können, genau wie vierzig Jahre später, als sie sich mit unserem jüngsten Enkelkind auf dem Arm zum Auto begibt, unsere Schwiegertochter sitzt am Steuer, und unser Sohn Miklós versucht, seinen Sohn Jankó zu beruhigen, den dreijährigen stürmischen Adler, der seine schützenden Flügel über seinen drei Monate alten Bruder breitet, über dessen Befindlichkeit er alle Neugierigen kurz und bündig informiert: »Er wird kahl.«

Von jenem Vormittag im Café an habe ich Juli über sechzehn Jahre lang sozusagen jeden Tag gesehen. Immer konnte ich mir sicher sein, daß sie etwas zu erzählen haben würde, denn die Geschichten kamen ihr entgegen, und sie selbst sorgte dafür, daß sie geschahen.

Allem Anschein nach wurde sie nicht müde, dem alternden Vormundschaftsbeamten und halbtags beschäftigten Verlagslektor zuzuhören und nötigenfalls zurechtzurükken, was der Ritter in dunkler Hose, grauem Sakko und Krawatte von sich gab.

Zum ersten Kuß kam es erst nach Tagen, als Julis Kopf sich ein wenig nach hinten neigte, worauf der Augenblick die richtige Reaktion suggerierte, der sich um ihre Schulter legende Arm und die dreiste Routine. Den Lippen war aufgetragen, miteinander zu verschmelzen, den Körpern, sich im Engelkopfbett bis zur Erschöpfung kennenzulernen und keinen einzigen Fingerbreit auf dem anderen unbeakkert zu lassen.

Als ich sie zur Haustür der Keleti Károly utca 50 nach Hause begleitete, ermahnte mich Juli dezent, ich solle meinen Arm von ihrer Schulter nehmen, denn die zum Fenster Hinausblickenden und die Entgegenkommenden würden sie alle seit frühester Kindheit kennen und von ihr das Verhalten einer jungen Dame erwarten. Die Großmama fragte Juli, ob sie den Adelsbrief der Familie draußen an der Wand lassen dürfe, wenn jener Mensch käme, sie hatte sich auch damit abgefunden, daß der Verehrer der kleineren Enkeltochter, obgleich er ansonsten ein solider Gentleman zu sein schien, wozu um die Sache herumreden, Jude war. Aber auch unter denen gab es ja nette Menschen. Oder?

Das Tafelgeschirr war vornehm, wenn auch unvollständig, die Mädchen flink, das Fleisch in Wildbrettunke weich, doch als noch eine Seele in ihm gewohnt hatte, hatte es nicht gemuht, sondern gewiehert.

Sechzehn Jahre haben wir dann zusammengelebt und uns einem kollektiven Gericht unterworfen: dem Blick unserer Kinder, vertrauend auf Anna Doras (*1965) und Miklós Istváns (*1967) strenges, doch gerechtes Urteil und auf ihre Gnade hoffend.

*

Der Besucher war das schwärzeste Buch jener Jahre. Nicht einmal ich selbst hatte daran geglaubt, daß es erscheinen würde, so sehr widersprach es dem offiziellen Selbstporträt des Regimes. Das haben sie gedruckt? Verblüfft saß ich über den Korrekturfahnen. Mit der Ablehnung von Manuskripten hatte ich schon meine Erfahrungen gemacht. Unabhängig davon, wie ich das eigene Buch lese, verkündet es nicht den Aufschwung, sondern den Absturz, das Untenbleiben. Der Romanheld und Erzähler erledigt die Angelegenheiten irgendwie, er will nichts erreichen, er stolpert abwärts, die paar Jahre bringt er auch auf einem Bein stehend hinter sich.

Nach 1956 dachten viele so: In Ordnung kommen würde unser Leben nur dann, wenn sich das Rad wendete, das System sich wandelte, doch es hatte den Anschein, als wäre es dazu nicht fähig, als könnten Veränderungen nur sehr allmählich eintreten. Bis dahin waren wir gezwungen, den Hut tief ins Gesicht ziehen.

Der Herr Doktor vom Rat der Stadt, der Herr Professor, läuft auf die andere Seite über, auf die Seite der Klienten. Ein ehemaliger Bourgeois klopft Nachmittag für Nachmittag an die Tür von Einzimmerwohnungen mit Küche, möchte Menschen verstehen, die draußen auf dem Gang einen gemeinsamen Abtritt benutzen, denn ein Badezimmer besitzen sie nicht. Durch die zum Gang gehenden Fenster können die Nachbarn hineinsehen. Öffentliche Romanfiguren des Mietshauses sie alle.

Die von mir Besuchten haben keine so feste Schutzhülle wie ich, obschon auch meine Rolle für Verletzungen anfällig ist. Der Beamte nimmt den kleinen Idioten, dessen Schicksal er regeln muß, weil die Eltern Selbstmord begangen haben, auf den Arm. Er zieht zu ihm in die verdreckte Wohnung, übernimmt die Sorge für den lernunfähigen Schwachsinnigen, den hoffnungslos anderen. Ohne irgendeine pädagogische Erklärung.

*

Wie haben wir eigentlich gelebt Mitte der 60er Jahre, als ich meinen ersten Roman schrieb? Damals hatten wir nur ein einziges Zimmer, ein kleines Apartment mit einer Teeküche am Ende der Keleti Károly utca, am Marcibányi-Platz. Die konnten wir dann gegen eine Dreizimmerwohnung tauschen.

Ich wurde Stadtsoziologe in einem Stadtplanungsinstitut und Herausgeber der russischen Klassiker im Ungarischen Helikon Verlag. Juli unterrichtete an einem Kispester Gymnasium, Miklós, der die Krippe nicht verkraftete, der krank wurde, sobald wir ihn hinbrachten, vertrauten wir gegen Bezahlung der Obhut einer Tante an. Meine Eltern waren am Leben, ich bewältigte die Arbeit, hatte Freunde.

Julis Zimmer ging zur Donau und zu einer großen grünen Fläche, von meinem Zimmer blickte man auf den Gellértberg, den Blocksberg, und auf viele Dächer. Das war unsere erste anständige Wohnung; Schlaf-, Arbeits- und Kinderzimmer, Familienleben, Büro, Gelderwerb, Übersetzen, Redigieren, Schreiben, Einrichten.

Morgens ging ich ins Büro, doch von dort stahl ich mich in das Espresso an der Ecke, das den Namen Alkotás, Schöpfung, trug. Auch so leistete ich mehr als jene emsigen alten Herren, die fünf Minuten vor acht von der Straßenbahnhaltestelle schwerfällig zum Eingang flitzten, um ja nicht auch nur eine Minute zu spät zu kommen. Über meinen Stuhl hing ich ein Reservesakko, auf meinem Tisch demonstrative Arbeitsspuren: Tabellen, Texte, Rechenschieber. Wie liberal das Planungsamt war: In den hellsten Stunden des Tages konnte ich einen Roman schreiben. Auch früher schon, in meiner Zeit als Fürsorgebeamter, hatte der Vormittag mir gehört. Allmählich verwuchs ich mit der Stadt, hier und da war ich nicht nur als Person, sondern auch als von mir losgelöster Name bekannt. Im Alkotás sitzend, dachte ich zurück an meinen früheren Arbeitsplatz.

Damals führte ich zusammen mit meinem Freund Iván Szelényi in Pécs und Szeged meine erste größere stadtsoziologische Forschung durch, die methodisch der Zeit entsprach. Die Säle der maschinellen Datenverarbeitung betrat ich wie eine Kathedrale. Wie hängen Gesellschaftssystem und Siedlungssystem miteinander zusammen? Wer bewegt sich wie im Raum? Wer ist wie dorthin gelangt, wo er sich befindet? Ich streifte durch das Land und blickte zurück auf die Randbezirke der Elisabethstadt als einer, der sich von diesem Anblick nicht mehr benebeln ließ. Manchmal Mikroskop, manchmal Fernrohr, diese flexible Optik entsprach meiner Denkweise. Jetzt trittst du nahe heran, und jetzt weichst du weit zurück, vielleicht sogar innerhalb eines Satzes. Die Politik hatte ich ausgeklammert, praktische Toleranz interessierte mich mehr: Wie können wir uns in der langsam vergehenden Zeit gegenseitig ertragen?

Streifzüge auf der Suche nach Gesellschaft warteten auf uns, irgendwo würden wir schon brauchbare Gesprächspartner finden, irgend jemand würde uns aus einem Winkel eines Raumes zuwinken. Auf der Budapester Hauptpost führte ich damals von einer verrauchten öffentlichen Telefonzelle mit gepolsterten Wänden aus lange Telefongespräche, hier konnte ich mich im Sitzen unterhalten und hoffen, daß ich, sollten die Gespräche abgehört werden, schwerer zu identifizieren wäre. Ich schwafelte mit den Serviererinnen aus den Espressos und mit Schriftstellern, hatte Zeit, es mir auf den kleinen Schiffen bequem zu machen, die den Namen »Sieben Zwerge« trugen, auf der Donau fuhren wir auf und ab. Viele Straßenbahnen und Buslinien gab es, die ich noch nie benutzt hatte, ich begab mich auf Entdekkungsreise, zog durch die Straßen, als hätte es mich in eine Bibliothek verschlagen, wo ich ungeheuer viele Bücher finden würde, von denen ich noch nicht einmal gehört hatte.

Neugierig sah ich mich in Hauseingängen und Innenhöfen um, las Treppenhauskritzeleien und Sprüche, Angebote und Wünsche an den Toilettenwänden, müßig schlenderte ich durch die Straßen, als würde ich mit einer Frau, mit ihrem nicht enden wollenden Körper, buhlen. Mit unserem Kommen und Gehen lesen wir aus Budapest all das heraus, was wir wollen.

Gern hätten die neugierigen jungen Leute die großen Alten, die es noch gab, kennengelernt. Noch gab es über uns eine Mythologie, in die wir Einblick gewinnen wollten, fast alles – einschließlich der Professoren – befand sich über uns. Wir kannten wenig Erwachsene, wenige Frauen hatten wir in unsere Betten gezogen, wir waren kleiner als unsere Welt, und es hatte den Anschein, daß all das, was hinter uns lag, nur ein kleines Stückchen war, gemessen an dem, was vielleicht noch vor uns liegen würde. Und sollte sich der heutige Versuch als Irrtum erweisen, dann würde er morgen vielleicht besser gelingen.

Damals fiel es noch leicht, das sommerliche Budapest zu mögen, es stank noch nicht so entsetzlich wie später, als die Autos die Stadt überschwemmten, noch besprengten die Hausmeister die Gehwege, die noch nicht von den Kraftfahrzeugen okkupiert wurden, und die zu Fuß gehenden Pärchen, die lieber Hand in Hand gehen wollten, mußten sich nicht im Gänsemarsch voranbewegen.

Obwohl ich das Blau des Plattensees mochte, sehnte ich mich im Sommer nicht fort aus Budapest. Einen Sommer allerdings verbrachte ich in Balatonlelle, wo ich als Kulturverantwortlicher für Erholungsheime der Gewerkschaft arbeitete; mir war die Bibliothek anvertraut, und nach dem Abendessen verschaffte ich den Kindern mit langen Geschichten im Verbund mit Diafilmen Kurzweil.

Mit einem Mädchen aus unserer Straße saß ich auf dem Betonstreifen am Seeufer, auch sie war Kulturverantwortliche und vorübergehend meine Geliebte. Am 26. Oktober 1956 hatte Sári versucht, sich hinter dem Reiterstandbild Rákóczis vor dem Salvenfeuer zu verkriechen. An jenem Tag hatte auch ich mich als Nationalgardist gemeldet und eine Maschinenpistole in Empfang genommen. Geschossen allerdings habe ich damit nicht. Auch István, mein Vetter, nahm eine entgegen, doch weil er lieber politisierte, übergab er sie den Jungen auf dem Platz.

Als der Jugendschutz mein Beruf geworden war und mich die Fälle mit den widerspenstigsten und gröbsten Typen zusammentreffen ließen, sah ich, daß ein Gespräch mit den Menschen möglich war. Ich studierte die Wirklichkeit der Toreinfahrten; diese Welt war seit mehr als einem Jahrhundert beständig und arm, geblieben waren die kleinen Hoffnungen, die großen waren verraucht. Entsprechend meiner Adressenliste suchte ich die Häuser in der Elisabethstadt auf, ich sah die Wahnsinnigen und die Selbstmörder, die Katastrophe und den Mißerfolg.

In jener Zeit hätte ich das Lob des Lebens als verräterischen Kitsch empfunden, obwohl sich die Enge des Lebens durch die Liebe erweitern ließ. Zwischen so vielen Verboten tat es wohl, sich im Verbotenen zu bewegen, Regeln zu verletzen und Vorschriften zu umgehen. Die regulären amtlichen Aktivitäten und das regelwidrige paarweise Umherschweifen, die sich auf die Flucht begebende und ängstliche Suche nach ein bißchen Freude paßten zusammen. Wie wäre dennoch möglich, was nicht sein durfte? Die einmalige Hochzeitsnacht war zu Ehren gekommen.

Die Literatur war auch weiterhin ein Abenteuer. Wer weiß schon, was wir von den Ereignissen auswählen, um es zu erzählen? Nichts ist vorhersehbar. Da die Menge des zu Erzählenden unendlich größer ist als das zu Schreibende, ist es ein Werk der Willkür, was ich vom vorhandenen Material auswähle. Aus dem gesamten Register holst du etwas hervor. Der Text verfolgt das Ziel, daß man ihn schwer vergessen können soll. In Figuren übergehen, die wir noch nicht gewesen sind. Wir schauen hinein in die Köpfe und Betten anderer Menschen. Kannst du ein anderer sein als der, der du bist? Sollte es dereinst Kinder geben, die keine Märchen brauchen, dann könnt ihr klagen.

In meiner Kindheit legte ich mich nach dem Schlafengehen in der vom Fenster her in bedrohlichen Haufen sich ballenden Dunkelheit auf den Bauch und stützte mein Gesicht auf die Fäuste, um durch Druck auf die Augenlider überraschende Bilder hervorzurufen, denen ich dann nicht Einhalt gebieten konnte. Ich entzog ihnen meinen Willen, strömen sollten sie, unvorhersehbar. Laß den Geschichten, wenn sie erst einmal in Schwung gekommen sind, ihren Lauf, damit sie sich einer geheimen Logik gemäß entwikkeln.

Oftmals vertagte ich die Entscheidungen, ließ mich treiben, in Ehen und Büros. Zufälle trugen mich weiter. Ich meinte, mehr von etwas zu wissen, wenn ich es selbst tat. Ich spürte teuflische Lust dazu, mich vor der Übermacht und der vergänglichen Zeit davonzumachen. Mit meinen Fragen legte ich den anderen die Antworten in den Mund, ich lüftete den Schleier um meine Schwächen, gelangte zu unerwarteter Komplizenschaft, doch die romantische Raserei, die Tatsache, daß ich mich auslieferte, verdroß mich nicht.

*

1973 schloß ich den *Stadtgründer* ab, meinen zweiten Roman. Dem Direktor des Magvető Verlags gefiel das Manuskript, eine Veröffentlichung aber lehnte er wegen der darin entwickelten finsteren Anschauungen ab. Erst 1977 wurde es mit einigen Streichungen herausgegeben, nachdem es zuvor auf deutsch und französisch erschienen war, ohne staatliche Genehmigung unter Verletzung der diesbezüglichen Rechtsvorschriften.

Im Sommer 1973 wurde auch ich im Zuge der Ermittlungen gegen meinen Freund Miklós Haraszti – Gegenstand der Anklage war dessen ausgezeichneter Essay *Stücklohn* – von der Politischen Polizei zum Kreis der verdächtigen Personen gezählt, weshalb in meiner Wohnung mehrere Haussuchungen stattfanden. Meine Tagebuchaufzeichnungen wurden wegen des Tatbestands der Hetze beschlagnahmt, ich wurde aus dem Institut entlassen, auf drei Jahre wurde mir das Recht aberkannt, ins Ausland zu reisen.

Im Frühjahr 1974 mietete ich gemeinsam mit meinem Freund Iván Szelényi in Csobánka, einem unweit von Budapest gelegenen Gebirgsdorf, ein Bauernhaus. Das Glöcknerhaus gehörte zum Pfarramt; diesem Umstand verdanke ich die Freundschaft des Pfarrers, Pater Zsigmonds, eines Bendiktinermönches. Im Glöcknerhaus schrieb ich gemeinsam mit Iván Szelényi das gesellschaftstheoretische

Buch *Die Intelligenz auf dem Weg zur Klassenmacht.* Wir schrieben es heimlich und planten, es im Ausland herauszugeben.

*

In der Silvesternacht des anbrechenden Jahres 1974 kamen wir zu sehr vielen in der aus anderthalb Zimmern bestehenden Atelierwohnung der Malerin Ilona Keserű zusammen, inmitten von Ilonas farbigen Wellenlinien, die weibliche Körper, Vögel und Grabsteine symbolisierten, ihrem Kupferstichzubehör und sonstigen Arbeitsutensilien. Die Stimmung war erwartungsvoll gespannt; noch hielt die Dynamik der Zeit um 1968 an, eine ganze Kulturlandschaft bereitete sich auf Neues vor. Eine Subkultur im weiteren Sinne des Wortes hatte sich zusammengefügt, in den verschiedensten Berufen waren Freundeskreise entstanden, wir trafen uns, wußten einer vom anderen, beschnupperten uns, Schulen hatten sich herausgebildet, Väter und Mütter an ihrer Spitze, jung auch sie selbst. Im Klub der Jungen Künstler beäugten sich die Stammeshäuptlinge eifersüchtig, beobachtet wurden sie auch von den Berichteschreibern, von denen ein präzises und zeitgeschichtlich farbiges Festhalten der Erinnerungen zu erwarten war. Die Gegenreformation war in Bewegung geraten.

Ich hatte schon im Jahr zuvor auf polizeilichen Druck meine Stelle als Stadtsoziologe verloren und mich in einer Nervenheilanstalt in der Provinz als Hilfspfleger verdingt, wo ich außerhalb der Arbeitstherapie Märchenkreise und Ausflüge organisierte sowie Gespräche mit den Kranken führte. Zu Silvester aber war ich nach Budapest gekommen, um dort den Anbruch des neuen Jahres zu erleben.

Damals hatte ich mit der Arbeit an meinem Roman *Der Komplize* begonnen, und ich brauchte dafür Erfahrungen aus der Nervenheilanstalt; von den Kollegen und den Kranken lernte ich viel. Ich hatte den Eindruck gewonnen, daß die Rationalität ein Teil der Staatskultur oder zumindest mit ihr verwoben, in sie eingebaut sei. Die kritische dissidentische Haltung aber setzt eine transrationale Entscheidung voraus, die vom Glauben bestimmt, schicksalhaft, aber auch zwanghaft sein kann; der Mensch folgt einem sich anbietenden Weg, obwohl er um das damit behaftete Risiko weiß. Warum? Vielleicht gehorcht er dem Gebot einer Wollust des Gehirns, einem Hedonismus des Denkens? Nachzudenken über die sich auftuenden Zusammenhänge verschaffte mir Genuß.

Freunde (vortreffliche Begabungen und Charaktere) tippten sich mit dem Finger an die Stirn, wenn wir uns auf der Straße begegneten, fragten mich, ob ich den Verstand verloren hätte. »Wißt ihr eigentlich, wo ihr lebt?« fragten sie Iván und mich. In den Augen der Mehrheit erschien die einfachste Erklärung für unser ungewöhnliches Verhalten unglaublich, daß wir nämlich etwas begriffen und aus Lust daran geschrieben hätten.

Ich hatte Pläne, Gewissensbisse, Beziehungen, gegensätzliche Neigungen, die zwischen kompliziertem Egoismus und Einfalt ein Gleichgewicht herstellten. Mein Erwachsenwerden hatte sich verspätet. Voller Kampfgeist drängten die Wahrheiten des Common sense, des gesunden Menschenverstands, nach außen.

Nur in besonderen Fällen heißt Schreiben Handeln. Hier in Ungarn konnte sich Schreiben während des gesamten zwanzigsten Jahrhunderts in Handeln verwandeln, sofern es über die herrschende Auffassung hinausgegangen ist. Fast jede Wortmeldung war eine sich erneuernde Gelegenheit zur staatsfeindlichen Hetze.

An einem Sommermorgen vor dreißig Jahren klingelte es draußen an der Tür, fünf Männer drangen in die Wohnung ein, mit staatsanwaltlicher Genehmigung nahmen sie eine Hausdurchsuchung vor, und der Major, nachdem er, an meinem Schreibtisch sitzend, einen Blick in meine Aufzeichnungen geworfen hatte, sagte: »Wie ein trockenes Blatt, so werde ich Sie in meiner Hand zerbröseln.« Und langsam, kalkuliert boxte er mit der rechten Faust in die Luft, öffnete die Hand und streute deren nicht existierenden Inhalt in den Papierkorb.

Ein trockenes Blatt war ich nicht, er aber ein nervöser und pedantischer Mensch. Er prahlte damit, daß er in meinem Aktenschrank Ordnung schaffen werde. Als sie mich dann mitnahmen und ich ihnen meine Schlüssel aushändigen mußte, belehrte er mich: Das Schlüsselbund solle ich in einem kleinen mit einem Reißverschluß zu verschließenden Lederbeutelchen verwahren, auf die Weise werde meine Sakkotasche nicht ausbeulen. Meine Kinder herrschte er an, sie sollten die Teppichfransen nicht verfitzen. In seinem Haushalt gebe es dafür eine extra Teppichfransenbürste.

Vom Verhörraum der Staatssicherheitsabteilung, wo ich ihm gegenübersaß, informierte er telefonisch seine Frau, daß er mit dem Verdächtigen bald fertig sei und er sich beeile, damit sie noch rechtzeitig ins Kino kämen. So erfuhr ich, daß ich ein Verdächtiger war.

Ich fragte ihn, wie ich wen auch immer mit meinen Tagebuchaufzeichnungen zum Haß gegen die Grundeinrichtungen der Volksrepublik Ungarn hätte aufhetzen können, wo ich sie doch in meinem verschlossenen Manuskriptschrank verwahren würde. Das sei sehr einfach, erklärte er, da komme ein Besucher, ich hätte gerade gearbeitet, der Schlüssel stecke also im Schloß, ich ginge in die Küche, um einen Kaffee zu kochen, in der Zeit springe der Gast zum Schrank, hole unter den zahlreichen Manuskripten die Tagebuchaufzeichnungen hervor und lese darin. Das reiche, um den Tatbestand der strafbaren Handlung zu erfüllen, deren Subjekt ich sei, deren Instrument das zum Haß aufrufende Material und deren Objekt der neugierige, ideelle und arglose Gast sei, der in der Zeit, in der ich den Kaffee gekocht hätte, geschickt in Erregung geraten sei und dann die gefährliche Schriftmappe schnell wieder im Schrank habe verschwinden lassen. »Wenn ich Kaffee koche«, sagte ich, »bitte ich meinen Gast in die Küche.« »In die Küche?« fragte der Vernehmer leicht empört, als würde dem Gast damit eine Ungebührlichkeit widerfahren. »In die Küche«, wiederholte ich einfältig, »dort kocht der Kaffee.« Diese Gewohnheit vermochte der hagere Major in keiner Weise zu billigen. Von Zeit zu Zeit brachte er mit Hilfe eines Taschenkamms sein schütteres, rotbraunes Haar in Ordnung. Der Kamm steckte in einem Lederfutteral.

»Meine Freunde tun so etwas nicht, sie lesen nicht verstohlen in meinen Manuskripten«, sagte ich, »und sollte sich dennoch jemand zu so einer Unart hinreißen lassen, dann ist der Betreffende eigentlich auch nicht mein Freund, dann haben vermutlich Sie ihn geschickt, dann ist er also eine Amtsperson, das heißt, er kann nicht aufgehetzt werden, wie ich auch in Ihnen keinen Haß gegen die Grundeinrichtungen der Volksrepublik Ungarn entfachen könnte.« Der Major lächelte selbstzufrieden: Das würde mir tatsächlich nicht gelingen. Ende 1956, zu Weihnachten, habe er im Schnee auf seinem über gefrorenen Erdklumpen holpernden, stotternden Motorrad Konterrevolutionäre verfolgt, die sich auf Einödhöfen in der Tiefebene versteckt hatten. »Solange Sie niemanden finden, der meine Aufzeichnungen gelesen hat, haben Sie auch keinen Grund, mich zu verdächtigen«, merkte ich an. Er lächelte schlau, in meine Falle würde er nicht tappen. Zufrieden lachte er auf, seine Phantasie kam jetzt auf andere Weise in Schwung: »Ihre Tochter ist bereits acht Jahre alt, auch sie könnte die Aufzeichnungen ihres Vaters lesen. Sie liest darin, und schon ist der Sachverhalt Paragraph 127/b erfüllt. Ich muß nicht den vollendeten Tatbestand nachweisen, sondern nur dessen Eventualität. Befindet sich der Schlüssel im Schloß, kann die strafbare Handlung durchgeführt werden. Ich betone, die Handlung. Denn was Sie denken, das ist Ihre Privatsache.

Doch wenn sich der feindselige Gedanke auf dem Papier vergegenständlicht, so ist das keine Privatsache mehr.«

Den Ausdruck des »Vergegenständlichens« mag er damals gelernt haben. Der Major benutzte gern gelehrte Wörter. »Und überhaupt, der Schrankschlüssel hängt nicht an Ihrem Schlüsselring.« Auf diesen Beweis war er sehr stolz.

Anderentags schickte er ein Polizeiauto zu Tante Erzsi, der Kinderfrau unseres Sohnes Miklós. Juli redete er als »Frau Lehrerin« an, mich als »Herr Ingenieur«, denn er hatte gesehen, daß ich zu Hause gelegentlich mit einem Rechenschieber und Zahlen arbeitete. Tante Erzsi behauptete instinktiv die Unwahrheit, daß der Aktenschrank des Herrn Ingenieur immer verschlossen sei und sie den Schlüssel noch nie gesehen habe. Der Major schnauzte sie an, sie solle nicht lügen.

Tante Erzsi wurde rot und erhob sich. Sie sei eine Weberin in Rente, langjährige Aktivistin und Mitglied der Stammbelegschaft, der junge Mann solle sie nicht der Lüge bezichtigen. Ihr ganzes Leben habe sie in der selben Fabrik gearbeitet und im selben Haus gewohnt. Er solle doch die anderen Arbeiterinnen und Arbeiter fragen oder ihre Nachbarn, was für ein Mensch Tante Erzsi sei, ob wahrheitsliebend oder verlogen. Als sie mir im nachhinein davon erzählte, lachte sie ein wenig und errötete, denn tatsächlich, was den Schrankschlüssel anging, »da habe ich ja wirklich ein bißchen geflunkert«.

Der rotgesichtige und manchmal, wenn er nervös war, fleckig bleiche Major wußte das Rätsel nicht zu lösen: Warum verwahrte der allen Anzeichen nach intelligente, anerkannte und über eine eigene Wohnung verfügende Wissenschaftler und Familienvater feindliche Erklärungen in seinem Schrank, obwohl er doch wissen mußte, daß er sich damit schaden würde? Wenn das Produkt krank sei, dann könne auch der Geist nicht gesund sein, dem all das entstamme. Wenn ich Dinge schrieb, die mir schadeten, dann litt ich offensichtlich unter Anpassungsstörungen und bedurfte einer psychiatrischen Behandlung.

Der Major war augenscheinlich zufrieden mit sich, daß er sich auch zu derart diffizilen Dingen äußern konnte. Er war schließlich Offizier der intellektuellen Unterabteilung der Staatssicherheitsabteilung, das heißt, er hatte sich von Berufs wegen mit Intellektuellen zu befassen, hatte behördliche Strenge mit erzieherischem Humanismus zu verknüpfen.

Das Innenministerium entzog mir auf drei Jahre das Recht, ins Ausland zu reisen, und Major F. erwirkte persönlich an meinem Arbeitsplatz, daß ich entlassen wurde.

Seine einfache These wurde von Frauen und Männern, die mir freundschaftlich verbunden waren, unterstützt, Menschen, von denen jeder für sich genommen klug und anständig und mir wohlgesonnen war, doch hielten sie es für den Lauf der Dinge, daß die Herausforderung der wachsamen Obrigkeit eine exemplarische und harte Reaktion nach sich zog. Manche hielten mich für verrückt und manche für teuflisch schlau, dabei war ich einfach nur harmlos und schwerfällig. Jedenfalls bin ich nach vierzehn Jahren in einer staatlichen Stellung freiberuflicher Privatier geworden.

Eigentlich wollte ich auch gar nichts anderes sein, ich strebte keine Rollen im öffentlichen Leben an, wünschte mir kein Podium unter den Füßen. Das bewahrte mich vor jeglicher institutioneller Karriere. Wenn ich mich zu etwas hingezogen fühlte, dann zur inneren Emigration, zum Garten, den ich auch heute noch nur aus Höflichkeit verlasse, wenn ich das Gefühl habe, den Einladungen nachkommen zu müssen.

Weder siegen noch verlieren will ich, will nur hier bleiben, solange es möglich ist, und Gott bewahre mich davor, daß ich Träger einer ersten Person Plural werde! Zu türmen war meine Leidenschaft, mich in eine verborgene Werkstatt zurückzuziehen und so den beneideten Höhen zu entziehen. Während meiner Zeit als Staatsangestellter war es mir gelungen, keinen einzigen Untergebenen zu haben. Wohl fühlte ich mich nur in Gesellschaften, wo alle ebenbürtig waren, wo jeder in seinem eigenen Namen sprach und jeder den anderen zum Narren halten durfte. Bis heute bin ich, wenn ich auf einem Podium stehend rede oder lese, bemüht, von dort möglichst schnell herunterzukommen.

Stets fühlte ich mich als Besucher; meine Kollegen warteten auf Operationen, rechneten nach, wer wieviele Herzinfarkte gehabt hatte. Schrottplatz, ich berührte keine Themen, die Verwirrung hätten stiften können.

Ich behaupte nicht, daß ich in die Tat vernarrt wäre. Eher schon versuchte ich, die Handlungen der anderen zu ertragen, zu überleben, ihnen aus dem Weg zu gehen, sie vielleicht zu verstehen. Vor der Verdummung hatte ich mehr Angst als vor dem Galgen. Kleine Sümmchen rannen langsam, auch verwandtschaftlicher Kredit traf ein, im großen und ganzen lebten wir wie die anderen. Zwei Zimmer, Diele, Mädchenkammer in der Innenstadt, im Bezirk Lágymányos, dann vier Zimmer zusammen mit meiner Mutter am Budaer Donauufer; siebter Stock, fünfter Stock, zweiter Stock: abwechslungsreiches Relief der Dächer.

Dann erneut: verschneite Landschaft vom Zugfenster aus, zurück in die große Schloßhalle, wo einhundertzwanzig Geisteskranke unser Kommen wahrnehmen und uns auf die ihnen eigene Weise begrüßen. Das war eine andere Welt als die Zusammenkünfte der Budapester alternativen Elite. Auch hier wurde ich unter die Weißkittel eingereiht, wie zuvor schon in den Randgebieten des siebten Bezirks, wo ich acht Jahre lang als ein Feldforschungen betreibender Besucher der »Herr Doktor vom Rat der Stadt« gewesen bin, der zuhörte, Diagnosen stellte und seine Vorschläge schriftlich festhielt.

1973 durften wir uns Gewißheit darüber verschaffen, daß alles, was wir schrieben, bei denen landete und daß sie sämtliche soziologischen Tiefeninterviews lasen. Ich schrieb, und sie lasen. Der Geist war aus den Fugen, die Wissenschaft wurde Material der Anklage, alle Fakten dienten dazu, uns anklagen zu können, alle abgehörten Worte bestätigten ihre Haltung. Vollkommenes Verstummen als Antwort darauf, als relativ korrektes Verhalten war also naheliegend, denn das Wort treibt ab, läßt sich zu Rollen hinreißen und wendet sich gegen den Sprechenden, stellt ihm Fallen, und der tut plötzlich Dinge, die ihm zuvor nicht eingefallen wären.

Nun, auch die Nervenheilanstalt ist ein Spiegel der Staatsmacht, auch die Krankheit speist sich aus dieser Welt, von hier bezieht sie ihre Affekte und Symbole. Auch der Verrückte ist ein Staatsmensch. Und natürlich auch der Doktor. Zum Winterausklang verließ ich die Anstalt; meinen Roman wollte ich schreiben, fortsetzen, was ich mit einem Freund begonnen hatte.

Szelényi lernte ich auf einer Sitzung kennen, auf den ersten Blick – so ging es mir mit meinen Freunden im allgemeinen – empfand ich seine Erscheinung als eher befremdlich. Hinter seiner Pfeife richtete er seine Frage auf eine Weise an mich – »ihr macht auch so ein *survey*?« –, daß man darauf nur eine Antwort geben konnte, die durch das Kauderwelsch des Dilettanten jenen um fünf Jahre jüngeren Menschen (ich mag dreiunddreißig gewesen sein, er achtundzwanzig) in seiner müden und nachsichtigen, jedoch von Neugier begleiteten Überlegenheit nur noch bestärken konnte. Sein Sakko und seine Krawatte waren tadellos. Er wirkte wie ein zivilisierter junger Wissenschaftler. Und da es wenige von seiner Art gab, war er eine Ausnahmeerscheinung.

Auch das »Ihr« hatte mich überrascht. Demnach wäre ich mit meinem Arbeitsplatz ein »Wir«? Und auch er eins mit dem Soziologischen Institut der Akademie, deren wissenschaftlicher Sekretär er war? Bald wurde uns klar, daß bei einer Zusammenlegung der Ressourcen unserer Institute die neue Welle der ungarischen Stadtsoziologie an Raum gewinnen könnte. Das war uns ein Ansporn, denn die gemeinsame Arbeit würde auch unsere beginnende Freundschaft auf ein praktisches Fundament stellen. Das sprachen wir nicht aus, denn dazu waren wir zu schamhaft. Das Land war nicht groß, und es gab keine Möglichkeit, nach draußen zu gehen, weshalb wir uns hier auf einem Fleck bewegten. Unsere Gesellschaft wuchs nach innen, wir trafen uns öfter, und das eigene Nest wurde uns wichtig. Die Aufstrebenden suchten nach neuen Dingen, die Alternativen auf dem Flohmarkt nach den alten.

Auf der Straße war sogleich zu erkennen, wer ein Ostler und wer ein Westler war. Als ich vom Westen zurückkehrte, wollten verdächtige Typen, die durch die Innenstadt zogen, auf Schritt und Tritt Devisen von mir kaufen, zwei Wochen später aber wurde ich, obwohl ich noch immer die gleiche Kleidung trug, von niemandem mehr angesprochen; mein Blick verriet ihnen den Einheimischen, die staunend gaffende Unvoreingenommenheit des aus dem Westen zurückgekehrten Reisendem war daraus gewichen.

Auf kleinerem Raum intensivere Lebensmasse. Als Stadtsoziologe empfand ich eine Erweiterung, wenn ich das ganze Land durchstreifte und sprechen konnte, mit wem ich wollte. Im Planungs- und Forschungsinstitut, das dem Ministerium unterstand, war ich ein oberkluger Reformer. Iván und ich kamen aus der Hauptstadt, waren Mitarbeiter bekannter Institutionen, Autoren angesehener Zeitschriften und Referenten auf Konferenzen, die der lokalen Prominenz keine größere Rolle zugestanden als die von Diskussionsrednern aus der Zuhörerschaft. Selbst das, was wir verspotteten oder geringschätzten, wurde vom

Auditorium für interessant und beachtlich gehalten. Ein Mitarbeiter der Lokalzeitung machte mit uns ein Interview; Jahre zuvor hatte er, neben dem unfreundlichen Vernehmer sitzend, die Rolle des freundlichen Vernehmers gespielt. Anscheinend hatte er die Stelle gewechselt.

Auch nächtliches Lustwandeln durch die Allee am Flußufer gab es und Ausweiskontrollen in einer Nachtbar. Ein jeder ist wunderbar, weil er er ist und nicht du. Auch dich selbst wechselst du aus, auf jeder Bank, unter jeder Gaslaterne, auf jedem Gebirgspfad wirst du ein anderer. Eins bist du mit dem hochgeschlagenen Kragen, mit der umarmenden Hand, die jetzt unter den Pullover greift und sich in Richtung Brust vorantastet.

Der Spaziergang, sagte Iván, stehe unter den Arbeitsmethoden an erster Stelle. Wenn einer wissen will, wie eine Stadt ist, dann muß er sie sich kreuz und quer erlaufen und in den winzigen balkanisch-italienisch-türkischen Steingärten, terrassenförmig angelegt, mit Ölbäumen entlang den schmalen, abschüssigen und mit Abwasserrinnen versehenen Straßen des ärmlichen Pécser Stadtviertels Zidina den Schaukelstuhl beobachten. Neben dem Schaukelstuhl ein Schemel: Eine Großmama erzählt ihrem Enkelkind etwas. Und dann der Rückspiegel vor dem Fenster, der sollte unserer Aufmerksamkeit nicht entgehen, über dem in weißem Leinen steckenden Kissen für die Ellenbogen, damit die alte Dame, deren Augen für einen Moment – so wähnen wir – im Spiegel zu sehen sind, vom Stehen am Fenster müde geworden, auch vom Sessel aus ständig frische Informationen von der Außenwelt erhält und beobachten kann, wer auf der Straße vorüberschreitet.

Iván hatte für solche Details einen Blick, und gern aß er abends in guten Restaurants, die es zu entdecken galt, meist im Kreis unserer Nachrichtenquellen, mit unseren Mitarbeitern vor Ort, die uns den Klatsch und die Gerüchte ihrer Stadt feilboten, die Überreste ihrer einstigen Schönheit, und am nächsten Tag führten sie uns zur Zigeunersiedlung oder zum Kaderhügel, einer maßvoll eleganten Häuserzeile. Vielen Ortsansässigen statteten wir Besuche ab: dem Ratsvorsitzenden, dem Parteisekretär, dem alten Baron, dem Priester, dem Lehrer, dem Schmied, dem Gärtner, dem Krämer, dem Bergmann.

Morgens um acht trat ich in Budapest aus der Haustür, und dank den Propellerflugzeugen befand ich mich schon zwei Stunden später in Pécs auf dem Széchenyi-Platz; im Café Nádor ließ ich den Tag beginnen, von einem Marmortisch aus konnte ich das südländisch wogende Publikum im Auge behalten, ebenso Herrn Darányi, ein ganz winziges Männchen, den die Kellner mit großer Liebenswürdigkeit auf das Kanapee mir gegenüber hoben, wo er mit dünner Stimme piepsend von sich gab, was er immer tat, daß er nur einen Simpla, einen einfachen Espresso, haben wolle, denn ein Dupla, ein Doppelter, wäre für seine Körpermaße zuviel des Guten.

Dann ging ich mit Iván auf Tour, wir sprachen einige Männer an, die sich in ihrem Garten auf den Spaten stützten, Frauen, die Einkaufstaschen schleppten, junge Frauen in Miniröcken, mit Pferdeschwänzen, wir erkundigten uns nach dem Weg.

Da kamen wir nun, leutselige und weitgereiste Poseure aus der Hauptstadt. Insgesamt hatte ich mich vielleicht schon zwei Monate im Westen aufgehalten. Auch in Paris hatte ich in einem Café auf der Isle de la Cité geschrieben, am Meeresstrand in der Normandie hatte ich in der Nähe eines Riesenschiffes mit dem Namen France auf dem Rükken gelegen und die Bauern eines normannischen Dorfes beobachtet, die ebensolche blauen Kittelschürzen trugen, wie sie im Komitat Bihar üblich waren. Gern wäre ich, während es draußen nieselte, bei Muscheln und Weißwein in einer Matrosenkneipe an der Küste des grauen und zürnenden Meeres geblieben.

Szelényi war schon auf sträfliche Weise Kosmopolit. Als Ford-Stipendiat hatte er ein Jahr in Amerika verbracht, und auf meine Frage, wie New York sei, antwortete er: »Wenn du irgendwo in New York absteigst und genügend Geld in der Hand hast, kann es passieren, daß du nachts aufwachst und nicht schlafen kannst, weil du keinen Löwen hast. Es kann sein, daß dir der Gedanke keine Ruhe läßt und du auf die Straße gehst, und bei Gott, irgendwo in der Nähe kannst du einen Löwen kaufen und an der Leine nach Hause führen.«

Hm, dachte ich bei mir, warum hat sich dieser Mensch nicht lieber für die Literatur entschieden? Als ich dann zehn Jahre später in New York nicht schlafen konnte, ging ich hinunter und erkundigte mich im erstbesten Krämerladen, wo ich einen Löwen bekommen könnte. Ob ich nicht lieber ein Rinderzungensandwich haben wolle, fragte mich der grobschlächtige Chef lächelnd.

Man sieht, daß die Forschungsarbeit nicht in krassem Gegensatz zum angenehmen Zeitvertreib stand und daß man auch in der alten Ordnung gut arbeiten konnte. In einem rötlichgelben Volkswagen wurde die luzide Popsoziologie transportiert; ein jüngerer Kollege, Robert Manchin, saß am Steuer. Hundert nach einem strikten Zufallsmodell ausgewählte Dörfer suchten wir auf. Andächtig berührten wir in einem Pfarrhaus jenen vierhundert Jahre alten Schreibtisch, an dem der reformierte Prediger Gáspár Károlyi die vollständige Bibel vom Hebräischen und Griechischen vollständig ins Ungarische übersetzt hatte.

In großen Säcken brachten wir Kinderkleidung in Zigeunersiedlungen, wo die Kinder trotz winterlicher Temperaturen aus den Hütten nackt in den Schnee hinausrannten und uns umringten: »Onkel, gib mir Geld!«

Wir dachten, wir werden diese Gesellschaftsstruktur nur beobachten und beschreiben. Gelegentlich glaubten wir, den tatsächlichen Sachverhalt zu verstehen und aufzudekken, so daß daraus Reformen folgen könnten. Dann aber ordnete das Objekt unserer Beobachtungen, das System, überraschend Hausdurchsuchungen in unseren Wohnungen an. Es folgten lang andauernde Unannehmlichkeiten, zu denen sich die Verantwortlichen in dem Glauben entschlossen hatten, daß man uns nur energisch verwarnen und isolieren müßte, damit die anderen aus unserem Beispiel Lehren ziehen würden, wir aber, sollten wir nicht zur Vernunft kommen, würden sicher das Land verlassen, wie es auch die russischen, tschechischen und ostdeutschen Kollegen getan hatten. Wir waren ebenso naiv wie die Behörden. »Habt ihr überhaupt noch einen Sinn für die Realitäten?« »Soll ich dir sagen, was du bist? Ein großer Hornochse.«

Das sagten Freunde. Nein, in den Brunnen wollten sie nicht lange hineinschauen. Es blieb die Isolation, das Schreiben, gemeinsam mit Iván die peripatetische Methode, in Wäldern und auf Bergen mit einem Tonbandgerät bewaffnet, auf Grabsteinen des serbischen Friedhofs von Csobánka sitzend oder am Fuß des Oszoly-Felsens auf einer Bank in ein Gespräch über unser Thema vertieft, später dann das Pingpong genauen Formulierens unter alten, braunen Deckenbalken und Abhörscheiben. Im Wechsel saßen wir an der Schreibmaschine, einmal schwang Szelényi sich zu einem Satz auf, ein andermal ich, einer diktierte dem anderen, und der schob einen präzisierenden oder amüsanten Satzteil ein. Uns motivierte die Untersuchung der Frage, wie das Regime durch den inneren Widerspruch zwischen den gegensätzliche Interessen verfolgenden Akteuren des Dramas auseinanderbröckelt.

Iván hatte vor allem das Gerippe des Inhaltsverzeichnisses deutlich vor Augen: wie einen Weihnachtsbaum, der noch zu schmücken war und bei dem das Verhältnis von Stamm und Zweigen am wichtigsten sein würde, für mich dagegen standen eher Fracht und Improvisation im Vordergrund. Wir unterhielten uns viel und gewöhnten uns daran, einer vom anderen das Wort zu übernehmen, und auf ein Zeichen gestatteten wir dem anderen, mit lauter Stimme seine Gedanken zu formulieren, nun sollte er den Satz fortsetzen, der ganz forsch begann, doch dann durch einen unerwarteten Schlenker oder eine andere Verpakkung, vom Mitautor initiiert, zu schillern begann. Das Angenehme an der Arbeit mit einem Freund besteht darin, daß sie frei von Eifersucht ist: Du gibst ihm etwas und freust dich, wenn er es gebrauchen kann, wenn er sagt, das sei gut, doch wenn er meint, dein Vorschlag sei verworren oder unausgegoren, dann sollte er fallengelassen werden, dann hat er nichts Besseres verdient. Gut ist, was beiden gefällt, worüber sich der andere freut.

Wenn wir dank unserer ausführlichen Gespräche allmählich etwas klarer sahen, dann hatten wir es verdient, zur Erholung auf den Oszoly-Felsen zu trotten, auf dem sich vom Grabsteintisch aus an der Südseite des Glöcknerhauses ein Blick eröffnete, hoch oben über dem großen abschüssigen Garten, welcher von allen Seiten vor fremden Augen geschützt war. Zugang hatte nur der Benediktinerpfarrer Pater Zsigmond Kapcsándy, mit dem wir uns an vielen Abenden unterhielten. Ich bemerkte, daß mich der mit ihm geführte humorvoll-religiöse Gedankenaustausch mehr in den Bann zog als die Chancen, Miseren und die Ideologiekritik des Sozialismus.

Jetzt aber verliehen wir jener früheren Idee von mir Fundament und Gestalt, sie lautete: Suche nach dem Intellektuellen in der Geschichte, nach dem Ritter der Totalität, dem Dichter der Ideen, Erklärungen, Ideale und Schrekkensvisionen, nach dem Lobpreisenden und Sich-Empörenden, suche nach den Worten, denn im Anfang war das Wort, suche also nach denen, die die Gesinnungen abbilden, suche nach den Zuckerbäckern des Ergriffenseins in ihrem jeweiligen grellen rhetorischen Gewand.

Wenn wir vormittags etwas geschafft hatten, gönnten

wir uns gern eine größere Bratwurst und ließen uns damit bei einem Glas Rotwein an einem Akazienbalkentisch der in einem Holzhaus betriebenen Garküche nieder.

Seit wir gehört hatten, daß beim Ehepaar Heller-Fehér im Morgengrauen eine Hausdurchsuchung stattgefunden hatte, waren wir diszipliniert geworden: Ein- bis zweimal vergruben wir das Manuskript in Plastiktüten eingewickelt in einer Kiste, ein andermal, in einem unachtsamen Seelenzustand, verbargen wir es unter der Kohle im Kohlenschuppen. Doch daß über jedem Zimmer des Glöcknerhauses Abhörscheiben von der Größe einer Untertasse, in einen weißen Porzellanrahmen gebettet, auf Geräusche warteten, sei es Schnarchen oder, beispielsweise, das Klappern einer alten Schreibmaschine der Marke Triumph, vielleicht auch Liebeslärmen, das ahnten wir noch nicht einmal.

Wir hielten uns nicht für wichtig. Zwar hatten wir von Solschenizyns Abschiebung in den Westen gehört, von innerer und äußerer Verbannung, und davon, daß Andropow, einstiger Botschafter in Budapest, an der Spitze des Geheimdienstes im sowjetischen Reich Ordnung schaffen und mit der oppositionellen Subkultur aufräumen wollte, doch wir dachten nicht, daß auch die ungarischen Organe zu ähnlich groben Schritten entschlossen sein könnten. Bald stellte sich heraus, daß unsere Budapester Wohnung mit versteckten Mikrophonen bestückt war. Ich sagte meiner Frau, daß sich ein gewisser Schlüssel im Zimmer meiner Mutter unter dem Zucker in der silbernen Würfelzukkerdose in der Vitrine befände. Die mit der Hausdurchsuchung befaßten Personen steuerten sogleich auf das Ziel zu.

Wenn ich mich mit meiner Frau über irgend etwas unterhielt, was mit dem Schreiben zu tun hatte, mit dem Weg der Manuskripte oder mit politisch brisanten Begegnungen, schrieben wir die Mitteilungen auf kleine Zettel und spülten sie anschließend die Toilette hinunter. Damals sahen wir uns ständig danach um, welcher Winkel oder welche Ritze geeignet wäre, um dort ein Manuskript zu verstecken. Geheim hielt ich vor allem, wie weit ein Manuskript bereits gediehen war, denn wenn es fertig wäre, so dachte ich, würden sie kommen, um es abzuholen. Deshalb leugnete ich stets mein Vorankommen, und auf die Frage, ob ich arbeitete, antwortete ich am Telefon ausweichend: Ich würde trödeln, herumfummeln.

»Eigentlich sind Sie ein Widerstandskämpfer«, sagte der eine Vernehmer. Bis dahin hatte ich das weder gewußt noch gedacht, doch die Äußerung des Polizisten gefiel mir. Ich wurde empfänglicher für das Wörterbuch des Polizeistaats. Am weiß gestrichenen Fenster jenes stets geschlossenen Geschäfts in unserem Haus nahm ich hinter einem von innen in die Farbe gekratzten kleinen Loch ein Auge wahr, das mich beobachtete. Auch an den beiden Fenstern des gegenüberliegenden Hauses ließen sich zwei Gesichter ausmachen, die mich ins Visier genommen hatten. Ich erkannte im Auto wartende Männer, den Chauffeur des Krankenwagens und den Taxichauffeur, die langsam neben mir herfuhren, den auf dem Gang vor der Wohnung gelangweilt lauernden Rentner, die ausdauernd hinter mir Herkommenden und das vor dem Gartentor in Csobánka anhaltende Auto, und ich spürte, daß der Polizist, der das Glöcknerhaus betrat, um meinen Ausweis zu kontrollieren, um zu klären, was ich hier im Dorf zu suchen hätte, zu jener Maschinerie gehörte, die dazu berufen war, das unangefochtene Fortbestehen der großen Lüge zu garantieren.

Im Frühjahr 1974 ließen wir uns nicht stören; weder von kommunistischen noch von antikommunistischen Ideologien. Wir waren es, die störten: Nicht nur das offizielle, sondern auch das nicht-offizielle Selbstporträt der Intelligenz. Wir hatten nämlich erreicht, daß unserem Buch auch von oppositionellen Freunden Vorbehalte entgegengebracht wurden. Sie waren im Namen der Intelligenz beleidigt. Denn das Funktionieren des Systems wurde von einem akademischen Fachapparat garantiert, der die Machthierarchie nicht in Frage stellte, wenn er auch sich selbst als Opfer begriff und Verletzungen erlitt, wodurch er jeglicher Verantwortung enthoben wurde.

An einem warmen Sonntagnachmittag tauchte meine Freundin, die Filmästhetin Yvette Bíró, zusammen mit einem traurigen und skeptischen tschechischen Filmregisseur in unserem Garten in Csobánka auf. Wir empfanden Sympathie füreinander, beschenkten ihn mit kostbarsten Gedanken, doch er, statt sich dafür zu begeistern, schüttelte resigniert bekümmert den Kopf: »Noch bevor Sie das Manuskript beenden, wird man Sie einbuchten. Zwei so kluge Menschen!« Mit wortlosem Bedauern nickte er.

Die Bäume des Gartens ächzten unter der Last von Kirschen und Aprikosen, wir amüsierten uns über Gefängnisgeschichten, die wir von unseren älteren Freunden gehört hatten, dennoch war uns bewußt, daß Dinge, über die man später lachen kann, zur Zeit ihres Geschehens keineswegs so lustig sein müssen.

*

An einem sonnigen Vormittag fuhr ich gemeinsam mit meinen Freunden Gabriella Hajós (Zsabó) und György Jovánovics nach Csobánka. Während Zsabó unten horchte, damit wir auf dem Dachboden nicht überrascht würden, machte der Bildhauer Fotos davon, daß sich die häßlichen, altmodischen Scheiben noch immer in dem sandigen, aufgelockerten Lehm befanden, und dann schoß er Bilder davon, daß sie nicht mehr dort waren, weil ich sie herausgerissen hatte, wie Rüben aus der Erde, und als Indiz in meiner Hand hielt. Ich wußte nicht, was ich damit anfangen sollte, warf die Beweisstücke in den Küchenschrank zu dem anderen Plunder. Sich Zugang zum Haus zu verschaffen, war nicht schwierig, die Küchentür ließ sich mit einem Dietrich öffnen, den ich aus einem Drahtbügel zurechtgebogen und -gehämmert hatte und der oben unter der Traufe an einem Nagel hing. Jeden Abend fuhr ich mit dem Bus und der Vorortbahn heim nach Budapest. Anderentags nahm ich beim Betreten des kleinen Csobánkaer Hauses wahr, daß die Trophäe vom Vortag aus dem Küchenschrank verschwunden war. Ich war nicht so geistreich und draufgängerisch wie Vaclav Havel, der die Abhörvorrichtung, als er sie ausfindig gemacht hatte, sogleich auf den Flohmarkt brachte und dort verkaufte. Das Entstehen unseres gemeinsamen Buches ging unter ziemlich großer Geheimhaltung vor sich, doch einige mochten geahnt haben, daß wir daran arbeiteten, denn die Unterhaltungen mit interessanten neuen Gedanken zu würzen, dessen konnten wir uns nicht enthalten. Vorsicht war geboten, denn zwei Hausdurchsuchungen hatten wir bereits hinter uns. Ich schrieb nicht mehr mit der Hand, sondern nur noch mit der Schreibmaschine, in mehreren Exemplaren, und eines davon mußte immer versteckt werden. Mit einer heimischen Publikation konnten wir nicht rechnen. Das war normal. Also wollten wir den umfangreichen Essay in einem westlichen Verlag herausbringen. Dem fertigen Buch zum Leben zu verhelfen, das, so stellte ich mir in einer bürgerlichen Sichtweise vor, sei meine Sache. Alles andere komme erst danach. Ich war glücklich, daß wir fertig waren; Juli, meine Frau, hatte beim Abtippen geholfen. Das erste Exemplar gaben wir einem Freund, Tamás Szentjóby, der davon mit Hilfe eines Fotoapparats eine Fotokopie herstellte. Die wenigen Fotokopierer befanden sich damals noch unter Kontrolle der Politischen Polizei. Ich ging in Budafok in der Péterpál utca spazieren, wo sich die Häuser der einstigen Winzer am Berghang aneinanderreihten; einige der Häuser erinnerten mich an die in meinem Dorf.

Die Gegend, in der jemand vor seinem zehnten Lebensjahr gelebt hat, formt ihn so sehr, daß er sich auch am ehesten in etwas ähnlichem zu Hause fühlen kann. Ich befand mich auf der Rückkehr zu einem Roman, zu dessen zweitem Kapitel, das von der Familie und der Kindheit handelt. Das Leben schien mir notorisch schön zu sein, und auf die Frage, wie es mir gehe, antwortete ich meist: »Ausgezeichnet!« Was in den Augen eines Außenstehenden eigenartig wirkte. Doch seit meiner Gymnasialzeit war ich glücklich, wenn ich morgens das Haus verlassen konnte, ohne an diesem Tag irgendwelche Verpflichtungen zu haben, und wenn ich mich an einem Tisch niederlassen konnte, wo mich niemand stören würde.

*

Überraschend kam ein anderer Freund, Tibor Hajas, und berichtete, daß Tamás verhaftet worden sei. Nach pornographischer Literatur hätten sie in seiner Wohnung gesucht und sich dann auf unser Manuskript gestürzt. Unser Wohnhaus war bereits umzingelt, Polizisten in Zivil waren uns auf der Spur. Vor unserer Haustür küßte sich unentwegt ein Pärchen. Krankenwagen und Taxis folgten uns und paßten sich unserem Tempo an, darin Männer und Frauen, die sich demonstrativ unauffällig verhielten oder eben komisch, wenn sie sich bemerkbar machen wollten. All das geschah offensichtlich mit Zustimmung oder gar auf Anweisung des Politbüros, woraus wir schlossen, daß uns nicht mehr viel Zeit von unserer Verhaftung trennte.

Iván und ich setzten uns in ein Espresso Ecke Kleine Ringstraße/Dob utca, tranken etwas und machten uns gegenseitig Mut, daß sich alles gelohnt habe, ganz gleich wie sich die Dinge entwickeln würden. Dort saßen wir, unter vielen Betrunkenen, und fühlten uns für einige Minuten wohl. Wir einigten uns, woran wir uns halten sollten: Wir hätten keine Ahnung, um was für ein Manuskript es sich handle und wem es gehöre, wir hätten damit absolut nichts zu tun. Wir distanzierten uns von unserer Arbeit. Das war noch ein Überbleibsel einer Gewohnheit aus einer vorangegangenen Periode, als man für die Mitautorschaft an einem Flugblatt für Jahre ins Gefängnis wandern konnte.

Dann kam Kati Szelényi, und wir begleiteten Iván zum Ostbahnhof, wo er den Abendzug nach Belgrad bestieg. Er besaß noch eine gültige Ausreisegenehmigung nach Jugoslawien, hätte den Papieren zufolge das Land verlassen dürfen. Natürlich wurde er an der Grenze aus dem Zug gefischt und zurückgeschickt.

Wir waren töricht und im Widerstand Neulinge. Und dennoch hatten wir das Spiel in der Hand, nicht jene vielen unglücklichen Männer und Frauen, die uns hinterherhasteten. Wenn wir zum Fenster unserer Wohnung am Szilágyi-Dezső Platz zur Iskola utca hinaussahen, erspähten wir gegenüber dem hinteren Tor einen Polizeiwagen, und wenn wir zur vorderen Haustür hinaustraten, wartete auch dort ein Auto, oder sogar mehrere, mit darinnen sitzenden Pärchen.

Szelényi begleiteten sie sogar in die Sauna des Csillaghegy-Schwimmbades. Iván ertrug die Situation mit Würde. Eine dreiviertel Stunde lang saßen neben ihm jene zwei Männer, die den Befehl erhalten hatten, ihn zu verhaften. Sie schwitzten an seiner Seite, doch erst als sie alle drei das Schwimmbad verließen, hakten sie ihn unter.

In mir schlummerte ein zweifellos kindliches Verlangen, ihnen zu entwischen, ihre Rechnung zu durchkreuzen, ihnen die Suppe zu versalzen und mich ihrem Zugriff zu entziehen. Zumindest Zeit wollte ich gewinnen, damit die Parteiführung darüber nachdenken konnte, ob sie mich tatsächlich festsetzen wollte. Die Telefone liefen heiß, die Nachricht verbreitete sich wie ein Lauffeuer, und die Entscheidungsträger gerieten unter den Druck vermittelnder Schriftstellerkollegen oder gar der eigenen Kinder. Ich bat

Vera Varsa, meine erste Frau, mir einige Tage Unterschlupf zu gewähren.

Es mögen nicht einmal zwei Tage gewesen sein, die ich in Veras Wohnung im sechsten Stock verbrachte. Ich las, betrachtete die auf der Dachrinne sitzenden Vögel und die bequem arbeitenden Dachdecker auf dem Haus gegenüber. Die beobachteten mich gleichfalls, denn sie waren keine wirklichen Dachdecker. Am 23. Oktober 1974 kamen die Offiziere der Staatssicherheit, um mich abzuholen. Zuvor hatten sie Vera in der Schule aufgefordert, ihnen bei der Verhaftung als Zeugin zur Verfügung zu stehen. Sie gaben sich mit mir zufrieden, verzichteten darauf, die Wohnung auf den Kopf zu stellen. Ich bedankte mich bei Vera und folgte, nachdem ich meine Zahnbürste eingesteckt hatte, den Polizisten in Zivil.

Oberstleutnant Gyula Fehér war höflich, bat mich um Verzeihung, daß er sich neben mir auf dem Rücksitz so breit machte. Er war mein Vernehmer und hatte, wie er behauptete, bei der Lektüre des Manuskriptes viel gelitten, weil er an solche Worte und Meditationen nicht gewöhnt sei. Obwohl er starken Kaffee getrunken habe, sei er mehrmals eingeschlafen, während er sich durch die Seiten gequält habe. »Dann fühlen Sie sich durch diesen Essay also nicht aufgewiegelt«, sagte ich. »Eigentlich nicht«, gab er zu. »Aber warum bin ich dann hier?« fragte ich. Der Oberstleutnant breitete seine beiden Arme aus und zeigte gen Himmel.

Eine Schriftprobe hatte bewiesen, daß die Korrekturen des Typoskripts meine Schriftzüge trugen. »Ist das Ihre Schrift?« Ich antwortete mit Ja, leugnete unsere Arbeit nicht. Das war selbstverständlich, doch war ich damit von unserer Vereinbarung abgewichen. Iván hielt sich daran, daß er damit nichts zu tun habe. Die Vermutung, daß sie keine Anklage erheben könnten, war nicht unberechtigt, denn den zur staatsfeindlichen Hetze geeigneten Text kannte außer den Autoren niemand. Die Organe waren überstürzt vorgegangen, es existierten keine Leser. Ich hatte die Vermutung, daß unserem Buch durch die Beschlagnahme sämtlicher Exemplare die Existenz entzogen werden sollte.

Die Gefangenschaft – das frühe Aufstehen, das Aufwischen der Zelle, Bohnenuppe und Kartoffelnudeln – schien mir erträglich. Aus der Gefängnisbibliothek bekam ich lesbare Bücher, auch wurde mir erlaubt, meiner Frau eine Vollmacht auszustellen, daß sie auf der Bank das für die amerikanische Ausgabe des *Besuchers* eingegangene Honorar abheben durfte. Der Oberstleutnant hatte schon sämtliche seiner Lieblingspassagen aus Hašeks *Schwejk* erwähnt. Der Inhalt unseres Buches kam nicht zur Sprache, lediglich die Frage nach dem Verbleib des zweiten Exemplars. Denn mit Hilfe der Rückseite des bei Tamás Szentjóby beschlagnahmten ersten Exemplars hatte ein Experte den Einsatz von Kohlepapier feststellen können.

Als ich eines Nachts aufwachte, hatte ich das Gefühl, die Lage zu durchschauen und lenken zu müssen. Jawohl, wir hatten das Buch geschrieben. Ich wollte erreichen, daß es neben Trotzki und Djilas in der für den inneren Kreis der Parteiaktivisten bestimmten Reihe herausgegeben würde. Vielleicht würden sie mich deshalb belächeln, aber das würde mir nichts ausmachen. Wir müßten möglichst schnell hier herauskommen, noch bevor wir uns zu sehr in diese Affäre verwickeln und auch andere mit hineingezogen würden. Bei Freunden waren Haussuchungen zu erwarten, vermutlich würden mehrere von ihnen als Zeugen vorgeladen und belästigt werden. Es galt, draußen Zeit zu gewinnen. Wenn sich die Gemüter erst beruhigt hatten, würden wir das Buch unter Heranziehung des Reserveexemplars veröffentlichen. Inzwischen könnte ich meinen nächsten Roman – *Der Komplize* – schreiben und in Sicherheit bringen.

Das tatsächlich existierende zweite Exemplar und das Original des Arbeitsmanuskriptes hatte Iván an einem sicheren Ort untergebracht. Die Behörde sollte sich ruhig noch eine Weile in dem Glauben wiegen, daß ihre Aktion nicht ergebnislos gewesen sei. Ich würde ihnen das dritte Exemplar aushändigen, dessen Rückseite keine Kohlepapierspuren aufwies. Das Erscheinen des Buches konnten sie nicht verhindern, doch würden sie ein polizeilich verwertbares Manuskript erhalten und dürften sich einstweilen der trügerischen Hoffnung hingeben, daß der Fall damit zumindest vorläufig ad acta gelegt werden könnte. Unter zwei Bedingungen würde ich ihnen das Versteck des Manuskripts verraten: Sie müßten uns noch am gleichen Tag auf freien Fuß setzen, und die Person, bei der sich das Corpus delicti befände, dürfe keinerlei nachteiliger Behandlung unterworfen werden.

Das trug ich anderentags vor. Nach einigen Stunden stimmte der Oberstleutnant auf Anweisung seiner Vorgesetzten meinem Vorschlag zu. In Begleitung des Oberstleutnants setzte ich mich in ein Polizeiauto und klingelte an der Wohnungstür Zsuzsa Lánghs, der älteren Schwester meiner Frau, und Ernő Sándors, ihres damaligen Mannes. Noch vor unserer Verhaftung hatten sie das Manuskript an sich genommen und nach einer gewagten Autofahrt im Gaskachelofen versteckt. Doch da ihnen ein Polizeiauto gefolgt war, war, auch wenn sie es hatten abschütteln können, zu vermuten, daß die Behörde auch sie nicht in Ruhe lassen würde. Wir trafen beide zu Hause an. Meiner Bitte, den Herren das Manuskript zu übergeben, kamen sie verblüfft nach.

Noch am selben Tag wurden wir alle drei – Szelényi, Szentjóby und ich – am späten Nachmittag mit einer staatsanwaltlichen Verwarnung entlassen. Ein mit Stempeln versehener Beschluß besagte, daß nicht nur die Veröffentlichung dieses feindseligen Materials – unseres Buches – verboten sei, nein, auch mündlich dürften wir es nicht verbreiten. Die Übertretung des Verbots würde ein Strafverfahren nach sich ziehen. Sollten wir das Gefühl haben, daß wir unsere schriftstellerische Tätigkeit mit den Gesetzen der Volksrepublik Ungarn nicht in Einklang bringen könnten, dann würden die zuständigen Stellen unserer und der Auswanderung unserer Familien zustimmen. Ich sagte, ich würde nicht gehen, ich sei ein ungarischer Schriftsteller. Iván sagte, er wolle darüber nachdenken.

Als ich jenes unfreundliche Gebäude in der Fő utca hinter mir ließ, hatte ich so ein Gefühl, vielleicht doch gehen zu sollen: weg von hier! Ich schaute hinüber zur anderen Seite der Donau, zum Weißen Haus, zum Politbüro. Weg aus dem Bannkreis dieser beiden Häuser!

Daheim trafen wir die Freunde; Iván Szelényi war mit meinem Vorgehen zufrieden. Er hatte genug von diesen Situationen und Menschen und wollte das Land verlassen. Unser Fall hatte im Westen ein kleines Presseecho gehabt. Angeblich soll sich auch Henry Kissinger nach uns erkundigt haben.

Wir kamen darin überein, zusammen mit unseren Familien auszuwandern, und wollten versuchen, unsere Arbeit an einer westlichen Universität fortzusetzen. Dazu würden wir Stellenangebote und Einreisevisa benötigen. Wir müßten offiziell einen Auswanderungspaß beantragen. Das taten wir, wir verhandelten mit Diplomaten, erhielten Versprechen, es hatte den Anschein, daß ein Lebenslauf im Exil in akademischem Fahrwasser möglich sein würde.

Ich selbst empfand mein Vorgehen nicht mehr als besonders geistreich. Zwar war mir von den zuständigen Stellen des Innenministeriums versprochen worden, daß meiner Schwägerin und meinem Schwager keine Unannehmlichkeiten widerfahren würden, dennoch hätte ich ihnen dieses Erlebnis nicht zumuten dürfen. Und würde das Versprechen eingehalten werden? Vielleicht hätte ich überhaupt keine Schritte unternehmen und geduldig abwarten müssen, obgleich in dem Fall auch andere, alle Betroffenen weiter ausgefragt worden wären. Was ich getan habe, habe ich getan, damit das Verfahren abgeschlossen werden konnte, die Vernehmungen meiner Freunde aufhören und meine Bücher das Licht der Welt erblicken könnten. Doch so gerissen die Überlegung auch gewesen sein mag, mein Handeln erfüllt mich bis auf den heutigen Tag mit Scham.

In den folgenden Jahren erschien unser Intelligenzbuch im Frankfurter Suhrkamp Verlag, bei Seuil in Paris und Harcourt Brace in New York, es erschien auch auf ungarisch unter der Betreuung der Protestantischen Freien Universität in Genf. Ich schrieb den Roman *Der Komplize* und gab ihn in mehreren Ländern, in denen es mir möglich war, heraus. Die ungarische Ausgabe erschien daheim bei Gábor Demszky als Samisdatausgabe und in New York bei Sándor Püski. Iván Szelényi konnte sich nicht vorstellen, sein Leben als Wissenschaftler auf so konspirative Weise fortzusetzen.

Ich dagegen dachte, ich würde nicht viel brauchen, mir genügten Papier und Schreibmaschine in dem kleinen Glöcknerhaus. Sollten wir versuchen, mit meiner betagten Mutter und unseren beiden Kindern auf irgendeinem Campus ein Zuhause zu finden? Nähme ich all meine Kraft zusammen, könnte ich Professor werden. Aber wollte ich das? Ich hatte mich schon in die Arbeit an meinem Roman vertieft. Sie nahm mich derart in Anspruch, daß ich ihr mehr oder weniger alles andere unterordnete.

Auswandern oder bleiben? Auf die eine oder andere Weise beschäftigte diese Frage jeden Menschen, der hier lebte, oder tangierte ihn zumindest. Wer von meiner Familie nicht getötet worden ist, wer die Konzentrationslager überlebt hat, der hat das Land nach 1945 oder Ende 1956 verlassen. So war das auch zu Anfang der siebziger Jahre:

Viele von meinen Freunden waren gegangen oder spielten mit dem Gedanken. Iván Szelényi ging, ich blieb. Vielleicht, um meinen nächsten Roman in seiner natürlichen Umgebung schreiben zu können.

Ich ertrug es nicht, mich als dankbaren Einwanderer zu sehen, auch nicht, sollte alles gut klappen, als Universitätsprofessor. Ich schalt mich: »Du läßt dich auf etwas ein, woran dir die Lust vergehen wird, etwas, das du als Zeitverschwendung empfinden wirst, das du aufgeben wirst.« An Tagen, an denen ich nicht schreiben kann, werde ich nervös und mürrisch, stürze mich in überflüssige Aktivitäten und finde meinen Platz nicht. Gern würde ich irgendwohin flüchten, wo mich niemand anspricht, wenn ich in den Garten hinausgehe, um frische Luft zu schnappen.

Du bist noch immer begeisterungsfähig und noch immer, sagte ich bei mir. Schon am ersten Tag in einer neuen Stadt, gleich ob klein oder groß, in Ost oder West, kann ich mir vorstellen, mein ganzes Leben hier zu verbringen. Anderntags gehe ich kreuz und quer durch die Stadt und will schon weiterziehen, am liebsten zurück nach Hause. Vielleicht nach Csobánka, wo bei der Hausdurchsuchung in meinem Zimmer im Glöcknerhaus überraschenderweise die Tischplatte nicht angehoben worden ist; unter ihr warteten die Romanaufzeichnungen – unberührt.

Ich heizte ein, sank zurück in die Arbeit, und das tat ich auch in den Budapester Espressos; in kleinen Vokabelheften machte ich Notizen. Oft wurden meine Bemühungen von einem Beobachter in Knopfgröße verfolgt. Wenn Gefahr im Verzug ist, wenn Getümmel herrscht, bewahre die Ruhe! Ich wolle auf die Auswanderung verzichten und bleiben, sollten sie meinen Roman *Der Stadtgründer* herausgeben, die polizeilichen Schikanen unterlassen und Iván Szelényi gemäß ihrem Versprechen außer Landes lassen. Das schrieb ich György Aczél, dem Parteiführer für kulturelle Angelegenheiten. Ich tat so, als wäre mein Bleiben ein

Geschenk und ein Opfer, obwohl ich mich nach der Fortsetzung meines bisherigen Lebens sehnte, weil ich es keineswegs für vergebens und freudlos hielt. Aczél antwortete mir, man könne ihm keine Bedingungen stellen, doch meine Forderungen halte er für erfüllbar.

Die Vorschüsse aus dem Westen sicherten uns ein bescheidenes Auskommen, ich konnte schreiben, unser Leben verlief wie bisher; am ehesten brauchte ich das, woran ich gewöhnt war.

Iván kundzutun, daß ich nicht gehen würde, daß wir kein westliches Autorenpaar sein würden, war für uns beide schmerzlich. »Du könntest auch bleiben, irgendwie kommen wir schon zurecht«, dachte ich. »Du hast versprochen, daß du mitkommst, und, na ja, du hältst nicht dein Wort«, dachte er.

Mit unserer Entscheidung gewannen und verloren wir beide, gemäß seinem Naturell und Rüstzeug folgte jeder seinem eigenen Weg. In Interviews, die ich westlichen Zeitungen gab, formulierte ich, woran ich mich halten würde: »Ich schreibe, was ich schreibe, die staatlichen Verlage veröffentlichen von mir, was sie veröffentlichen, ich meinerseits werde meine Arbeiten entsprechend meinen Möglichkeiten im In- und Ausland herausgeben.«

Iván: »Bildest du dir ein, du kannst deine Bücher hier schreiben und im Westen publizieren, während du friedlich über die Kossuth Lajos utca schlenderst?« Ja, das bildete ich mir ein. Und so ist es auch gekommen. So bin ich ein verbotener Schriftsteller geworden, ein Untergrundautor für anderthalb Jahrzehnte.

*

Im Herbst 1973 nahm ich meine Tätigkeit in der bereits erwähnten Nervenheilanstalt auf, in der Arbeitstherapie zum Programm gehörte. Nachdem ich in mir selbst und in meinen Kreisen eine gewisse Neigung dazu sah, versuchte ich, die psychische Krankheit als Haltung, als eigenes Weltbild zu betrachten. Das Tun des Kranken ist zumindest eigenartig, er hält sich für einen Erneuerer, andere dagegen meinen, er sei verrückt. Es könnte sein, dachte ich, daß es so auch um meinesgleichen im Dissidentenmilieu bestellt sei. Meinen Romanhelden hatte man im Irrenhaus verschwinden lassen. Die beschlagnahmten Exemplare meines Romans *Der Komplize* wurden als »feindliches Material« kraft Gerichtsbeschluß vernichtet. Nicht ich, lediglich meine mehrjährige Arbeit.

Nachdem ich im Alter von dreiundvierzig Jahren von überall entfernt worden war und mir keinerlei Amtsgeschäfte mehr oblagen, mußte ich auch die Gesellschaft nervender Zeitgenossen nicht ertragen, obwohl mir das nicht sonderlich schwergefallen war. Ich verbannte mich selbst in einen Garten, um meine Aufmerksamkeit entspannt und geduldig auf ein Abtasten der Dinge zu konzentrieren. Mit meinem Schreiben hatte ich so viel Geld verdient, daß wir noch einige Monate davon leben konnten. Frei von Risiken war unser Leben nicht: Hausdurchsuchungen, Verhaftungen, Verhöre, Beschattungen, ein dreijähriges Verbot von Reisen ins Ausland. Juli, meine Frau, durfte das Studio des Rundfunks nicht mehr betreten, von wo sie sich frühmorgens vor acht Uhr mit geistreichen und erfrischenden Buchbesprechungen gemeldet hatte.

In der Zeit meines Rausschmisses steckte jemand, ein Kollege mit buschigen Augenbrauen, den Kopf zu meinem Büro herein und flüsterte: »Verderber des eigenen Schicksals!« Gedanken, die mir in den Sinn kommen würden, würde ich um Wiederaufnahme in den Pferch bitten, waren mir von vornherein zuwider. Die erlaubte Normalität barg sämtliche Symptome der Neurose in sich. Gesund ist, wer frei ist. Krank ist, wer abhängig ist. Der Gesunde steuert sich selbst, der Kranke wird von anderen gesteuert. Der Kranke kann nicht für sich selbst sorgen, kann nicht auf eigenen Füßen stehen, kann keine Entscheidungen treffen, er sieht nicht, was ist, sondern das, was er gern sehen möchte, oder das, wovor er Angst hat.

Kinder sind klug; erst einmal wollen sie so manches nicht zur Kenntnis nehmen. Nach meiner Verhaftung hatte Juli vieles zu tun, weshalb Feri Fehér und Agi Heller unseren siebenjährigen Sohn Miklós mit zu sich nahmen, damit er bei ihnen übernachtete. Sie hatten auch einen Sohn in ähnlichem Alter: Gyuri. Den ganzen Nachmittag über spielten Gyuri und Miklós zusammen, doch am Abend zog er Feri zur Seite und fragte ihn ein wenig lispelnd: »Sag, bist du ein anständiger Mensch?« Feri verstand die Frage und antwortete: »Ja, Miklós, ich glaube ja.« »Gut, dann schlafe ich bei euch«, sagte Miklós.

Ich unterlag einem Berufs- und Erwerbsverbot. Ich nahm zur Kenntnis, daß ich überall verboten war; das folgte aus der Logik des mit einer Zentrale verbundenen Parteistaats. Deshalb fiel es mir nicht einmal im Traum ein, Redaktionen aufzusuchen, wußte ich doch, daß sie von mir nichts publizieren durften, von vornherein alles ablehnen mußten. Als ich dem einen oder anderen Redakteur versuchsweise dennoch etwas schickte, zeigten die schwächeren einfach keine Reaktion, während die besseren zurückschrieben, sie würden nicht wagen, mich zu drucken, so daß am Ende ich es war, der sich schämte, andere in eine so peinliche Situation gebracht zu haben.

Ich gewann die Überzeugung, es weder im Osten noch im Westen in einer festen Anstellung mit gebundenen Arbeitszeiten auszuhalten. Ich achtete jeden, der arbeitete, unterrichtete, Kranke untersuchte oder seine Zeit auf Sitzungen eines Instituts zubrachte, ich aber konnte mich darüber, daß ich all das nicht tun mußte, gar nicht genug freuen und empfand meine Tage als ein einziges Fest. Das Rattern der Schreibmaschine vermochte meinem Zeitvertreib vielleicht einigen Respekt zu verschaffen, erfreuten sich doch Stenotypistinnen als echte Werktätige höchster Anerkennung. Dank dem Regime durfte ich ein Abenteurer sein. Und sei es bequem Pfeife rauchend in meinem Schaukelstuhl.

Zur oppositionellen Organisation war ich zu faul und zu ungeschickt, damit gab ich mich nicht ab, um so weniger, als politische Arbeit auch die Vormittage in Anspruch genommen hätte, meine besten Stunden also, auf die zu verzichten ich nicht bereit war, weshalb ich mich mit dem Formulieren und Publizieren antipolitischer Texte zufriedengab.

Um meine Zeit für Ämter zu vergeuden, war sie mir zu kostbar, ebenso wie früher für den Besuch des Gymnasiums oder der Universität. Lesen, Schreiben oder Flanieren war interessanter. Auch Versammlungen mochte ich nicht, denn im Mündlichen wird viel geschwafelt. Von Orten, an denen viele zusammenkamen und einer allein sprach, verduftete ich, so schnell es ging. Blieb ich aus Höflichkeit, fielen mir nach einer Weile die Augen zu. Trotzdem genieße ich die mündliche Rede: nachmittags nach fünf Uhr bei einem Glas Wein.

Die Eingeweihten in der alten Ordnung konnten sich nur schwer vorstellen, daß der Aussteiger nicht damit rechnete, bei passender Gelegenheit seinen Platz im System wieder einzunehmen, am besten auf einem höheren Posten als zuvor, sondern daß er sich aus eigenem Antrieb anstelle des öffentlichen Dienstes für den Dienst im zivilen Leben entschieden hat. Nach Regierungsrepräsentation, -ansehen und -pfründen verlangte es mich ebensowenig wie nach Rückenschmerzen. Wer Macht besitzt, versteht sich eher darauf als derjenige, der keine besitzt. Auf das Denken aber verstehen wir uns besser, wir, die wir uns für diesen Beruf entschieden haben.

Der eine hat auch Zeit für Dinge, zu denen er Lust hat, der andere nicht. Die Zigeuner am Dorfrand von Csobánka hatten Zeit, denn wenn es regnete, gingen sie, Nagelschmiede, in den Wald, um Pilze zu sammeln. Würde ein Direktor vormittags hinaus in den Wald gehen, um Pilze zu sammeln, würde man glauben, er sei verrückt geworden. Mit Wohlgefallen betrachtete ich die Meister, die im eigenen Haus, im eigenen Garten das Brot für ihre Familie verdienten und denen nicht einmal im Traum eingefallen wäre, einen Beruf auszuüben, der von ihnen verlangt hätte, sich zu einer bestimmten Zeit bei ihrem Chef zu melden.

An meinen Arbeitsstellen gab ich meinen Kollegen schnell ein Schwafelkonzentrat zum besten, um ein verständnisvolles Lächeln zu ernten, wenn ich mit meiner schwarzen Umhängetasche verschwand. Ich ging in ein Café an der Ecke, ins Alkotás, oder irgendwo anders hin. Einen geschützten Sitzplatz suchte ich, wo ich Papier und Füllfederhalter vor mir ausbreiten und die Umgebung mittels eigenhändig aus Wachs und Watte angefertigter Ohrenstöpsel zum Verstummen bringen konnte.

Als ich in der Tiefe der Csobánkaer Zigeunerkneipe in den goldgelben Tresterbranntwein blickte, mußte ich mir eingestehen, daß es besser sei, in fremden Städten unter der Sonne zu lustwandeln als in einer heimischen Zelle zu hokken und immer und immer wieder die gleichen fünf Schritte auf und ab zu gehen. Warum aber klammerte ich mich dann an die Heimaterde?

An der weiß getünchten Wand und der auf Querbalken ruhenden, dunkelbraunen Holzdecke im Glöcknerhaus in Csobánka hatte sich seit Jahrhunderten nichts verändert. Vor der Küchentür breitete sich eine Rasenfläche aus, weiter hinten zwischen den Obstbäumen ein Brennesselwald. Links von der Küchentür stand auf Balkenbeinen ein Marmortisch, der einst ein Grabstein gewesen war, hier saß ich und arbeitete.

Ein Stück davon entfernt erwartete ich, auf einem Kelterstein sitzend, die Besucher. Der Garten war reichlich mit

Obst versehen. Hier gediehen Sauerkirschen, Nüsse, Aprikosen, Birnen und schrecklich viele Pflaumen; in guten Jahren ächzten die Bäume unter ihrer Last, und manch ein Ast krachte unter dem Gewicht der eigenen Ernte herunter.

Vor dem Haus schwang sich eine kleine Gasse aufwärts, die Straße der Roten Armee, bedeckt mit weißem Kiessand, der unter dem Gras hervorlugte. Sonntags kraxelten dort schweigsame und ganz in Schwarz gekleidete, alte Landfrauen mit Kopftüchern die Anhöhe hinauf, in der Hand fest umschlossen Gebetbuch und Taschentuch. So gingen sie auch in Újfalu zur Kirche, so folgten sie auf der Hauptstraße der verglasten Leichenkutsche, die von mähnengeschmückten Trauerhengsten gezogen wurde.

Werktags gingen selten Leute durch diese Gasse; nachmittags kam höchstens der Pfarrer, der sich aber alsbald wieder entfernte. »Vor fieberhafter schöpferischer Tätigkeit haben wir Achtung«, sagte er für gewöhnlich und ließ die Erinnerung an ein intensives Lächeln zurück.

Wenn ich beim Verlassen des Hauses ein bißchen Krach machte, horchte das zahme Reh in der Tiefe des Gartens auf, schlich sich hinter mich und stieß mich mit seinem kleinen, flaumigen Gehörn sanft an. Der Hund bellte, dann warf er sich plötzlich auf den Rücken, und das Reh kraulte ihm mit seinen Hörnern den Bauch. Der beste Freund des Rehs war ein streitbarer japanischer Hahn, der sich zum Schlafen unter dessen Bauch verkroch und sich wärmte. Dieses Bündnis verhalf ihm zu besonderem Mut; mit seiner dünnen Stimme, die zu seinen Körpermaßen paßte, krähte er schrecklich und spielte sich hüpfend auf, ein winziger, giftender Krakeeler.

Der hübsche und kluge Mischlingshund, der uns aus der Nachbarschaft einen Besuch abstattete, kläffte und randalierte, gab nicht eher Ruhe, bis ich ihm einen Platz auf dem Schemel anbot und das Reh sich an meine Knie schmiegte und der Hahn auf den Tisch flog. Nun, nachdem wir so beieinander waren, streckte der Hund, auf dem Bauch liegend, Vorder- und Hinterläufe aus und schnaufte im trauten Familienkreis. Als Sitzgelegenheiten habe ich einige Holzklötze im Gras aufgestellt, doch Ameisenvölker haben sich darin eingenistet. Wenn ich gegen einen Klotz stoße, strömen die Ameisen, als sei ihre Welt von einem Erdbeben erschüttert worden, von wahnsinniger Panik ergriffen hinaus auf das Plateau, retten die Eier, schleppen Krümel, rempeln sich auf ihren erschrockenen Zickzackbahnen an. Zehntausende von Angst Gehetzte fluten aus der Tiefe empor, und schon ist der Holzklotz von der wahnsinnig gewordenen Gesellschaft, die sich, von oben her betrachtet, kein bißchen vernünftiger verhält als die unsere, schwarz geworden. Kaum ist die Gefahr vergangen, in der sich die Ameisen in ihrem Entsetzen fast gegenseitig den Kopf abbeißen, werden sie sich ihres Heldenmutes und der erlittenen Qualen rühmen. Ich verpasse dem Holzklotz noch einen Tritt; noch stürmischer als zuvor wirbeln die Ameisen nun umher, sollen sie doch die Erschütterungen der Geschichte bis zum letzten auskosten. Nach großen Wirren kommt der Frieden, die Reihen müssen neu geordnet, die Führer, die sich als ungeeignet erwiesen haben, abgelöst werden, an jemandem muß Rache genommen werden, für das Zickzack, den erbärmlichen Wahnsinn, für die Scheußlichkeit, dafür, daß auf der Flucht im Ausschwärmen die Formationen von Treue und Verantwortung verlassen worden sind. Doch da weitere Erdstöße ausbleiben, stellen die Gelehrten der Ameisen fest, daß sich das Zentrum des Bebens beruhigt. Ich und das Reh beobachten in Gesellschaft von Hund und Hahn, daß die Ameisen, wieder zur Vernunft gekommen, in die Ritzen ihres geplagten Universums zurückkriechen. Der Zorn der launischen Gottheit legt sich, die Ameisen halten ihre Dankgottesdienste ab und berichten von ihren Tragödien, von den unergründlichen Fügungen des Schicksals, denen die Ameisengesellschaft zwar heldenmütig Widerstand geleistet habe, doch die Plagen hätten die Stützpfeiler ihrer Existenz immer und immer wieder erschüttert.

In gelangweilte und rätselhafte Grausamkeit gehüllt, gehe ich zurück ins Haus, ich, der Herr, ein abgefeimter, alter Halunke. Warum sollte ich von meiner Macht, wenn ich sie nun einmal besitze, keinen Gebrauch machen, warum sollte ich dem Holzklotz nicht wenigstens einen Tritt verpassen, sooft ich Lust dazu verspüre?

*

Ich gehe ins große Zimmer, lege mich aufs Bett, über mir, aus dem Spalt des geborstenen Balkens, seilt sich eine Spinne an ihrem Faden ab. Ich rege mich, die Spinne flüchtet in die Höhe. Ein Schmetterling kommt hereingeflogen, sucht nach einem Weg und entschwindet durchs gegenüberliegende Fenster. Der Sekundenzeiger des Weckers zuckt stumm. Das Kreuz auf dem Dach des Turmes neigt sich ein wenig nach links. Unruhige Vögel werden vom Wind zwischen den Blättern der Platane vertrieben. Auf dem Kelterstein sitzend, erwarte ich jemanden. Mit wem werde ich das Vergnügen haben? Mit einem Wildfremden? Mit einem uralten Bekannten? Einem Mitgefangenen, den ich schon nicht mehr sehen kann? Auf dem Steintisch tönt der Boden der Weinflasche angenehm. Dem Gast sage ich: »Nimm Platz, mach es dir bequem, in der Küchenecke kannst du dich waschen, aus dem weißen Eimer gieße ich dir frisches Wasser ein, das ich zuvor vom Brunnen geholt habe.« Eine leichte Brise läßt das Laubwerk des mächtigen Nußbaumes rauschen, vom Hügel schweifen unsere Blicke hinab ins Tal, wir sind zu zweit, wir können uns unterhalten.

*

War ich unangenehm, dann war es die mir selbst auferlegte Strafe, einen unangenehmen Kerl zu ertragen. Gab ich Unsinn von mir? Dann erschlug ich mich selbst damit. Die Hölle sind die anderen? Vielleicht bin ich sie am Ende selbst? Eingeschlossen in ein dunkles Zimmer, in dem nur ein Bildschirm leuchtet, zu sehen darauf ich selbst, ohne Ende.

Es tat wohl, von Csobánka aus ans Budaer Donauufer unter die Kastanienbäume zu fahren. Fast in jedem Espresso, fast in jeder Kneipe stieß ich auf etwas, woran ich Gefallen fand. Die Langsamkeit des Lebens bedauerte ich nicht, denn was sich von selbst ergab, das genügte mir.

Wenn ich anderentags am Vormittag meinen Blick vom rosa Marmorgrabsteintisch aus wieder wandern ließ, beobachtete ich die Tauben, die um das Kreuz der griechisch-orthodoxen Kirche flatterten, und die weiß zwischen den Blättern des Sauerkirschbaums hindurchschimmernde Felsspitze. Schöner als das ewige Licht, so dachte ich, ist in der Dämmerung der Schein der Sonne im Garten und der Lampe im Zimmer.

Zwischen meinem vierzigsten und fünfundfünfzigsten Lebensjahr war ich in meiner Wohnung, in meinem Haus eine Unperson, ein Mensch, den es nicht gab, der nicht hätte existieren dürfen und der allein schon mit seiner Anwesenheit eine Norm verletzte. Daß ich in der demokratischen Opposition nie ein Organisator, nie ein Führer sein würde, war klar, doch daß ich als geistiger Initiator in konservativem Gewand gelegentlich die Bühne betreten würde, war vorstellbar. Auf Berufs- und Publikationsverbot antwortete ich mit der inneren Befreiung des Autors. Dem Publikationsverbot Rechnung tragend, veröffentlichte ich meine Arbeiten im Untergrund, vor allem in Gábor Demszkys Samisdatverlag. Honorare erhielt ich keine, im Gegenteil, eher leistete ich meinen Beitrag zu den Druckkosten. Die Herausgabe meiner Bücher in Ungarn qualifizierte ich als freiwilligen öffentlichen Dienst.

Vormittags setzte ich mich an meinen Tisch, abends traf ich Menschen, die ich gern sah. Es fanden sich auch solche, denen ich nicht gern begegnete; sie warteten manchmal an der Straßenecke oder vor der Haustür in einem Auto auf mich und begleiteten mich überall hin. Allerdings hielten sie gebührenden Abstand von mir, so daß sie meine Einsamkeit nicht wirklich störten. Verbotensein und innere Emigration waren kein Schicksalsschlag, sondern die Folge einer persönlichen Entscheidung. Die damit einhergehenden Unbequemlichkeiten mußte ich ertragen.

Wir daheim in Ungarn hatten keine Möglichkeit, normal zu sein, und wenn dennoch jemand den Anschein erweckte, dann wurde ihm das von seiner Umgebung nicht verziehen. Auch die kritischen Intellektuellen neigten dazu, die Welt gegen sich aufzubringen: Auf der einen Seite standen wir, denen die Polizei nachschnüffelte, und auf der anderen Seite die anderen, gegen die nicht vorgegangen wurde, weil sie die Träger der vorherrschenden Denkweise waren. Um nicht verrückt zu werden, bedurfte es einer gehörigen Portion Selbstdisziplin und Humor. Viele schrieben verschiedenste Artikel gegen mich. Geantwortet habe ich auf keinen davon, auch persönliche Angriffe habe ich gegen niemanden verfaßt. Wenn ich darüber nachdachte, was für Probleme der Betreffende mit mir haben könnte, worauf dieser Affekt zurückzuführen sei, womit ich ihn beleidigt haben könnte, kam mir nichts Interessantes in den Sinn. Jeder ist das Abbild seines Textes.

*

Als Elfjähriger mußte ich die Erfahrung machen, daß der Zeitgeist auf seine Fahne geschrieben hatte, mich in die Donau hineinzuschießen. Diese unangenehme Erfahrung hatte mich früher als die anderen argwöhnisch werden lassen. Festliche große Worte? Ähnelten sie nicht zufällig einer Redeweise, die zum Töten von Kindern führt? Oder sich gelegentlich mit dem Töten von Kindern abfindet?

Mir war der Luxus zuteil geworden, daß niemand von mir erwartete, mich mit den allgemeingültigen lokalen Verblendungen zu identifizieren. Der verbotene Autor mußte nicht aus Höflichkeit zuversichtlich, empört oder verzweifelt sein. Ich brauchte keine Sorge mehr zu haben, daß ich die lokalen Behörden mit meinen Arbeiten verletzen könnte; das hatten wir bereits hinter uns. Aus der staatlichen Gemeinschaft, zu der die überwiegende Mehrheit gehörte, war ich verbannt, und zwar derart, daß sich auch meine Freunde daran gewöhnt hatten und es fast schon für natürlich hielten. Unter meinen Zeitgenossen machte ich mich oft nur halblaut brummend bemerkbar. Hätte ich gesagt, was ich dachte, wären manche beleidigt gewesen; ich hatte das Gefühl, als wären meine Tischnachbarn mehr an trickreichem Verhalten interessiert als am Denken.

In Budapest durfte ich nichts verdienen. Ein Redakteur, der um Genehmigung bat, etwas von mir publizieren zu dürfen, fühlte sich sehr mutig. Seine Anfrage wurde nicht nur abgelehnt, sondern auch als politischer Fehler eingestuft. Über Freunde erhielt ich die Botschaft, ein Buch von mir könne nur dann herausgegeben werden, wenn ich mich weiterer Regelverstöße enthielte. Das bedeutete praktisch ein Verbot für alle Zeiten. Denn einmal schrieb ich, ein andermal unterzeichnete ich etwas, was von der Staatsführung als beleidigend begriffen wurde. Von meinen im Westen publizierten Arbeiten konnten wir leben, auf einen Arbeitsplatz war ich nicht angewiesen, und so machte es mir auch nicht zu schaffen, daß ich selbst dann keine Stelle finden würde, wenn ich das gewollt hätte. Die innere Emigration wurde der erforderlichen Kinderbetreuung gerecht. Im großen und ganzen lebten wir wie meine bescheideneren Kollegen; die meiste Zeit verbrachte ich an meinem Schreibtisch, ohne mit irgendwelchen Chefs konfrontiert zu werden.

Ich schlenderte durch fremde und heimische Straßen. Auf dem Höhepunkt meiner einstigen Mißstimmung, nach denkwürdigen Niederlagen, wünschte ich keinerlei menschliche Kontakte. Ich sah hinauf zu den Fenstern der Mietshäuser, an denen der Putz abgeblättert war: Die mir bekannten Bewohner waren verstorben, weggezogen, ausgewandert. Angst war zu den Schlüssellöchern eingedrungen, das stumme Telefon wurde abgehört, ein sich schließender Kreis, ich war umzingelt. Mit zwei Spitzeln hinter meinem Rücken voranschreiten: ein fundamentaler Weg.

Mein früherer Verleger, György Kardos, Direktor des Magvető Verlags, behauptete, er wolle meine Bücher gern herausbringen, erhalte dafür aber keine Genehmigung vom Politbüro. Er bot mir Kognak an und bat mich um Verständnis; er stehe kurz vor einer Operation, sei geschwächt und leide unter Schmerzen. Ich wünschte ihm gute Besserung; erneut meinen Roman zur Sprache zu bringen, wäre unhöflich gewesen.

Aus der genehmigten Literatur Ungarns verstoßen, richtete ich mich im Selbstverlag ein. Gábor Demszky, mein eigentlicher Verleger, meldete seine Besuche telefonisch nicht an. Das Verlagsbüro in der Aktentasche, klingelte er an der Wohnungstür, hatte es immer eilig. Oft waren ihm die Polizisten auf den Fersen, von Zeit zu Zeit beschlagnahmten sie dies und jenes.

Fünfundzwanzig Jahre lang lautete meine Adressse Vármegye utca 7 in der Pester Innenstadt, dann annähernd zwanzig Jahre Szilágyi Dezső tér 4 in der Budaer Innenstadt. Hier besuchte ich später meine Mutter, als ich schon zu Jutka in die Torockó utca gezogen war. Mit sämtlichen meiner Domizile war ich zufrieden, gehörte also zu jener etwas langweiligen Mehrheit (unseren Erhebungen zufolge zu den siebenundsechzig Prozent der Befragten), die ähnlich empfand. Nach 1980 wohnten wir in Buda (Ofen), in einer Dreizimmerwohnung, wie auch heute noch. Jeden zweiten Tag kam meine verwitwete Mutter zu Besuch. Vor meinem Fenster Oleander, Malven, durch ihr Laub hindurch starrte ich zum Himmel. War ich ein Phantom geworden? Allmorgendlich nach dem Aufstehen hatte ich dennoch den Eindruck, daß ich existierte. In wievielen Exemplaren muß ein Mensch existieren?

Ganz gleich, wo ich in Budapest wohnte, ich hatte für mich entschieden, daß es niemandem gelingen würde, mich von hier wegzuekeln, allein schon deshalb nicht, weil ich den Anblick, der sich den Passanten auf den Donaubrükken darbot, als meinen nicht zu verstaatlichenden Besitz betrachtete. Gleich ob inländische Anpassung oder westliches Exil, jede andere Lebensstrategie hätte ich als Krampf empfunden.

Lebenskünstler im Ruhestand umgaben mich, Freiberufler, Invaliden. Schon immer wollte ich ein Reisender sein. Im eigenen Bett und auch am eigenen Tisch. Zu Hause in Ungarn zu leben, bedeutete mir eine größere Freude, als mich die Unannehmlichkeiten, die mir der ungarische Staat bescherte, störten. Wegen seiner Gedanken schikaniert zu werden, ist nicht angenehm, doch werden so viele Menschen schikaniert, selbst von ihren Liebsten, trotzdem emigrieren sie deshalb nicht gleich.

Die sich beherrscht gebenden, vierschrötigen Marionetten auf der Straße voneinander zu unterscheiden, wollte mir nicht gelingen. Anfangs wollte ich nur spazierengehen und versuchte, sie abzuschütteln, dann aber wollte ich sie einfach vergessen, damit sie mich nicht störten. Selten schaffte ich es, hinter sie zu gelangen. Bei solchen Gelegenheiten zogen sie ein Gesicht und suchten nach mir, während ich wie in einer Posse bereits verduftet war. Möglicherweise waren sie schon lange nicht mehr hinter mir, ich aber verhielt mich so, als würden sie mir folgen.

Damit, daß ich meine Ohnmacht bitter und logisch zur Kenntnis nehme, beginnt die Niederlage. Halte ich mich nicht an die Grundthese, daß die Freiheit stärker sei, gebe ich die Partie auf. Nicht an den Sieg glaubte ich, sondern an die Halsstarrigkeit der wenigen. Ich nahm mir vor, mich von den anderen nicht zu unterscheiden. Ich brauchte nichts Besonderes. Die Buchhändlerin, die Serviererin im Café und die Verkäuferin, alle waren sie freundlich zu mir, wenn ich es zu ihnen war. Warum sollte ich mich nicht in dörflich anmutende, wohlerzogene Liebenswürdigkeit hüllen? Ich schrieb von alten Zeiten und war mir nicht sicher, ob ich mich genau erinnerte. Wenn jede Beschreibung menschlicher Wirklichkeit Literatur ist, dann ist vielleicht auch der Autor selbst Literatur. Die Grenzen der Personalpronomen waren davongeschwommen, mich interessierten vor allem der Satz, der Absatz und die Gliederung der Seite.

Der Spieler nimmt zur Kenntnis, daß er eine Partie verloren hat, doch das Spiel gibt er nicht auf. Er hat sein möglichstes getan, er überprüft seine Methoden, Reue zeigt er keine. Was nun unsere Sterblichkeit angeht, so kann ich dazu nur sagen, daß ein Märchen, wenn ich es gelesen habe, zu Ende ist. Und dafür steht mir keinerlei Entschädigung zu. Statt eines wie auch immer gearteten Daseins habe ich keinen Anspruch auf etwas Zukunftsorientiertes und mit menschlichen Worten versprochenes grundlegend anderes erhoben, schon allein deshalb nicht, weil ich an die Möglichkeit von derartigem nicht glaubte.

*

Im Fernsehen sah ich die Bilder vom Fest des 1. Mai in Moskau. Über die gesamte Fassade eines Hauses breitet ein riesiger Soldat seine Arme aus. Auf dem Roten Platz reihen sich massive Phalangen aneinander. Am Rand der Quadrate weiß gekleidete Turnerinnen und Turner als Fahnenträger. Auf dem Platz dürfen nur die vortrefflichsten Frauen und Männer stehen, diejenigen, die im Arbeitswettbewerb die besten Ergebnisse erzielt haben. Unter dem Bild von Marx, Engels und Lenin die Porträts der aktuellen Parteiführer und darunter sie selbst.

Alle Teilnehmer der Massenkundgebung tragen in den Händen rote Papierfähnchen. Das Straßennetz zwischen den aus der Vogelperspektive gefilmten Menschenkolonnen ist geometrisch regelmäßig. Das als Vorhut anzusehende und weiß behandschuhte Polizeispalier zwischen Staatsbürgerteppich und Tribünenkomplex, dessen Zentrum das Leninmausoleum bildet, verharrt in Habachtstellung.

Hoch über ihnen die beleibten Marschalle mit der Sammlung klirrender und schillernder Verdienstorden an der Brust. Auf der Balustrade des Mausoleums erscheinen die Führer der Partei und Regierung, gekleidet nach staatlicher Männermode: dunkelgrauer Mantel, dunkelgrauer Hut tief in die Stirn gezogen. Finstere, alte Männer mit vorgehaltener Hand bewegen das Handgelenk im Takt, um der Masse ihren Gruß zu entbieten.

Fanfaren und Posaunen dröhnen, Breschnew nimmt den Hut ab und tritt ans Mikrophon, kämpft mit dem Verlesen des von anderen geschriebenen Textes, mit der Aussprache längerer Wörter. Das Gesicht voller Falten und Hängebacken. Neben ihm stehen mürrisch und reglos die anderen Führer. Gelangweilte und eingefallene Gesichter, es ist offensichtlich, daß sie mit ihren Gedanken nicht bei der Sache sind. »Glühender Salut und Kampf für das Glück aller Werktätigen!« Streng wenden die Führer die Köpfe nach rechts und nach links. Wenn der Chef seine Rede beendet, beginnen die beiden neben ihm stehenden Führer mit dem Applaus, der von der Menge übernommen wird. Pflichtbewußt ziehen die auf der Tribüne Stehenden manchmal die Hände aus den Manteltaschen, um zu klatschen. In sich gekehrte, selten lächelnde, abgestumpfte Gesichter. Die Menge applaudiert mäßig, seltene Ausrufe, selbst der Gesang kommt nicht von den Versammelten, aus dem Rachen der Megaphone quillt der Marsch des Militärchors. Auf großen Ständern tragen Sportler die Gesichter derer, die auf der Tribüne stehen.

Auf einem riesigen Trailer nähert sich der in Silberpapier gewickelte Globus, eskortiert von einer Motorradstaffel, dahinter schreitet unaufhaltsam ein zehn Meter hohes Leninporträt voran. Was sonst könnten die auf dem Lastwagen sich drängenden oder in Kolonnen aufgestellten jungen Leute tun, als Fahnen zu schwenken, in unermüdlichem Eifer Fahnen zu schwenken?

Lauter visuelle Bravourstücke, Formalismus der Endzeitstimmung. Auf Metallgestellen, auf Fahrräder montiert, ziehen Raumschiffe am Mausoleum vorüber, Tableaus und Buchstabenfiguren. Wie wird aus einem Menschen etwas anderes, ein Bestandteil einer großangelegten Konstruktion? Die jungen Mitglieder der revolutionären Spurensucher marschieren in besonders gewundenem Paradeschritt voran.

Das Gesicht der Führer strahlt Wohlwollen aus. Von fern klingende Engelsstimmen, es kommen die kleinen Pioniere, die alten Herren auf der Tribüne geben ein Zeichen, daß sie auch lächeln können, denn letztendlich sind auch sie Großväter.

Wir befinden uns in den siebziger Jahren, ich gehe hinaus auf die Landstraße, ein Schild verbietet hier jegliches Fotografieren. Was darf nicht abgelichtet werden? Eine Raketenabschußrampe? Eine Radarstation? Der Eingang zu einem im Wald gelegenen unterirdischen Rüstungsbetrieb, zu dem eine tadellose Betonstraße führt? Ein kleiner Hügel erhebt sich darüber, als befände sich dort unten jemandes Grab. Miniabhörgeräte werden in der Fabrikanlage produziert; ganz Osteuropa wird damit versorgt.

Die Felder werden nicht bestellt, auf dem steinigen Hügel darf nicht geweidet werden, hinter den Waldstreifen entlang der Straße graue Betongebäude, Wachtürme, Zielscheiben, Bunker, Stacheldrahtverhaue, das ganze umgeben von einer aus Betonelementen zusammengestückelten Einfriedung.

Am Dorfrand hinter einer getünchten Ziegelmauer die Wohnsiedlung der Offiziere, die Kinder spielen hinter Stacheldraht Ball, Mann und Frau gehen gegen Abend zwischen den Häusern des Wohnungsbaukombinats spazieren. Auf einem Balken in drei Meter Höhe in voller Ausrüstung glatzköpfige und mit Maschinenpistolen bewaffnete Soldaten im Laufschritt. Auf den staubigen Bodenerhebungen flattern unbekannte Fähnchen, langsam holpert zwischen ihnen ein Geländewagen voran, auf der Ladefäche stehen zwei Milchkannen.

Die Soldaten der zeitweilig, jedoch schon an die dreißig Jahre hier stationierten sowjetischen Gasttruppen sind durchtrainierte Jungen mit knotigen Muskeln und Pickeln im Gesicht. Sie stinken nach Schweiß und Fußlappen. Die von ihren Müttern getrennten Halbwüchsigen betrachten uns melancholisch und ein wenig hochmütig, sie langweilen sich, starren hinweg über den Zaun ihrer Kaserne, die sie auf Monate nicht verlassen dürfen.

Während sie ihre modernen Panzer und selbstgesteuerten Raketenträger bewachen, gaffen sie verloren und neidisch den in bunten Kleidern spazierengehenden und im Auto vorbeifahrenden Einheimischen hinterher. Auf der Straße zu sehen sind sie nur dann, wenn sie nach ein bis zwei Jahren Dienst Urlaub bekommen und zum Bahnhof pilgern, um in den Schnellzug nach Moskau einzusteigen.

Die von den Raupenketten aufgerissenen Straßen werden nicht ausgebessert. Eigenartige Besatzer, all ihre Gegenstände sind schäbig, auch ihre Fahrzeuge machen den Eindruck, als seien sie in einer Hobbywerkstatt zusammengebastelt worden. Eine düstere Prozession von Lastwagen kommt uns entgegen: Paarweise in einem nicht endenden wollenden Aufzug, ein intakter Laster schleppt einen versehrten ab, jeder zweite ist nicht in Ordnung. Seit zwei Stunden schon kriecht der Strom der Unversehrten und Versehrten wie Raupen an uns vorbei, in den Kabinen menschliche Gesichter.

Woher sind diese vielen blonden Jungen gekommen, von denen es in den Panzern und Panzerspähwagen nur so wimmelt? Zur Winterzeit vom Truppenübungsgelände kommend, rattern sie in einer endlosen Schlange vor dem Fenster meines Landhauses vorüber. Die rumpelnden, dröhnenden Eisenungeheuer lassen auf dem schmalen Fahrdamm zahlreiche Schlaglöcher zurück. Die vom Berghang zum Laden gehenden Frauen haben Angst, auf der glatten Straße unter die unbändige Stahllawine zu geraten. Einen Gehweg gibt es nicht, die Militärfahrzeuge nehmen mit ihrem breiten Maul fast die ganze Breite zwischen den Häusern ein. Das eigene Gewicht trägt die über furchtbare Feuerkraft verfügende Kolonne voran, Stahlmonster, deren Präsenz in engem Zusammenhang mit der Verwahrlosung der Straßen und Häuser steht, auch mit der spärlichen Straßenbeleuchtung.

Ich bin vorsichtig, presse mich an die Wand, damit ich ihnen auf dem Eis nicht entgegenschlittere. Die Frauen, die von oben herabschweben, ein Kind auf dem Arm, in der Hand einen Milchtopf, auf dem Kopf ein Tuch aus Schnee, klammern sich, solange die Kolonne vorüberzieht, an die Baumstämme. Doch sie will einfach nicht enden. Manchmal entsteht eine Lücke, und dann rutschen die Zivilisten ein bis zwei Bäume weiter. Doch an der Wegbiegung fallen die Panzer mit großem Kreischen erneut ein, um auf dem abschüssigen Weg einzuschwenken. Schließlich ist ein

Ende abzusehen, wir können Milch und Brot einkaufen, und der langhaarige Busfahrer tritt auf das Gaspedal.

*

Meine Post wurde zensiert, aber weitergeleitet, mein Telefon und mein Zimmer wurden abgehört. Auch meine Besucher vermuteten das. Wenn jemand kam, der noch in Lohn und Brot stand, sprach er ziemlich belanglos, seine Worte waren an die Abhörspezialisten adressiert. Einer improvisierten geistreichen Rede tat dieses fiktive Ohr nicht gut. Die Besucher waren besorgt, zusammen mit mir gehört zu werden, besorgt, daß ihnen allein schon die bloße Tatsache ihres Hierseins als Komplizenschaft ausgelegt werden könnte.

Als Vortragsredner auf Versammlungen bezeichneten Parteifunktionäre mich und meinen Freundeskreis zum wiederholten Male als Feind. Vor dem Haus standen zeitweilig zwei Männer und langweilten sich, ein Dicker und ein Dünner, sie aßen etwas. Das Bewußtsein, abgehört zu werden, störte mich nicht sonderlich. Ich sagte, was ich zu sagen hatte, auch wenn es einige Dinge gab, die meine Freunde und ich nicht laut aussprachen. Wir schrieben ein paar Worte auf einen Zettel, den wir sogleich verbrannten. Ich rechnete damit, bis an mein Lebensende illegal zu bleiben. Doch auch so liebte ich die Stadt, in der meine Aussprache nicht den Fremden verriet. Auch die verregneten Nachmittage mochte ich. Daß innere Emigration Regression bedeutet, wußte ich, doch um einen Ausgleich zu erreichen, würde viel Zeit vonnöten sein, und viel Gutes wäre davon nicht zu erwarten. Ich glaube ihnen nicht, und sie glauben mir nicht. Den geschmeidigen Kollegen verlangt es immer gieriger nach Geld, Preisen, Anerkennung, Gnadengeschenken und allen möglichen Privilegien, und das läßt ihn immer ärmer werden. Er gewöhnt sich an eine Rede voller Anspielungen und Andeutungen, und oft setzt er eine behutsam geölte weihevolle Miene auf. Abends im privaten Kreis redet er negativ von denjenigen, denen er sich tagsüber gefügt hat. Mündige Menschen haben sich entmündigen lassen und schmähen den Vormund.

Ich habe beobachtet, wer wie mit seiner Angst umgeht und wozu er sich wandelt, wenn er darüber nachsinnt, was er tun darf und was nicht. Die Führer verspürten ein Bedürfnis danach, daß Künstler auf den Empfängen zugegen sein sollten. Und viele Künstler waren gerührt, daß man überhaupt etwas von ihnen wollte. Die überwiegende Mehrheit der Staatsmenschen zog sich von mir zurück, doch hier in Ungarn ein Fremder zu sein, kostete mich die geringste Anstrengung.

Ich gewöhnte mich daran, verboten zu sein, daran, daß mein Name in der Öffentlichkeit nicht genannt werden durfte. Den Gesichtern meiner Bekannten war anzusehen, daß sie eine zufällige Begegnung mit mir verlegen machte. Einige Kollegen meinten, ich würde das Unheil selbst heraufbeschwören. Sollten sie mich wie einen Kranken behandeln, dem sie einen Besuch abstatteten? »Eigenartig, daß sie dich noch nicht eingesperrt haben«, merkte ein Bekannter an. »Warum sollten sie mich einsperren?« »Na, hör mal, bei dem, was du da so schreibst!«

Ich versuchte, dem offiziellen Nicht-Sein, das mein Privatleben unbehelligt ließ, eine genüßliche Seite abzugewinnen. Höflicher waren wir geworden, sammelten in unseren Behausungen alte Gegenstände, resignierter Neokonservativismus beschönigte die Distanzierung von oppositionellem Engagement.

In der alten Ordnung hielten wir unseren Ort für eine Insel. Daß diese Insel erhalten bleiben würde, schien nicht sicher zu sein. Oft dachten wir, es könne nur etwas Schlechteres folgen.

Sie hätten meiner Mutter die Wohnung wegnehmen können, in der sie seit dreiundzwanzig Jahren lebte, und ich hätte ihr nicht helfen können. Ich sah das grobe Vorgehen gegen die Schwächeren, das Aufflackern des Neids, die Verdrießlichkeit in den einfältigen Gesichtern, wenn gerade ein Lächeln angezeigt gewesen wäre. Ich sah die Verbeugungen vor den lokal ernannten Weltgrößen.

Siehe da, ein Regime, das in seinen meisten Elementen mißmutig stimmt. Ein Stümper prahlt mit seiner Arbeit und droht dem Kunden, dem der Schund nicht gefällt.

Du lebst in einer Wohnung, in der alles vom Verfall gezeichnet ist, in der alles tropft, stockig, brüchig und schimmelig ist, deine Familie streitet sich, ist überspannt, wäscht sich nicht gern, du aber stehst mitten im Zimmer und lamentierst. Du verfaßt hämische Aufzeichnungen über deinen Vater, deine Mutter, deinen idiotischen Großvater, deinen paranoiden Schwager. Wenn ein Besucher kommt, gibst du ihm zu verstehen, daß du mit deiner Familie nicht in allem übereinstimmst. Du sitzt da und schaust dich um, bist nicht bereit, Ordnung herzustellen, auch zum Saubermachen nicht, boshaft erklärst du, die Wohnung müßte in Brand gesteckt werden. Denn nur das könne noch helfen, Feuer, alles sollte in Schutt und Asche gelegt werden! Und dann, sollten wir noch am Leben sein, müßte etwas ganz anderes beginnen! Aber weitermachen mit diesem Moder?

Meinem Naturell entsprechend war ich ein Bürger. Dissident bin ich nur gezwungenermaßen geworden. Verboten zu sein ist ein eigenartiger und törichter Zustand. Vom Mangel an Freiheit, von einem Sein, ereignisreich dank dem Verbotenen, wußte ich schon ziemlich viel, und ich hatte das Gefühl, daß jetzt allmählich etwas Interessanteres kommen könnte. Eine verrückte Welt, in der niedergeschriebene Worte eine so unglaubliche Bedeutung zu haben scheinen, obwohl ihnen die in Wirklichkeit nicht zukommt. Wichtigstes Bindemittel des verendeten Regimes waren sein Geist, sein Text, sein Lehrstoff. Also kreierte ich jeden Vormittag Sätze, die in den Verdacht staatsfeindlicher Hetze geraten konnten.

Viele Menschen, die ein besseres Schicksal verdient gehabt hätten, machten sich um uns zu schaffen, spähten uns aus, nur damit einige aufpolierte Gemeinplätze nicht das Licht der Öffentlichkeit erblicken sollten. In meiner Tasche hatte ich keine Bombe und keinen Revolver, nur ein Heft. Gelegentlich durchströmte mich ein Gefühl von Intimität, doch dann traf ich einen jungen Mann, dem drei Autos gefolgt waren, weil er einen meiner Essays hektographiert hatte. Die Ereignisse um den Samisdat Verlag, um die in einigen hundert Exemplaren erscheinenden unabhängigen Publikationen, die Indianerspiele und Aufregungen in Verbindung mit ihrer Herstellung lieferten Gesprächsstoff in Hülle und Fülle. Gab es genügend Druckerschwärze, Lösungsmittel und ein Haus auf dem Land, das von der Polizei nicht beobachtet wurde?

Im Westen hätte ich wegen meiner Schriften keine Haussuchungen im Morgengrauen befürchten müssen. Ich tröstete mich damit, daß es ohne Gefahr keine gedankliche Schärfe gibt. Wenn du wegen deiner Wahrheit nicht angegriffen werden kannst, dann hat deine Wahrheit auch kein Gewicht. In den aufeinanderfolgenden Regimen durfte ich auf verschiedene Weise gefährlich werden, ohne daß ich mich darum bemüht hätte, allein schon durch die Wahl meiner rechtschaffenen Eltern. Das Daheimsein war bedrückend, das Fernsein ein Untertauchen. Mit meinem Leben hier in Osteuropa bereitete ich mich auf die Niederlage vor, und wer hier lebte, der war gezwungen, mitunter auch das Menschliche selbst zu beargwöhnen.

Hiersein entsprach ängstlich galligem Witzereißen, Unbehagen, Widerstreben, Berühren mit sich sträubenden Fingerspitzen. Wenn einer weder das eine noch das andere ist, was ist er dann? In Wirklichkeit gab es auch keinen Tyrannen, nur Unterdrückte, die Schlange standen, die sich einbildeten, daß der vor ihnen in der Schlange Stehende der Hauptspitzel sei und der hinter ihnen Kommende ein unverantwortlicher Anarchist. Aber wenn die Achse der alltäglichen Praxis der Verrat ist, wenn der Mustermensch der Verräter ist, was gibt es dann noch zu verraten? Gemessen an welcher Wahrheit lügt dann der Lügner?

»Herr Ober, zahlen bitte! Würden Sie mir freundlicherweise sagen, wo ich den lieben Gott finde?« »Darf ich dem Herrn Nockerln mit Vanillensauce servieren?« erkundigt sich der Oberkellner. »Geben Sie mir lieber eine Antwort auf die Frage, wann es besser wird?« »Nirgendwann.«

*

1976 erhielt ich vom Deutschen Akademischen Austauschdienst im Rahmen des Westberliner Künstlerprogramms ein Stipendium. Mein dreijähriges Auslandsreiseverbot war abgelaufen, ich schrieb János Kádár einen Brief, worin ich ihn um Erlaubnis bat, mich für ein Jahr im Ausland aufhalten zu dürfen. Als Antwort auf meinen Brief kam mein Reisepaß mit einem damals außergewöhnlichen Ausreisevisum, das zu einem dreihundertfünfundsechzig Tage währenden Auslandsaufenthalt berechtigte. Die gleiche Genehmigung erhielten meine Frau Júlia Lángh und auch meine beiden Kinder Dorka und Miklós.

Angesichts der Tatsache, daß sie Französischlehrerin war und kein Deutsch beherrschte, entschloß sich Juli, mit den Kindern nach Paris zu gehen. Nach dem Ende unseres genehmigten Auslandsaufenthalts wollte sie nicht zurück nach Ungarn. Sie sagte, sie wolle nicht in einem Polizeistaat leben. Ich dagegen sagte, wenn ich nun schon als ungarischer Schriftsteller begonnen hätte, wollte ich das auch weiterhin so halten. Darauf folgte die Scheidung. Meine Frau blieb mit unseren Kindern, die damals elf und dreizehn Jahre alt waren und nun schon erwachsen sind, in Paris, ich dagegen kehrte im Frühjahr 1979 nach verlängertem zweijährigen Aufenthalt im Westen zurück nach Hause.

Fünf Tage lang lief ich durch die Stadt, sah die Freunde wieder, die Neugier verflog, es regnete. Daß auf der Straße ungarisch gesprochen wurde, wunderte mich nicht mehr, der Gestank des unraffinierten Benzins schlug mir nicht mehr in die Nase, und die dunkelgrauen Häuser waren mir nun schon vertraut. Von den Zimmerwänden nahm ich den Schmuck ab, den meine Mutter dort angebracht hatte, nur die Fotografien meiner Kinder blieben. Ich kaufte die interessanteren Bücher, setzte mich in meine Sessel und suchte Wohnungen auf, deren Verfall mich nicht überraschte.

Ich genoß die sich breitmachende Langeweile, versuchte zu verstehen, was in meiner Abwesenheit geschehen war. Ein wenig mehr war erlaubt, ein wenig herrschaftlicher der Stil der Anpassung, die langhaarigen und sich selbst als Avantgarde bezeichnenden Künstler hatten sich zwischenzeitlich die Haare schneiden lassen, die jungen Frauen hatten kochen gelernt, hier und da waren Kinder geboren worden, in der Intimität der Wohnungen hatten die Sich-Wegsehnenden begriffen, daß sie nicht gehen würden, daß sie das Kunststück des Glücks hier erlernen müßten.

Einen Monat später verstand ich kaum noch jene, die fragten, wie es mir gelungen sei, mich wieder an die bestehenden Verhältnisse zu gewöhnen. Die Häuser und Menschen erfüllten mich nicht mehr mit Neugier, sie erschienen mir als Normalität. Gegenüber derselbe Lampenschirm, dahinter der Kopf des alten Mannes mit noch mehr grauen Haaren, der Hof zwischen den hohen Mauern noch dunkler, der Fahrstuhl noch langsamer, die Gesichter noch feister, die Körper und Haltungen noch unförmiger. Neben schlechten kleinen Autos keuchende Männer in Lederjakken, die Schaufenster verstaubt, auf dem Hof und im Treppenhaus sind nach abgebrochenen Reparaturen die hervorstehenden Rohre der elektrischen Leitungen nicht wieder befestigt worden, an den Häuserwänden in den Seitenstraßen Einschußspuren vom Weltkrieg und der sechsundfünfziger Revolution, dunkel gewordene Löcher.

Ich war durchdrungen von einer Art bitterem Frieden, dem verschlafenen Vergehen der Dinge und der Zeit. Ein wenig apathisch und stumpfsinnig war ich geworden, viele Menschen betrachtete ich und zuckte mit den Schultern, mir sollte es recht sein. Auch ihr entsprecht mir so, wie ihr seid. In der Wohnung große Stille, nicht immer leichte Nächte.

Wenn ich das Licht anschaltete und mich umsah, wunderte ich mich, wo ich war. Auf dem Fußboden Perserteppiche, irgendwie zusammenpassendes Mobiliar, das auch schon bessere Zeiten gesehen hatte, ein Empiretisch mit Kupferintarsien und den Spuren von Teetassen, eine unsystematisch zusammengetragene Bibliothek in den bis zur Decke reichenden Regalen. An der ursprünglich weißen, inzwischen jedoch grau gewordenen Wand zeichnete sich in den Linien der Risse ein Kamelkopf ab, ich betrachtete ihn, um zu wissen, wo ich mich befand, ich ließ das Zimmer nicht tünchen. Möglichst wenig Zeichen und Spuren wollte ich hinterlassen, mich möglichst wenig in das Leben der Menschen um mich her einmischen. Dessenungeachtet war dies der einzige Ort, wo ich mich ohne Sprachschnitzer artikulieren konnte und wo ich nicht unausgesetzt das Mißgeschick der aus meinem Mund sprudelnden Sätze erleben mußte.

Im Krankenhaus besuchte ich Pater Zsigmond. Sieben Betten, Überfüllung, Hirnblutung, halbseitige Lähmung, die Plage hatte auch eine einsetzende Gehirnerweichung mit sich gebracht.

Ich begegnete meinem ehemaligen Chef. Solange er von den Behörden nicht aufgefordert worden war, mich rauszuschmeißen, war er zu mir sehr nett gewesen, hatte mich in sein Zimmer eingeladen, um sich mit mir zu unterhalten, doch nachdem er von der Politischen Polizei dazu aufgefordert worden war, trennte er sich schnell und geschickt von mir. Jetzt fiel es ihm schwer, die rechte Hand auszustrecken, um sie mir zu reichen, während er die Hundeleine in die linke Hand nahm. Auch er hatte eine Hirnblutung erlitten, und er erinnerte sich nur noch daran, wie gut wir uns verstanden hatten.

Junge Historiker waren stolz darauf, zweiundzwanzig Jahre später die sechsundfünfziger Revolution anders zu sehen als die Parteipresse und wunderten sich, daß das in der weiten Welt kein Aufsehen erregte. Aus Oppositionellen waren Chefarchitekten, Schauspieldirektoren und Chefredakteure geworden, ihre Autos tauschten sie gegen bessere aus, sie begaben sich auf Reisen nach Übersee, und es gab bereits Scherze, über die sie nicht lachen konnten.

Jeder suchte György Aczél auf, den Cheflenker der Kulturpolitik, und wer ihn seltener aufsuchte oder statt dessen seine Frau hinschickte, hatte von dem, der diesen Weg öfters ging, eine schlechte Meinung. Das Amt verhielt sich bereits weniger amtlich und zwinkerte mehrfach mit den Augen.

Manchmal klappte es mit einer Reise trotz allem nicht. Auf dem Flughafen wurden Sonderdurchsuchungen vorgenommen, Papiere wurden beschlagnahmt. Von der Rivalität bis zur Anzeige war der Weg nicht weit. Leere Straßen, nachweihnachtliche Stimmung, die Menschen waren des vielen Essens überdrüssig: gefüllte Krautrouladen, Bratfisch, Sülze, hausgemachte Knackwurst, selbstgebrannter Schnaps und selbstgekelterter Wein; einige wollten auf verschneiten Straßen frische Luft schnappen, um wieder einen klaren Gedanken fassen zu können. Ich konnte nicht fortwährend ablehnen, worin ich lebte. Ich sah das staatlich gelenkte Fernsehen, senkte meine Stimme, wenn ich etwas Gefährliches sagte.

Ich sah mich auf der Großen Ringstraße um und erklärte, hier sei jeder Kommunist. Jeder, der hier lebte. Nicht nur das Parteimitglied, nicht nur der Fahnenschwenkende, nicht nur, wer sich dazu bekannte, sondern einfach jeder. Nicht nur der Kutscher, auch das Pferd. Auch derjenige, der das System haßte, denn nicht daran zu denken, das schaffte er nicht. Jeder, der hier lebte. Auch ich.

Ich rechnete mit der Illusion des Unten ab. Warum sollte ich vor dem Groben mehr Achtung haben als vor dem Feinen? Herzerwärmende Gefühle stellte ich nicht über den kühlen Verstand. Gegenüber dem niedrigeren Intelligenzquotienten empfand ich keine Befangenheit. Doch wer konnte kollektive Empfindsamkeit vermeiden? Wenn ich auf meine Ausbrüche verzichtete, wenn ich den Rückstand und die moralistische Demut akzeptierte, dann entschied ich mich für die Dummheit. Mit häßlichen dicken Knechten trank ich Wein, ihre Feigheit übertraf ihre geschwätzige Gehässigkeit.

*

Von meiner Kindheit an bis 1989 lebte ich in dem Bewußtsein, daß ein Mensch, der seinen eigenen Weg geht, damit rechnen muß, sich zwischen Wachtürmen zu verirren. Verleiht er seinem Leben eine eigene Form, erhöht sich zwar die Wahrscheinlichkeit, von anderen getötet zu werden, jedoch sinkt die Wahrscheinlicht, durch Selbstaufgabe umzukommen. Das ängstliche Bemühen, möglichst lange zu leben, ist in Wirklichkeit eine Modalität des Selbstmords. Zum Kriegsende hatte es den Anschein, daß die Gesetzesbrecher mit größerer Wahrscheinlichkeit am Leben bleiben würden als die Gesetzestreuen. Die ersteren wußten, daß sie ihr Leben aufs Spiel setzten, aber wenigstens spielten sie.

An meinem marmornen Grabsteintisch in Csobánka erinnerte ich mich auch an Dinge, die nicht mit mir geschehen waren. Doch woran sich ein Mensch erinnert, das ist ihm widerfahren. Da das Leben eines Sterblichen nicht länger währt als das Fallen eines Regentropfens, hielt ich an allem fest, worin sich die Zeit befand.

Ich sah dem unter dem Dach des Holzschuppens in einem Blumentopf nistenden Rotkehlchen zu, weder Sperber noch Katzen in der Nähe, und das Rotkehlchen piepste seine Arie von einem unsterblichen Gott, der nicht seine Ankunft wollen mußte, denn er war hier.

Ich legte Patiencen und hatte zusehends mehr übrig für meine erste Idee, meinen ersten Eindruck von einer Stadt; auch auf der Speisekarte kehrte ich zu dem Gericht zurück, das mir als erstes ins Auge gefallen war.

Die armen alten politischen Texte! Verschwunden der Verbündete, weg auch der Feind, geblieben nur das Baritonpathos. Ich genoß die unbehelligten Stunden im Garten, niemand wollte etwas von mir. Ein anderes Wesen längere Zeit beachten zu müssen, ermüdet mich. Betritt jemand mein Zimmer, während ich schreibe, mache ich ein dummes Gesicht und gebe mich, mit verheimlichter Gereiztheit, nach Atem ringend, höflich. In Gesellschaft habe ich in schauspielerischem Überschwang meine Schulden abgetragen; ich tue mein möglichstes, und schon verschwinde ich.

Wer sagt mir, was ich tun soll, von wem kann ich erwarten, daß er mir den rechten Weg weist? Ich muß mich mit der zwanghaften Wiederholung, die mit dem Alter einhergeht, abfinden! Den uns zugefallenen Bau polstern wir unter monotonem Brummen aus. Langes Warten, nichts geschieht, sich berauschen an der Tanne und dem abgeblätterten Putz. Ich sage nichts, unterlasse es, winke ab, brumme.

*

Das Telefon klingelte, verklausuliert fragte mich mein Freund, ob ich gehört hätte, was passiert sei. Wir trafen uns in der mit imitiertem Biedermeiermobiliar ausgestatteten Konditorei Angelika am Donauufer, auf dem barocken Battyány-Platz, von wo man das eklektizistisch neogotische Parlament sehen kann, in dem die Abgeordneten allen Gesetzesvorlagen zugestimmt haben.

Die zwei Herren und die eine Dame, die offensichtlich auf Grund unseres Telefongesprächs erschienen waren, um sich unseres Anblicks und Gesprächs zu erfreuen, kannten wir. Ob ich gehört hätte, daß Gábor Demszky über mehrere Tage demonstrativ beschattet worden, dann im Auto angehalten worden sei, weil er versäumt habe, in der Kurve zu blinken? Vorsichtshalber habe man sich auch davon überzeugt, was er im Kofferraum transportiere. Neben anderen Texten hatte er das Manuskript meines Romans *Der Komplize* bei sich. Sie nahmen ihn mit zum Polizeipräsidium des Stadtbezirks, beschlagnahmten alles Papier und protokollierten die Anhörung. In einer Druckerei wurden neun verkleinerte und gebundene Fotokopien meines Romans beschlagnahmt. Schon wieder?

In Csobánka, jenem idyllischen Dorf, neigte man dazu zu vergessen, wo man eigentlich lebte. Vieles schon hatte ich in dem Glöcknerhaus geschrieben, beispielsweise jenen Essay 1982, dem ich, da hier alles von Politik durchdrungen war, den Titel *Antipolitik* gegeben hatte und von dem ich von vornherein wußte, daß er hier in Ungarn nicht würde erscheinen können.

Daß ich Selbstverleger war, hatte ich mir selbst zuzuschreiben! Dann mußte ich eben meine Manuskripte verstecken und Angst davor haben, daß sie beschlagnahmt, eingezogen und dem Reißwolf überantwortet werden könnten. Für Minuten peinigte mich die Sorge, es könnte wieder eine Hausdurchsuchung geben und sie würden mir wegnehmen, was ich geschrieben hatte. Das ist ein ebenso schlechtes Gefühl wie die Angst des Winzers vor dem Hagel, der seine Ernte vernichten könnte. Wir fuhren im Auto zu meiner Wohnung, ein mit einer Antenne und einem staatlichen Kennzeichen ausgestatteter Wagen folgte uns, und wenn wir anhielten, hielt auch er.

Eines Nachts in den achtziger Jahren hastete Gábor Demszky mit schweren Papiersäcken über der Schulter die Treppe hinauf, ein wenig keuchend brachte er mir die frisch hektographierten Exemplare meines Buches *Antipolitik*. In dem heimlich geschriebenen und publizierten Essay war davon die Rede, daß die Zeit gekommen sei, den Eisernen Vorhang friedlich zu beseitigen, daß es mit dem Dialog der Raketen reiche, daß nun die Europäer die Sache in die Hand nehmen müßten. Nach den niedergeschlagenen Freiheitsversuchen in Budapest, Prag und Warschau seien nun Moskau und Berlin an der Reihe. Die russischen Soldaten sollten nach Hause gehen, und zurückkommen sollten die russischen Touristen.

Das geteilte Berlin stehe in der Schuld Europas und in diesem Rahmen in der Schuld der Ostmitteleuropäer, die letztlich wegen der Verstiegenheit Berlins Millionen von Menschen und Jahrzehnte verloren hätten. Hätte Berlin keinen Krieg vom Zaun gebrochen, dann wären in Budapest keine Sowjettruppen stationiert, die eine Ordnung garantieren müßten, in der das Erscheinen eines unzensierten Buches ein nächtliches Geheimnis geworden sei, eine mit flüsternden Stimmen und leisen Sohlen einhergehende Konspiration, aus behördlicher Sicht aber eine strafbare Handlung, »Herstellung und Vertrieb feindlichen Materials, das den Tatbestand öffentlicher staatsfeindlicher Hetze erfüllte«, wofür eine Strafe von bis zu acht Jahren verhängt werden konnte.

Strukturell gehörte zu der kleinen Szene auch der unter uns wohnende brave alte Spitzel, der nachts um drei, durch ein Geräusch hellhörig geworden, das Bett verlassen, über den Schlafanzug einen Wintermantel angezogen hatte und vom ersten Stock hinunter in den Schnee geeilt war, als eine junge Architektin einen Teil der Buchexemplare bereits weitertransportierte, wobei sie das Nummernschild ihres Autos vorsorglich mit Leinentüchern verhängt hatte und dem pensionierten und inzwischen verstorbenen Direktor ein hämisches Lächeln schenkte.

Mein einstiger Vernehmer, ein schwergewichtiger alter Mann, zieht auf der Straße hastig den Hut. Grimmig grüßt mich der ehemalige Institutsdenunziant, für den seine Schwerhörigkeit beim Lauschen ziemlich hinderlich war, obwohl ihn durchaus interessiert hätte, was um ihn her gesprochen wurde. »Wie? Wie meinst du?« krächzte der Ärmste. Wir quälten ihn, indem wir im Flüsterton ahnungsvollen Blödsinn von uns gaben.

Anläßlich einer Beerdigung dreißigmaliger Händedruck; gleich ob wir reden oder nicht reden, wir sind die bekannten Gesichter des provinziellen Budapests, die zu Anfang der achtziger Jahre zum Staatsbegräbnis eines Schriftstellerkollegen zusammenkommen. Vor dem Katafalk ein Blechblasorchester. Zwei Reden; die eine gehört dem Staat, die andere wird im Namen der Freunde gehalten. Diese beiden Nekrologe sind das Lebensziel. Der Freund könnte auch persönlicher sein, doch der Ton sollte gehoben, sollte ein gemeinsamer sein. Die Redner versichern dem Toten, daß er für sie nicht gestorben sei. Eine besondere Gnade der Organe: daß es auch am Grab Musik gab, diesmal vom Tonwagen der Filmfabrik.

Für lange Zeit eine traurige Miene aufzusetzen ist schwer; eine Weile geht es, dann reicht es, die Trauergemeinde hat den Toten satt. Die Kollegen sind erleichtert, anderen wird nun ein größeres Stück vom Kuchen zuteil werden. In die Staatskultur eingebaut zu werden verspricht Unsterblichkeit, doch auch dem Persönlichen wird ein wenig Raum gewährt. Lebenswerk von Schriftstellern: ausgewählte Nekrologe. Der Soldat stand bis zum Schluß auf Wacht, der Schriftsteller hat bis in den Tod geschrieben.

Und der Zensor übt selbst noch am Totenbett seinen Beruf aus. Im Krankenhus erhält der Sterbende ein extra Zimmer, neben seinem Bett aber bekommt er nur mehr die Knie des Chefzensors zu sehen. Zensor, der du sicher unsterblich bist, drück uns die Augen zu!

*

Vom Sessel aus hatte ich einen Blick zur Felsenspitze, und wenn ich aufstand, sah ich im Garten Jutkas dunklen Kopf, ihre langen Beine. Mit den Händen auf dem Rücken beäugte sie die Obstbäume jeden für sich, forschte nach ihrem Befinden, studierte ein Büchlein mit dem Titel *Kleingarten – große Freude*, einen nützlichen Ratgeber. Sie plante, Dill anzupflanzen und Spargel, chinesischen Kohl und türkische Tomaten, es würde Beete geben, gestutzten Rasen und vielleicht auch Kinder. Sie sah sich ein Bilderbuch zur Schwangerschaft an: Schon ein drei Monate alter Embryo lutscht im Bauch der Mutter am Daumen.

Beide sind wir Widder; ich gab eine Nichtigkeit von mir, sie erwiderte darauf etwas Grobes, woraufhin ich mit großem Trara wegrannte und sie mir vom Balkon aus eine Tasse, einen Löffel und unanständige Flüche hinterherwarf und sagte, ich solle auf sie warten. Sie kam tatsächlich und zerfetzte mir das Hemd, so daß ich zerlumpt nach Hause ging. Das Telefon klingelte, die Stimme eines erschrockenen kleinen Mädchens am anderen Ende, ich solle zurückkommen. Ich wechselte das Hemd und ging zurück.

Im Garten verstrich die Zeit ohne Uhr, doch wenn Sie mich besuchten, empfanden meine Ohren Ihr Summen als wohltuend. In Ihrem Lachen liegt eine nicht zu übertreffende Komplizenschaft. Ich sehe Sie vor zwanzig Jahren, in einem ungefärbten Wollpullover, in Baumwollstrümpfen, die an den Fersen schon verschlissen waren, und ich sehe die dunkelblaue chinesische Leinen-Pluderhose, die damals billig und subkulturell Mode war. Sie lasen Goethes Memoiren, legten sich damit ins Gras und schnell sank der Kopf herab. Plötzlich schreckten Sie mit einem vom Gras gemusterten Gesicht auf und sagten, Sie schliefen deshalb so gut, weil die Lektüre so langweilig sei.

Wir gewöhnten unsere Tagesordnung und unsere Erinnerungen aneinander, schweigend beobachteten wir die Bewegungen der Schatten. Meistens ist unsere Wahl Erkenntnis. Eine Person klingelt an der Wohnungstür und vergißt sich in unserem Leben, läßt ihr Seidennachthemd, das sie auf dem Flohmarkt erstanden hat, am Kleiderhaken zurück. Jede andere weibliche Person soll von ihren Boten verschreckt werden, vom Nachthemd und von der Strickjacke, und da das Nachthemd schon Tage zuvor in die Wohnung gelangt war, hopplahopp, gebührt ihr der Vorrang.

Warum habe ich mich, wenn ich unabhängig sein will, für familiäre Abhängigkeit entschieden? Die Frage stellte ich mir, bevor ich ein drittes Mal heiratete. Denn wer eine Familie hat, der ist gefangen, er muß sie unterhalten, muß die Seinen beschützen, und er kann nicht mehr trotzig behaupten, er hätte nichts zu verlieren. Ein anständiger Familienvater verurteilt sich selbst dazu, einfältig zu sein; ein verheirateter Mann ist domestiziert.

Mit schwächer werdender Überzeugung philosophierte ich: Der Staat weiß viel von dir, ist neugierig auf dich, beobachtet dich insgeheim. Das gleiche bekommst du auch in einer guten Ehe. Wenn du spazierengehen oder einen Freund treffen willst, bedarf es der Billigung oder doch wenigstens der Zurkenntnisnahme durch die Partnerin. Reicht es nicht, wenn der Staat meine Telefonanrufe kontrolliert? Mit Abhörenden tauschte ich für gewöhnlich keine Küsse aus.

An der Seite derer, vor deren Gekränktsein ich am

meisten Angst hatte, harrte ich am längsten aus. Hatte ich vor Menschen weniger Angst, machte ich mich auf und davon. Angst hatten wir vor unseren Eltern, vor jemandem, der mit uns zusammenwohnte, vor jemandem, der uns anherrschen könnte. Doch immer wieder entschied ich mich für jemanden, der ohne anzuklopfen in mein Zimmer eintreten darf.

Es kam vor, daß mich eine Laune zu einer Frau führte, doch daß mir ihre Stimme, das Berühren ihrer Haut, ihr Geruch, ihre Bewegungen, ihre Sprechweise, ihre Denkweise von der ersten Nacht an gefielen und dieser Eindruck in mehr als zwanzig Jahren nicht verblaßt ist, das ist wohl keine Laune mehr.

Was wollte ich eigentlich wirklich zu Anfang unseres Zusammenlebens? Mich niederlassen? Kinder? Ein Heim? Beständigkeit an der Seite einer Frau? Was man zum Leben braucht, das war vorhanden, wir gaben nicht viel aus, konnten es uns leisten, andere zum Abendessen einzuladen. Einige Monate lang trug ich dieselben Schuhe und dasselbe Sakko, dann wechselte ich.

Um wessentwillen sind wir hierhergekommen? Auf wen wartest du an der U-Bahn? Wer ist das, über dessen Kopf du einen Regenschirm hältst? Wer ist das, dessen Hunger und Durst du sogleich bemerkst? Wer ist das, mit dem du Arm in Arm spazierengehst und dem du einen Kinderwagen vor die Füße stellst? Du großer Gott, wohin bist du geraten! Hier sitzen ringsum an anderen Tischen viele Frauen, mit denen du schon etwas zu tun hattest. Möchtest du ein Glas Rotwein haben?

Mit ihren beschwingten Bewegungen, ihrem Maßhalten, ihrer Behutsamkeit, ihrem Lachen, ihrem Summen, ihrem bedächtigen Urteil war Jutka auch 1982 in Westberlin meine Gefährtin und Mitbewohnerin, nachdem sie dies auch schon drei Jahre lang in Budapest gewesen war. Sie konnte sich für die gelben Blätter an den Bäumen begeistern, für Roggenbrot mit Gorgonzola oder für einen Spätburgunder aus dem Mâconnais. Sie brüstete sich damit, daß sie nun auch schon den deutschen Rundfunk verstand; daß sie Englisch und Französisch verstand, war selbstverständlich.

Daheim in Budapest wurde Jutka oft von nervösem Herzrasen gequält, schmerzhaft krampfte sich die Brust zusammen, sie wurde von Schwindel und einem Verlust an Sinn für die Wirklichkeit um sie her erfaßt. Dann kauerte sie sich zusammen und sah sich ängstlich um, bat um ein Glas Wasser, nahm eine Beruhigungstablette. Sie mußte Angst davor haben, Angst zu bekommen. Die konnte sie in der Metro überfallen und mit Sicherheit auch im Fahrstuhl, hätte sie ihn benutzt, was sie fast nie tat, doch manchmal auch auf der Straße, wenn sie sich der Wohnung ihrer Kindheit näherte, oder in einer Situation, an der ihr irgend etwas mißfiel.

Im Westen wurde sie letztmalig im Flugzeug von jenem schikanösen Herzklopfen befallen. Man reichte ihr ein Glas Wasser, sie umklammerte es und beruhigte sich. Als die Maschine schon oben war und man zwischen den Getränken wählen durfte, lebte auch Jutka auf und machte immer mehr Bemerkungen. Sie hob den Kopf, riß die braunen Augen weit auf, schnitt Fratzen, zeigte sich neugierig, rückte mit Konsumideen heraus und geriet in Aufregung darüber, was kommen würde. Mit osteuropäischer Gier besuchten wir Wien, Paris und New York.

Bald wagte sich Jutka hinter ihren Schwächen hervor, hinter ihrem Jammern und Verkriechen ins Bett, und höchst vergnügt machten sich ihre Schuhe auf den Weg ins Unbekannte. Tag für Tag lernte sie enorm viel, ihre Augen merkten sich die Waren und Moden, die Preise und Hochstapeleien, die Grammatik, die Landkarte und das Liniennetz der öffentlichen Verkehrsmittel. Sie kaufte sich *ihren* Pullover und *ihre* Stiefel, *ihre* Creme, *ihr* Kölnischwasser und *ihr* Gewürz. Diese Güter waren keine echten Güter, denn sie zu besorgen war kein Problem, und in Berlin wurde Jutka von niemandem darum beneidet. Im Vergleich zu Budapest war diese Welt abgestumpft, taktvoll.

*

Wir kehrten nach Ungarn zurück, weiterhin war alles wie bisher. Die Kontrolle meines Reisepasses zog sich bei der Ausreise 1987 länger hin als die der übrigen Reisenden, der Grenzbeamte verkroch sich fast unter seinem Pult, wo sich ein Computerbildschirm und Mikrophone verbargen. Leise erstattete er seinen Vorgesetzten Meldung darüber, wessen Paß er in der Hand hielt. Ein Grenzbeamter kam zum Vorschein und begleitete mich hinüber zur Zollkontrolle. In meiner Tasche fanden sie mein Vortragsmanuskript und konfiszierten es. Das Kulturministerium werde es mir zurückgeben, sollte ein dementsprechender Beschluß gefaßt werden.

»Aber wie soll ich ohne Manuskript meinen Vortrag halten?« »Das ist Ihre Sache. Haben Sie vom Ministerium überhaupt eine Genehmigung für einen Vortrag?« »Na, dann halte ich eben keinen«, sagte ich, und das gefiel den Zöllnern.

Daß ich das ungarische Vortragsmanuskript in meine Tasche gesteckt hatte, war lediglich ein Experiment, denn der schon früher außer Landes geschmuggelte Text und seine deutsche Übersetzung erwarteten mich bereits im Westen. Vom Wartesaal im Transitbereich aus rief ich zur Beruhigung daheim an.

Eine halbe Stunde später trank ich über Wien Rotwein, war dem Ostblock entronnen, unter mir schwammen eine arktische Wolkenlandschaft, sich kräuselnde Kegel und Goldströme. *The sky is almost clear,* sagte der Kapitän, ich verspürte Erleichterung, daß die Staatsgrenzen der Volksrepublik Ungarn hinter mir lagen. Eine blaue Lampenreihe am Rand der Landebahn lenkte meinen Blick auf einen aufsteigenden dunklen Vogelschwarm. Durch das Fenster des Taxis beobachtete ich die ziemlich leeren, breiten Straßen.

Ich erledigte, was ich zu erledigen hatte und trat die anderthalb Stunden dauernde Flugreise von der Mitte Europas nach Hause an, ein Stück weiter nach Osten, aber noch immer zur Mitte Europas gehörend. Schnell noch ein Mittagessen in einer kleinen Gaststätte. Sechs beleibte Männer am Nachbartisch, der Chef der Runde in der Mitte. Ein breitschultriger Mann mit sich wölbendem Bauch, er gibt den Ton an, er gibt den Humor vor, er lacht am lautesten. Die Gesichter gerötet, essen sie selbstvergessen, unterhalten sich über das Essen, bringen Tonklöße aus sich hervor, es brechen dirigierte Lachsalven los.

In der Wohnung eines Freundes auf der Tischecke aussortierte Papierstöße, die sollten wir nicht mitnehmen, die sollten die Behörden nicht zu Gesicht bekommen, die anderen könnten sie sehen. Einen Verlagsvertrag dürften sie nicht in die Hände bekommen, er könnte zum Beweisstück werden. Er wird es nicht, doch nach geltendem Recht könnte er dazu herangezogen werden. Ich sehne mich nach Jutka und dem einjährigen Aron; zehn Tage Westen waren jetzt genug.

Würde ich die Wirklichkeit daheim nicht ertragen, hätte ich die Möglichkeit, mich ihr zu entziehen, da ich aber keinen Gebrauch davon mache, ertrage ich sie. Vom Auto aus sehe ich eine ruhige, saubere und geordnete Stadt im Westen. Alles funktioniert. Nicht beinahe alles, sondern alles. Was in den Schaufenstern ausgestellt wird, wird auch von den Menschen auf der Straße getragen, was möglicherweise dazu führt, daß ein schneller Wechsel stattfindet und die Menschen nicht dazu kommen, sich an ihre Sachen zu gewöhnen.

Wenn ich hier lebte, würde ich gern guten Gewissens wohlhabend sein. Die Probleme seelischer Kälte würden mich in ihren Bann schlagen. Umgeben würde ich mich mit rationalen Formen, meine Zeit würde ich streng einteilen.

Daheim in den Straßen lila Nebel, die Auspuffgase der östlichen Autos lassen uns krächzen und räuspern. Jutka hat ein Buch über Tod und Trauerpomp zu Beginn des zwanzigsten Jahrhunderts geschrieben. Die bürgerlichen Beerdigungsriten in der Großstadt lagen Jutkas Stimmung in jenem Sommer fern, die Säuglingsausstattung hielt sie mehr in Atem. Neue Fächer mußten für die Säuglingssachen leergemacht werden, der Platz für meine Hemden schrumpfte. Die Wintersachen mußten zusammen mit Mottenkugeln in großen Koffern verstaut werden, die Zeit zum Fensterputzen war gekommen, mit ihrem großen Bauch leitete Jutka das Großsaubermachen.

Allmorgendlich setzte sie sich hinaus auf den Balkon und beobachtete den Sonnenaufgang. Józsika – vorläufig noch in der Gestalt eines Embryos – vergnügte sich jeden Nachmittag mit einem Sturm an Bewegung, er trat, gebrauchte die Ellenbogen, boxte; auf dem Monitor sahen wir, daß auch er ein stattlicher Junge zu werden versprach. Ich ging Jutka hinterher auf den Balkon: »Er ist schon wieder auf meine Nieren geklettert«, sagte sie klagend. Er könnte wirklich schon herauskommen. Alles an ihr war nur noch dieser unwahrscheinlich große Bauch. Die Leiden einer werdenden Mutter: Einmal hat sie Durst, dann muß sie zur Toilette, sie steht auf, legt sich hin, das Sitzen ist unbequem, die Beine lagert sie hoch. Sie tröstet sich damit, daß da drinnen jetzt die Periode der Verfeinerung ablaufe, daß jetzt die Reserven angehäuft würden, daß die Frucht jetzt ihr Aroma erhalte.

*

Ich möchte keiner Sache hinterherrennen, mich nach nichts drängen, ja, ich glaube sogar daran, daß das überflüssig ist. Jede meiner Lebenswenden hatte ich einem zufälligen Angebot zu verdanken, auch die Wahl meiner drei Ehefrauen. Veras Haar war mir plötzlich im Vorlesungssaal aufgefallen, obwohl ich es zuvor schon hundertmal gesehen hatte. Juli hatte sich in einer lustigen Gesellschaft neben mich auf die Sessellehne gesetzt; die Behauptung, daß sie dorthin geplumpst sei, ist nicht übertrieben, sechzehn Jahre ist sie dort geblieben, zwei Kinder sind daraus hervorgegangen. Jutka hatte in Paris an meiner Wohnungstür geklingelt, als Nachbarin auf dem gleichen Stockwerk, und den Landsmann gefragt, ob er einen Kaffee haben wolle. Zu jenem Kaffee ist es nicht gekommen, aber zu einer Ehe und drei Kindern. Auf ganz traditionelle Weise habe ich den einfachsten Sinn in meinen Kindern und Enkeln gefunden, denen zuliebe ich hier, solange es möglich ist, noch ein wenig verweilen möchte.

Ermahnungen an mich selbst: Ich sollte die Gesellschaft nicht mehr aufmerksam machen wollen auf das, was ich nicht will und was ich nicht weiß. Schamlos war ich lange genug, niemand will mehr in meinen offenen Brustkorb schauen. Ich sollte nicht schon wieder mein Hemd aufknöpfen, besser wäre es, mir den Schal um den Hals zu wickeln.

Nichts, was ich vorbringe, hat für irgend jemanden mehr einen verstehbaren Sinn. Es hatte einen Sinn, hatte ihn, aber darüber zu sprechen lohnt nicht. Es naht der Abend, an dem ich meine Brille nicht mehr auf den Nachttisch legen und mich von meiner Frau nicht verabschieden werde, bevor ich mich in mein Zimmer zurückziehe. Es dauert nicht lange, und meine offenen Augen werden wie eine glasierte Kastanie sein.

Selbst der körperliche Verfall, der mich erwartet, selbst die Serie an Niederlagen während des Altwerdens sind interessanter als das Jenseits. Ich sehe Erwartungen entgegen, immer kann man jemandem helfen, mein Dasein hat so viel Sinn, wie ich ihm verleihe.

Diese Welt – zusammen mit all dem, was in ihr ist – ist noch immer die beste von allen existierenden Welten. Alles Leben ist besser als das Nichts, alles Leben ist gut, sogar der Schmerz, der damit einhergeht, das auch dann, wenn mir das tagtägliche Vorwärtskommen eine Last ist, als würde ich durch Wasser waten, von Tang behindert. Ich halte vieles aus, also bin ich, und daran gemessen, daß ich lebe, ist die Frage, warum ich lebe, eine Dummheit, wie Fliegendreck auf Weintrauben. Wenn ich zurückblicke, sehe ich das Wimmeln der Zufälle, einige haben sich als schicksalsentscheidend erwiesen. Doch ich sollte nicht vergessen, daß jeder Tag ein Neuanfang ist. Der Abend ist noch weit.

Ich stand mit Jutka unter einem Pflaumenbaum, der unter der Last der dunkelblauen Früchte fast zusammenbrach, wir atmeten den Duft des frisch gemähten Grases ein und sammelten einige heruntergefallene Kastanien auf.

Im Haus der Verwandten wachte ich früh an Jutkas Seite auf, umgeben von zauderndem Vogelgezwitscher. Ich huschte hinaus zum hinteren, von Himbeersträuchern umstandenen kleinen Haus, in dem mich mein Werkzeug schon erwartete. Das Radio versprach einen warmen Tag, ich war bereit, meinen ersten Satz zu empfangen.

Ich fuhr mit dem Fahrrad los, um für die Familie in einem großen Beutel etwas zum Frühstück einzukaufen; man verdient sich seinen Tag, wenn man anderen etwas zu essen gibt. Aron fuchtelte mit dem Hörnchenzipfel herum und leckte den Honig davon ab, damit ihm der Papa wieder welchen daraufträufeln sollte. Gegen Mittag gingen wir an den See, der einjährige Aron fühlte sich in seinem aufblasbaren Schifflein pudelwohl, ein blonder Schopf in einem güldenen Schiff. Wenn seine Eltern im Wasser verschwanden, machte er sich Sorgen, doch schallend und glucksend lachte er, wenn Jutka einen Wasserstrahl spie. Am Ufer schob er seinen Wagen, und jede junge Frau versetzte ihn in helle Aufregung, draufgängerisch quietschte er, betatschte vergnügt Gesicht und Brüste, versteckte sich unter der Bank. Wenn sie ihn bemerkten, leuchteten seine Augen, und ungeduldig kreischte er, wenn ihre Aufmerksamkeit abschweifte.

*

Seit meiner Kindheit frage ich meine Mitmenschen aus, um auch ein anderer zu sein, als der, der ich bin. In jenem Budaer Haus, in dem sich oben unsere Wohnung befindet, habe ich im Souterrain eine Werkstatt, hier unten werde ich für gewöhnlich nicht gestört. Die graphomane Handarbeit beruhigt mich irgendwie. Komme ich nicht dazu, oder will sie mir nicht von der Hand gehen, irre ich boshaft umher.

Mit zwölf hatte ich den Nationalsozialismus überlebt. Mit fünfzehn erlebte ich das Jahr der kraftstrotzenden Einführung des Kommunismus. Zusammen mit ihm bin ich älter geworden, Jahrzehnte sind in aktiver und disziplinierter Resignation verstrichen, und ich war bereits sechsundfünfzig, als das Regime zu Grabe getragen wurde. Meine besten Jahre habe ich im Schatten von Dummheiten verbracht. Fast nie konnte ich mich vom Gefühl des Eingesperrtseins befreien, dennoch entschied ich mich nicht dafür, von weitem auf dieses Land, mein Land, zu blicken. Mich krümmend, streckend bewegte ich mich tastend voran.

Ansonsten verlief das Leben gemächlich, was ich nicht bedauerte, denn was sich von selbst ergab, genügte. Seine Unvollkommenheit macht den Menschen endlich, also wirklich. Im moralischen Sinn ist Unvollkommenheit ein Synonym für Fehlbarkeit. Moralphilosophie kann sich nur auf Fehlbarkeit gründen, und darauf, daß wir mit ihr zurechtkommen.

Die Worte verrinnen, wenn wir über den Zenit unseres Lebens hinaus sind, wenn wir zurückschauen. Nicht das

Sterben interessiert mich, sondern lediglich das Erblicken des Tors, die Praxis der Vorbereitung, die Zurkenntnisnahme des Körpers. Es kommt die zufällige Katastrophe. Flüchtige Ereignisinventur eines ungarischen Männerlebens.

Wenn jede Beschreibung der menschlichen Wirklichkeit Literatur ist, dann ist vielleicht auch der Mensch selbst Literatur. Die Hauptfigur des Romans ist vielleicht ein Vormundschaftsjurist, ein Städtebauarchitekt oder ein Revolutionär im Ruhestand. Naive Masken, denn es gibt keinen einzigen Vormundschaftsjuristen, Städtebauarchitekten oder Revolutionär im Ruhestand, der im Bett liegend oder auf der Gartenbank einer Nervenheilanstalt sitzend derart präzise formulierend über sein Leben nachsinnen würde. Inneres Nachdenken geschieht nie in ganzen Sätzen, dafür ist es zu schnell und andeutungsartig.

Mein gesamter Lebenslauf ist der Korpus des Schriftstellerhandwerks, er ist zuständig für die Organisation meiner Beziehungen und für die Erklärung meiner Entscheidungen. Selbst meine Arbeitsstellen habe ich im Hinblick darauf ausgewählt, daß sie sich günstig auf die Kontemplation auswirken sollten. Alle wichtigeren Umstände meines Lebens resultieren aus dem in der Pubertät getroffenen Entschluß, Schriftsteller zu werden. Das hielt mich auch davon zurück, 1956, als die Grenzen vorübergehend offen waren, zusammen mit meinen Freunden und meiner Schwester in den Westen zu gehen.

Nach der Revolution interessierten mich vor allem diejenigen, die ganz unten waren. Auch ich befand mich nicht oben, mein Verdienst war gering, meine Wohnung beengt, ich besaß zwei bis drei Kleidungsstücke zum Wechseln. Zusammen mit den anderen kleinen Leuten bekannte ich mich zu meinem Versagen. Ich war neugierig, wie es als Jugendschutzinspektor sein würde. Nachdem ich meinen ehemaligen Kommilitonen Tamás Csillag zur Neubausiedlung der Óbudaer Ziegelfabrik begleitet hatte, verrichtete ich diese Arbeit anschließend selbst sieben Jahre lang.

Dann war ich neugierig auf Ungarn, denn meinen engeren Arbeitsbereich, den Außenbezirk der Budapester Elisabethstadt, kannte ich schon ziemlich gut. In Dörfer und Städte wollte ich fahren, unbekannte Straßen wollten meine Augen sehen, in Pécs und Szeged und noch hundert anderen Orten. Vielleicht im Rahmen eines soziologischen Forschungsprogramms. Also verdingte ich mich bei einem Institut für Urbanistik.

*

Es ist Sommer. Wie wenig doch die Menschen in Budapest darauf geben, ihren Körper zu verhüllen. Es zeigt sich der schöne, und es zeigt sich der häßliche Körper. Jung und alt wohnen in ihrem Körper, schleppen ihn hin und her, sind unterwegs, drängen sich, ständig haben sie etwas zu erledigen, fortwährend sitzen sie im Auto. Mich macht die Eile nervös, ich fahre lieber mit der Straßenbahn, mit der U-Bahn oder gehe zu Fuß. Ich muß mich um keinerlei Fahrzeuge kümmern, parke immer dort, wo ich gerade bin.

Heute muß ich nirgendwohin gehen, getrost kann ich die Blätter des Wilden Weins vor meinem Fenster anstarren. Budapest ist eine ungestüm überlebende Stadt, fähig zur Anpassung und auch zur Revolution. An ihrem vielschichtigen Charakter würde ich eine Sinnlichkeit hervorheben sowie das Fortleben einer vorchristlichen, heidnischen Lebensfreude. Die Menschen, die ich sehe, sind bemüht, ihre Zeit auf angenehme Weise zu verbringen; auffällig das Einschlummern und Sich-Ausstrecken auf den Bänken, das Herumsitzen vor den Haustüren, das gaffende Herumlungern auf dem Gang vor den Wohnungen. Budapest hat alles gründlich mitgemacht, den Stalinismus und die Revolution, den Kompromiß mit dem Kádár-Regime und schließlich die demokratische Wende. Unter den osteuropäischen

Städten hat Budapest am frühesten erklärt, daß es frei sein wolle. Halsstarrig hat es mit den Strategien des Überlebens experimentiert, hat das System aufgerieben und aufgeweicht, Traditionen wiederbelebt und Schäden begrenzt.

Nicht zu ersetzende Personen verschwinden, doch die Stadt setzt ihr Leben mit unerschütterlicher Gelassenheit fort, geht nicht unter, füllt die leeren Plätze aus und stellt ihre Großen in die Bücherregale. Sie paßt sich an, und angepaßt wird sich auch an sie, der Verlust wird umsponnen und ersetzt. Die Stadt besitzt die Fähigkeit, immer und immer wieder aufzublühen, sie ist dauerhafter als die Regierungen. Mit alarmierender Kraft hat sie es geschafft, den Platz der Weggegangenen und der Toten auszufüllen. Den heidnisch anmutenden Lebensgenuß haben dieses Land und diese Hauptstadt auf Befehl einer ominösen asketischen Schwärmerei nie aufgegeben. Viele brave Zyniker gibt es hier, die nicht meinen, daß leidendes Gebaren moralischer sei als Heiterkeit.

*

Auch die innere Emigration hatte sich so ergeben, daß man eines Morgens an meiner Tür klingelte, mein Schrank mit den Manuskripten auf den Kopf gestellt wurde und ich überall hinausgeworfen worden bin. Ich begriff diese Situation als eine Herausforderung, der ich mich stellen mußte.

Es kam die Wende von 1989, und nicht viel später wurde ich am Telefon gefragt, ob ich bereit sei, Präsident des Internationalen PEN-Clubs zu werden. Ein ernstes Angebot, das ich nicht ablehnen konnte, und es gehörte sich, auch diese Arbeit anständig zu verrichten.

Es gibt Autoren, die sich in Rollen hervortun, die ihre jungenhafte Phantasie in Gang setzen. Sie lassen sich auf Abenteuer ein, geraten in bewaffnete Scharmützel und geben keine Ruhe, ehe sie nicht in Todesgefahrnähe kommen, nur um den Lesern davon berichten zu können. Das war mein Fall nicht. Ich bin von langsamerer Art, ich mache keine Sprünge, überstürze nichts, manchmal aber schlage ich in die mir vom Schicksal ausgestreckte Hand ein.

Was gut gewesen ist, das ist von selbst gekommen, das hat mir das Schicksal gegeben. Auch das Schlechte ist von selbst gekommen, zufällig, wenn ich absolut nicht damit gerechnet habe. Es ist da, das ist nun mal so, die Verheerungen des Schicksals können wir nicht vorausahnen, wir können ihnen nicht zuvorkommen. Auf Stufen von Unfällen und Geschenken schreiten wir voran; sie bilden die Grenzen zwischen den Kapiteln.

Was würde sein, wenn ich ein innerer Emigrant, ein dissidentischer Schriftsteller, oder ein äußerer Emigrant, ein seine Heimat besuchender Wanderphilosoph wäre? Und wie würde die Sache aussehen, wenn ich Bürgermeister einer Stadt wäre und zugleich unheilbar krank? Ich suchte nach der Logik von Rollen. Was würde ich tun, wenn ich dies oder jenes wäre? In allen Fällen suchte mein stolperndes und ein wenig hilfloses Ich nach dem Ausgang.

Die Masken hielt ich fern von mir, aber nicht allzu fern. Letztens zeigte ich mich als intelligenter Trottel und stämmiger Typ, doch ich war auch nervös, extrem und töricht, ganz nach Notwendigkeit.

Ich möchte nicht eingepflockt sein in die Situation, in der ich mich gerade befinde. Ich würde sie lieber von der Seite oder von oben betrachten, mir Zerstreuung verschaffen durch Abstandnehmen und Annäherung. Was ist dieser Zwang, was dieses Strömen, was dieser Windstoß, was dieser Atem? Die Sehnsucht danach, nicht eingespannt zu sein, mich nicht umzingeln zu lassen?

*

Ich bin 1933 geboren worden, sechs Jahre war ich alt, als der Zweite Weltkrieg ausbrach, und elf, als das Überleben, insbesondere im Fall jüdischer Kinder vom Land, ein gemeinsames Meisterwerk von Glück und Lebensrealität war. Im Mai 1944, nachdem meine Eltern verschleppt worden waren, kam ein Einladungsbrief, und ich nutzte die Chance, Berettyóújfalu zu verlassen; deshalb bin ich am Leben. Normal wäre es gewesen, daheim zu bleiben oder zu zögern. Hätte ich das getan, wäre ich jetzt nicht am Leben.

Budapest habe ich mein Leben zu verdanken. Hierher bin ich zusammen mit meiner älteren Schwester und meinen Vettern geflüchtet. Deshalb sind wir nicht nach Auschwitz geraten. 1944 dachte ich von Budapest vor allem, daß es groß sei und wir uns darin vielleicht verstecken könnten, wie Stecknadeln in einem Heuhaufen. Vielleicht würde uns jemand retten. Im Mai 1944 war schon abzusehen, daß die Landbevölkerung nichts gegen die Deportation unternehmen und sich der Regierung fügen würde, die Städte und Dörfer »entjuden« wollte.

Jenseits der Befangenheit? Warum sollte ich nicht befangen sein? Die Urteile um mich herum hielt ich in den meisten Fällen für überprüfenswert. Es hatte sich so ergeben, daß die offizielle Kultur in meiner Umgebung verlogen war und mir gegenüber – von einigen Jahren abgesehen – auch unfreundlich. Das selbst dann, wenn ich ihr nichts getan hatte. Später dachte ich, mich lieber gegen sie zu versündigen.

Der Reisende tut nicht wirklich nüchterne Dinge, er billigt den großen Aufwand und sucht die heißen Orte selbst dann auf, wenn ihm daraus Schaden erwachsen kann. Jedes Wort stellt den Autor, den eine würgende Trunkenheit voranbringt, vor eine neue Situation. Wenn zählt, wofür sich der Mensch jetzt entscheidet und was er jetzt tut, dann ist der heutige Tag vom Aufwachen bis zum Schlafengehen eine ununterbrochene Pilgerreise. Dann kann auch das heutige Abendessen heilig sein. Nicht nur das Zusammenkommen der Familie um den Hühnersuppentopf, sondern auch das Durchschneiden der Gurgel des lieben Huhnes. Dann gibt es zwischen den alltäglichen und als heilig begriffenen Handlungen keine Grenzen.

Der rücksichtsvolle Pilger zieht die Möglichkeit in Betracht, daß der Dialog mit dem Heiligen durchgängig einseitig sein könnte. Es ist vorstellbar, daß er sein ganzes Leben lang mit jemandem spricht, der nicht existiert. Auch wenn es keine Antwort gibt, auch wenn sich der Heilige nicht zeigt, macht es nichts, wenn das Wort an ihn gerichtet worden ist, an ihn, der einmalig und ewig ist, hier und jetzt.

Auf einer geheimen Pilgerreise wiederholen wir eine Reise in längst versunkene Zeiten, beleben etwas Geschehenes, ziehen aus dem Land der Knechtschaft und schleppen uns mühsam auf dem Weg der Leiden zum Kreuz. Unser Mann trägt das Lamm, das Opfer, das wertvollste: den Sohn. Selbst den eigenen Nacken würde er bereitwillig unter die schwere Klinge legen. Er tritt vor die sich verbergende Gottheit, um von ihr das Leben zu empfangen. Das Los von Büchern – fortwährendes Bestehen im Kampf mit Engeln, die ihnen als Schicksal vorangestellt worden sind. Öffentliche Wanderschaft brennt seine Spuren ein, macht seine Stationen sichtbar. Demnach wäre die Laufbahn des Schriftstellers eine Pilgerreise? Jenes Buch zu schreiben, nach dem keine weiteren Bücher mehr geschrieben werden müssen, nach dem Klingeln, Blitzen und Bewußtseinsverlust folgen. Und in sein immer letztes Buch bringt er alles ein, was er zu geben hat, denkt den ganzen Tag daran, lebt mit ihm, mit seinem Liebespartner, der ihn hinhält und ihm aus den Händen gleitet.

Wer die anderen überlebt, gewinnt die Partie. Denn er sagt von den Verstorbenen, was er will, ihm gehört das letzte Wort. Mein Nächster war derjenige, der an meiner Seite gestanden hat. Meine Familie war diejenige, die zusammen mit mir am selben Tisch gegessen hat. Der siebte

Tag war die beständige Zeit. Das Fest wollte kein Ende nehmen.

Voll Zuneigung denke ich an all die Orte zurück, an denen man mich in Ruhe gelassen hat. Im Garten des Glöcknerhauses beobachteten wir mit alten Freunden den Sternenhimmel, auch betrunken verlangte es mich nach verstehender Klarheit. Noch ein Glas, noch eine Pfeife, und ich würde deshalb keinerlei Scham empfinden.

Ich lehne mich auf dem mit gestreiftem Samt bezogenen Kanapee zurück. Nachts habe ich von einer rotgelockten Bartänzerin geträumt, deren Körper einer spitzen, scharfen, giftgrünen Paprikaschote ähnelte. Am Tag der Versöhnung treffe ich im Morgengrauen mit einem Sack auf der Schulter ein, schalte in der Wohnung sämtliche Deckenleuchten an und tue Buße. Ein sittlicher Mensch ist selten Moralist. Auch ich bin es nicht. Meine unwilligen Leser bedrohe ich nicht mit Heulen und Zähneklappern.

Die Tauben tippeln schon auf dem Marmorboden des Platzes. Auf dem Bürgersteig vor einem Haus steht ein Krankenwagen, in den eine Trage hineingeschoben wird, wer darauf liegt, ist nicht zu sehen. Ich höre meinen Namen, niemand steht hinter mir. Die Kneipe mit dem Namen »Vier dicke Läuse« hat geöffnet. Ich bestelle schon am frühen Morgen eine Bohnensuppe mit geräuchertem Schweinebauch und Nockerln. Die Glocken läuten, in Ordnung, meine Verdienste müssen keine Geltung haben, wenn der Allmächtige auch meine Sünden streicht, damit nur die Leere bleibt.

Nachts ist Vollmond, Südwind peitscht die Donau. Ein aalglatter und hinreißend liebenswürdiger Sekretär eilt mir entgegen, er ist bezaubert von meinem Besuch. Lange sei es her, daß ich mich hier aufgehalten habe, sage ich, vielleicht noch zu Zeiten der Türken, auch damals habe es hier ein Kaffeehaus gegeben. Der Sekretär senkt bedeutungvoll den Blick.

Alles liegt an den Wellen: Einmal wird etwas gebraucht und dann plötzlich nicht mehr. Ich werfe einen Blick in die Zeitungen, um mich über den Stand des eschatologischen Marktes zu informieren. Die Nachfrage nach Messiasnummern sei verschwindend gering, sagt der Sekretär. Der Platz wird von großen rötlichen Basaltblöcken bedeckt, die sich auch in tausend Jahren noch nicht abgenutzt haben werden. Die Benediktinerkirche stammt aus dem Barock, darunter befindet sich eine romanische Unterkirche und in ihr ein gotischer Kapellenteil. Mehrfach brannte die Kirche, wurde verwüstet, von Kanonen beschossen, und dennoch steht sie auch jetzt noch. Das Schicksal hat sich immer eingemischt; nach einem kleinen Aufatmen das Knirschen von Stahlfahrzeugen.

Nun bewegen sich hinter dem geöffneten Fenster nur die hereinragenden Zweige, und vor mir steht der riesige schwarze Schreibtisch, ich klammere mich an ihn, er ist stabil und dauerhaft. Suche ich nach einem guten Ort? Das Heft, das ich überallhin mitnehmen kann, ist ein solcher. Folgt niemandem, auch ich folge niemandem! Ich verrate mein Buch, meine Privatangelegenheiten, damit meine Frau für die Kinder Schuhe kaufen kann.

Wer achtet auf mich? Er, der alles sehende Herr über mein Schicksal? Es ist besser zu sagen, daß mich jemand beobachtet. Wenn er mich schon erschaffen hat, dann kann er mich auch beobachten. Wir träumen von einem uns gewogenen und dienenden Universum. Wenn wir von Gott erzählen, wird er zu einer Art Mensch, der uns fortwährend zur Verfügung steht, sich manchmal allerdings verbirgt. Wir sind hier mit einem Vater, der uns stark ähnelt. Wenn er gleichermaßen Herr über Leben und Tod ist, dann ist er sowohl gut als auch böse, ebenso wie wir Menschen, dann wiederholt er nur die irdische Partie, im Schicksal vereint: Geist und blindes Geschehen.

Früher hielt ich Sünde für eine Dummheit, für eine

Plattheit. Der sündige Mensch ist ungeduldig, fahrig, sein Handeln wird von Panik und Hysterie bestimmt. Vielleicht hätte er die Sünde gar nicht begangen, wenn er sich deren Folgen hätte vorstellen können. Neuerdings neige ich zu der Annahme, daß Haß und Bosheit eigenständige Leidenschaften sind, die ein ganzes Leben erfüllen können, ein kluges und dummes gleichermaßen. Selbst der entschiedenste Relativist kann zwischen einem anständigen Menschen und einem Schurken unterscheiden, insbesondere wenn er vom Verhalten der anderen Seite betroffen ist. Unser Gefühl dafür, ob der andere gut oder schlecht ist, funktioniert ebenso instinktiv wie das Schließen der Augen, wenn sich ihnen etwas nähert.

Mein Lächeln tagsüber könnte sogar einem Chinesen alle Ehre machen. Auch mein Vater lächelte freundlich. Diese Fähigkeit könnte darauf zurückzuführen sein, daß wir beide einfältig sind. Der Klügere ist zorniger. Ich wurde danach gefragt, ob ich manchmal glücklich sei. Nach einer kurzen Denkpause sagte ich: »Oft.« Schließlich wurde ich auch danach gefragt, ob ich manchmal unglücklich sei. Nach einer kurzen Denkpause erwiderte ich: »Selten.« Diese beiden Antworten belegen meine Einfältigkeit.

*

Wäre ich vor zwanzig Jahren, sagen wir 1980, hinunter ans Donauufer geschlendert, wäre das sichtbare Leben nicht wirklich anders als jetzt; Menschen genießen die Sonne, Möwen schaukeln auf der Donau, die Türme gegenüber dem Parlament gleißen im Licht, eine akkurat gekleidete Frau kommt mir mit ihrem kleinen Hund entgegen, genüßlich schreitet sie über das Laub. Auch eine verstiegene alte Frau kommt mit ihrem Hund, läßt sich auf der Nachbarbank nieder, breitet unter dem Tier eine Decke aus, und sobald ein betagter Mann mit seinem Hund an ihr vorübergeht, bedenkt meine Banknachbarin das dreckige

Geschlechtsorgan der Männchen mit unflätigsten Ausdrücken, wohin er sich damit begeben und wohinein er es stecken solle, damit anständige Frauen nicht belästigt würden.

Das Parlament wird von ewigen Bauarbeiten überzogen, Gerüstgitter verdecken den einen Turm, der rote Stern auf dem Dach ist verblaßt. Herbstspaziergang, die Donau glitzert. Gegenüber der Gellérthegy, der Blocksberg, auf der anderen Seite die Parteizentrale, das Politbüro. Eine alte Frau am Fenster schüttelt einen Staublappen aus. Hier befindet sich das Gebäude der Politischen Polizei, ihm gegenüber die Gaststätte meiner Freunde, die Pekingente, die eine Zeitlang, als es Mode war, von der gesamten Opposition besucht wurde. Vom Schwimmbad kommend setze ich mich auf eine gelbe Bank und lese. Vor dem Haus der Dezső-Szilágyi-Platz, der den Namen eines liberalen Bürgermeisters aus dem neunzehnten Jahrhundert trägt.

Hier befand sich der kleinere Markt. Der größere war dreihundert Meter entfernt auf dem Battyány-Platz, der einst wegen der Kanone, die eine sich über die Donau spannende Schutzkette sicherte, »Bomben-Platz« genannt wurde. Passieren durfte ein Schiff erst nach Entrichtung der festgesetzten Zollgebühren. Bei Verweigerung einer Zahlung wurde die Kette nicht hochgezogen. Aufmüpfige Schiffsbesatzungen hielt die Kanone auf dem Platz davon zurück, handgreiflich zu werden. Spaziere ich von der Wohnung auf dem Dezső-Szilágyi-Platz hinunter ans Donauufer, stoße ich gegenüber der Haustür auf eine neogotische Backsteinkirche. Im Spätherbst plätschert der Springbrunnen besonders melancholisch.

Unsere Wohnung ging zur hinteren, stillen Iskola utca. Der Zufall hatte uns hierhergeführt. Wir wohnten in einer schmalen Straße in der Innenstadt, in der Vármegye utca, ich mit Júlia Lángh, meiner Frau, und Dorka und Miklós, unseren beiden Kindern. Wir platzten bereits aus allen

Nähten, die Kinder schliefen in der kleinen Mädchenkammer in Doppelstockbetten. Gern wären wir in eine größere Wohnung umgezogen. Dann wurde meine Mutter plötzlich dazu gezwungen umzuziehen, weil das Wohnungsamt des zuständigen Stadtbezirks sie für die Nutzung einer Zweizimmerwohnung mit Diele nicht für berechtigt hielt. Die schonungslose Entscheidung der Behörde ließ sich nicht rückgängig machen. Man wollte partout nicht verstehen, daß es einer Großmutter angenehm sein könnte, neben den Enkelkindern zu wohnen und daß die Enkel in der Nachbarwohnung eine Großmama gebrauchen könnten.

Meine Mutter erhielt entsprechend ihrer Anspruchsberechtigung eine andere, kleinere Wohnung unweit der Reáltanoda utca Ecke Magyar utca in einem renovierten klassizistischen Mietshaus mit sehr dicken Mauern, einer Arbeit von Miklós Ybl, die unlängst unter Denkmalschutz gestellt worden ist. Zwei- bis dreimal wöchentlich besuchte ich meine Mutter. Einmal ertappte ich mich dabei, daß ich ein wenig hastig zur Haustür hineinsprang. In den ersten Februartagen 1945 waren die Deutschen von der Pester Seite bereits vertrieben, gelegentlich belegten sie die Innenstadt mit Maschinengewehrfeuer; auch die Reáltanoda utca bekam einige Salven ab. Als Zwölfjähriger ging ich durch die Straße, an die Wand gepreßt, auf Brotjagd, und gerade in diesen Hauseingang hatte ich mich vor den Kugeln geflüchtet.

Für zwei Wohnungen erhielten wir schließlich eine dritte größere. 1974 zogen wir von der Pester Innenstadt in die Budaer Innenstadt zum Dezső Szilágyi tér 4. Das sechsgeschossige Haus ist 1912 erbaut worden und hat eine mosaikverkleidete Fassade. Im dritten Stock hat Béla Bartók gewohnt, hier hat er seine strengsten Werke komponiert: den *Wunderbaren Mandarin* und die *Musik für Saiteninstrumente, Schlagzeug und Celesta.* Hier hatte er die Grenzen des Verbotenen durchbrochen. Die Liebe vermochte er hier als ekstatische Selbstvernichtung zu sehen, weshalb er radikalste Klänge erprobte. Einsamkeit und Strenge paßten zusammen.

In den seit 1970 andauernden, langen Jahren ihres Rentner- und Witwendaseins registrierte meine Mutter den Wandel im Leben der Stadt; sie besuchte das gerade eröffnete große Kaufhaus, sie gehörte zu den ersten Fahrgästen der neuen Metrolinie, und wenn am Donauufer ein neues Hotel errichtet wurde, rang sie mit sich, ob sie es riskieren sollte, in dem sicher prachtvollen Espresso des Hotels einen Kaffee zu trinken und dazu vielleicht ein Stück Schokoladentorte zu essen. Die zweite Hälfte ihres Lebens hat sie in Budapest verbracht, und sie ist eine Lokalpatriotin geworden. Wenn sie sich im Ausland aufhielt, empfand sie, so gern sie durch die Welt streifte, Sehnsucht nach ihrem Zimmer, der unlängst neu gepolsterten und bezogenen Couch, auf der sie früher zusammen mit meinem Vater gelegen hatte und die sie jetzt nicht mehr auszuziehen brauchte. Auf dem Fernseher und an der Wand befand sich das Bild meines Vaters, auch meines, das meiner Großeltern mütterlicherseits und auch ein Bild von Dorka und Miklós, der beiden Enkel, später kamen dann die Bilder der anderen Enkel hinzu. Die Blutsverwandtschaft steht über allem, die Familienangehörigen sind unantastbar, sie haben recht, sind tüchtiger als alle anderen, doch damit muß man nicht prahlen.

Schön wäre die Welt, wenn alle beieinander sein könnten, wenn ihre Geschwister nicht in Auschwitz getötet worden wären, wenn die Kinder ihre Mutter wenigstens am Sonntag zum Mittagessen besuchten. »Wann kommt ihr?« fragte sie mich, und wenn ich sagte: »Um eins«, dann wußte meine Mutter, daß sie vor viertelzwei nicht mit uns rechnen könnte. Wenn ich die Tür öffnete, saß sie schon in ihrem Zimmer, in der Küche war alles fertig, der große

Tisch gedeckt, sie hörte sich eine ihrer vielen klassischen Schallplatten an. In meinem Schrank säuberlich zusammengelegt und gestapelt meine Hemden, auf dem Tisch meine Post und Telefonnachrichten. Das Zimmer erwartete mich frisch geputzt, nur die Unordnung auf meinem Schreibtisch blieb unberührt, doch die überall herumliegenden Bücher weggestellt, weshalb ich murrte. Von den vier Zimmern unserer Wohnung gehörten 1980 zwei mir. Hinter dem undurchsichtigen Fenster meines zum Hof gehenden großen Zimmers befand sich der typische Budapester Hof, begrenzt von einem Rundgang.

Wenn ich 1980 mein Zimmer betrat, erblickte ich neben einem Intarsientisch würdevolle Thronsessel, die meine vorherige Frau Júlia geerbt hatte. Die Armlehnen endeten in geschnitzten Löwenköpfen. Dazwischen, etwas niedriger, stand ein Gobelinsessel, auf dessen Rückenlehne ein Engel und ein Eremit in ein Gespräch vertieft waren. Das Zimmer hatte hohe Decken und hinter der Sitzgarnitur über die ganze Wand verteilt Bücherregalschienen. Das stabile System aus Eisengestell und Brettern, verankert unten im Fußboden, oben in der Decke und seitlich in der Wand, war meine Erfindung.

Der Perserteppich war ein wenig zerschlissen und hatte einen Einschnitt. Dereinst hatte er unser Ehebett bedeckt. Zum Jux hatten die Kinder mit einer großen Schere daran herumgeschnippelt, aber glücklicherweise waren ihre kleinen Hände bald müde geworden.

1980 lebten sie schon in Paris, nur ein Bild von ihnen hing an der Wand. Auf dem einen umarme ich Miklós von hinten, um die Stirn hat er einen Riemen gewunden, spöttisch und überlegen pflanzt er sich vor mir auf, vor einem, der nur von hinten über die Schulter blicken kann. Des Rätsels Lösung: Miklós sitzt auf meinem Schoß. Entstanden ist dieses Bild 1978 vor meiner Rückkehr nach Ungarn, als Miklós kaum zwölf Jahre alt war und mich gelegentlich ermahnte, mich gerade zu halten, denn wenn ich so krumm stünde, wären wir gleich groß. Das andere Bild zeigt Dorka, die im Garten in Csobánka sitzt und verträumt vor sich hin schaut, langes Haar, afghanisches Kleid, entsprechend der damaligen marginalen Pariser Mode, ein hübsches kleines Gesicht, die hohe Stirn wendet sich hier offen dem Betrachter zu.

Meine Mutter hält sich an dem längst vergangenen Tag in ihrem Zimmer auf, hört Schallplattenmusik, hat in der Zeitschrift *Nagyvilág* (Große Welt) einen Tagebuchausschnitt von Thomas Mann entdeckt, ist ein wenig enttäuscht davon. Früher hatte sie gelegentlich in erzieherischer Absicht erwähnt, daß es in Thomas Manns Büchern nicht so viel wüst Sexuelles und Politisches gebe wie bei mir. Und auf die häßlichen Wörter könnte ich nun wirklich verzichten.

Damals in den achtziger Jahren wurde meine Mutter nachmittags regelmäßig von Onkel Marci, ihrem über achtzigjährigen Freund besucht. Er war der Cousin meines Vaters und unser Nachbar in Berettyóújfalu. Früher hatte er eine Drogerie, ein Spielzeug-, Süßwaren- und Fotogeschäft betrieben. Seine Frau, die Wohlgeruch verbreitende Tante Lenke, und auch seine Kinder, Panni und Gyuri, meine Spielkameraden, sind in Auschwitz getötet worden. Als dann auch seine zweite Frau gestorben war und er das Trauerjahr mit täglichen Gebeten im Tempel zugebracht hatte, kam er öfter zu meiner Mutter. Ihm lag viel an ihrer Gesellschaft. Stets brachte er einen kleinen Blumenstrauß oder eine Tafel Schokolade, manchmal eine Flasche Muskateller.

Vor zwanzig Jahren wohnte niemand anders in der Wohnung. Gelegentlich tauchte Jutka hier auf. Sie war damals achtundzwanzig, ihrem Diplom zufolge Gymnasiallehrerin für Französisch und Geschichte. Eine Anstellung hatte sie nicht, zu Hause erteilte sie Kindern Französischunterricht. Vom Institut für Geschichte erhielt sie einen Vertrag, sie sollte einen Essay über die wiedererwachten Bewegungen der nationalen Minderheiten in Westeuropa schreiben. Die Lage und die Konflikte der ungarischen Minderheiten in Osteuropa waren kein Forschungsthema des Instituts, ebensowenig wie die Geschichte des ungarische Judentums und die Revolution von 1956. Wenn ich nach den Gründen dafür fragte, sah mich mein Freund, ein Forscher des Instituts, der nach 1956 Jahre im Zuchthaus verbracht hatte, lächelnd an: ob es mir zu scherzen beliebe oder ob ich geistesgestört sei.

In diesem Jahr veröffentlichte Jutka einen Mädchenroman und übersetzte einen senegalesischen Roman aus dem Französischen. Sie wußte nicht, ob sie als Historikerin arbeiten wollte. Bisher hatte sie kein Kind haben wollen, nun änderte sie ihre Meinung.

Auch das Bett oder eher der Matratzenbau, in dem wir schliefen, war meine Erfindung, es rutschte ziemlich leicht auseinander, trotzdem war es bequem und gigantisch. Wenn ich betrunken war, konnte ich darauf prahlend einen Purzelbaum rückwärts schlagen. Jutka hatte Angst, ich könnte mir an der Wand den Kopf einschlagen, doch Gott beschützt die Betrunkenen. Das in diesem Zimmer herrschende Provisorium entsprach meiner Befindlichkeit. Meine Kinder reisten im Zug zwischen Paris und Budapest hin und her wie ich als Kind auf dem Pferdefuhrwerk zwischen Berettyóújfalu und Debrecen.

Meine Mutter hatte fünf Geschwister, außer ihnen gab es im Haus eine Köchin, ein Zimmermädchen und eine deutsche Erzieherin, und sie hielt es für natürlich, daß es auch bei ihr so sein sollte. Sie war eine gute Schülerin, doch das Abitur konnte sie nicht machen; sie sei so klein und schmächtig, so kränklich, sie müsse erst zu Kräften kommen, sagte meine Großmutter. Von den Geschwistern ist nur noch meine Mutter am Leben. Im Jahr 1980 ist meine

Mutter flink, lebhaft und vergnügt; ein wenig spöttisch und sehr wohlwollend schaut sie sich um. Als junges Mädchen ist sie von einem Lehrer hofiert worden, doch geheiratet hat sie einen Kaufmann, meinen Vater. Von der Seite ähneln wir uns, sie hat eine große Nase, ein markantes Profil.

Auf dem Balkon meiner Berliner Wohnung beugt sich meine aufmerksame Mutter ein wenig gekrümmt und hager über die Ansichtskarten, die sie ihrem alten Freund und ihren alten Freundinnen nach Budapest schreibt. Sie blickt auf, ihr Lächeln ist ohne Vorbehalte und strahlend. Der Mensch ist wie sein Lächeln.

Allein saß sie im Autobus, der sie vom Ostberliner Flughafen zum Westberliner Busbahnhof beförderte, im Taxi meinte sie, am Gesehenen nicht sonderlich interessiert zu sein. Am nächsten Tag gingen wir zusammen spazieren, ihre Schritte waren langsamer geworden, aber trotzdem schaffte sie den Weg noch gut. In einem koreanischen Restaurant aßen wir zu Mittag, die Ente mit Spargel und Pilzen schmeckte ihr, und auch das Schaukeln oben im Doppeldeckerbus gefiel ihr. Meine Mutter genas von ihren Schmerzen in den Beinen und war schon wieder unermüdlich. Zwei Jahre zuvor hatte sie eine Rundreise durch Jugoslawien und Bulgarien unternommen, im Jahr darauf fuhr sie nach Israel und dann nach Mallorca. Der kleine Kümmerling hatte alle überlebt. Von den Toten sprachen wir nicht allzuviel, die Lebenden nahmen allen Raum ein.

1983, als ich in Berlin einen Vortrag hielt, saß meine Mutter in der ersten Reihe; ernst, adrett, aufmerksam. Sie freute sich über den Erfolg ihres Sohnes, daheim in Ungarn war ihm davon weniger beschieden. Stolz brachte sie mir das Grußtelegramm des Ungarischen Schriftstellerverbands anläßlich meines fünfzigsten Geburtstags. Ihretwegen hätten sie meine Bücher in allen Ländern der Welt herausgeben können, wirklich gefreut hätte sie sich nur, wenn sie auch in Ungarn erschienen wären. »Eines nur tut mir leid«, sagte sie am anderen Tag, »daß dein Vater das nicht erleben durfte.«

Etwa zwanzig Jahre später besuche ich meine nun schon geschwächte Mutter. Sie bat mich, bei ihr zu bleiben. Gelegentlich glaubte sie, ich hätte auch schon in ihrer Kindheit gelebt. Ihre Vorliebe für Süßigkeiten ist seit fünfundneunzig Jahren ungebrochen. Sie schwärmt für ihre jüngste Enkelin, träumt oft von ihren Geschwistern, seit neuestem berichtet sie auch von Begegnungen mit ihnen. Sie starrt vor sich hin, redet wenig, ist mit ihrem körperlichen Befinden beschäftigt, und nur manchmal schimmert ihr Interesse auf.

Sie lebte allein in der gemeinsamen großen Wohnung am Donauufer, die vier geräumigen Zimmer waren ihr zusehends zu monströs, mit winzigen Schritten gelangte sie, auf den Stock gestützt, zum Kleiderschrank oder zum Küchentisch. Es naht die Zeit, da wir eine würgende und schmatzende Verdauungsmaschine werden, in einem halben Leben, einem halben Elysium dösen wir im Bett vor uns hin und warten darauf, daß etwas geschieht; vielleicht bekommen wir ja etwas zum Naschen, werden gestreichelt, massiert, damit sich die Steifheit löst.

Wenn ich sehe, wie gern meine Mutter gebratenen Wels verzehrt, und wenn ich sehe, wie sie im Sessel mit nach hinten geneigtem Kopf träumt, dann glaube ich, daß die zusammengeschrumpfte Welt noch immer unendlich weit ist. Jeder Besuch ist für sie ein Lebenselixier, läßt ihre Augen glänzen und die Stimme klingender werden, denn der Mensch braucht den anderen und freut sich über jedes noch so kleine Zeichen der Wertschätzung, von wem es auch kommen mag.

Ostersonntag und der Auszug aus Ägypten, der vierte Tag des Festes der Befreiung. Ich sitze im großen Zimmer der Wohnung am Szilágyi Dezső tér in der aus der Fassade der Iskola utca hervorspringenden Fensternische, vor mir zwei Fenster und seitlich noch zwei. Ich blicke hinauf zu den Hausdächern, mir gegenüber ein einstiges Beobachtungsfenster, hinter dem niemand wohnte, nur zwei Stühle befanden sich hinter dem Fenster. Von dort hatte man mich beschattet, wie sich später zufällig herausstellte, als im Jahr der Systemwende eine Filmcrew mit Genehmigung des Innenministeriums Einlaß in jene Wohnung erlangt hatte, der gegenüber ich schon seit Jahren nicht mehr zu sehen war, da ich zu Jutka, meiner dritten Frau, gezogen war.

Im Zimmer nebenan liegt meine Mutter im Bett. In den vergangenen zwei Wochen ist sie sehr schwach geworden, mehrmals gestürzt. Ich kann sie nicht mit ermunternden Worten überhäufen wie meine Schwester, die lauter Herz und lauter Doktrin ist. Eva ist ein starker und halsstarriger Charakter wie meine Mutter, doch da sie Ernährungswissenschaftlerin ist und nichts billigt, was in amerikanischem Sinne unter Berücksichtigung seiner Zusammensetzung nicht gesund ist, versucht sie, sämtliche Naschhaftigkeit meiner Mutter zu brechen und flößt ihr wunderbar gesunden Rübensaft ein. Meine Schwester machte ein großmütiges Angebot, sie wolle meine Mutter für einen Monat mit nach New York nehmen, um dort Ernährung und Stuhlgang zu überwachen und sie gesund zurückzubringen. Solange meine Schwester an der Universität zu tun habe, könne meine Mutter vom achtzehnten Stock auf einen künstlich begrünten Sportplatz und auf den weiter weg liegenden Hudson blicken. Das wäre tatsächlich ein imposanteres Panorama als die Iskola utca, wo jetzt nur ein einziger Fußgänger zu sehen ist.

Über unserer Stadt gibt es keine helleuchtenden Farben, auch der Himmel ist nur verhangen hellblau, doch jetzt schillert von links an der Wand eines Instituts für Computertechnik eine schrillgelbe geometrische Abbildung. Zurück in meinem Zimmer, in der Fensternische, wo vor zwanzig Jahren mein Schreibtisch gestanden hat, gleite ich hinüber in jene Zeit vor zwanzig bis dreißig Jahren, als ich hier wohnte. Im Schrank, den ich seither nicht angerührt habe, kann ich in meinen alten Manuskripten herumstöbern, ich komme hierher, als würde ich zur Arbeit gehen. Allein schon die Tatsache, daß ich im Zimmer nebenan bin, erfüllt meine Mutter mit dem Gefühl, daß alles in Ordnung ist. Jetzt ist sie aufgestanden, allein ins Badezimmer gegangen, sie macht das Bett und versorgt sich.

Ich gucke hinein ins Zimmer meiner Mutter, frage sie, ob es ihr gutgehe, sie antwortet mit kraftvoller Stimme, ja, sie komme mit allem zurecht. Sie lebt auf, Frühling kehrt ein, und sie kommt wieder zu Kräften, im Mai wird sie zu meiner Schwester nach New York fliegen, und im Sommer wird sie in Hegymagas ihr altes Zimmer erhalten, und wieder sammelt sich in ihr ein bißchen Leben an. Die Mütter wollen Anteil nehmen am Leben der Kinder und Enkel; auch wir sind beleidigt, wenn unsere Kinder sich nicht blicken lassen. Immer und immer wieder, das wünschen wir uns, sollen sie nett zu uns sein, uns gratulieren, wie ich soeben meiner Mutter, zur schönen Ordnung in unserem Zimmer, unsere Frisur loben, unsere Gesichtsfarbe, denn wir sind hinfällig geworden und leicht können wir hilfsbedürftig werden. Nach dem Mittagessen hat sich meine Mutter zur Ruhe gelegt, draußen flutet verschwenderischer Sonnenschein, später bringe ich sie im Rollstuhl nach unten, am Donauufer gehen wir auf und ab.

1977, in der Zeit als deutscher Stipendiat während meiner Berliner Studienreise, band mich vor allem meine Mutter an Budapest. Sie war meine einzige in Budapest lebende Blutsverwandte. Ich bin ein schlechter Briefschreiber, wöchentlich einmal rief ich sie an, versuchte, ihr mit kleinen Geschenken eine Freude zu machen, mit etwas Geld erleichterte ich ihre materielle Lage, und im Frühjahr lud ich sie für einen Monat nach Berlin ein. Viel war das nicht, warme Stiefel können das Lächeln, die gemütliche Unterhaltung in ihrem Zimmer nicht ersetzen, auch nicht die Anrede: édesanyám, was wörtlich übersetzt bedeutet: meine süße Mutter, das heißt meine leibliche Mutter, in der deutschen Entsprechung: meine Mutter. Auf ungarisch klingt es ein wenig altmodisch, in anderen Sprachen ist es nicht nachzubilden. Beim Weggehen küsse ich ihr die Hand, die Fingergelenke sind schon ein wenig dick geworden, mit humorvollem Gram erwähnt sie das Auftreten hellbrauner Hautflecken: »Ach, mein Kleiner, wie häßlich doch das Alter ist, ich kann nichts Schönes daran entdekken.« Und ich tröste sie, auch ein altes Gesicht sei schön, wenn darin eine gute Seele wohne. Nie habe ich mir die Frage gestellt, ob meine Mutter schön sei, sie war es nie, sie hat etwas orientalisch Rätselhaftes in ihren Augen, das mit zunehmendem Alter immer nachsinnender und glänzender wird.

Meine Mutter freute sich darüber, daß ich Schriftsteller geworden bin, sie las die Kritiken, die zu meinen Büchern auf deutsch, französisch und englisch veröffentlicht wurden; um sie zu lesen, nahm sie die Hilfe eines Wörterbuches in Anspruch, suchte jedes ihr unbekannte Wort heraus. Sie bedachte mich mit einigen anerkennenden Worten, um schließlich ihrer Sorge Ausdruck zu verleihen, ob ich keine Schwierigkeiten bekommen und ob mein Werk wohl auch in Budapest erscheinen würde. »Man muß nicht alles niederschreiben«, sagte meine Mutter. »Du könntest doch etwas schreiben, mein Kleiner, was gleichfalls gut wäre und sie nicht reizen würde.«

Zufrieden wäre meine Mutter, wenn sie mich auch im Budapester Fernsehen zu sehen bekäme und anderentags ihre Freundinnen anriefen und ihr gratulierten, wenn ihr alter Friseur und die junge Hausmeistersfrau meinen Auftritt zur Sprache brächten, vielleicht auch die freundlich wirkende Nachbarin, deren Mann vor seiner Pensionierung ein gemäßigter Gefängnisdirektor gewesen ist. Meine

Mutter lebt noch, die Freundinnen nicht, auch der alte Friseur und das benachbarte Ehepaar nicht mehr.

Sonderlich überrascht war meine Mutter nicht, daß mir der ungarische Staat manchmal zu schaffen machte, auch sie hatte von den Behörden nicht viel Gutes erfahren. Ihre bescheidene Rente hielt sie für zu gering. Hätte sie das Anderthalbfache davon bekommen, wäre sie zufrieden gewesen. Mittags kochte sie ein Süppchen mit einigen Kartoffeln und briet ein Ei dazu. Sie hörte sich den alten Kádár an, doch Schlaf übermannte sie. »Schon gut, Alter, du hast genug geredet«, sagte sie und schaltete den Fernsehapparat aus.

Morgens um sechs ging sie hinaus in die Küche, trank einen Kaffee und legte sich zurück ins Bett. Bis acht las sie, hörte Radio, dann ging sie ins Badezimmer, wo sie eine Stunde zubrachte; sie turnte, wusch und badete, schuf Ordnung um sich her und zog sich schmuck an. Privatärzte suchte sie keine auf, dafür gab sie kein Geld aus, ihr genügten die kostenlosen Ärzte in der Poliklinik, und es erfüllte sie mit Genugtuung, daß sie alljährlich zur Erholung eine zweiwöchige gewerkschaftliche Einweisung in ein Heilbad erhielt.

Bei solchen Gelegenheiten bezog sie mit Tante Marika ein gemeinsames Zimmer. Die alte Freundin hatte nie geheiratet, sie war ein bißchen launenhaft, doch meine Mutter hatte sich an deren kleine Grillen gewöhnt. Im Espresso tranken sie zusammen Kaffee, im Konversationsraum saßen sie vor dem Fernseher, am Nachmittag kam es vor, daß sie sich ein Gläschen Schnaps genehmigten. Eine Flasche Kognak in der Vitrine meiner Mutter reichte ein halbes Jahr lang, obwohl sie auch ihren Besuchern davon anbot.

Wenn ich daheim war, deckte meine Mutter liebevoll den Frühstückstisch; zum weichen Ei und Tee gab es immer auch Schinken, Käse und selbsteingeweckte Aprikosen- oder Sauerkirschmarmelade. Die aus dem Garten in

Csobánka stammenden Sauerkirschen erheitern als Rumkompott das Gemüt.

Vormittags unternahm meine Mutter einen Spaziergang, oft ging sie ins Kino, jeden zweiten Dienstag kraxelte sie hinauf ins Burgviertel, wo sie sich in der Nationalgalerie ein Konzert anhörte, das auch im Radio übertragen wurde. Sie machte sich rechtzeitig auf den Weg, um einen Sitzplatz zu bekommen. Der Eintritt war umsonst, das gefiel ihr. Sie kaufte sich ein Kinoabonnement für Rentner, das sie dazu berechtigte, sich mit der billigsten Karte hinzusetzen, wohin es ihr beliebte.

*

Im Juli 1996 fuhr ich von Hegymagas nach Budapest, um meine einundneunzigjährige Mutter vom Flughafen abzuholen. Ein junger Mann im Overall schob sie im Rollstuhl. Meine Mutter fiel auf mit ihrer bestickten Jeansweste und dem großen Strohhut, der unter dem Kinn festgebunden war. Neben dem mit der linken Hand geschobenen Kofferkuli wirkte sie winzig, doch ihre Stimme war frisch, das Lächeln strahlend, und sie freute sich, wieder zu Hause zu sein.

Sie erzählte, daß sie Heimweh nach ihrem Zimmer gehabt habe, obwohl sie die umsichtige Pflege meiner Schwester genossen und sich in New York wohl gefühlt habe. Eva hatte sie klug und behutsam behandelt, ihr einen supergesunden Speiseplan vorgeschrieben, wie er von der Ernährungswissenschaft für Säuglinge zusammengestellt wird. Meine Schwester suchte die Buchhandlung Püski auf und kaufte meiner Mutter Romane von Móricz, Mikszáth und anderen ungarischen Autoren, so daß die Mama viel zu lesen hatte. Eine hochgewachsene Schwarze holte meine Mutter ab und schob sie in den Garten eines nahe gelegenen, sehr teuren Seniorenheims, zu dem sie sonst keinen Zutritt gehabt hätte. Einzig der schwarzen Dame, die freundschaftliche Kontakte zu anderen schwarzen Frauen in dem Park unterhielt, hatte sie den Aufenthalt dort zu verdanken.

Zusammen mit meiner Mutter kamen auch drei Taschen, darunter eine sehr schwere, in der sich Vitamine und verschiedenste Tabletten befanden, die irgendeine Heilwirkung versprachen, und Kleidung, die meine Mutter von meiner Schwester bekommen hatte. Eva las in New York eine Zeitung, in der inseriert wurde, welcher Reiche seine überflüssigen Sachen verkaufte. Dank dieser eingehend studierten Quelle konnte sich meine Schwester entsprechend ihrem Berettyóújfalu-New Yorker Geschmack höchst elegant kleiden und hatte so auch meine Mutter ausgestattet.

Um zwölf fuhr unser Zug nach Tapolca, der Hegymagas am nächsten gelegenen Bahnstation. Meine Mutter machte im Zug kein Auge zu, wie auch in der vorangegangenen Nacht im Flugzeug nicht, es interessierte sie, durch welche Orte wir fuhren, sie wunderte sich, daß ich die Namen der Bahnhöfe kannte, und sie wunderte sich, wieviele Menschen sich am Badestrand tummelten. In Tapolca wurden wir auf dem Bahnsteig von Jutka und unserem Sohn Józsi erwartet. Schön anzusehen, wie sie da aneinandergeschmiegt Hand in Hand kamen. Den Strohhut trug meine Mutter nicht mehr, nur das kürzer geschnittene, schüttere Haar flatterte im Wind, langsam schritt sie voran, auf den Stock gestützt, aber sie lief auf eigenen Beinen und freute sich über das Wiedersehen.

*

Paris, winziges Hotelzimmer, niedlicher Tisch und ein hokkerartiger Stuhl ohne Lehne, der unter dem Tisch hervorgezogen werden muß, damit er keinen Platz wegnimmt. Um an den Schrank zu gelangen, muß ich über das Bett kriechen, und wenn mir das mehrmals am Tag gelingt, erfaßt mich ein leichtes Gefühl des Triumphes. Die Ferne zu überwinden, die Weite, ist kein größeres Verdienst, als die Enge zu besiegen. Hier in diesem Pariser Hotel, dessen Preise nicht im geringsten niedrig sind, ist alles minimiert. Das können sie sich erlauben, weil ein jeder hier sein oder von Zeit zu Zeit herkommen möchte. Das Bett ist bequem, es gibt fließend Warmwasser, Kaffee und Hörnchen sind zufriedenstellend, ich fühle mich wie ein stolzer Japaner. Minimal Art – wie lassen sich viele menschliche Funktionen auf kleinem Raum zusammendrängen? Paris ist unbezwingbar, überall ist es schön und überall homogen das gleiche, selbst jenes grelle, blaue Licht in der Abenddämmerung gehört nur zu dieser Stadt. Es wallt das Pariser Volk, Hunderttausende junger Leute ziehen voller Erwartungen durch die Straßen. Zu beiden Seiten der kleinen Tische sind die Pärchen derart in ihre Themen vertieft, daß sie die am Nachbartisch Sitzenden nicht einmal bemerken, die ebenso bedeutende Angelegenheiten diskutieren, vielleicht ihre außerordentlich komplizierte Beziehung. Sie reden ohne Unterlaß, erwarten von dem Abend etwas, das ihm unter den anderen Abenden Denkwürdigkeit verleiht. Daß der Metzger die Ente gefällig mit Apfelsinen zusammengebunden und den Speck um den Kohl gewickelt verkauft, ist normal. Das Hübsche, die gefällige Vorarbeit ist um des Gaumenkitzels willen erforderlich. Um die Zunge zu erfreuen, bedarf es der Freude der Augen. Diese Lebensart hat ihr Arrangement, ihr Rückgrat bildet die Beständigkeit der Zeitstruktur. Abends aus dem Haus gehen, um in der Stadt zu Abend zu essen, ist eine Transzendenz, die sich auch in unseren Tagen verwirklichen läßt. So stellen sie sich das Paradies vor. Das Paradies, so könnten die Pariser denken, ähnele Paris. Ist dir dein Zimmer zu eng, dann geh hinunter auf die Straße! Dort könnte es fortgesetzt werden, das ist bürgerliches Abgeklärtsein. Die Gewohnheiten spinnen die Risse ein. Wo man so sitzt und ißt, dort kann kein kriegerischer Wahnsinn kommen, dort kann das Leben kaum aus den Fugen geraten.

Im zwanzigsten Arrondissement von Paris saßen wir bei Tee, Rotwein der Marke Sidi Brahim und Mirabellenschnaps auf dem Fußboden, auch Gras gab es zu rauchen. Miklós Krassó war zum Wettkampf mit allen Stimmen angetreten, redete sie unter den Tisch. Wenn ein anderer etwas zu sagen hatte, hörte Miklós nicht auf, er besaß eine großartige Atemtechnik, so daß mich, der ich gerade aus Kalifornien zurückgekehrt war, sein Redefluß an jene Autobahnen erinnerte, die sich über- und untereinander wölben und schlängeln. Vermutlich war ich schon müde, denn abweichend von der Gesellschaft, deren Angehörige schamlos bis in die Puppen zu schlafen pflegten, wälzte ich mich schon morgens um sieben, spätestens jedoch um acht aus den Federn und schloß mich unter dem Dach in den Lichtkegel einer Leselampe ein. Das war meine Werkstatt, mein Büro, mein Laden, mein Kampfplatz: ein Heft, vielleicht ein Ringordner, ein Spiralheft. Noch lärmte ich nicht mit meiner alten Schreibmaschine, noch schlief das Haus, noch war eine Tasche voller Sachen nicht ausgepackt. Die Hausbewohner lachten über mich, daß ich so viel kritzelte; im Schneidersitz auf Matratzen, mit Teppichen zugedeckt, kicherten sie den ganzen Abend, mich dünkt, bei Pink-Floyd-Musik. Ich kam aus Deutschland, wo auf Bahnhöfen, Flughäfen, in allen Amtsstuben und Banken an den Wänden die Porträts vermutlicher und verdächtigter Terroristen prangten. Sie hatten einen Bankier entführt, im Fernsehen wurden Bilder vom Krisenstab gezeigt. Im Haus meldete sich der Verbindungsmann, ein Polizeibeamter, um sich zu informieren. Mich suchte er nicht auf, aber bestimmt hatte er bei den netten alten Damen, die nach mehrmonatigem Schnuppern freundlich grüßten, auch über mich Erkundigungen eingezogen. Zu Weihnachten wurden mir Pfefferkuchenherzen angeboten, und ich wurde zu einem Rentnerausflug der nahe gelegenen evangelischen Kirche eingeladen. Allmorgendlich umkreiste ich den Schlachtensee, der Wasserspiegel war glatt, im Winter kamen die Berliner hinaus auf den zugefrorenen See, tippelten kindisch über das Eis. Ich schlenderte unter den Fichten, die Entgegenkommenden lächelten. Ganze Familien in gelben Regenjacken unterwegs auf Fahrrädern, alle miteinander, die Großmama, die Eltern und die Kinder. Der Hund kam ohne Rad. Hinter mir strapazierte Freundschaften, dem Trunk verfallene, erledigte Geister, die zeitweilig in die Nervenheilanstalten einfielen und dort auf den Fluren auf und ab liefen.

1978 bin ich nicht in San Francisco geblieben. Ich hätte mich auch dafür entscheiden können, etwas für die amerikanischen Indianer zu tun oder für die nordirischen Katholiken, die Schwulen des Castro-Viertels, die Anhänger von Solarien, die gegen die Atomenergie demonstrierten, die australischen Eingeborenen, die Splitter der Berliner Gegenkultur, die maoistische Kneipe, die trotzkistische Kneipe, die Sponti-Kneipe, die Transvestitenkneipe, die Experimentatoren der neuen Sinnlichkeit, die tibetanischen und indischen Buddhisten, die geschäftstüchtigen südkoreanischen Gurus, die pyrenäischen Agrarkommunen, die Organisatoren bioenergetischer Kurse, die Schulen der Sufi-Gurus, die schwebenden Meditatoren, die Christus-Heiler, die jesusgläubigen Juden, doch ich habe mich nicht für sie entschieden. Ich hätte einer afrikanischen Widerstandsbewegung geheime Dienste leisten können, über Entwicklungshilfeorganisationen hätte ich den Unterentwickelten die Hilfe der Welt anbieten können, oder ich hätte gar in San Francisco bleiben, mit Kurzfilmen, Hologrammen, Videos und Computern spielen, Strafgefangene in den Gefängnissen besuchen können, ich hätte auch homosexuell werden und in einer spielerischen Anwandlung in ein rosa Haus einziehen können, in dem Janis Joplin Selbstmord begangen hat, wo die ganze Achtundsechziger-Mythologie geboren worden ist, oder ich hätte in New York bleiben können, in der Nähe vom Village Vanguard, vielleicht gerade in dem Haus, in dem Dylan Thomas gestorben ist, aber ich bin nicht geblieben, ich hätte ein armer Teufel sein können wie so viele meiner Gefährten, ich hätte in einer Provinzstadt eine Anstellung an einer Universität bekommen können, so daß ich jetzt auf den Hauptplatz des Campus gehen könnte, wo es eine Bank gibt und ein Café, wo ich vielleicht Apfelsaft in einem Pappbecher bestellen und die vielen jungen Frauen und Männer betrachten würde, die alle aufwärtsstreben und deshalb so giftig und selbstbewußt sind, doch auch ihrem Beispiel bin ich nicht gefolgt.

*

Einige hundert Passagiere im Flugzeug nach New York. Die Stewardeß hat mir noch ein Glas Rotwein angeboten. Fast alle Zeitungen habe ich schon gelesen. Ich habe wieder wenig geschlafen, auf dem Bildschirm die blassen Umrisse einer Stadt. Arkaden. Vielleicht Turin? Die Welt schwelgt im Überfluß, während ich gerade nur lebe. Morgens um vier hat der Wecker geklingelt. Warum schwirre ich so viel in der Gegend umher, warum nehme ich all die Einladungen an? Weil ich auf die Honorare angewiesen bin und weil ich gern reise, weil ich den kleinen, unbequemen und provisorischen Platz in der Maschine mag. Angenehm der intermediäre Zustand, nicht mehr daheim zu sein und auch noch nicht am Reiseziel, das Gott weiß warum mein Ziel geworden ist. Ich habe einen Text geschrieben, den werde ich vortragen. Ich besitze sonst nichts, nur die auf Rädern rollende Reisetasche. Sie folgt mir wie ein Hund.

Die Fluggäste schlafen mit offenem Mund, auf dem Bildschirm taucht irgendein Abenteuerfilm in die augenschmerzende, gleißende Dämmerung ein. Ein alter Mann, lese ich, erschießt seine im Hospital liegende unheilbar kranke Frau mit der Flinte, dann sich selbst. Die Schauspieler des kaum zu sehenden Spielfilms sind starr vor Entsetzen, glücklicherweise muß ich sie nicht hören. Stunden vergehen in dieser reisenden Stumpfheit. Nach dem Genuß von Wein Leere, Dumpfheit im Kopf. Wir befinden uns über dem Atlantischen Ozean zwischen Island und Grönland.

*

Wenn ich irgendwohin gehen muß, wo sich viele Menschen aufhalten, wenn ich lächeln, mich Bekannten gegenüber von meiner freundlichsten Seite zeigen, Unbekannte kennenlernen muß, wenn sich die ganze Gesellschaft im Tratsch aalt, wenn ich höflich Aufmerksamkeit – eine Form der Unaufmerksamkeit – bekunden muß, dann überfallen mich Hitzewellen, fühle ich mich zerbrechlich, müde und verwirrt von meinem physischen Sein, weil mir von den anderen eine zu große Dosis verabreicht worden ist.

Das ist der Zeitpunkt, um in den Wald zu gehen. Wir sind zu Gast in einem Schweizer Dorf, gegenüber erhebt sich ein steiler Berg, eine grüne Mauer, Wolkenfetzen hinterlassen ihre Streifen, auf der anderen Seite die Landstraße, manchmal prescht ein Auto an uns vorbei, doch sein Dröhnen ist nicht zu hören, weil es vom Plätschern des Baches übertönt wird. Jutka schläft noch unter einer kurzen, aber warmen Bettdecke. Aprikosen reifen hoch oben an dem über das Haus wachsenden Baum.

Der Tischler, unter dessen Händen der prachtvolle Fichtentisch und die Bretterwände entstanden sind, hat in dem Haus, in dem wir jetzt zum ersten Mal schlafen und das schon einigen Schriftstellern zur Freude gereicht hat, ein solches Erbe hinterlassen, obgleich er nur für seine Familie gesorgt hat. Hier haben sie ihren Roman abgeschlossen, wenn sie keine andere Möglichkeit mehr hatten, um sich zurückzuziehen. Von dieser Nische, von diesem Tisch aus betrachteten sie den von den Fichtenwipfeln aufsteigenden Dunst, die in den Sohlen und Beugen des Bergs abwärts strebenden Bäche oder die aufwärts kletternden Gehöfte und Scheunen. Käse und guter Wein werden in diesem Landstrich produziert, in der Herberge hat ein mehrere hundert Jahre alter Schrank Generationen an sich vorüberziehen sehen, die Einheimischen leisten im Holzhandwerk auch noch heute Beachtliches. Sonnabends ist auf der Straße keine Menschenseele anzutreffen, durch den Bildschirm sehen sie in die Ferne. In die Nähe haben sie tagsüber genug gesehen.

Viel Arbeit steckt in diesen Häusern; Stühle, Türklinken, Feuerstellen, wenn sie sich einmal bewährt haben, können sie so alt sein, wie sie wollen, sie werden für wert befunden, bewahrt zu werden, und ebenso hält man es in diesem kleinen Land, das sich selbst fortsetzen will, mit Institutionen, Rechten und Privilegien. Gestern bin ich mit Jutka über den Lehrpfad gegangen. Auf Schildern, die an den Baumstämmen angebracht waren, stellten sich die viele hundert Jahre zählenden Bäume recht aufschlußreich vor. Die Bäume reden in der ersten Person Singular, und in der zweiten Person Singular sprechen sie den Vorübergehenden an, richten ihre Worte mit der Überlegenheit des Langlebigen an den Kurzlebigen.

*

Ich wechselte von einem Erdteil zum anderen. Von Amerika nach Europa und von dort weiter nach Asien, ich reiste um den Globus. Ich hatte eine helle Nacht, sah die Länder in ihrer physischen Wirklichkeit. Das Land kann man sehen, es ist faßbar, kann in seiner materiellen Realität fotografiert werden. Wer ist der dort Lebende? Das ist die Frage des Landes. Gemessen am Land ist die Nation eine Fiktion.

In letzter Zeit habe ich wenig geschlafen, ich habe futuristische Regionen aufgesucht, bin in das einundzwanzigste Jahrhundert hineingeraten, in Häuser, die vor zehn Jahren noch lediglich in den Werkstätten europäischer Architekten auf dem Reißbrett existierten.

Das in meinem Nachtschränkchen vorgefundene buddhistische Gebetbuch ruft mich hinweg aus dieser Welt. Ich glaube, für uns gibt es nur dieses Jammertal, in dem man auch lachen kann. Wenn das irdische Leben an oberster Stelle steht, dann muß man mit ihm nicht grob verfahren, dann ist es besser, seine sensiblen Neigungen zu spüren, als einen Vogel in die Hand zu nehmen. Ich gehe in ein Vogelparadies, in den Garten der Beschaulichkeit.

Alltägliche Pflichterfüllung, nicht darüber reden, der Praxis huldigen. Von West nach Ost sollte der Mensch alles lernen, was er nur lernen kann, und wo immer er sich aufhält, sollte er das Fremde zu verstehen suchen. In Tokio das, was ihm in Tokio begegnet. Es gibt eine große Opferbereitschaft und Hingabe. Achtung vor dem Standesunterschied, den Bräuchen und Riten. Der Gast wird von seiner Ausstaffierung befreit, schlurft in Strümpfen über die Tatami, nimmt eine Lektion in der Philosophie des Tees, hört der mit gestrecktem Rücken auf den Fersen sitzenden Dame zu und unternimmt einen ungeschickten Versuch, den starken grünen Tee umzurühren.

Vor einem wichtigen Gast verneigt sich die Hausfrau bis zur Erde, der Hausherr verbeugt sich gleichfalls tief, wenn auch nicht bis zum Boden. Identifiziere dich mit deiner Situation und den dazugehörenden Pflichten! Identifiziere dich selbst dann mit der herrschenden Norm, wenn sie schlecht für dich ist, doch wenn du sie dir ins Herz geschrieben hast, dann ist sie schon nicht mehr so schlecht! Dies ein japanischer Rat. Die Japaner halten das für richtig. Dagegen lehnen sich nur die Dämonen auf, in Form von Erdbeben oder Gift in der U-Bahn. Auch wenn du groß bist, sollst du dich verneigen; vergnügt und brav verbeuge ich mich. Wenn ich gegen den Schrank gelaufen bin, bitte ich ihn um Vergebung.

*

Ebenso wie sich die Fische und Vögel zeitweise auf eine kollektive Pilgerreise begeben, bricht die Menschheit unserer Tage alljährlich in die Ferien auf. In endlosen Autokolonnen kriechen sie im Sommer an die Gewässer. Und wenn sie dort sind, schwimmen, planschen und spritzen sie, spielen Ball, Haschen oder schlagen Purzelbäume, bewerfen und fangen sich gegenseitig, rudern, lungern herum, und lächelnd vereinen sie sich mit der Weisheit des Wassers. Von weither sind sie gekommen, um sich zu entspannen.

Dann sehen wir eine halbe Million Menschen, die auf Knien zum Bildnis des Heiligtums den Berg hinaufkriechen, sie gehen zum Erhabenen, um seiner teilhaftig zu werden. Sie kennen ihre erdnahe Fehlbarkeit und wollen daran glauben, daß sie durch andere Höheres erlangen. Zur Einweihung werden Weise, Dichter, Priester, Führer, Trunkene, Wahnsinnige und Hochstapler gebraucht.

Ich benötige nichts, nur die Bank im Garten von Hegymagas, unter dem Nußbaum, der die Mücken von mir fernhält, immer dichter wird und zunehmend mehr Schatten spendet. Oder mein Zimmer, die Wirtsstube der einstigen Kneipe, wohin sich mein Sohn Józsi flüchtet, damit sie ihn nicht erwischen, denn Aron und Trisztán wollen ihn mit Wasser bespritzen, während ich mit meinem Sohn Miklós am Telefon über die Damen spreche, zwischen denen sich in der großen Wohnung am Donauufer prächtige Gefechte entspinnen werden. Die Familie aus der Sicht von Miklós zu betrachten ist herzergreifend und amüsant; er selbst entzieht sich dem Feld der starken Frauen.

Zwischen den Frauen wird sich entscheiden, wer ihn besser zu behandeln versteht und höhere Ansprüche geltend machen kann; auf ihre Weise sind sie alle stark. Meine Mutter hat sich vor sechs Wochen die linke Hand gebrochen, kann sie nicht benutzen, sie schmerzt noch immer. Meine Mutter leidet unter Schwindelgefühl, sie läuft sehr langsam, mag nicht auf die Straße gehen, in der Wohnung aber gibt sie die Befehlsgewalt nicht ab; den Menschen an ihrer Seite erteilt sie zahlreiche Anweisungen und gibt ihrer Mißbilligung Ausdruck. Je schwächer der Körper, desto gebieterischer der Geist.

*

Wenn der geneigte Leser nach dickköpfigen Frauen sucht, kann ich ihm neben meiner Schwester gleich meine Tochter Anna Dora präsentieren, die schon im Laufgitter eine starke Persönlichkeit gewesen ist. Am Gitter sich entlanghangelnd schubste sie im Seitwärtsgang die anderen Krippenkinder, so daß sie auf den Hosenboden plumpsten. Frühmorgens im gefüllten Gummihöschen, doch auf eigenen Füßen stehend, rüttelte Anna Dora derart vertrauensselig und voller Erwartung am Laufgitter, daß wir aufstehen und zu ihrer Verfügung stehen mußten. Da half auch nicht, daß wir gern noch ein wenig länger geschlafen hätten, weil wir abends ausgegangen oder weil die Gäste in jenem Balkonzimmer, das zusammen mit einem Badezimmer und einer Teeküche unsere Wohnung bildete, lange geblieben waren. In diesem Zimmer, in dem sich auch unser Sohn Miklós auf seine Geburt vorbereitete, artikulierte sich Dorka derart kraftvoll, daß uns nichts anderes übrigblieb, als aufzustehen.

Mit ihren leicht schräg geschnittenen Augen erinnerte sie an eine kleine chinesische Dame. Sich festklammernd jauchzte sie vergnügt in ihrem Gitterbett oder später neben dem Kachelofen auf dem Töpfchen, von wo es ihr gelungen war, in unserem vollgestopften, einzigen Zimmer, in dem mein Schreibtisch aus der Studienzeit durch eine spanische

Wand abgetrennt und das große Bett von einem alten Perserteppich zugedeckt wurde, großflächige Spinatgemälde an die Wand zu schmieren.

An Gesellschaften nahm Dorka gern teil, zufrieden mit sich und der Welt rüttelte sie am Gitter, stand auf, purzelte, ließ ihr Lallen vernehmen; ihretwegen brauchten wir unsere Stimmen nicht zu dämpfen. Auf dem Tisch stand eine Flasche Wein, Brote waren geschmiert und belegt, mit dem, was vorhanden war. Juli kochte Dorkas Windeln in einem gezinkten Topf aus.

Im Institut für Stadtplanung schwänzte ich, um zu schreiben. Dorka wälzte sich im Laufstall umher. Sobald sie laufen und schon ein bißchen sprechen konnte, setzte sie ihren Willen auch mir gegenüber durch. Wenn ich sie von der Krippe abholte, drehten wir auf einer niedrigen Mauer exakt so oft unsere Runde, wie sie es vorgeschrieben hatte. Nicht einmal im Winter verzichtete sie darauf, sich auf einen Bronzehund zu setzen. Obwohl die Hundestatue eine dicke Schneeschicht bedeckte, weichte Dorkas Hintern nicht auf, sie fror nicht und ritt unverdrossen ihren Hund.

Kurz vor den Straßenbahnschienen, am verkehrsreichen Brückenabgang trug sie mit mir ihren Kampf aus, wollte mir die Hand nicht geben: »Allein! Allein!« schrie sie. Bei solchen Gelegenheiten schnappte ich mir die kleine Person, was sie als erniedrigende Tyrannei empfunden haben mochte, auch wenn sie es sonst gern sah, wenn ich sie auf die Schultern nahm. Noch nie habe ich ein Kind gesehen, das es abgelehnt hätte, auf den Schultern transportiert zu werden, oben zu sein, hoch über dem Schrank, um dort die versteckte Tafel Schokolade oder ein Spielzeug zu entdekken.

Dieses kleine Mädchen, dieses resolute Persönchen verwandelte sich als Erwachsene in eine Psychiaterin. Wenn sie am frühen Nachmittag von der Gemeinschaftspraxis, in der sie meist mit depressiven und manischen Frauen spricht, in ihre Einzimmerwohnung zurückkehrt, vertieft sie sich in die Fachliteratur von Freud bis Lacan. Um dem ein Fundament zu geben, eignet sie sich Kenntnisse in der Philosophie von Aristoteles bis Kant an. Sie war das erste Enkelkind meiner Mutter, die für ihren Liebling den wohlschmeckendsten Apfelkuchen und gefüllte Hörnchen buk.

Meine Mutter liebte auch die anderen Enkelkinder, aber schon nicht mehr so gierig, und sie glaubte nicht, für diese noch genügend Kraft zu haben. Sie bekam welche, tanzte mit ihnen und las ihnen stundenlang vor, doch die Kräfte nahmen allmählich ab, und auch ihr erstes Enkelkind, Anna Dora, verwechselt sie, wenn sie mit ihr spricht, mit ihrer Tochter, meiner Schwester Eva.

Ich erwarte meine Tochter. Dorka ist für eine Woche gekommen. Weiße Bluse, schwarzer Mantel, hübsch anzusehen, ernst, klare Augen, rank, wiegender Gang, elegantes Benehmen und gewählter Wortgebrauch, interessiertes Zuhören, die Gesichtszüge beherrscht wie eine edle Maquillage, zurückhaltender, heikler Realismus, jawohl, so sind die Dinge nun mal, entweder ist jeder schrecklich, oder aber jeder ist in seiner Art anzuerkennen.

Vor fünfunddreißig Jahren saß ich viel auf dem Balkon mit Dorka auf dem Schoß, ich nahm sie auf die Schultern, so gingen wir spazieren und sahen auf dem Marcibányi tér beim Fußball zu, oder wir gingen hinauf in den kleinen Park, wo ich ihre Mutter, die damals noch nicht einmal achtzehn gewesen sein mochte, verwegen auf den Mund geküßt hatte, nachdem sie mich davon in Kenntnis gesetzt hatte, daß sich die Jugendlichen aus der Umgebung hier auf der Bank, von wo es einen schönen Blick zum Königsschloß gebe, küssen würden.

Sobald ich Dorka auf die Schultern nahm, raufte sie mir die Haare, bei optimistischer Stimmungslage quietschte sie vor Vergnügen. Als ich sie einmal in einem kleinen Park absetzte, rannte sie zu einem Schäferhund und drehte ihm begeistert die Ohren um. Der neben dem Hund stehende Mann schlug vor, das Kind in Sicherheit zu bringen, denn das Tier sei eine Bestie in Majorsrang, er sei nur der Pfleger.

Wenn das Kind heranwächst und sein eigenes Leben lebt, haben die Eltern zusehends das Gefühl, nicht viel für ihren Sproß tun zu können. Möglicherweise meint das Kind, vom Leben nicht das bekommen zu haben, was es hätte haben wollen. Wer weiß, was? Die Eltern sind das Antlitz des Schicksals, sie sind dafür verantwortlich.

Was ich von meinen Eltern bekommen habe, das war gut und genug. Dafür bin ich ihnen dankbar. Dankbar bin ich auch dafür, daß ich sehr früh selbständig werden mußte. Wenn mir etwas nicht gelungen ist, wenn ich selbst nicht gelungen bin, kann ich dafür vor allem mir selbst die Schuld zuschreiben und natürlich der Weltgeschichte. Da die Opferrolle auf der Hand liegt, war ich lieber darum bemüht, das Schicksal zu überlisten. Ich habe also keine Zeit, irgend jemandem zu grollen, so daß es leicht ist, mich im Verzeihen zu üben.

Heute nachmittag ist auch meine ältere Schwester Eva eingetroffen. Mich nennt sie noch immer Brüderchen. »Warum hast du die Hand auf dein Herz gelegt? Fehlt dir etwas, Brüderchen? Mir fällt auf, Brüderchen, daß du schon das dritte Glas Wein trinkst. Hm, hm, nebenbei bemerkt ist der Wein nicht einmal übel, du könntest mir noch einen Schluck einschenken, Brüderchen. Hähä, der Mensch soll konsequent sein. Nicht wahr?«

Und es gibt kein Kind, mit dem meine Schwester nicht reden könnte, sie läßt sich auf jede Logik ein, wenn es die eines Kind ist! Auf ihr Auto paßt sie besonders gut auf. In New York lebt sie in einer armen Gegend und hat Angst, daß man ihren alten Volkswagen stehlen könnte, weshalb sie ihn weit weg bringt, in die Straße eines Villenviertels, und mit der U-Bahn fährt sie dorthin, um sicher zur Universität zu gelangen, die nur mit dem Auto zu erreichen ist, wo ein guter Student ein Geschenk des Himmels ist und wo die botanische Forschung jede Minute ihrer Freizeit in Anspruch nimmt.

Im zaudernden Schatten sich über mich breitender Zweige eines Nußbaumes gebe ich mich dem Gebrauch der Schreibutensilien hin, während ich auf einer Bank an einem Tisch sitze, die beide aus Akazienholz gezimmert sind. Den Nußbaum habe ich zu meinem sechzigsten Geburtstag als schmächtigen Sproß von dem Architekten László Rajk geschenkt bekommen. Damals waren das Landhaus und der Garten, worin ich mich nicht als Gast auf der Durchreise betrachten möchte, obwohl ich es bin, fertig geworden. Für diese Schriftstellerklause muß ich außer der Steuer niemandem etwas bezahlen, bin sogar niemandem Dank schuldig, legal kann man mich von hier nicht vertreiben. Ungesetzlich natürlich ist so manches möglich. Der eigene Staat hat mich schon zweimal aus meinem Haus geworfen. Erst auf Grund einer faschistischen, dann einer kommunistischen Verordnung. Daß mir nun ein drittes Mal, diesmal in meinem Haus in Hegymagas, unter Hinzuziehung eines vorgespiegelten Rechtstitels der Stuhl vor die Tür gesetzt werden könnte, davor habe ich keine Angst.

Die Nachbarin ist gerade vom Friedhof gekommen, hat frische Blumenerde mit Dung vermischt über ihren Mann gebreitet. Ihr Sohn Misa hat die Erde gebracht. Abends wird die Nachbarin wieder zum Grab hinausgehen. Nachts zwischen elf und morgens fünf hat sie kein Auge zugetan. Schrecklich das Witwendasein, die Einsamkeit. Fünfzig Ehejahre, sie will nicht behaupten, daß sie sich nie gestritten hätten, doch seit ihrer Jungmädchenzeit seien sie füreinander dagewesen.

Im Regal erwachen die Bücher zum Leben, die Toten fordern mich auf, ich solle mich umdrehen, sie ansehen, solle sie aus der Finsternis hervorholen und ihnen folgen. Ich wende mich ihnen zu, die Bücher im Regal stehen da wie eine Leibgarde. Kisten türmen sich hinter mir auf, verlassene und mir hinterhergekommene alte Manuskripte, ich schiebe das Sichten auf, die Wiederherstellung der verlorenen Zeit. Viele verblaßte Bilder, nur noch ein schleierhafter Name, und dann, wenn der Himmel gnädig ist, erweitert sich der Spalt, und jemand tritt aus dem Nichts hervor. Jemandem helfe ich immer in den Mantel, mit jemandem gehe ich immer zum Markt, mit jemandem setze ich mich in ein Auto, mit jemandem werde ich alt. *Vous êtes le plus grand menteur du monde**, sagte mir einmal eine feine Dame, die mir nicht gestattete, daß ich meine Hand auf ihren Schenkel legte, weil das den intuitiven Automatismus der sich auf die Autopedale legenden Füße durcheinanderbringen könnte.

Wir gehen an den Plattensee, schreiten über den Körperteppich hinweg, begegnen am Strand einigen Schriftstellerkollegen aus dem Künstlerhaus in Szigliget. Händeschütteln, Küßchen hier, Küßchen dort, der Ton ist herzlich, jedoch zurückhaltend. Verzückte Freundschaften werden in meinem Alter nicht mehr geschlossen. Verlieben werde ich mich nicht mehr, weder heute noch morgen nachmittag, wie intensiv auch immer mich das eine oder andere Frauenzimmer – Jutkas Beobachtung zufolge – anstarren mag. Honig, gleißender Sonnenstrahl für alte Herren, wenn ihre jüngere Ehefrau noch eifersüchtig auf sie ist. Die argwöhnische Zuschauerin kann sich die Irrwege der Herrschaft vorstellen, vermag den fahrenden Ritter in einem Blumengeschäft zu sehen, wie er sich über die Zusammenstellung des Blumenstraußes berät, dann zum Taxifenster

* Sie sind der größte Lügner der Welt.

hinausschaut und geduldig vor einer Haustür auf Einlaß wartet.

*

Meine Arbeit ist eher auf dem Dorf als in Budapest oder Berlin möglich, wo ich einen guten Teil meiner Zeit verbringe. Ich existiere sowohl hier wie auch da, ergo befremdet mich das große pro- oder antiurbane kulturphilosophische Engagement für das eine oder das andere Extrem, da gerade dies mein Besitz ist, die flexible Bogenweite zwischen den beiden Polen, die Möglichkeit, mich zwischen Seltenheit und Dichte, zwischen Natürlichem und Künstlichem hin und her zu bewegen. Ich möchte nicht nur an dem einen oder nicht nur an dem anderen Pol vor Anker gehen.

Ich bin vom Haus hinaus zur Wiese gehuscht, im Rükken die Allee, vom Dorf aus kann ich hier nicht mehr gesehen werden, ich halte an, drehe mich im Kreis, erfrischend dieses große Nichts im Rund der Bergkette mit den Ruinen, den seit dreihundert Jahren zerstörten Burgen, und die frei schwatzende Einsamkeit. Wiese und Bergplateau haben beide die kostbare Eigenschaft, verlassen zu sein.

Weit und breit ist niemand zu sehen in der Mittagssonne, hier kostet es mich keinerlei Anstrengung, einfach nur zu sein. Sollte das Leiden eine Wettbewerbsdisziplin werden, dann würde ich keinen Meistertitel erringen. Das im Wind sich wiegende Gras reicht mir bis zu den Hüften, Vögel sausen über mich hinweg, Grillen zirpen, Käfer surren. Jenseits des Baches inhaliere ich den üppig zusammengesetzten, warmen Duft der zarten Gräser. Andere bekommen davon gerötete und tränende Augen, Schleimhautreizungen, doch mir kann der Pollenflug nichts anhaben.

Kaum einige Tage, daß wir hier sind, und schon tragen mich meine Füße beschwingter über den federnd gestampften Feldweg. Dennoch muß ich natürlich auf den

Boden schauen, wo ich hervorguckenden Steinen, Hukkeln, Schlamm und Pferdedung ausweiche. Auf der Wiese kann ich den alten Schäfer, auf seinen langen Stock gestützt, nicht mehr entdecken, seine schwarzen Hunde rennen mir nicht entgegen, er grüßt nicht mehr: »Guten Tag, Herr Doktor.«

Er mochte die Schafe, hielt sie für lieb und klug und war der Meinung, bei aufkommendem Sturm würden sie sich aus Mitgefühl für den Nächsten aneinanderschmiegen. Im Sonnenschein oder im Schatten dort draußen zusammen mit dem Hund und den Schafen zu stehen, das schien für ihn in Ordnung zu sein, auch bei Regen; die Schafe sollten lernen, was schlechtes Wetter zu bedeuten hatte, sie sollten sich unter Rauhreif und Schnee ihre Nahrung hervorscharren. Entlang dem schwarzen, torfigen Weg viele Brennesseln, in der Ferne ist das Pfeifen einer Lokomotive zu hören, sonst nichts.

Am Dorfrand erhalten die holprigen Straßen eine neue Asphaltdecke. Im Café schlägt Terike die Hände über dem Kopf zusammen, als wollte sie den Buchstaben V für den Sieg bilden. »Hier ist es leicht, schöpferisch tätig zu sein, hier herrschen Stille und Ruhe. Wie lange bleiben Sie?« Am nächsten Tag: »Abends schließe ich mich ein, sehe mir den Krimi bei heruntergelassenen Rollos an. Da hat jemand einen Stein an mein Fenster geworfen. Waren Sie das etwa?« In den Wochenendhäusern werden die Vorhänge zugezogen, nur Terike sorgt dafür, daß bei den Bleibenden die Seele im Gleichgewicht ist. »Kommen Sie zu mir herein? Irgendwann führt Sie Ihr Weg vielleicht hier vorbei? Was wollen Sie trinken?« Ich habe mich wieder an den Rum gewöhnt, den haben wir in den fünfziger Jahren getrunken.

Auch Karcsi wird langsam alt, ein Hotel – wie 1990 während der großen Aufbruchstimmung, als viele die Ärmel hochkrempelten, vorgesehen – wird aus der Wassermühle wohl nicht mehr werden. Auch er ist nicht reich geworden, die Gefängnisjahre haben ihm keinen Vorteil gebracht, er hat einige Morgen Land gekauft, eine Weide, auf der er seine Pferde hält. Karcsi war der Sohn des Mühlenbesitzers, vor fünfzig Jahren war er in den Westen gegangen, hatte den bewaffneten Exilverbänden seine Dienste angeboten, wurde ausgebildet und zum Einsatz nach Ungarn geschickt. Auch einige seiner Bekannten hatte er angeworben. Sie flogen alle auf. Sieben Jahre saß er ab. Nach seiner Entlassung übersetzte er in der Mühle technische Texte aus dem Französischen und pflegte seine Mutter. Zusammen mit bejahrten Sechsundfünfzigern saß er in ein und derselben Zelle, nach der Wende verbanden uns noch politische Sympathien, ihm habe ich das Haus in Hegymagas zu verdanken, er hatte mich mit dem Verkäufer zusammengebracht.

Mir gehört das große Zimmer im Haus, mir gehört die Bank im Garten, und mir gehören die Pfade, auf denen ich selten jemandem begegne, es sei denn Károly hoch zu Roß. Hinter der Stute das graziöse Fohlen. Allabendlich schickt er auf seiner Trompete wehmütige Husarenweisen in die Vollmondstille über den Schilfdächern.

Den Gespenstern derer, die in unserem Haus, der einstigen jüdischen Wirtsstube, gelebt haben und gestorben sind, gewähre ich nur nachts Einlaß in mein Zimmer, bis dahin, darum bitte ich sie höflich, sollten sie sich andere Vergnügungen suchen.

Ich bin in Hegymagas allein zurückgeblieben, die Familie ist nach Budapest zurückgefahren. Die Ferienhäuser leeren sich, die restlichen Urlauber gehen, mit Spazierstöcken bewaffnet, in Regenmänteln in den Wald, die Kinder drükken wieder die Schulbank, noch gibt es Blätter an den Bäumen, der Straßenkehrer sammelt jeden Tag das Laub auf.

Mit dem Schäumen des Sommers sind die Nackedeis, die in ihren Wohnwagen Campierenden davongezogen. Die jetzigen Ausflügler mit den über ihre Schuhe gekrempelten

Socken und dem Wanderstock in der Hand, die den Hügel hinaufkraxeln, gefallen mir besser. Sie gehen Arm in Arm, beobachten Vögel mit einem Feldstecher und streiten sich über den Namen des entdeckten Wesens; sich aneinander klammernd könnten sie noch lange gehen.

Verlassene Schaukeln, Rutschbahnen, Sandkästen, in denen niemand mehr hockt, weiße Bänke im grünen Gras, bis zum Frühjahr müssen sie warten, aber die Astern blühen noch. Die schon längst vergessenen Namen an der Fassade der Häuser haben keine größere Geltung als auf der tätowierten Brust.

Der Rumpf der Bäume in der Kastanienallee ist von Norden her mit Moos bewachsen. In einem Garten liegen in Stücke gesägte Stümpfe herum, der eine Baum hatte gefällt werden müssen, an den Wochenenden wird Holz gehackt. Von seinem Kipper läßt der Fahrer den Schotter herunterrutschen, der Bau seines Hauses ist in vollem Gange, die drei Zimmer im Obergeschoß wird er an Urlauber vermieten.

Zwischen den Bänken hüpft ein roter Ball, die Großmama mit ihrem Enkel ist noch hier, sie fragt den alten Hirtenhund, ob er geschlafen hat, dann wartet sie auf dem dunkel gewordenen Rohrstuhl, daß der Toaster das Brot ausspuckt. Vor der Tür hängt Wilder Wein herab, zwischen zwei Nußbäumen baumeln an einem Aluminiumdraht untätige Wäscheklammern, an der Rutschbahn nagt still der Rost.

Die Akazienbank ist nötigenfalls ein Flughafen. Von hier verschwinde ich, weil man mich einlädt, weil man mich bezahlt, weil ich neugierig bin, und hierher kehre ich zurück, weil ich mich hier am wohlsten fühle. Dereinst hatte ich angenommen, daß sich alles wirklich Interessante jenseits des mir zugekommenen winzigen Lebensbereichs befinde, das *Wahre* sei weit weg, da draußen, wo ich nicht bin. Das legte sich dann, und heute mag ich meine Plätze, an denen sich tatsächlich etwas ereignet. Der Wagen zweiter Klasse gehört uns gemeinsam, langsam rattert der Zug voran.

Solange aus der Stille keine Sturmstaffeln auftauchen und meine Akazienbank besetzen, wird mein Flughafen funktionieren. Es bedarf keiner Leitungen, keiner Geräte, die fiktiven Reisenden verkehren auf den Linien mit einer für andere unbegreiflichen Geschwindigkeit. Sie gehen zurück in die Mitte des zwanzigsten Jahrhunderts, balancieren zwischen Zwängen und Sympathien.

Wenn deine Lieben einmal die Einweihung deines Grabsteins hinter sich gebracht haben werden, denn sie geben dir, was dir gebührt, dann wird jeder triumphierend verkünden, das Schwerste nun hinter sich zu haben, du fehlst schon nicht mehr so sehr, allmählich schütteln sie dich ab. Jetzt tun sie, was sie an deiner Seite nicht hatten tun können. Solange du hier warst, konnten sie nicht wirklich erwachsen sein, jetzt endlich können sie dich aus ihrem Leben hinauskomplimentieren, sie brauchen keinen Papa über sich.

Der alte Architekt hat sein letztes Buch geschrieben, das Manuskript abgegeben, es war alles in Ordnung. Der Drucker sagte freundlich, nun werde der Herr Professor damit nichts mehr zu tun haben, er könne ruhig nach Hause gehen. Der Alte ging nach Hause und ruhte sich aus. Von da an lag er meistens nur. Seine Frau hatte er im Frühjahr beerdigt. Er bat seine Kinder zu sich und teilte ihnen mit, daß er am nächsten Morgen sterben werde. Anderentags früh um fünf meinte er, es sei vielleicht noch nicht die Zeit, es werde noch ein wenig dauern. Um halb sechs sagte er, er sehe einen Weg und an dessen Ende ein Licht. »Jetzt mache ich mich nach dorthin auf, Gott mit euch!« Im Bett suchte er nach einer besseren Lage für seinen Körper, fand sie und entschlief.

Wieder Sommer, wieder beerdigen wir. Gestorben ist

der Dichter György Petri. Die in die Jahre gekommenen einstigen Dissidenten streben dem Dorffriedhof zu, Jahrzehnte verbinden sie miteinander. Auch diejenigen stehen hier jetzt Seite an Seite, die in der Zwischenzeit einander den Rücken gekehrt haben. Schöne Grabreden sind erklungen, wir haben uns zerstreut. Im Whisky stimmte ich mit dem Verstorbenen überein, er mochte auch Zigaretten und Bier, Hanf interessierte ihn nicht. Falscher Schein war dem Verstorbenen derart verhaßt, daß er lieber das Grobe verkostete. Den Ritter der beißenden Wahrheiten, des grimmigen Witzes haben wir unter die Erde gebracht. Steinbank und Steintisch, wo Whisky getrunken werden kann, sollen auf ihm stehen, das läßt er uns ausrichten. Wir werden seinen letzten Willen befolgen, in Gedanken an dich wird mir der finstere Alkohol die Kehle brennen, den Gaumen zusammenziehen!

Jutka saß am Steuer, wir fuhren durch den wundervollen Bakonywald nach Hause. Gleich wie wir uns dem Tod näherten, alles sei töricht, sagte Jutka. Ich sträube mich nicht gegen die Tradition, am Grab eines Katholiken soll das *Circumdederunt me* erklingen, wie über dem Toten, der von einer jüdischen Mutter geboren worden ist, das *Kaddisch*. Gemessen am Totengebet der Religionen wirkt jede andere Rede gezwungen. Wünsche dir nicht, daß dein Geschmack auch Herr über den Sarg sein sollte, dort bist du nur ein toter Mensch.

Überall in Europa zieht man sich mit fünfundsechzig zurück in den Ruhestand. Was für ein Rückzug! Lieber schlendern, hinaustrotten! Meist bedarf es zur Ankunft der letzten Stunde eines Einverständnisses. Der Tod aber ist unverschämt; wo man gerade bereit wäre, ihn zu empfangen, dort macht er auf der Schwelle kehrt und stellt sich bei anderen ein, die ihn um seinen Besuch nicht gebeten haben.

*

Es dämmert, zwei schlanke, weiße Kirchen ziehen an mir vorüber, Möwen und reglose Angler. Der Zug befördert mich nach Budapest, von dort ein Flugzeug nach Berlin, ich schreite voran auf dem Laufband eines eingeübten Verfahrens. Maulaffen feilhalten, Spekulieren, jedes Fräulein begrüße ich mit einem freundlichen »Küß die Hand«. Bei der Durchleuchtung gebe ich keinen Grund zum Argwohn, im zollfreien Geschäft kaufe ich ungarische Weine, und oben schon lese ich über den Wolken die Morgenzeitungen.

Mir selbst bin ich hier an der Akademie der Künste keine große Neuigkeit mehr, der Reihe nach hake ich die Liste der Obliegenheiten, Begegnungen und Auftritte ab, die mir nach Vorabsprachen vom Sekretariat tagebuchmäßig vorgelegt wird. Die Termine des Präsidenten verdichten sich gelegentlich, der Beobachter registriert viele Vorträge, Begrüßungsansprachen, Interviews, Empfänge, Bankette und eitle Höflichkeiten.

Einige meiner Ideen habe ich in Berlin verwirklichen können, ich habe gelernt, zwischen Parteilinien und Personen zu unterscheiden. Ich weiß selbst nicht, warum ich in der einen Stunde konservativ und in der anderen radikal bin. Ich gestatte mir innere Widersprüche, ja, davon lebe ich sogar.

Monatlich eine intensive Woche Berlin und einige Tage für damit verbundene sonstige Reisen und Angelegenheiten sind ein strammes Tempo, das ich mir da vorgegeben habe. Wenn es sein muß, schlägt der Mensch Haken, kommt und geht, verhält sich, gibt Unterschriften und redet bereits wie ein echter Präsident. Ich werfe mich in Positur, rede in der ersten Person Plural und verteidige in den Haushaltsdebatten die Interessen der Akademie. Meine Vorgänger haben im großen und ganzen das gleiche getan, und das werden auch meine Nachfolger tun, denn die Institution bringt das Bewußtsein der eigenen Interessen aus sich selbst hervor, will sich als Staat ebenso über Wasser halten wie eine bessere Fußballmannschaft. Der Opernintendant will für die Oper viel erreichen, der Akademiepräsident für die Akademie.

Meine Besucher sind meist interessante Menschen; nach einem Gespräch können wir eine Vereinbarung treffen, ich signalisiere, daß die Zeit nun abgelaufen sei, daß ich mich sehr gefreut hätte und begleite den Gast zur Tür. Bis zum Fahrstuhl werden nur einige vom Präsidialsekretär begleitet. Eine nüchterne Stimme raunt mir jedoch zu, ich solle hier keinen allzu großen Aufruhr stiften; wenn nötig, solle ich hier sein, sie sonst aber in Ruhe lassen, gegen die eine oder andere Initiative würden sie nichts einzuwenden haben, doch auch dabei sollte ich maßhalten.

Schon gut, mein Lieber, jetzt wirst du hier eine Zeitlang den Zirkusdirektor spielen und alles geben, was in dir steckt. Die Dienstleistung beinhaltet improvisierende Bewegungen deines Gehirns und beruhigendes Brummen. Eröffne Ausstellungen, lege die Leistungen des Jahrhunderts auf die Waage, lächle nach rechts und nach links, biete eine reiche Auswahl an, versammle einen wohlhabenden Freundeskreis, der dir bei der Durchsetzung deiner Ideen behilflich ist! Organisiere bunte Ereignisse, rede in die städtischen Angelegenheiten hinein, doch gib acht, armer Freund, übe dich in Zurückhaltung! Du weißt doch, nicht wahr, daß sowieso alles anders werden wird?

Künstler sind ungeschickt, verletzt, einsam, sie finden schwer zueinander, manchmal aber doch. Wenn wir uns auf dem Flur begegnen, huscht uns meist nur ein flüchtiges und um Verzeihung heischendes Lächeln über die Lippen. Vielleicht wird es einen Ort geben, an den zu begeben sich lohnt, weil wir dort einige wahre Meister in voller Lebensgröße vom Scheitel bis zur Sohle in Augenschein nehmen können.

Nach der Veranstaltung, die mit meiner Lesung eingeleitet worden ist, und dem anschließenden Empfang gehe ich hinauf in den dritten Stock, und im Korridor trete ich zur dritten Tür auf der linken Seite in das schon in Betrieb genommene und etwas streng wirkende Atelier ein, in dem alles vom Modernismus der frühen sechziger Jahre erhalten geblieben ist. Gern betaste ich den glänzenden, großen, schwarzen Schreibtisch. Die acht Meter Deckenhöhe bieten dem Kopf Raum, um sich auszubreiten.

Was den tiefempfundenem und in Künstlerkreisen belohnten Abscheu angeht, kann ich mit den anderen nicht rivalisieren, denn ich kann ihn nicht nachempfinden, bin dafür zu einfältig. Mir gefallen die Dinge, die mich umgeben. Ich setze keine situationsfremden, fordernden und ablehnenden Normen ein.

Vielleicht graut es mir vor meiner Umgebung auch deshalb nicht, weil für mich die physische Welt, die ich im Dorf meiner Kindheit wahrgenommen habe, natürlich gewesen ist. Später mußte ich des öfteren mit anderen unter beengten Verhältnissen zusammenleben, doch immer konnte ich mich ins Freie hinausschleichen, konnte menschenleerere Orte aufsuchen, um mich ein wenig zu erholen. Selbst im »geschützten Haus« war es möglich, auf die Dachterrasse zu gehen, um ein bißchen frostige Luft und den Geruch der Belagerung einzuatmen.

Im Frühjahr 1999 bin ich vorübergehend wieder zu einem Dissidenten geworden. Der Herr Präsident sei auf Irrwege geraten, sagte im Frühsommer des selben Jahres der damalige deutsche Kulturminister, weil ich mich gegen den jugoslawischen Luftkrieg des demokratischen Westens gewendet hatte. Hastig versicherte mich der eine oder andere meiner Bekannten seines Einverständnisses und verabschiedete sich schnell. Verwundert beobachtete ich die in Rage kommenden Ideenkämpfer. Zwei Jahre später erhielt ich ebendort eine hohe Auszeichnung, wo in den vorangegangenen Jahren noch die siegreichen Feldherren gefeiert worden waren. »Und wer hat Ihnen zugeflüstert?« fragte mich ein junger Mann. Enten baden, tauchen im nahen kleinen See die Köpfchen ins Wasser, vor meinem Fenster im benachbarten Park des Schlosses Bellevue treiben die Platanen Knospen.

*

Vor sechsundsechzig Jahren haben die Behörden die Akademie aufgelöst, ihre Prominenz vertrieben, ihre Mitglieder und das Personal zum Verrat und Kriegsdienst verpflichtet. Dann ist das Gebäude bombardiert worden, und in der Folge kam die Trennung, die Mauer und für die Mauersegler die vergitterte Zelle neben der erhalten gebliebenen Ausstellungsglashalle, wo die Redaktion von *Sinn und Form* am Fuß der von Vogeldreck übersäten Turmruine dahinvegetierte. Doch wenn man die wacklige Wendeltreppe hinaufkletterte, bot sich dem Betrachter ein Blick auf das System des Mauerkomplexes.

Die Botschaft des neuen Gebäudes wird die Überbrükkung jener fünfundsechzig Jahre sein, die Akademie wird wieder an ihrem eigentlichen Ort präsent sein. Über dem Kopf des Präsidenten wird an gut sichtbarer Stelle das Selbstporträt Max Liebermanns hängen, der zwischen 1920 und 1932, den blühendsten Jahren der Akademie der Künste, allmorgendlich von seinem an der gegenüberliegenden Ecke des Pariser Platzes stehenden Haus hinüber in das Präsidentenzimmer schlenderte und zu dessen Beerdigung 1935 die Akademie noch nicht einmal einen Blumenstrauß geschickt hat.

Im Innenatrium der Akademie haben junge Künstler nach einer durchzechten Nacht ein Picknick eingenommen. Eine blonde Schönheit führt mich vom ersten Stock zum Mikrophon, das auf der Treppe steht, dort bringe ich meinen Text zu Gehör. Das Haus steckt voller junger Leute, sie sind nett und haben Ambitionen, sie wollen den Erfolg, sind ein bißchen traurig. An die dreihundert mögen es sein, von überall her aus der ganzen Welt, es ist schwer, sich auffällig von den anderen abzuheben. Viele Ideen, viele Witze, Kinderspiele, drollige Installationen, Inspirationen, Visionen, Exhibitionen; diese Begriffe sind oft zu hören. Ich stehe vor einer Wand, die ein marokkanischer Künstler mit Textilstücken, Zeitungsausschnitten, Fotos, Schachteln und verschiedenstem Schnickschnack vollgeklebt hat.

Kein Exzeß; es dröhnt die Technomusik, die Weltstars und Plattenritter kämmen unzufrieden ihren dreizackigen, sich kräuselnden Bart, das Instrumentarium der Akademie bleibt weit hinter ihren Wünschen zurück, ist schon etwas veraltet, nicht so brandneu wie in New York. Nicht einmal die jungen Leute hier in Europa sind jung; behutsam lassen sie sich auf ein Gespräch ein, hofieren die Impresarios, scharwenzeln um die Ausstellungsorganisatoren herum.

All das ist gestern gewesen, heute steht etwas anderes auf dem Programm. Heute muß ich auf dem Bebelplatz die im Literaturzug eintreffenden hundert Schriftsteller begrüßen, die auf einer vierundvierzigtägigen Reise von Lissabon über Moskau in einem Dutzend europäischer Hauptstädte Station gemacht, den Reden der Bürgermeister zugehört, die Darbietungen der zu ihrem Empfang aufgetretenen Volkstanzgruppen angeschaut und versucht haben, mit den ortsansässigen Schriftstellern ins Gespräch zu kommen. Sie haben aus ihren Büchern gelesen, Journalisten gegenüber Erklärungen abgegeben, sind durch die Straßen gezogen, und nun, siehe da, die letzte Zeremonie unter einem weißen Zelt, in das die disziplinierten und für jeden besseren Satz dankbaren Interessenten während meiner Rede strömen.

Ich habe an vielen Schriftstellerkongressen teilgenommen und konnte die Beobachtung machen, daß die Schriftsteller mit tiefem Mitgefühl meist von sich selbst reden und mit gehobener Stimme, wenn sie auf die eigene Nation zu sprechen kommen. Wenn jemand von sich selbst ergriffen ist, nicken wir verständnisinnig, als würde er von einem traurigen Ereignis Kunde geben. Die Gastgeber haben ein Hauptthema, zu dem sie unaufhörlich zurückkehren, ihre sprachliche und ethnische Besonderheit. Was auf mich wirkte, als würde jemand den anderen ausführlichst über die eigenen körperlichen Probleme informieren.

An Sankt Georg werde ich zu einem Frühstück eingeladen, das vom lokalen Regierungschef für all diejenigen gegeben wird, die etwas gelten. Vor dem Tor drängt sich eine große, festlich gekleidete Gesellschaft. Ohne Einladung kein Einlaß; es ist genau kalkuliert, wer in den Kreis aufgenommen wird und wer nicht. Kinderchor, Worte des Erzbischofs, Soldaten, Priester, Unifomierte. Festlich gekleidete Damen und Herren zwischen den viele hundert Jahre alten Mauern in den Kreuzgängen und Sälen nehmen zum Sekt belegte Schinkenbrötchen oder tunken Biskuit in Schokoladensoße. Wer auf sich hält, der muß sich heute vormittag hier zeigen.

*

Stille, draußen nieselt es, ich bin allein im Haus, brauche niemanden. Hoffentlich ruft jetzt niemand an und will etwas von mir. Würde schon niemand mehr etwas von mir wollen, wäre es mir natürlich auch nicht recht. »Armer Meister«, sagte ich frühmorgens zum Rasierspiegel, »nur noch ein Grinsen ist von dir geblieben, ein per Knopfdruck auslösbares Grinsen. Überallhin laden sie dich ein. Wie eine Sopranistin. Auf einer Konferenz, die dazu bestimmt ist, eine weitere, noch gigantischere vorzubereiten, kannst du deiner entsprechend dem Terminkalender fälligen Erleuchtung Stimme verleihen.

Du redest, liest, fliegst, ißt zu Abend, trinkst Wein und Kaffee, ringsum an mehrere geographische Orte gebundene Lebensläufe, Gastprofessoren, Gastkünstler umringen dich zu den Empfängen; gleich wo sie sind, ihre Anwesenheit ist eine zeitweilige.

Gestern abend hast du dich um den Gang ins benachbarte Präsidentenpalais gedrückt, obwohl dein Erscheinen angebracht gewesen wäre. Du warst eingeladen, hast die Einladung angenommen. Du bist hier in Berlin und bist doch nicht hier, gehst nicht gern unter Menschen. Es obliege dem Akademiepräsidenten, sich ein wenig rar zu machen, tröstest du dich. Du darfst nicht so leicht zu haben sein. Diese Einsicht berechtigt dich dazu, das zu tun, was dir am angenehmsten ist: Du setzt dich an deinen Tisch, blickst hinaus auf den Park, schnappst auf dem Balkon frische Luft, achtest nur auf Geräusche, statt den Stimmen von außen lauschst du der inneren.

Die zum Schlafzimmer führende Steintreppe, das Lichtgitter über deinem Kopf, die Strenge des Raumes und das in acht Meter Höhe im Sturm klappernde Fenster gestatten kein Ermatten. *Die Termine des Präsidenten*; ich informiere mich, was bis morgen abend ansteht. Besucher, Angelegenheiten, Interviews, Stellungnahme, Sitzung, Präsidieren, Verhandeln. Ich trete auf den Balkon hinaus, lasse meinen Blick über das Kiesbecken schweifen, inventarisiere die Flügel des Gebäudes; das trapezförmige Studio und auch der Ausstellungssaal sind vorhanden, dazwischen der Patio, auf dem um das blau gekachelte Goldfischbad Büfettische stehen, denn zum Kunstgenuß gehören Wein und wohlschmeckende Kleinigkeiten. Hier wird alles der Kunst unterworfen, hier ist die Kunst Alltag.

Die Gegenstände auf dem Tisch geben klopfende Geräusche von sich. Ich schalte die Halogenlampen und das Neonlichtgitter an. Hinein in die Nacht mit allem, was ich an Licht finde! Ich schlage auf die Pferde ein, sie sollen den Wagen ziehen, ich habe keine Ahnung, wohin. Der Text schreibt sich selbst. Die Feder, das Gleiten des Schlittens lenkt ein anderer. Ich führe den Willen des Textes aus.

Nach Mitternacht wird mich dereinst nur die abgesetzte und neben der Maschine liegende Brille ansehen. Es wird jemandes Strafe sein, daß er sich selbst ansehen und lesen muß.

Gelegentliche Aufgaben gibt es viele, aber meine Zeit ist schon knapp. Ein Gastpräsident bin ich, ziehe mich zurück und mische mich ein. Gern streife ich in Berlin durch Straßen, in denen sich am Wochenende der Fußgängerverkehr verdichtet und wo ich auf dem Bürgersteig zwischen dem vielen Volk nur langsam vorankomme. Ich bestehe gleichermaßen auf dem Rückzug und dem Getriebe.

Die Jahre sind ins Land gegangen, und ich mit meinen schwergewichtigen, ungarischen Betonungen auf der ersten Wortsilbe bin noch immer hier in Berlin an der Akademie der Künste. Ich rede den Deutschen in ihre Angelegenheiten hinein, und schon wieder halte ich zu Beginn der *Langen Nacht* meine zigmalste Treppenrede vor einer ansehnlichen Zuhörerschaft. Ich bin als Präsident wiedergewählt worden, einen anderen Kandidaten hat es nicht gegeben. Ich besitze keinen Führerschein, kein Mobiltelefon, und auch die elektronische Post benutze ich nicht.

Irgendwie sorge ich für die Existenz meiner Familie und bin bemüht, die Daheimgebliebenen nicht zu stören. Zu Hause, das erkenne ich an und billige es, hat meine Frau die Hosen an, und nach Möglichkeit gehorche ich ihr. Ich versuche, der ganzen Familie mit Zuspruch zur Seite zu stehen; Schwierigkeiten im Leben wird es noch zur Genüge geben, Ängste, Niederlagen des Lebens, Einsamkeit, Reue, Verluste, woran die Eltern keine Schuld tragen. Ich freue mich, morgen wieder das Anschleichen warmer Pfötchen um meinen Kopf herum zu spüren.

Ich könnte mich auch als ein pflichtbewußtes Nutztier betrachten, das anständig Milch gibt und mit wenig Futter auskommt. Über unserer nicht allzu geräumigen Wohnung konnten wir das Dach ausbauen, so daß nun alle drei Kinder ein eigenes kleines Zimmer haben. Im Alter eines Großvaters bin ich wieder Vater geworden, meine großen Kinder, Anna Dora und Miklós, sind selbständig, verheiratet und haben Kinder, doch ein bißchen Hilfe manchmal kommt immer gelegen, auch die Sorge für meine fünfundneunzig Jahre alte Mutter obliegt überwiegend mir.

In der Familie lege ich den Präsidenten ab, harmlos lächelnd schaue ich dem Treiben am Küchentisch zu. Wer weiß schon, wie wahrheitsgetreu die Beschreibung der Geschehnisse ist? Berichte ich von meiner Mutter, so ist auch sie ein Werk der Phantasie, schreibe ich von mir, verhält es sich nicht anders. Was aus Worten besteht, ist keine Wirklichkeit, sondern Erzählung.

*

Auf den Schlachtengemälden der Museen ist vom Töten der Menschen die Rede, auf den Stilleben vom Abschlachten der Tiere, doch auch das Leben kommt zur Geltung, das Lob der Schönheit von Blumen und Früchten, die Verewigung von Gebrauchsgegenständen. Siehe da, ein Rasierpinsel, ein Kamm, eine Schnur und ein Messer! Der Bürger aber will seine Küche in ihren üppigen Momenten sehen, wenn alles vorhanden ist, wenn ein Festschmaus vorbereitet wird und dort alle Zutaten warten. In der Ecke eines Rembrandt-Bildes beobachtet ein kleines Mädchen neugierig und gebannt die vielen Vogelkadaver. Die Meister der Kunstgattung plazieren dort auch die umgestürzten Gläser, die verstummte Laute auf dem Kopf stehend und obendrein einen kahlen Schädel, vermutlich ein übliches Schreibtischrequisit.

Die Schönheit kann ich auch als einen fortstrebenden Geist betrachten, der in eine gebundenen Form gepreßt wird. Dieser Spannung dienen der Rahmen, der Buchdekkel, die vierzehn Zeilen des Sonetts, die zwei bis drei Stunden des Dramas, das ist die Zeit, die wir dafür erübrigen können. Sollte die Spannung zwischen Endlichkeit der Form und innerer Unendlichkeit des Inhalts das Erlebnis der Schönheit ausmachen? Manchmal in Siebenmeilenstiefeln große Schritte ausführen und manchmal fast auf der Stelle tippeln, als spürte man unter seinen Sohlen einen Schatz.

Der Roman wird eingerahmt vom Datum seines Beginns und Erscheinens. Nun wird er sich nicht mehr wandeln, er ist dazu verurteilt, so zu sein, wie er ist, er ist fertig. Das Bild ist traurig wegen seines Rahmens, die Tanzbewegung ist traurig wegen der Gravitation, der Film ist traurig, da in ihm nur zu sehen ist, was zu sehen ist. Die innere Unsterblichkeit, die mit der Zeit den Vorereignissen des Todes weicht, muß gegen das äußere Ende wirken. Stau läßt Literatur entstehen, die Ruhe nach dem Sturm, der Lebenshunger nach der Trauer. Das Schöne ist Objekt meiner Begierde, ich möchte den Augenblick um seiner selbst willen zum Verweilen auffordern, um in dieser vergänglichen Zeiteinheit die Ewigkeit zu erblicken.

Lauter Illusionen, in denen der Tod nicht zugegen ist oder doch nur im Hintergrund, denn im Vordergrund befindet sich das intensive Leben, die Anspannung der menschlichen Wildheit. Ein enttäuschter Mensch tröstet sich damit, daß schön sei, was sei. Er verändert den Blickwinkel und sagt: »Soll sich doch der Geier nach dem Unerreichbaren verzehren! Schön ist auch die verfallene Kneipe, auch der Schlamm davor ist schön, und, jawohl, auch das klapprige Fahrrad ist schön.« Schön, weil es dir gehört. Und nun ist gemäß einer Ästhetik der Demut schön, was gegeben ist. Dein Schicksal, dein Kind, der dir entgegenkommende Wildfremde und das Treppenhaus, in dem du auf und ab gehst. Dieses scheußliche? Jawohl, dieses schöne.

Da das Gegenwärtige nicht befriedigend ist, verbesserst du es. In deiner Einsamkeit, verwitwet, holst du die einst glücklichen Momente hervor, erzählst von deinen alten großen Rennen und schönen Geliebten. Die Erinnerung zieht sich vom geschehenen Ereignis zurück, kann sich von ihm entfernen und sich um so intensiver wieder nähern. Im Rückspiegel wird die Wirklichkeit zu einem Märchen. Deine Erinnerungen behandelst du ebenso wie der Winzer den Wein, auch der Wein ähnelt dem Most nicht, hat sich im Laufe seiner Behandlung gewandelt.

Das alte Bild ist einer Wohnung vergleichbar; wenn du willst, gehst du hin, trittst ein, siehst dich im Haus um und läßt dich darin gar für eine Weile nieder. Wenn du hingegangen bist und lange darin verweilst, wirst du ihr Gefangener sein. Früher oder später mußt du aus dem Haus herauskommen, denn du befindest dich in einer anderen Gegenwart, der du auf Dauer nicht zu entfliehen vermagst. Mit den Jahren sinken deine Erinnerungen auf den Boden eines Sees, und du kannst sie von dort nicht mehr an die Oberfläche holen.

Was nehme ich über das Millennium hinaus mit? Was packe ich in den Koffer? Das meiste muß ich zu Hause lassen. Am Ende muß ich auch meinen Körper verlassen. Dieses vorzügliche Ich ebenfalls, meine Siebensachen lege ich ab.

*

Vom Balkon meiner Akademiewohnung aus spüre ich schon die Umgebung, den Spreebogen mit seinen zwei so verschiedenen Ufern vom Ende des neunzehnten und zwanzigsten Jahrhunderts, von dessen Liebreiz ich mich tagtäglich von neuem überzeugen kann, wenn ich dort bin und auf der Moabiter Brücke mit den Steinbären verharre, um mich nach links und rechts umzuschauen.

Ich muß Präsidentenreden schreiben. Und geistreich sollen sie sein, jede für sich. Jetzt muß ich wenigstens hundert wichtigen Menschen, die mich später erkennen werden, die Hand reichen. Auch ich merke mir viele Gesichter, noch mehr aber nicht. Trotz all ihrer Fehler sind die Künstler besondere, denkwürdige und eher liebenswerte als unsympathische Menschen. An der Akademie haben wir Schattenwesen zu Gast; dank der Nachlässe erwecken wir die Toten für einen Abend zumindest zum Leben. Wir speichern die Ereignisse, wir sind eine Institution der Verewigung.

Gelegentlich der gemeinsamen Podiumsdiskussion der Berliner Akademie der Künste und der Akademie der Wissenschaften sollten wir heute abend darüber meditieren, ob Wissenschaft und Kunst nicht Verschwendung sind. Ja, natürlich sind sie das. Luxus ist fast alles, was menschlich ist. Moral, Religion, Unterhaltung, Vergnügung, Freizeit, Kinderspiel, Liebe, Trauer. Selbst das Gebot, nicht zu stehlen, zu betrügen, zu rauben, den Schwächeren nicht zu töten, den Rivalen nicht wegen einer tatsächlichen oder falschen Anschuldigung anzuzeigen, seinen Angehörigen und nicht sich selbst Besseres und mehr zu geben. Alles, was nicht prosaischster Egoismus ist, ist Prunksucht. Auch die magische Zeichnung des Urmenschen war Prunksucht. In Kasernen, Gefängnissen, Konzentrationslagern gibt es keinen Luxus.

Es kommen die wichtigen Persönlichkeiten, es folgt das glanzvolle Abendessen im benachbarten Präsidentenpalais, es fluten die Wagen zum Treppeneingang, am Tor kontrollieren Posten meine Einladung, durch ein Spalier von außergewöhnlich großen, schönen und jungen Frauen unterschiedlicher Hautfarbe trete ich ein, bekomme einiges Lächeln geschenkt und ein kleines Kärtchen mit meiner respekteinflößenden Tischnummer überreicht. Noch im Stehen trinken wir Sekt, leichten Weißwein oder Rosé, wozu wir Häppchen, fingerfood, schlucken. Jeder möchte möglichst viele Menchen begrüßen, es wird gestrahlt, gewinkt und gelächelt. Ich vertiefe mich in ein Gespräch mit meinem Nachbarn, auch das Essen ist vorzüglich, kleine Fische und Fleischstücke, unaufmerksam lasse ich mir servieren. Auch ich bin ein offizieller Gesprächspartner an dem sorgfältig zusammengestellten Tisch, soll mich ruhig tummeln im See des Salbaderns.

Meinen Text habe ich vorgetragen, es ist applaudiert worden. Vom ganzen Abend hat mir ein einundneunzigjähriger Schauspieler am besten gefallen; die durch den alten Mund verzerrten Worte quollen aus jenem Menschen, dessen Haut und Haar schneeweiß waren, in enorm vielen Nuancen hervor, und nach der Vorstellung steckte er sich genüßlich eine Zigarre an, trank Kognak und nahm die Huldigungen der jungen Frauen entgegen.

Inmitten seiner polnischen Anhänger war Adam Michnik tonangebend, um seine Witze und sein lautes Lachen scharte sich die Gesellschaft. Mächtige Stimme, durchdringendes Lächeln und große Umarmungen, neugierig zieht er durch die Welt, verspricht sie, vergißt sie, vertrinkt sie, erzählt sie und geht weiter. Jeder bittet ihn an seinen Tisch; wo er ist, dort findet das Ereignis statt, wenn er auftaucht, wird er von allen umschwirrt wie die Lampe vom Falter oder wie die Aprikosenmarmelade von den Bienen.

Noch am gleichen Abend gehe ich im Berliner Atelier auf und ab, draußen herrscht tiefe Stille, des Nachts bin ich in dem großen Haus allein, nur der Nachtportier sieht gähnend fern. Frühnachrichten, die Wahnsinnigen, die Entschlossenen, die Hassenden geben nicht auf. Die neuen Häßlichen in wechselnder Textmaskerade; gleich aus welchem Kreis, aus welcher Epoche, Klasse, Nation, aus welchem Volk und Glauben sie hervortreten, der lokale Idiot neuesten Typs taucht immer zur rechten Zeit auf.

Ich laufe die Innentreppe, die zum Schlaf- und Badezimmer führt, hoch und runter, besser gesagt, ich schleppe mich, öffne den einen Flügel des Fensters, das zum Park des Schlosses Bellevue geht, die Platanen werfen schon ihre Blätter ab.

Es ist gleich drei Uhr, ich krame auf dem Tisch herum, Stapel umgeben mich, spät gehe ich zu Bett, und früh stehe ich auf, ich werde müde sein, das Gesicht ist aufgedunsen, das Unausgeschlafensein macht mich melancholisch. Ein freischwebender Gastprofessor bin ich, nicht ganz dort, wo ich bin.

Schwänzen, das war meine Hauptbeschäftigung, schwänzen, was Pflicht war, die Schule, die gesellschaftliche Arbeit, den Militärdienst, die kommunistischen Rituale, die Demonstrationen und Versammlungen, den lustigen Reigen, alles, was kollektiv zwanghaft war.

Schon in meiner Schulzeit hatte ich begriffen, daß das nichts für mich war, als mich István, mein Vetter, dazu überredet hatte, den Jugendverband der kommunistischen Partei aufzusuchen, wo ich an bunten Tanzabenden Mädchen, die an den Händen zu halten ich keine Lust hatte, an den Händen halten mußte. An dem einen Mädchen mochte ich den Schweißgeruch, am anderen nicht.

Auch in meiner Jugendschutzarbeit tat ich deshalb Buße, weil ich in meiner Kindheit gutes Schuhwerk getragen hatte, als mir auf der Hauptstraße in Berettyóújfalu die barfüßigen Bauernkinder entgegenkamen. In Abweichung zu István meinte ich nicht, daß die Bauernkinder dadurch, daß sie meinem Vater wegnehmen, was er besitzt, Schuhe bekommen würden.

Im Militärlager organisierte ich meine eigene *D-Abteilung*. Diese schreckenerregende Bezeichnung bedeutete damals *Defensivabteilung*, militärische Geheimpolizei. Mein D hatte eine andere Bedeutung: *Destruktive Abteilung*. Destruktiv zu sein, das gehörte sich in jener Zeit absolut nicht, solche Elemente wurden beschimpft. Natürlich wollte ich ein solches Element sein, obwohl ich eigentlich einen konstruktiven Charakter habe.

Auch von meiner Hochzeitsreise bin ich getürmt. Ich verschwinde selbst von dort, wo ich mich gestern noch bestens gefühlt habe. »Raus! Raus!« sagte mein Sohn Aron als kleiner Junge, als er kaum einige Worte sprechen konnte. Hinaus aus jedweder Enge und allzu großer Nähe.

Möglicherweise hängt die Sache mit Erstickungsängsten zusammen, die mit der Erinnerung an die Nabelschnur, die sich bei meiner Geburt um meinen Hals gewickelt hatte, in Verbindung gebracht werden könnten. In der Geburtsklinik von Debrecen schoben sie mich in meine Mutter zurück, damit ich nicht mit den Füßen hervorkommen sollte. Genau kann ich mich nicht daran erinnern, wie sich die Geschichte abgespielt hat, doch aus Erinnerungen anderer weiß ich, daß sie mich, den Kopf nach unten baumelnd, abwechselnd in kaltes und warmes Wasser getaucht und mir Klapse gegeben haben, weil ich nicht schreien wollte. An die zehn Minuten mochten vergangen sein, bevor ich endlich quäkte.

Als Gymnasiast begegnete ich an der Seite meiner Mutter jenem Geburtshelfer, der mir auf die Welt geholfen hatte; interessiert beäugte er mich und fragte, ob ich die Schule besuchte und wie ich dorthin gelangte. Anerkennend wunderte er sich, als ich ihm in relativ klaren Sätzen antwortete.

*

Mehrmals mußte ich über Brecht sprechen: zur Ausstellungseröffnung und schließlich zur Gedenkfeier. Der Henker soll ihn holen, jetzt ist er hundert geworden, jeder Blödsinn ist jetzt eine Reliquie, für jeden Brief, jeden Zettel wird gezahlt. Ein intelligenter junger Mann hat ihm sein Leben gewidmet, er weiß alles von ihm, bringt ihm nicht seine Huldigung, dafür aber seine Befangenheit dar, denn Ausmaß und Intensität des Phänomens verdecken die Fragen von richtig und nicht richtig. Nach einer gewissen Zeit bildet sich eine Art wertneutraler Bewunderung für ihn heraus, die Bewunderung für das Scheusal.

Jawohl, die Frauen habe er schlecht behandelt, er habe viele Frauen gehabt und sich untertan gemacht, ein Zwingherr sei er gewesen, sagt ein amerikanischer Autor in einem dicken Band. Es gibt diese schrecklichen Verfasser von Monographien, die jeden Schnipsel auflesen, jede Frau, mit der der Künstler ein Verhältnis gehabt hat, registrieren, jede Frau, mit der er einmal geschlafen hat, sämtliche Privatgefühle, die er in seiner Schublade abgelegt hat, um sie einmal zu verwenden und sich davon zu befreien. Das alles gehört jetzt der Öffentlichkeit. Nun ist jede Ansprache des Klassikers Goldes wert. Nun muß man alles über das Privatscheusal wissen, und man kann über seine Streiche nachgrübeln. Ein Götze ist er geworden.

Der Hundertjährige wird entblößt und seziert, man kann über ihn nachsinnen und vieles mit ihm illustrieren. Alle anderen lassen sich mit ihm vergleichen oder von ihm unterscheiden. Nun ist er wie ein berühmter Onkel, über dessen Streiche wir uns im klaren sind und dem wir alles verzeihen.

Es gab Journalisten, die unbedingt Brechts Frauenaffären erforschen wollten. Sie waren ungeduldig, wann das Material endlich zugänglich sein würde, denn der entsprechende Teil des Archivs war gerade renoviert worden und stand kurz vor der Wiedereröffnung. Doch die mehrfach sich zu Wort meldenden glatzköpfigen, stiernackigen und rundlichen Journalisten konnten ihrer Erregung kaum Herr werden, wollten sich endlich auf Brechts Sexualleben stürzen.

Scheußlich ausgeliefert sind sie, die großen Schriftsteller, und je mehr sie verehrt werden, desto eher will man sich zu ihrer totalen Nacktheit vorarbeiten. Sobald der Autor ein Klassiker geworden ist, ist jede Anekdote, jede Zeile, jedes Relikt ein kostbarer Fund, der einen Marktwert hat, von

Nachlaßtaxatoren zu laufenden Preisen schnipselweise bewertet wird und den Nachkommen, den Erben die Möglichkeit bietet, sich zu überwerfen. Hartherzige und verletzte Kinder, denn immer gibt es Beleidigte und Verehrer zugleich.

*

Fotoausstellung im Foyer zu Ehren von Thomas Manns hundertfünfundzwanzigstem Geburtstag: Die Familie Mann. Liebreizende Eltern, schöne, interessante Geschwister, Kinder und Enkel. Auch so ein Mensch kann einer sein, lächelnd mit seinem Enkel, akkurat gebundene Fliege, das Gesicht ein wenig nur der Kamera zugewendet. So kann ein Mensch sein, der Scheitel mit dem Lineal gezogen. Er könnte auch ein Bankier gewesen sein, schreibt jemand. Ein Bürgeraristokrat, sogar sein Schnurrbart vermittelt Abstand.

Im *Tonio Kröger* ist von einem Bankier die Rede, der ganz gute Erzählungen schreibt. Eigenartig. Dann wird bekannt, daß er Geld veruntreut hat. Aha! So ist das schon eher verständlich. Wenn ich lese, wieviele Zweifel, Krankheiten, Rückfälle den Hintergrund zu dem beharrlichen und von Tag zu Tag neu erkämpften Stolz bilden, wenn ich lese, daß der Großbürger keineswegs frei von Sorgen gewesen ist und daß er wegen seiner sechs wunderbaren Kinder auf Lesereisen gehen, große Reisen unternehmen und umfangreiche, lesbare Meisterwerke schreiben mußte, wenn ich sehe, wie sehr der Bürger dorthin gehören wollte, wohin er gehörte (denn er hatte sich nicht vorgenommen, ein Sonderling zu sein, vom anderen Ende der Welt sich in Rundfunksendungen an seine Nation zu wenden, an eine von Maß und Wert abgedriftete Nation), wenn ich den leutselig lächelnden Herrn sehe, der auf die sich nach dem Krieg in Frankfurt und Weimar um ihn Scharenden innerlich reserviert herabschaut, wenn ich die schönen Frauen mit den ausdrucksvollen Gesichtern betrachte, die auf den Fotos vom Ende des neunzehnten Jahrhunderts noch goldige kleine Mädchen gewesen, unter dem Schutz ihrer feschen älteren Brüder Heinrich und Thomas gestanden haben, von ihnen an die Hand und auf den Schoß genommen worden sind, und wenn ich in den biographischen Daten lese, daß die jüngeren Schwestern, Carla und Julia, Selbstmord begangen haben und daß Thomas Manns erstgeborener Sohn Klaus die Reihe fortgesetzt hat, dieser strahlende junge Mann, der offensichtliche Stolz seiner Mutter, und später auch dessen Sohn Michael, wenn ich daraus schlußfolgere, daß Thomas, die Hauptfigur der Ausstellung, von vielen Seiten vom Tod umgeben war, dann sehen wir einen zerbrechlichen Menschen, der mit einer schweren Bürde über das Seil schreitet. Es ist ihm gelungen, er ist angekommen. Mit achtzig Jahren hat ihn nach einem erfüllten Leben der Tod ereilt.

*

Es war Sommer, als Hochzeitsreisender saß ich neben meiner gleichaltrigen, zweiundzwanzigjährigen schönen Frau auf der zum Wasser gehenden Terrasse eines am Ufer des Plattensees gelegenen Hotels und las in einer ausgezeichneten ungarischen Übersetzung Thomas Manns Essay *Goethe und Tolstoi*, eine seiner vortrefflichsten Schriften. Sowohl Vera als auch ich hatten sozusagen schon alles von ihm gelesen. Die Vorliebe unserer kulturellen Umgebung für Thomas Mann hatte diesem Dichter den Rang eines Symbols verliehen. Er war ein europäischer Deutscher. Im Radio hörten wir die Nachricht von seinem Tod.

Die Hochzeitsreise, auf die ein Schatten gefallen war, wurde abgekürzt. Ich sehnte mich zurück in das Forschungszimmer der Parlamentsbibliothek, wollte schreiben, vielleicht gerade über den toten Schriftsteller, erkunden, was er zu all dem sagen würde, was uns damals, ein

Jahr vor dem Ausbruch der ungarischen Revolution, umgab. Jener gewisse bürgerliche Humanismus zwischen den Kulissen der bröckelnden Diktatur, dessen Träumer und vom Schicksal ernannter Botschafter Thomas Mann auch 1936 an der Budapester Musikakademie gewesen ist, bedeutete meinen Gefährten und mir viel.

Herrlich die Begegnung von Thomas und Heinrich Mann 1940 in Amerika, nachdem so vieles passiert war. Geistige Widersacher, Verbündete, eifersüchtige und schwärmerische Brüder. All das waren sie füreinander schon gewesen. Wechselseitig zu quälen vermochten sie sich deshalb, weil einer dem anderen wichtig war. Und nun betrachten sich die beiden gutgekleideten grauhaarigen Herren, freuen sich über das Wiedersehen. In ihrem Blick scheint etwas Schelmisches zu lauern. Na, was ist los? scheinen ihre Augen zu fragen. Ich weiß nicht, ob sie sich zur Begrüßung umarmt haben. Ich glaube eher, sie haben sich die Hand gereicht. Distanz und Liebenswürdigkeit sind anwesend auf dem Gesicht und in den Werken. Dieser Mensch verstand zu leiden und auch, seiner Freude Ausdruck zu verleihen. Als Selbstschutz stehen zwischen ihm und der Welt der Text, der makel- und furchenlose Text, der Hut, der Schnurrbart, die Fliege und die Galoschen. Die einen sind an ihm zugrunde gegangen, die anderen haben ihn vergöttert.

*

Vor dem Haupteingang der Akademie befindet sich eine liegende Frauengestalt aus Bronze, Henry Moores Statue. Treten wir ein, um Germaine Richiers Plastiken zu sehen, müssen wir durch das Vestibül gehen, unter den Sohlen die Unebenheit der Basaltblöcke spürend, dann eine Holztreppe hinauf, um in einen mit Korkplatten ausgelegten Saal zu gelangen, in die Halle der Statuen. Und wenn wir geneigt sind, unsere Aufmerksamkeit überall umherstreifen zu lassen, dann werden uns die Steinterrasse, der Basaltboden und die Holztreppe auch schon für sich genommen einen mit Augen und Füßen wahrnehmbaren Eindruck vermitteln. Von all dem – von Menschen, Holz, Haus, Steinblock, Treppe – sagen wir nicht, daß sie eine Statue seien, obwohl auch sie etwas aus dem unendlichen Raum greifen und von selbst oder dank der menschlichen Hand zu verschieden geformten Körpern gestaltet worden sind.

Beobachten läßt sich der Kampf des Künstlers mit dem gebieterischen Anblick des menschlichen Körpers. Auch deshalb pflegt er ihn nicht! Verzerrt ihn, zerknautscht ihn, peinigt ihn, bis er ein Ungeheuer wird, knetet ihn zu einer aggressiven Masse um oder reduziert ihn zu einer reinen geometrischen Figur, einmal die Allusion einer Maschine, ein andermal die eines Vogels einfügend, tut dem Bild des menschlichen Körpers Gewalt an, streckt ihn dezent oder verändert ihn, doch auf jeden Fall gestaltet er aus ihm eine andere Form. Vielleicht kann er sich ja von sich selbst lösen? Vielleicht kann er sich ja zu etwas radikal anderem wandeln? Weg von den glatten Körpern mit den edlen Linien zu den rissigen, stacheligen und schwieligen Monstern, hin, wie Pascal sagt, zu den »unbegreiflichen Scheusalen«!

Wenn ein Pferd sechs Köpfe hat – und warum sollte es keine sechs Köpfe haben –, dann kann auch der Mensch einen klingen- und bartenförmigen Kopf oder dementsprechende Gliedmaßen haben. Siehe, eine Frau mit einer Adlernase, die mit scharfem Blick durch den weichen Stoff hindurchschaut, hindurch durch die Falschheit, und mit alles durchdringender Heiterkeit in den Passanten den mit hakenförmigem Kopf umherfuchtelnden Fettwanst erkennt, die mißgestalteten Hausdrachen, im schmerbäuchigen alten Modell den Berserker, den aufdringlichen, zum Angriff und zum Sich-über-sie-Hermachen bereiten *ande-*

ren, im Harmlosen den Schrecklichen, vor dem der Mensch auch in seiner Kindheit Angst gehabt hat, hinter dem Onkel die furchtbare Kraft.

Und aus dem Menschen tritt seine Vergangenheit hervor, ein Tier, das es in keinem Zoo der Welt gibt, das wir auch als einen Käfer betrachten können, eine Ameise, eine Grille, eine Heuschrecke, wenn wir es vergrößern, wenn wir auf seinen Körper achten, auf die Art, wie er aus Horizontalen und Vertikalen aufgebaut wird, wenn wir die scharfen Organe, Gliedmaßen, Zähne, bereit zum Stoßen, Spalten, Zermahlen, in Augenschein nehmen.

Manchmal erblickt der Mensch das Scheusal in sich selbst, nicht nur in den anderen, fast in jedem, der kommt, der noch kauert, aber sogleich zum Sprung ansetzen wird. Des einen Scheusal Heilmittel ist das andere Scheusal. Sie brauchen etwas Fußartiges, doch sicherer wäre es vielleicht, würden diese Typen auf drei Füßen stehen, noch dazu auf Stockfüßen. Eine ganze kleine Schar von Tieren, Devoten, Neunmalklugen, dümmlich Neugierigen mit nie dagewesenen Köpfen. Sie müssen keine bekannten Wesen modellieren.

Vor seiner eigenen Art zurückzuschrecken ist für einen Menschen, der im zwanzigsten Jahrhundert gelebt hat, gar nicht so schwer. Dennoch aber hat dieser Anschein auch etwas Lächerliches an sich. Im Lächeln dieses Künstlers liegt Güte, sein Blick ist scharf, er sieht die Gewalt, die vielen kleinen Krieger, die im eigenen Vorankrauchen mit den stechenden, aufwärts gerichteten und horizontal hervorstehenden Höckern, Auswüchsen, Waffen ausgestattet sind, um die Botschaft des Todes zu bringen. Nicht wie die Frau, die eine Zisterne ist oder das Wasser selbst. Nicht grazil. Wie ein alter Baumstamm, ein Faß, eine Zisterne, eine Säule, nach oben hin geöffnet. Nicht so spitz und sich verschmälernd. Zwischen Kugel und Stab, Kreis und Gerade ergeben sich Übergänge, sie tragen an sich die holprigen, rauhen, rissigen Oberflächen des Erdentrissenseins, des Zermalmtwerdens.

Alles kann mit dem Körper gemacht werden, auf jedwede Weise kann er zusammengesetzt werden, man kann ihn erfinden, kann ihn mit jeder anderen Form mischen. Der Mensch ist verformbar, alle hybriden Wesen, Übergänge sind in ihm zu erkennen, Körper aber ist er selbst dann noch, ein gespaltener, gehäuteter und vertauschter Körper. Obgleich schon vollkommen animalisch, ist er noch immer menschlich, sogar allzu menschlich. Die Ungeheuer, die Heinzelmännchen, die Sensenmänner, alle sind sie menschlich, menschlich die Kugel, die Säule, die Pyramide, der Kegel. Auch das Dreieck ist menschlich, denn es unterscheidet sich vom Viereck und der Geraden.

Das Menschliche zieht an. Denn der Körper hat auf alles eine Antwort, bietet für alles eine Urform. In der Kinderzeichnung erhalten sowohl die Kuh wie auch der Vogel ein menschliches Antlitz. Unsere fehlbare und um sich selbst kreisende Phantasie sieht einen Engel, einen schönen Körper mit Flügeln, wenn sie sich ein höheres Wesen vorstellt. Der Mensch ist Mensch, der Vogel ist Vogel, und wenn es denn mehr sein muß, dann soll doch lieber das Flugzeug dröhnen. Der Sternenhimmel ist mit Sicherheit interessanter als wir. Aber nicht für uns. Vielleicht für die Sterne. Ist auch der Füllfederhalter eine Statue, auch die alte Schreibmaschine? Der Raum ist grenzenlos, der Körper ist begrenzt, er steht aus dem Raum hervor, ist einstweilig, klappt zusammen, wird umgestürzt, von der Zeit zermahlen, ist bemitleidenswert. Noch aber trotzt er dem Verschleiß, Gebrauch, Regen, Wind, noch gehört ihm der Augenblick.

*

Noch befinde ich mich hier in meinem Berliner Atelier, die Bäume des großen Parks, von Vögeln bewohnte Wolkenkratzer, nicken mir zu. Ich habe schon gepackt, abfahrbereit die oberen Ecken gezählt, kein leichtes Unterfangen, dort oben unter den Dachfenstern an der schiefflächigen Zimmerdecke gibt es so viele Trapezwinkel. Schon halte ich die Zeit für gekommen, ein Taxi zu bestellen, als ich vom Reisebüro davon in Kenntnis gesetzt werde, daß die ungarische Fluggesellschaft den Flug des heutigen Abends gestrichen hat, daß ich erst am nächsten Morgen fliegen kann.

Ich habe mich auf eine Geschichte eingelassen, von der sich noch nicht herausgestellt hat, was sie von mir will. Ich nehme Abschied vom zwanzigsten Jahrhundert, in dem ich mir ein freies Umherstreifen genehmige. 1900 war mein Vater drei Jahre alt und meine Mutter noch nicht geboren. Wie hat ein Mensch im zwanzigsten Jahrhundert gelebt? Und wie lebt das zwanzigste Jahrhundert in einem Menschen?

Ich glaube, einige Dinge zu wissen, die ich noch aus den Zeiten und Regionen vor meiner Geburt mitbringe, Dinge, die mir zu verstehen gegeben worden sind, die ich mir aus den Fingern gesaugt habe. Die Schläge, die mir versetzt worden sind, gehören zum Training. Ein und derselbe Schlag ist größer für den, der weiß, daß er ein Verlierer ist als für den Sieger. Der meint, er habe für die Sache einen Preis bezahlt, es habe sich gelohnt. Der Verlierer dagegen sagt, es schmerze sehr. Und wiederholt es oftmals.

Ich habe den Raum um uns her erweitert, wir können uns zurückziehen, und sobald all das geschehen sein wird, wird vielleicht auch der Platz zuviel sein, wo sich der Mensch gerade befindet. In einem einzigen Augenblick kann er daraus verschwinden und nimmt vom Garten, vom Haus nicht einmal mehr einen Fußbreit ein. Mein grundlegender Zustand ist die Unsicherheit, denn der Tod ist mein Zustand nicht, ich lebe, von der weltlosen Welt weiß ich nichts Zuverlässiges. Was mich betrifft, so bin ich zu dumm, um die reine, unstoffliche Gegenwart zu begreifen. Wenn ich schon kein Wasser mehr trüben werde, wird man mir verzeihen. Dann werden meine Handlungen und die sich mit mir verbindenden Urteile alle dort bleiben, eingefroren im Kristall der Zeit, ich aber werde schon abgetreten sein.

Nach Mitternacht habe ich mich vom Tisch erhoben, um mich ins Obergeschoß zu begeben, ich streckte mich auf dem Bett aus und spürte inmitten meines Brustkorbs einen Druck. Ich suchte nach der Visitenkarte eines Arztes, fand sie aber nicht. Ich irrte im Haus umher, es brannte kein Licht. Ein lautes klatschendes Geräusch, der Sturm hatte ein Fenster zugeschlagen, ich torkelte durch das Haus, hinunter zur Bühne, dort fuchtelten irgendwelche Leute herum. Wenn ich mich ihnen näherte, entfernten sie sich. Ich hob einen Stock auf, doch weder der Stock noch meine Hand hatten ein Gewicht.

Ein Mann in meinem Alter begrüßte die wichtigen Gäste, die Künstler und das Publikum; stets hat der Zeremonienmeister jemanden zu begrüßen. Von der Bühne gelangte ich an eine Wendeltreppe, lange schritt ich abwärts, kam an eine Eisentür, sie stand offen und führte ins Freie.

Der Präsident betritt das Purgatorium. Dies ist der Ort der Aufklärung, der Durchsichtigkeit, dort treffen sich Relative mit den Relativen. Die Hölle? Dort gibt es niemanden, das ist nur Horrorkino. In der hiesigen Welt hat alles noch ein Gewicht, hier können die Dinge nicht schwimmen, sich strecken, verzerren, ineinander überfließen.

Das Purgatorium ist die ewig andere Welt, der Ort der ewigen Reinigung. Es ist witzig, daß die Menschen dort beliebig hervorgezaubert werden und verschwinden können, daß sie nur Bilder der Menschen sind. Durchscheinend bist du und als Schein unsterblich. Hier ist alles nur noch ein Zeichen, wie Polizisten beim Lokaltermin vom geständigen Mörder den Tathergang nachspielen lassen. Hier brauchst du keine Angst mehr zu haben, auch Hoffnungen lohnen nicht. Hier kann nicht mehr getötet werden, der Mörder ist eine Figur aus einem Bildroman.

Heraus aus der Welt der starren Schwerfälligkeit in die schwebend fließende! Absolut nichts hat hier tödliches Gewicht, denn alles und jeder befindet sich schon jenseits des Todes. Die Kommenden und Gehenden bangen nicht um ihr Leben; sie können es auch gar nicht verlieren, sie haben es schon verloren. Schön ist jenes andere Leben gewesen, in dem die Dinge noch ein Gewicht hatten. Das war die in Umlauf gebrachte, tödliche Wahrheit.

*

Mit über siebzig erlaube ich mir die Freiheit, ein Vagabund zu sein. Ich sehe mich selbst auf der Bühne: ein törichter, vertrottelter Greis, er geht hinaus auf die Wiese, redet wenig, sitzt am Tisch, zufrieden mit sich und der Welt. Ein Enkel spricht zu mir, die Familie kümmert sich um mich, ich höre die Hühner und die Grillen, paffe Pfeife, trinke Wein auf dem Laubengang, die rauchgrauen Sorgen sind verzogen, es schillert das Purgatorium.

Vielleicht war alles Bisherige nur ein Vorspiel, ein Hineinführen in ein dunkles, leeres Zimmer, das allmählich hell und bevölkert wird. Mit alten Freunden lasse ich die grauen Jahre aufleben, und wir erzählen uns Geschichten von der Liebe der Alten. Auch weitschweifendes Ausholen gestatten wir uns, wir versinken in Träumereien oder schlafen darüber, was der andere sagt, ein.

»Du siehst prima aus, mein Lieber, ebenso wie ich«, sagen wir einer dem anderen. Auf der Krankenhausterrasse besuche ich einen Freund, neben uns prahlen die alten Herren, wer den anderen um wieviele Jahre überleben wird, doch das Bett dessen, der die größte Schadenfreude zeigt, wird am schnellsten leer.

Hab keine Angst, mein Lieber, ich werde dir dein letztes Getränk einflößen. Auch ein Abschiedsfest mit Orchestermusik und Blumenkörben wird es geben, vielleicht sogar mit Fahrrad fahrenden Affen und Schlangenbeschwörern. Wir stellen dir die Leiter hin und applaudieren, während du zum Himmelstor hinaufkletterst, wo dich die jubilierenden Engel schon erwarten.

Mir ist zu verstehen gegeben worden, daß ich um die Qual der Agonie schwerlich herumkommen würde, auch, daß ich nicht auferstehen und daß danach nichts sein würde. Woraufhin ich als Antwort tief durchatme und zum *White Horse* auch die *White Widow* einlade. Und zynisch vergnüge ich mich des Nachts, wenn schon die ganz Familie schläft. Meine Schuld erkenne ich nicht an, und von den anderen will ich sozusagen gar nichts.

Der Erzähler bereitet sich vor, desinfiziert sich, hat seine Medikamente eingenommen, gehantelt, sich am Leben erhalten. Wenn er gefügig dem Weg seiner Feder folgt, ist er fähig, menschliche Zustände zu erahnen, in denen er sich durch seine Phantasie als Gast aufhält. Der Roman ist der heutige Tag, der jeweilige heutige Tag. Stunden, in denen nichts geschehen kann, was er nicht verursachen würde, sind die besten Stunden. Die Freiheit des Erzählers bedeutet lebenslange Einkerkerung. Er schreibt selbst dann, wenn ihn niemand dazu ermuntert. Wonach sehnt er sich? Nach Tagen noch, Sätzen, Wohlstand für seine Angehörigen.

Unwissend, hilf- und ratlos ist er, mit zunehmendem Alter kann er nicht umhin, sich Rechenschaft über den Niedergang abzulegen, während die Vergangenheit eine Aufwertung erfährt; sie ist sein Vermögen. Dem Zeugnis der alten Fotos zufolge sind wir seit unserer Kindheit dieselben. Erzähle doch, mein Lieber, etwas schön Langweiliges, wir füllen die Hohlheit, wiederholen uns selbst, kreisen um das gleiche. Auf dem Tennisplatz hüpfen die Bälle, die Kinder im kleinen Park zeigen, daß sie auf der Rutschbahn auch kopfüber hinunterrutschen können, und schaukeln können sie im Stehen, die Mütter beraten sich, manche erzählen den Kindern nach dem Zubettbringen etwas, manche nicht. Es hat die Periode des etappenweisen Schlafens begonnen. Morgens klammert er sich an den Badewannenrand, wenn er sich daraus erhebt. Auch aus den Autos steigt er ziemlich schwerfällig aus. Abends schlüpft er aus sich selbst, aus seinem Zustand während des Tages, morgens kriecht er in ihn zurück. Er geht mit Zsuzsi auf den Spielplatz, grüßt mehrere ältere Leute, es kommt vor, daß er haßerfüllten Blickes gemessen wird.

Was interessiert mich an dieser mißgestalteten Geschichte? Sie ist meine Jugend gewesen. Ich bin Herausforderungen begegnet und habe versucht, ihnen zu entsprechen. Legenden entstehen dann, wenn uns ein Hindernis entgegenkommt. Gekommen ist der Weltkrieg, hernach der kalte Krieg mit dem dazugehörenden Wahnsinn.

Die Fälle der Vormundschaft sind wie die Kugelspuren an den Häuserwänden. Worte begleiteten mich von Haus zu Haus: »Mein Mann besäuft sich, prügelt mich windelweich, einmal werde ich ihn abstechen, im Schlaf schneide ich ihm die Kehle durch.«

Gesichter wimmelten mir vor den Augen, und noch immer war es nicht genug. Am besten ist das Überleben, wozu es auch der Todesgefahr bedarf. Oder aus dem Gefängnis entlassen werden, nach schwerer Krankheit wieder genesen.

Vor der Wende nahm ich allein schon wegen einer gewissen Ganovenehre den Standpunkt der Außenstehenden, der Unterlegenen ein, und dachte nicht viel an die, die oben waren. Argwöhnisch beobachtete ich auch diejenigen, die den Verlierer spielten und entschlossen alle Partien verloren. Das konnte ich mir nicht erlauben. Ich gab Dostojewski recht: Wenn du vom Menschen den schweren Topfdeckel der Angst wegnimmst, findest du darunter sich ballende Schändlichkeit.

Ich lese alte Meister, die sich sozial ereifern, wenn sie nicht von vornherein von edler Geburt gewesen sind. Sie reden von höheren Herren, als sie kennen, dichten sich zu Eingeweihten höherer Kreise um. Ein amüsanter Gegensnobismus bestand darin, wenn Schriftsteller in die Haut von Bauern und Arbeitern schlüpften, als dies der politischen Mode entsprach. Für den Schriftsteller ist es heute leichter, sich selbst zu akzeptieren, es genügt, wenn er in seinem eigenen Namen spricht. Der Minister und auch der Bankier plagen sich heute, sobald sie in die Jahre kommen, mit dem Verfassen ihrer Memoiren ab.

Dankbar denke ich an all die Orte zurück, an denen mir nichts angetan worden ist. Diese Orte überwogen. Ich war darum bemüht, jeden Tag zu arbeiten, um für den Unterhalt meiner Familie aufzukommen. Um ihr etwas geben zu können, mußte ich etwas tun. Das habe ich von meinem Großvater gelernt, und das werde ich auch meinen Enkeln sagen, nicht ohne hinzuzufügen, daß Großvater nur von morgens neun bis mittags zwölf gearbeitet hat und daß dann nur die Familie, die Bücher, das Kaffeehaus und das Theater folgen durften.

Die Macht zu studieren, das war mir auch als hinausgeworfener Student möglich, als stellungsloser Freiberufler, als Fürsorgebeamter, als Stadtsoziologe, als Dissident, als Wanderer, als außenstehender innerer Emigrant, als Mitglied des liberalen Parteirats, als Präsident des Internationalen PEN, als Initiator der Demokratischen Charta, einer zivilen Bewegung, und als Präsident der Berliner Akademie der Künste. Ich habe mich um nichts beworben, ich bin angerufen worden, habe auf die Einflüsterungen des Zufalls gehört, um dann, wenn die Zeit gekommen war, zurückzutreten.

Das Fest wollte kein Ende nehmen. Ich kenne die Frist nicht. Das ist wie Mauertennis, die Mauer ist unschlagbar. Der Schüler hat die Wiederholungen des Meisters satt. Die gestrige Arbeit ist anzuzweifeln, allein schon deshalb, weil sie von gestern ist. Ich bin noch innerhalb meiner selbst, jedoch schon außerhalb der Hauptströmung. Seien Sie so nett, meinen Rollstuhl zusammen mit mir zur Hintertür hinauszuschieben! Ich warte auf das Kommen des Meisters, der mir die tückischste Frage stellen wird, durch die er mich in die Enge treibt.

Mein Gast ist viele tausend Jahre alt, zivilisiert, einfach, hat keine unangenehmen Gewohnheiten, stinkt nicht, kichert nicht, schwitzt nicht, rülpst nicht, ist nicht der Feind des Chefs, kommt mit sich selbst zurecht.

Als Fürsorger, als Stadtsoziologe, als Dissident, in allen meinen möglichen Rollen war ich ein Spion des Schriftstellerberufs. Untersuchen wir die Lage, in die wir hineingeraten sind! 1989 kam die Wende, für eine Weile war ich ein Orakel geworden, wozu auch eine gewisse Wichtigtuerei gehört. Sollte ich mich auf den Weg der Sünde verirrt haben, als ich mich dem Teufel weltlicher Eitelkeit verschrieben hatte?

Ich stehe auf, habe einen Krampf im Bein, tipple, hüpfe vom Tisch zum Sessel und zurück. Ich lege mich hin, stöhne, im Stehen war es besser. Bilder einer schlaflosen Nacht. Einer allzu langen Nacht. Meine einzige Heilmethode: Ich setze mich an den Tisch und tue das, was ich im allgemeinen tue. Jeder Satz ist punktartig selbständig, eine eigene Einheit, eine geschlossene Kugel, als würde der innere Zusammenhalt aus vielen Magnetschrotkörnern einen faustgroßen Klumpen herausziehen. Stelle dir einen Fischrogenhaufen vor oder auf einem Baumast zusammengeballte Bienen nach dem Ausschwärmen! Auch mich davonzustehlen hatte ich mehr als einmal Lust gehabt, mich unbemerkt zu entfernen, wie sich ein Wassertropfen von einem Eiszapfen löst.

*

Wozu könnte ich meine Leser ermuntern? Daß Sie so nett sein sollen, für den Fortbestand der Menschheit zu wirken und sich darum zu bemühen, annehmbare Domizile für zehn Milliarden Menschen auf der Erde einzurichten? Es ist an der Zeit, in einer Dimension der ganzen Menschheit zu denken! »Sag, mein Junge, würdest du mir nicht einen Kaffee kochen?«

Ich habe präsidiert, in einer hitzigen Debatte eine Einigung herbeigeführt, und dann überkam mich ein Gefühl des Desinteresses, sollten sie doch selbst zurechtkommen. Ich redete, und plötzlich prallte ich einfach nur zurück, als würde mich ein finsterer Kerl angreifen. Ein moralischer Mensch ist selten ein Moralist, auch ich bin es nicht. Meinen unwilligen Lesern drohe ich nicht mit Heulen und Zähneklappern.

Ob ich gelobt oder beschimpft werde, interessierte mich nicht allzu sehr, was ich schreibe, das habe ich mir zuvor überlegt. Fast aus dem Unendlichen, aus dem Bergsturz des Vergessens hebe ich den einen oder anderen Kieselstein auf. Durch das Fenster sehe ich im Laub eine Ente und einen Hasen.

*

In Hegymagas gibt es unter dem Nußbaum neben dem auf den Berg führenden Pfad einen in die Erde eingelassenen Tisch; von hier aus kann ich die kleinen Zungen der Uferausbuchtungen sehen. Im Dorf haben wir ein Haus gebaut, wir haben genügend Platz darin, in meinem Zimmer habe ich leidlich geschrieben, und hier ordne ich auch, was ich von anderswo mitbringe. Das Sichzurückziehen, um die Betrachtungen zu vertiefen, gibt mir Freiheit. In Berlin bin ich Budapester, in Budapest Berliner, und in beiden Hauptstädten Hegymagaser.

Ich schreibe, ich rede, von etwas anderem habe ich keine Ahnung, die Veranstaltungen befruchten sich gegenseitig und vermehren sich hemmungslos. Möge das Haus voll sein, möge ein jeder kommen! Im Garten machen Kellner in weißen Jacken mit Eßbarem und Trinkbarem auf dem Tablett die Runde. Wie viele haben dich heute abend gegrüßt? Genug der Rollenflut und des Beschallens! Wie weit kannst du dich von dir selbst entfernen? Das Ich, das ist das Kreuz derer, die mittleren Alters sind. Sie schleppen es, obwohl es immer schwerer wird. Als kleiner Junge sagte mein Sohn Aron: »Ich bin ein Storch.« Einige Minuten später war er mit einem Hund identisch, er hockte neben ihm, still kauerten sie dort, waren eins.

Unter der Holzbrücke plätschert ein Bach, im Nachbargarten ist ein Huhn verrückt geworden. In letzter Zeit hat es viel geregnet, zuvor herrschte große Trockenheit, die Weintrauben schrumpelten zusammen, die Pflanze saugte die Feuchtigkeit aus den Beeren zurück. Wir sitzen auf der Terrasse, die Wolken vergießen Tränen, Dunst steigt auf, die Vögel zwitschern träge, der Holunder wird schwarz. Vor der sich rötenden Sonnenscheibe glänzt eine Pappel, als wäre sie mit Glas übergossen.

Ich befand mich auf einer langen Autofahrt, sah vorübergleitende, wacklige Häuser, Zäune mit Schlagseite, viele Obstbäume, Katzen, Grabendämme, Fahrräder, Betrunkene, vor sich hin nickende Alte, ein vergnügtes Schankmädchen, dezentes Zurückgrüßen. In einem unbeleuchteten Dorf lenkte ich meine polternden Schritte über eine Brücke in Richtung Wirtshaus am Flußufer. Ich trank Schnaps mit einem jungen Mann, der mich seiner Hochachtung versicherte und mir ein wenig verlegen erzählte, daß ich seine Mama, wenn er richtig informiert sei, gut kenne. Er nannte ihren Namen. Mit der Mutter des Jungen hatte ich zu üppigen Abendessen reichlich Rotwein getrunken, wie gestern mit ihrem Sohn.

Wir gingen nach Hause, jenseits der Holzbrücke bot uns eine ältere Frau Kirschschnaps an, sie hatte Kuchenbrot gebacken, lobte das Enkelkind, wie gutmütig und gewitzt es sei. Sie bedauerte, daß sie es selten zu sehen bekomme, und auf einer Bank mit wackeligen Beinen sitzend sagte sie, zwar sei sie arm, aber sie erwarte nicht viel vom Leben, sie habe alles, was sie brauche.

Wie viele Menschen das Schicksal allein im vergangenen Jahr um mich her unter die Erde gebracht hat! Der Mensch wird in der Haut seines Körpers erschüttert, zum Erzittern gebracht, ihm wird zu verstehen gegeben, daß sich diese Hülle von ihm lösen könnte und ihn nicht weiter beherbergen, daß uns der Träger absetzen wird. Jetzt könntest du schon auf ein anderes Boot umsteigen, ein anderes Segelschiff soll dich dorthin bringen, wohin du reisen möchtest.

Am Ende der Mole umgarnt dich eine Ahnung, das ist das Ende vom Ende, ein Weiter gibt es nicht mehr. Zwei Segelboote schimmern weiß in der Ferne; ein Ort ruhebedürftiger Menschen. Warum sollten wir uns an der Fischbude nicht ein Glas Wein genehmigen? In der Geschäftsstraße am Hafen ist überall eingebrochen worden. Das ganze Leben ist eine große Unsicherheit, trotzdem hört der Eigentümer der Fischbude gern, wie gut seine Gäste bei ihm gegessen und getrunken haben.

Die Mole besteht aus grauem Beton, daneben große rote Feldsteine, im Wind wird der See grün. Angenehm, an einem Ort zu wohnen, wo du mit dem Fahrrad zahlreiche Kneipen aufsuchen kannst. Jenseits der schimmernden Wasserfläche des Sees auf der gegenüberliegenden Seite ahnungsvoll Pappelwipfel und Kirchtürme. Zwei unbeschriebene Seiten legen sich übereinander: der Himmel und der Wasserspiegel. Ein Fisch zappelt im grünen Netzkorb, ein Segelboot schmiegt sich langsam an die Anlegestelle.

Als Halbwüchsiger stellte ich mir vor, man müßte stundenlang am Ende der Mole sitzen, um tiefschürfende Gedanken zu bekommen. Ich trotte statt dessen hinauf auf den Szentgyörgyhegy, den St. Georg-Berg, zu den sonnenbeschienenen Gartenstufen eines verfallenen Kelterhauses. In der Höhe zieht ein Drachenflieger seine Kreise, die sich über mich drängende Gestalt bringt Wolken und Wind mit sich.

Dieser Landstrich ist dazu geschaffen worden, daß sich der Mensch wohl fühlt. Vor vierzig Jahren war ich hier als Bibliothekar in einem Erholungsheim tätig. In freier Rede ergänzte ich für ein großes Zimmer voller Kinder, die nach dem Abendessen schon das Märchen anmahnten, die Bildunterschriften der Diafilme. Den Badegästen gab ich lesbare Bücher, und zuverlässig steuerte ich eine Motorsegelyacht nach Badacsony, wo wir viel Wein tranken und eine zweihundert Jahre alte weiche, weiße Schlafmütze betrachteten. Ihr Träger, der Dichter Sándor Kisfaludy, war eine heitere Seele, er liebte seine Familie, war ein guter Hausherr, trank und tanzte gern, war auf gebührende Weise Patriot, doch die Geier des Größenwahns verschonten ihn. Allabendlich ließ er seine Blicke vom Berggipfel über den See schweifen, hinab in die unbekannten Niederungen aber begab er sich nicht, heitere Gelassenheit hielt ihn im Laubengang zurück.

Vor anderthalb Jahrhunderten befand sich in meinem großen Zimmer die Schankstube der örtlichen Kneipe. »Herein!« sage ich, wenn die einstigen Gäste anklopfen. Bitte einzutreten in die Wirtsstube der Toten. Wer überlebt den anderen um wie viele Jahre? Wen werden wir wann beerdigen? Wer besucht die Witwe, den Witwer? Auf der Terrasse, im Garten, im Eßzimmer plaziere ich die Toten neben die Lebenden. Die getöteten Familienangehörigen und die von uns gegangenen Freunde vergnügen sich zusammen mit den Lebenden, selbst wenn es letztere nicht einmal wissen.

Die Nachbarsfrau hatte nach dem Einkaufen einen Schwächeanfall erlitten, wir begleiteten sie vom Geschäft nach Hause, sahen immer wieder nach ihr, doch sie hatte sich nur kurz hingelegt und formte ausdauernd die vielen Brezeln, bestrich sie mit Ei und bestreute sie mit geriebenem Käse. Zum eigenen Wein würde es angenehm sein, Brezeln zu knabbern. Im Backofen brutzeln Enten, morgen erwartet sie ihre Enkelkinder. Gäste werden kommen: mein großer Sohn, meine große Tochter, meine Mutter, meine Schwester, meine Schwiegermutter, Freunde, Kinder. Größere Betriebsamkeit als die vorhandene brauche ich in dem Dorf nicht.

In meiner Hosentasche der Berliner Atelierschlüssel, dort, wenn ich eintrete, befindet sich rechts der große viereckige und niedrige Tisch mit Manuskript- und Zeitungsresten, Kopien, Bücherstapeln, Verpflichtungen. Dort werde ich zahlreiche Hände drücken, wir lachen, und ich bemühe mich darum, daß im Kampf zwischen Verstandesschärfe und grammatischer Ignoranz irgendwie der Geist den Sieg davonträgt, zumindest nach Punkten.

Morgens weiß ich noch nicht, wo ich stehe, aus Mosaikstücken setze ich mich zusammen. Ich schreibe nicht, was ich will, sondern was ich kann. Statt einer linearen Anordnung webe ich eher einen Teppich, bemüht darum, daß die Knoten sich dicht an dicht aneinanderreihen. Gern schütteln die drei jungen Birken ihre zarten Blätter. Der üppige Birnbaum beansprucht keinerlei über sich hinausgehende Erklärung. Er trägt Früchte, ist als solcher ziemlich mystisch. Angefangen von der morgendlichen Körperpflege bis hin zum Ausstrecken unter der Bettdecke am späten Abend erlebe ich einen wahren Sturm an Aktivitäten, und siehe, welch ein Wunder: Ich entleere mich nicht ins Bett, muß nicht gewaschen und gefüttert werden und bin sogar zu mehr fähig, als nur zu stöhnen, zu blinzeln oder umherzufuchteln. Aber ich werde schon noch ein altes Wrack sein, das sich besser aus dem Staub macht, bevor es umgestoßen wird. Aus den Truhen tritt die engere und weitere Familie hervor, wir unterhalten uns über das Essen und

Trinken, über die Katze, die Heizung, das Wetter, den Bach, die Kapelle und natürlich über alles, was mit dem Wein zusammenhängt. Nachmittags gehe ich unter Menschen, begebe mich hinein mitten in das Gewühl, schaue mich am Tisch der Markthändler um, halte ein Glas Rotwein in der Hand, kaufe meiner Tochter Zsuzsi eine Pfeife und eine Perlenkette, meinem Sohn Józsi ein Klapptaschenmesser und Aron, dem Dichtersohn, den die Gegenstände nicht interessieren, mehrere Portionen Fleischspieße. Jutka kauft rotes Basilikum, um es in ihrer Gewürzen vorbehaltenen Gartenecke anzupflanzen. Wir fahren hinüber nach Kapolcs, ins Zentrum der Dorfvereinigung *Tal der Künste.* Die Augen des Bretterschweins leuchten, in seinem Maul ist auf dem Bildschirm eine Schweineschlachtung zu sehen, jedoch in umgekehrter Reihenfolge (von der Knackwurst bis zum lebenden Tier), bis in alle Einzelheiten. Wir hören das Quieken des abgestochenen Schweins, und in Großaufnahme betrachten wir die Details der Zerlegung, wie die Augen herausgenommen und aufgeschnitten werden, wie das Blut umgerührt wird. Es ist, als würden wir uns wechselseitig auffressen, als würden wir das Blut des anderen in eine Schüssel fließen lassen, um daraus Blutwurst zu machen oder dampfend frisch mit gerösteten Zwiebeln zu braten.

Dann sehen wir uns den Starken Johann im Puppenspiel an, er verprügelt die Gespenster, doch als er schon deftig zugeschlagen hat, bekommt auch er sein Fett weg. Nachdem Stock und Bratpfanne reichlich in Aktion gewesen sind, hat sich das Nieseln in einen strömenden Regen verwandelt, so daß die Vorstellung unterbrochen werden muß. Auf der Straße werden Trommeln gerührt und Becken geschlagen, der Autobus kommt nicht voran. Ein schlankes Mädchen wiegt sich hin und her, auf seiner Schulter schaukelt eine kragenartige Holzschöpfung mit einem Horrorkopf. Ein Schauspieler in Stiefeln läßt seine Stiefelhände klatschen, wodurch er zu einer vierbeinigen Figur wird, zu zwei Gestalten, die sich miteinander prügeln, auf dem Rücken geraten Schädel aneinander, die blutig oder mehlig sind, das Auge des einen gleicht einer Tomate.

Auch ich bin eine Maskerade geworden, wie ich da mit dem riesigen grün-weiß gestreiften holländischen Regenschirm in der Hand neben meinen Söhnen, die Palatschinken herunterschlingen, warte. In Kirchen, Scheunen und Kneipen, einfach überall werden Attraktionen geboten.

Nur der Sommernikolaus zieht traurig seinen Schlitten, der Watteschnurrbart hängt herunter, als wollte er schmelzen. Er hat sich vom Winter in den Sommer verirrt, diese Welt ist ihm nicht angenehm, er zieht den leeren Schlitten über das Pflaster, begibt sich auf die Suche nach einer besseren Welt und ist untröstlich traurig. Im vergangenen Jahr war er der Dorfbösewicht, und weinend war er fröhlich, verpaßte den hübscheren Frauen einen Klaps auf den Hintern und warf die Flasche weit von sich, wenn sie ihm gegen seinen quälenden Durst Mineralwasser anboten, auch niesen konnte er wie ein Nilpferd, was bei Aron und Józsi Begeisterung hervorrief. Jetzt stellt er nichts Böses an, mit seiner roten Kappe taucht er im dichtesten Verkehr auf, zieht den Rodel hinter sich her und geht nach einigen Worten verzagt weiter, ohne indes die Hoffnung aufzugeben, daß er eine verschneite gute Welt finden könnte.

In der Kneipe Tableaus und Zymbal, auf der Wagenbühne hüpfen begabte Komödianten umher, schneiden Grimassen, kreischen und stampfen mit den Füßen. Kinder suchen ihre Mütter, Bälle rollen weg, die Autofahrer seufzen. Bier, Wein und Schnaps gehen zur Neige, ein robuster Mann hält die Autos an, man solle sein Bier kosten, das er in einem Feuerwehrwagen gebracht habe.

Unseren Söhnen hat der Sommernikolaus am besten gefallen und das vierbeinige, zweiköpfige Wunderwesen, Zsuzsi hat beides am besten gefallen.

*

Ich akzeptiere, daß das Leben endlich ist, abgründig, und ich verlange keine Entschädigung für die Tatsache, daß es mit dem Apfel, wenn ich ihn gegessen habe, vorüber ist. Zitternd protestieren die Wesen gegen den Tod. Doch wenn ich das Mysterium der Geburt annehme, noch dazu freudig staunend, warum sollte ich dann nicht auch das des Sterbens akzeptieren? Mir gefällt es, wenn die Zigeuner um das Grab herum tanzen, trinken und Gulasch kochen, ein bißchen weinen, dann lachen, während die jungen Leute weggehen, um sich zu paaren.

Bald schreiben wir das Jahr 2000. Mir tut es leid, die vielen Neunen, diese schlanken, großköpfigen Wesen, gegen die dickbäuchigen Nullen eintauschen zu müssen. Die Neun mit ihrem zurückblickenden Kopf scheint so intelligent zu sein, die drei Nullen dagegen sind die selbstzufriedene Erfüllung.

Etwas geht seinem Ende entgegen. Ein Jahrtausend. Doch dieses Jahr 1999 ist ein Vorabend. Warten auf ein Fest. Allmählich muß die Rechnung beglichen werden, der Oberkellner naht. »Ich hatte ein zwanzigstes Jahrhundert«, sage ich. Der Oberkellner wartet. Ich weiß nicht, worauf. Meine Zahlungswilligkeit habe ich ziemlich großzügig signalisiert. »Und das zweite Jahrtausend?« fragt er.« Soll ich das auch begleichen?« »Wer sonst?« »Na schön, schreiben Sie's dazu!« Der Oberkellner indes schüttelt weiterhin traurig den Kopf. »Und wer wird das erste Jahrtausend zahlen?« Ich erschrecke: »Wie weit sollen wir denn noch zurückgehen? Sie wollen doch nicht etwa alles auf meine Rechnung schreiben? Soll ich für das Ganze blechen?« Der Oberkellner schüttelt traurig den Kopf. »Wer sonst?« Ich werde wütend: »Der Herr selbst! Der Hotelbesitzer.«

Und was tut Gott? Er erscheint auf dem Balkon. Höchstpersönlich. Zeigt mit dem Finger auf mich. Ich erhebe mich vom Tisch, schaue, dann zeige ich mit dem Finger auf ihn. Und so stehen wir. Lange schon. Wirt und Gast, Vater und Sohn. Keinem von uns ermüdet der Finger. »Ich rufe deine Mutter«, sagt er. »Ich rufe deine Tochter«, sage ich.

Es kommen die Frauen. Die Kinder haben noch kein Abendessen bekommen. Nach dem Händewaschen sollten auch wir uns an den Tisch setzen und den Hader über die Verantwortung einstellen. »Alte Esel! Und noch immer haben sie es sich nicht abgewöhnen können, auf andere Leute mit dem Finger zu zeigen?« Kleinlaut sitzen wir da, der Alte und ich, warten brav, daß uns aufgetan wird.

Nach dem Abendessen gibt der Alte keine Ruhe: »Irgendwie müßte die Rechnung dennoch beglichen werden.« Ich habe das Gefühl, daß wir uns einigen könnten. Und ich strecke meine Hand aus: »Abgemacht?« Die Hand des Alten fährt durch die Luft. Ich warte, daß er einschlägt. Ich warte. Wo ist er ins Stocken geraten? Ich weiß es nicht.

*

Wo ist Heimat? Hier, wo ich stehe, irgendwo in einem Sonnensystem, hier, wo ich sitze und mich an eine Feder klammere, hier im Bett, wo ich im allgemeinen aufwache und früher oder später den Weg ins Badezimmer finde und wo ich beim Verlassen der Wohnung den Entgegenkommenden grüße.

Heimat ist innerhalb der wenigen Quadratkilometer, wo sich meine Wege verdichten. Heimat ist auf dem seit fünfzig Jahren ungenutzten jüdischen Friedhof in Berettyóújfalu vor dem hohen Grabstein meiner Großmutter. Daneben steht mein Großvater ebenso imposant in schwarzen Granit gekleidet. Mein Urgroßvater in weißem Marmor ist nicht einmal halb so groß.

Heimat ist in jenem Klassenzimmer, aus dem ich mich hinweggesehnt und jahrelang die in die Wand eingelassene Aufschrift der gegenüberliegenden Bäckerei betrachtet habe: »Backstube.« Meine Schulkameraden sind vergast, die Schule ist abgerissen worden.

Wo ist Heimat? Wo ich nicht totgeschlagen werde. Wo ich meine Kinder in Sicherheit weiß. Wo es Achtung gibt vor der Person und dem Wort. Wo das, wie ich bin und was ich denke, mit einem Vorschuß an Billigung bedacht wird. Wo es eine ruhige Küchenecke gibt, in der man sich nach dem Abendbrot bei einem Glas Wein gut unterhalten kann. Wo die Kinder Verstecken spielen und Bunker bauen. Wo Jutka mit hochgezogenen Beinen in einem Sessel sitzt und liest. Wo ich beim Besteigen des Berges sowohl hier als auch da ein Glas Wein trinken könnte und mich hüpfend abwärts bewegen würde, wenn ich alle freundlichen Einladungen annehmen würde.

Heimat ist mitten auf der Elisabethbrücke, wenn ich von meinen Reisen zurückkehrend bei mir sage: »Wie schön!« Und Heimat ist dort vor einem von Wildem Wein berankten Haus, wo ich den Torschlüssel hervorsuche und mit je einer Tasche über beiden Schultern hinauf in den zweiten Stock gehe, ein wenig keuche und von drinnen Stimmen höre, sehr lebhafte Stimmen. Ich bin angekommen.